[MIRROR]
理想国译丛
imaginist

006

想象另一种可能

理
想
国

imaginist

理想国译丛序

“如果没有翻译”，批评家乔治 · 斯坦纳（George Steiner）曾写道，“我们无异于住在彼此沉默、言语不通的省份。”而作家安东尼 · 伯吉斯（Anthony Burgess）回应说，“翻译不仅仅是言词之事，它让整个文化变得可以理解。”

这两句话或许比任何复杂的阐述都更清晰地定义了理想国译丛的初衷。

自从严复与林琴南缔造中国近代翻译传统以来，译介就被两种趋势支配。

它是开放的，中国必须向外部学习，它又有某种封闭性，被一种强烈的功利主义所影响。严复期望赫伯特 · 斯宾塞、孟德斯鸠的思想能帮助中国获得富强之道，林琴南则希望茶花女的故事能改变国人的情感世界。他人的思想与故事，必须以我们期待的视角来呈现。

在很大程度上，这套译丛仍延续着这个传统。此刻的中国与一个世纪前不同，但她仍面临诸多崭新的挑战，我们迫切需要他人的经验来帮助我们应对难题，保持思想的开放性是面对复杂与高速变化的时代的唯一方案。但更重要的是，我们希望保持一种非功利的兴趣：对世界的丰富性、复杂性本身充满兴趣，真诚地渴望理解他人的经验。

理想国译丛主编

梁文道　刘瑜　熊培云　许知远

本译丛获理想国文化发展基金会赞助支持

[英] 蒂莫西·加顿艾什　　于金权 译

事实即颠覆

无以名之的十年的政治写作

TIMOTHY GARTON ASH

FACTS ARE SUBVERSIVE:
POLITICAL WRITING FROM A DECADE
WITHOUT A NAME

广西师范大学出版社
·桂林·

著作权合同登记图字：20-2021-313

图书在版编目(CIP)数据

事实即颠覆 / (英) 加顿艾什著；于金权译.
—桂林：广西师范大学出版社, 2014.9（2022.10 重印）

ISBN 978-7-5495-5686-1

Ⅰ. ①事… Ⅱ. ①加… ②于… Ⅲ. ①国际形势 – 研究
Ⅳ. ①D5

中国版本图书馆CIP数据核字(2014)第152901号

广西师范大学出版社出版发行

广西桂林市五里店路9号　邮政编码：541004
网址：www.bbtpress.com

出 版 人：黄轩庄
全国新华书店经销
发行热线：010-64284815
山东临沂新华印刷物流集团有限责任公司　印刷
临沂高新技术产业开发区新华路 邮政编码：276017

开本：635mm × 965mm　1/16
印张：27.75　字数：365千字
2014年9月第1版　2022年10月第11次印刷
定价：92.00元

如发现印装质量问题，影响阅读，请与出版社发行部门联系调换。

导 读

老英国自由派的犹豫

梁文道

一

据说，今天的新闻就是未来的历史。这句话简单直接，似乎大家都能明白它的意思，甚至还能同意。但只要稍稍一想，就会发现这句话其实问题重重。例如，它似乎隐含了一个标准，一个什么事情能被写进历史的标准；难道只有今天被新闻媒体报道过的事实才够得上历史的殿堂吗？当然不，因为我们在报道新闻的时候，在判断什么事情才有新闻价值的时候，总是已经先有了一套预设，而这个预设又总是离不开我们这个时代的视界；明天的史学家凭什么要全盘接受我们这个时代的视界呢？此所以重大的史学进展往往和新史料的发掘相关；那并不只是新发现了一批被人遗忘的文档那么简单，而是更根本地把一些前人根本不看重也根本从未想过要入档留存的东西当成史料。比方说树木的年轮，前人可曾觉得这是诉说他们那个时代事实的重要线索吗？可今天的史家已能学会在一片树林的年轮里判读过去气候变化的痕迹，从而掌握往昔人们生活劳作背后的自然条件。所以我们不妨大胆地说，今天的新闻固然可以是未来的历史，但对今日新闻标准的疑问更有可能是未来历史学者的重点。

事实，乃是现代史学的核心问题之一。不只是事实如何发掘，更是事实到底可以证明什么的问题。自从海登·怀特（Hayden White）以降，一种忽略事实与证明之关系，转而强调事实被诠释被叙述的倾向（或者可以叫做后现代倾向），就渐渐又变成史学主流的趋势了。因为什么算是史料，什么叫做事实，基本上是个看你把它们放在什么框架之下叙说，又如何叙说它们的问题。毕竟，任何时代的人用以了解他们那个时代的视界及价值标准，都是一些可以说出来的叙事，并且还可以不断重新叙说。所以今天当我们在谈历史的时候，讲"故事"、"叙述"和"书写"乃是一件很时髦的事情，几乎恨不得把历史看成是一套像小说似的纯粹叙述技艺。相反，依旧坚守某种单纯甚至天真的事实之力量，则是不合时宜的，令人打呵欠的。所以，蒂莫西·加顿艾什（Timothy Garton Ash）的《事实即颠覆》不可能是一本很符合潮流的书，因为它连书名都很老派。就像他在是书序言里所讲的，他依然相信"事实具有颠覆性，能够推翻民选领导人和独裁者、传记作家和自传作者、间谍和英雄、拷问官和后现代主义者的断言，能够推翻谎言、半真半假的东西和神话，能够推翻所有'为了安慰悲惨之人而脱口而出的演讲'"。这是真的吗？事实本身就具有这样的颠覆性吗？还是说编纂事实和安排事实的新叙事使得事实颠覆？

加顿艾什在英语世界和欧洲可是一个响当当的名字，当过英国《观察家》杂志的编辑，后来在《卫报》有固定的专栏，而且还是牛津大学"欧洲研究"教授，曾经长年住在东德、波兰和捷克，跟哈维尔与瓦文萨变成了老朋友，也被人认为是英国前首相布莱尔身边的顾问，穿梭于学院、政坛和大众媒体之间，其著作读者不计其数。老和他笔战的新左派史学大师佩里·安德森（Perry Anderson），甚至（带着贬义地）说他是冷战末期推倒东欧共产政权最有力的一个声音。但是直到今天，中国才译出了他这部作品，算是和中文读者的第一次接触。虽然我不能同意他在很多问题上的看法，可我还是长年阅读他的著述。且引一句当今左派大红人齐泽克的话："尽管他是我的政治对手，我也一直认为他那些丰富的精确观察仍是值得阅读的，可以作为东欧沧桑剧变的可靠材料来源。"的确，整个英语世界大概很少有人能比他更明白前东欧究竟发生了什么事，那是他的本行领域。在他迄今最出色最动人的著作《档案》(*The File*)当中，他回到德国翻查公开了的斯塔西档案，发现不少当年圈子中的朋友原来都是秘密警察的线人，曾向当局报告他这个英国人的言行和心理，这个发现把他引向了一段充满阴郁气氛的溯往旅程，让我们看到了人间情谊的脆弱与极权社会最深处的秘密。这种经历不是每个外国人都会有的；就算有，也不会有他那种专业史学训练所赋予的识见和涵养，好把这个经历写成一部虽然体量不大但是分量十足的深度回忆。

为了方便理解，不妨拿中文读者比较熟悉的伊恩·布鲁玛（Ian Buruma）作比。布鲁玛的对象是日本和东亚，而加顿艾什则可说是东欧的布鲁玛。他俩都是记者型的学者，或者反过来说是学者型的记者。从奥威尔开始，记者就已经取代了那种会渲染异国风情和浪漫化自身经验的传统外游作家（例如吉卜林，他可以把他从未去过的曼德勒写成一首脍炙人口的名篇），成为比较可靠也比传统学者有趣的外国知识来源。所以当前市面上介绍各国情况的非虚构书籍当中，那些驻外记者的作品总是最受欢迎的。他们晓得怎样和公众读者沟通，又有长年的第一手经验，有的甚至还具备了相当不错的学养。加顿艾什和布鲁玛就是这类人中的佼佼者，是20世纪后期大众传媒国际化年代的新型知识分子。他们有点像人类学家，在祖家和他乡之间迂回，因此往往能在一段距离中清醒观察本地人视而不见的事实，然后再把它们放在另一个框架之中考察省视。当然，加顿艾什同时还是个历史学家，他对德国史的了解要比许多德国百姓厚实得多，于是他在看待今日暗角的时候就有了一道从往昔深处照下来的微光。

然而，《事实即颠覆》并非典型的加顿艾什。因为东欧在他这部文集所占的分量真是太少了；相反，他写了很多他不熟悉的地方，例如伊朗、缅甸，甚至香港。于是问题出现了，他凭什么去写那些他没有长住过的土地？又凭什么去和当地人沟通（访谈是记者获得事实的首要手段，因此通晓当地语言一向是学者型记者的基本要求。加顿艾什会波兰文、捷克文与德文，但他懂得波斯文吗）？他甚至从来不是研究伊斯兰的专家，他怎能写那么多关于欧洲穆斯林的评论呢？当所有通向事实的管道都不是那么扎实，当事实本身都难以获致的时候，事实还可能有颠覆的力量吗？

二

虽然蒂莫西·加顿艾什在牛津大学教书，是个有地位的历史学家，但他对学院里的理论发展似乎没有太大兴趣，所以他不会像卡洛·金兹伯格（Carlo Ginzburg）那样，在史学方法论上细致探讨事实、证明与修辞的关系。他用心的事实问题，是种更接近新闻记者专业关怀，更贴近常识意义，或许因此也更容易为人理解——同时也更容易犯错——的问题。比如在谈到第二次海湾战争的时候，他似乎完全接受了时任美国国务卿鲍威尔的说法，真的相信伊拉克拥有传说中的"大规模杀伤性武器"，把它当成事实。结果呢？他自然错了。在整个伊拉克再度陷入分崩瓦解的今天，"大规模杀伤性武器"就像个不好笑的笑话一样。不只如此，加顿艾什在那篇文章里头竟还说道："萨达姆政权是当今世上最令人厌恶的政权之一。他对库尔德人进行了种族大屠杀，还让自己的人民生活在恐惧中。推翻他对他的国家和该地区而言都是福音。无论战后的伊拉克会多么混乱——肯定会混乱，就像战后的波斯尼亚、科索沃和阿富汗一样——

它几乎已经不能更糟糕了。”可今天的事实却颠覆了他当年的判断，这大概是所有时事评论家的尴尬。

《事实即颠覆》原书出版于 2009 年，加顿艾什本来有机会删掉这篇他自己都很后悔当时弄错了事实的分析；可他没有。一来，就像他所讲的，错了就是错了，不掩过乃是道德义务。二来，我猜让他可以稍稍放心的，是他毫不掩饰地在那篇文章题目里头就已经表达出来的态度;它叫做“为骑墙派辩护”。也就是说,尽管他相信“大规模杀伤力武器”是个事实，相信萨达姆政权垮台之后的伊拉克一定会更加幸福，但他仍然不敢轻言美国及其盟友入侵伊拉克就一定是对的。因为他觉得反战派的主张也很有道理，也很说得过去。

那他究竟站在什么立场？不要忘记，那可是个黑白多么分明的时刻。布什声称：“你要不是站在我们这边，就是站在他们那边。”中国则有人一边看着电视里的世贸大楼倒塌一边拍手叫好，同时又有一大群自由派知识分子联署宣布“今天我们都是美国人”。战或不战，义或不义，几乎没有任何灰色地带，而加顿艾什居然要为骑墙派辩护？没有立场？那你写这篇东西干什么？他的解释是：“这并不意味着我们所有人都必须这样做，热情洋溢，过分简单地相信复杂的两难处境中的一面，即使这样确实可以让电视更好看。”他甚至认为，这不单是他个人的态度：“我的直觉是，如果你在黑夜中为托尼·布莱尔注射真相的血清，他将基本上坦承这种自由派的犹豫不决。”“自由派”，就是这里头的关键词了。

自由派，或者自由主义者，尤其是老派的英式自由主义者，并不是像时下中国许多施密特及施特劳斯的信徒所以为的那样，是批没有价值倾向的虚无论者。最起码，自由主义者要相信言论的自由。好比加顿艾什，他可以同情欧洲穆斯林的处境，但他绝对不能接受因为信仰受到冒犯，于是就理直气壮地跑去杀掉敢替先知造像的漫画家。而且他还是老派的、洛克式的英国自由主义者，主张“所有神明的信奉者与那些坚持没有神明的人，自由平等地在广场上试一试”；所以他比较不赞成法式启蒙运动的路子，干脆不准任何神明的信奉者——不管你是佩戴头罩还是十字架项链——出现在广场之上。这样的自由派会拥抱一些最基本的人权，所以当年他要和哈维尔等东欧异见分子站在一起，主张出版结社的自由。这样的自由派还会看重一些最显眼的事实矛盾，不屑于理会对那些矛盾的各种深奥辩解,所以他要说前东德禁止了自己国歌的歌词（因为它歌颂“统一的德国”)，是对自己覆灭的恐惧（因为它害怕会被西德统一)。我们知道，除了前苏联和前东德，这世上还真有些政权害怕人民过度认真对待国歌与执政党的党歌，而且居然有人辩说那是“复杂国情与时代的错位，不能简单判断”（这到底是什么意思？）。在加顿艾什这种自由派看来，你担心人民把国歌当真，这就是个非常简单的事实问题，没有什么好解释的。

老自由派的真正麻烦不是价值虚无，而是对付不了种种身份认同困扰背后的激情。在英国人算不算是欧洲人这个大题目上，懂得欧洲并且亲近欧洲的加顿艾什分析过其中各个应该考虑的条件之后，再度摆出了骑墙的态度：“我的结论？没有结论，这是因为身份研究的本质很少会有明确的发现，也因为英国身份的特质。或许‘没有结论’的声明本身就是一个结论，甚至还是一个重要又积极的结论。”身份认同也好，政治立场也好，大家通常要求的是明确的结论，可加顿艾什这种老英式自由派通常却只能提供倾向。他欢迎前波兰和前捷克政权的倒台，但他也看到了整个转型的困难。所以他当然不能像某些把“自由化”当成神祇来朝拜的人那样，不顾现实地迷信明天一定更好；但更不能如另一些愤慨现实的人，走上怀念老日子，又或者保守国家主义的道路。像加顿艾什这般的自由主义者，总是要在信念支撑的理想倾向与层出不穷且困扰理想的事实之间，进退犹豫。

由于《事实即颠覆》离开了加顿艾什熟悉的安全地带，因此他在这部文集里头变得更像那些什么国家的事都能够畅谈一番的“国际问题专家”，这部书于是就更能考验他身为记者、评论家和公共知识分子的能耐了。又由于他在事实材料的拥占上不具优势，所以带动他写作的信念和倾向就会变得更为突出，但也更容易受到挑战。他是个记者，把自己的写作类型规定为“当下历史”（history of the present；切勿误会，这不是福柯所说的那种“现在如何成为现在的历史”，而是冷战“围堵理论之父”乔治·凯南推介的学术与新闻的混合写作），所以他当然要发掘事实，最大程度地亲近现场。但他究竟是个历史学家，就算不爱谈太过哲学化的史学方法论，却也不能百分百地信任从现场带回来的材料：

> 1989年，布拉格天鹅绒革命期间，瓦茨拉夫·哈维尔身边的一群人在地下魔灯剧院一间奇特的玻璃墙房间里会面，做重要的决定。大多数时候，我是唯一在场的外人，肯定也只有我一个人拿着一本笔记本，试图记下他们说的话。我记得当初想：如果我不记下来，就没有人记下来了。像大多数历史一样，它也像倒入下水道的洗澡水一样一去不复返。但是这样写成的历史，基础是多么脆弱……记忆问题就是见证人问题的核心所在……记忆是一个可以重新加工的CD，会受到不断地加工，而且以一种特殊的方式重新加工，不仅让我们理解故事，还让我们感到更加舒服。

历史学家加顿艾什疑虑的，大抵就是这种舒服，把事实裁剪修整得较为合体，较为符应论点逻辑的舒服。老式英国自由派加顿艾什所疑虑的，则是让自己皈依某个既定立场的舒服。他宁愿让理想和倾向不停在现实上头对焦，找不着安稳的落脚之处；他宁愿让现实持续地发出噪音，扰动理想世界的安宁。所以他总在犹豫、进退。在我看来，这样的态度，或许就是这本书值得当今国人一读的理由。

献给拉尔夫·达伦多夫

目 录

导读　老英国自由派的犹豫 / 梁文道　.......... i
序言　.......... 001

第一章　天鹅绒革命，绵延不绝

米洛舍维奇的奇怪倒台　/ 011
国家召唤我　/ 033
乌克兰的橙色革命　/ 037
这不是革命　/ 051
1968 和 1989　/ 055

第二章　欧洲和其他令人头痛的问题

机器中的鬼魂　/ 061
英国属于欧洲吗？　/ 065
欧洲实力有道德基础吗？　/ 077
孪生兄弟的新波兰　/ 093
帝国的变迁　/ 107
为什么英国在欧洲　/ 111

欧洲的新故事 / 126
国歌 / 136
啊，裂缝，属于你的墙在哪里？ / 141
完美的欧盟成员国 / 145

第三章　伊斯兰、恐怖和自由

有好的恐怖分子吗？ / 151
阿尔罕布拉 / 166
欧洲的伊斯兰 / 170
无形的前线 / 187
破除禁忌 / 191
尊重？ / 195
世俗主义还是无神论？ / 199
没有如果，没有但是 / 202

第四章　美国！美国！

总统先生 / 207
“9·11” / 214
美国的反欧主义 / 219
为骑墙派辩护 / 233
左尔巴布什 / 237
世界的选举 / 241
密苏里州的华沙 / 244
与历史共舞 / 247
自由主义 / 251

第五章　西方之外的世界

缅甸的美女与野兽 / 257
隐遁伊玛目的战士 / 275
东西相接 / 290
穆斯林兄弟会对抗法老 / 293
无上帝之城 / 297
超越种族 / 301

第六章　作家和事实

格拉斯的棕色记忆 / 307
我们脑海中的斯塔西 / 320
我们这个时代的奥威尔 / 333
奥威尔的名单 / 348
"英国知识分子"是矛盾修辞吗？ / 365
"我是柏林人" / 369
事实文学 / 382

第七章　尾　声

大象，泥足 / 395
去文明 / 399
风琴里的老鼠 / 403

致　谢 / 407
索　引 / 408

序 言 xiii

事实具有颠覆性，能够推翻民选领导人和独裁者、传记作家和自传作者、间谍和英雄、拷问官和后现代主义者的断言，能够推翻谎言、半真半假的东西和神话，能够推翻所有“为了安慰悲惨之人而脱口而出的演讲”。

如果我们知道萨达姆·侯赛因（Saddam Hussein）所谓的大规模杀伤性武器的事实，或者知道相关情报是多么站不住脚，英国议会或许就不会投票赞成参与伊拉克战争了，甚至美国也可能犹豫，这十年的历史可能就会有所不同。2002 年 7 月 23 日，在唐宁街 10 号召开了一次首相参与的高层会议，根据这次会议的官方记录，只能从惯用的代号“C”辨认出的英国秘密情报局局长概括“他最近在华盛顿的会谈”：“布什想以恐怖主义和大规模杀伤性武器为名，通过军事行动扳倒萨达姆。但是正在围绕该政策搜集情报和事实。”当时，正在搜集事实。

历史学家和记者的首要工作是寻找事实：不是唯一的工作，或许也不是最重要的，但是首要的。事实像鹅卵石，有了它们，我们才能铺就分析之路；事实像马赛克瓷砖，我们将它们拼在一起，拼出过去和未来的画面。对于道路通向何方，以及马赛克画面披露的 xiii
现实或真相，人们会有分歧。事实本身必须接受所有现有证据的考验。不过有些事实千真万确，世界上最有权力的领导人也会因此裁跟头。作家、异见分子和圣人也可能如此。

对于事实来说，曾有更糟糕的时期。在 20 世纪 30 年代，面对大量极权主义有组织的说谎机构，德国人或俄罗斯人获取信息的其他渠道比当今的中国人或伊朗人还要少，中国人和伊朗人可以使用电脑和手机。更早些时候，甚至有过更大的谎言，但人们显然信以为真。作为不丹精神领袖和政治领袖的国父夏仲阿旺朗杰（Shabdrung）于 1651 年去世后，他的大臣们至少假装了五十四年，称伟大的夏仲仍然活着，不过是去静修了，并且继续用他的名义颁布法令。

在我们这个时代，主要可以在政治和媒体之间的边缘地带找到采集事实的资源。政客创造了日益成熟的方法，通过媒体来强加主流的报道。伦敦和华盛顿编故事大师的作品系统地模糊了现实和虚拟现实之间的界线，俄罗斯“政治技师”的作品更是如此。如果有足够多的人相信这种报道，相信的时间又足够长，你就将继续掌权。其他又有什么重要的呢？

与此同时，信息和通信的新技术及其带来的商业影响正在改变媒体。我同时在大学和报社工作。在今后十年间，大学依然是大学。谁知道报社将怎么样呢？对于寻找事实的人来说，这就带来了风险和机遇。

“评论是自由的，但事实是神圣的”，这是《卫报》(*Guardian*) 传奇编辑斯科特（C. P. Scott）最著名的话。在当今的新闻界中，这话变成了“评论是自由的，但事实是昂贵的”。由于新闻采集的经济原理发生了变化，许多新闻领域——体育、商业、娱乐、各种特殊的兴趣——都找到了新的收入模式，但编辑仍在努力想办法维持 xv
涉外报道和严肃调查性新闻报道的昂贵业务。与此同时，著名报纸的驻外机构正在关闭，如同值夜班的门卫正在关办公室的电灯。

从光明的一面看，摄像机、卫星、手机、录音设备、文件扫描仪，以及上传它们作品到万维网的技术简单易行，为记录、分享和辩论当前的历史创造了新的可能——更不说为后代保存它了。想象一下，我们拥有奥斯特利茨战役（Austerlitz，位于捷克，拿破仑于1805年在此击溃俄奥联军——译注）的数字视频片段，查理一世在白厅宴会厅外被砍头的YouTube视频片段（“对那令人怀念的事业，他作出了卓越的贡献”……或者说他是这样吗？），亚伯拉罕·林肯发表葛底斯堡演讲的手机照片，最好还有一份有关那些常常被历史遗忘的所谓“普通”人生活的音像样本。（但是不同地方和时代的气息还是会被历史几乎完全湮没，尽管你身临其境时它是最深刻的那部分体验。）

缅甸是地球上最封闭和专制的国家之一。2007年，在缅甸，佛教的僧侣发动了和平抗议。这次抗议通过短信将手机拍摄的照片发给朋友，然后上传到网上，为世界所知。美国政客无法再在遥远的竞选舞台上胡乱说话而不用负责任。正如共和党参议员乔治·艾伦（George Allen）发现自己所付出的代价那样，一个上传到YouTube上的视频片段可能断送你竞选总统的前程。（在该片段中，他轻蔑地称竞争党派的一名有色活动分子为“黑猴”，因此有了词组“黑猴时刻”。）过去，要数十年甚至上百年，秘密文件才会被披露。如今，许多东西在几天之内就可以在万维网上找到副本，比如说法庭和议会的听证、目击证人的证词副本，有关逮捕醉醺醺的梅尔·吉布森（Mel Gibson）的警方原始报告，以及一位加州警察用手记录下来的该演员的反犹太言论，还有千千万万的东西。 xvi

数量往往无法与质量相伴而行。记录器的背后仍然还有人在进行这样那样的操控。摄像机的视角也表达了观点。视觉说谎已经成为小孩子的把戏，现在只要轻轻敲击键盘便可伪造任何数码照片，这么精巧的技术，斯大林的修图师只能做梦想想。我们浏览网页的时候必须当心，看上去是事实的东西结果未必是事实。由于那些海外分社关闭，当你没有训练有素的记者在当地通过屡试不爽的方法仔细检查报道时，区分事实和似是而非的东西就会变得更加困难。然而，总的来说，这些都是抓住当下历史的美好时期。

“当下历史”是乔治·凯南（George Kennan）发明的一个术语，用来形容一种融学术与新闻于一体的混合法。这种混合法我践行了三十年。因此，比如写出一篇分析性报道的文章（这类文章是本书的重要组成部分）通常要经过三个阶段。在初始的研究阶段，我会利用两所杰出大学（牛津大学和斯坦福大学）的资源：它们非凡的图书馆、各个领域的专家和来自全球各地的学生。因此，在去任何地方之前，我就有了一些笔记、带注释的材料和入门的东西。

在第二个阶段，我会去自己想要报道的地方，比如去阿亚图拉统治下的伊朗，去缅甸会见昂山素季（Aung San Suu Kyi），去处于内战边缘的马其顿，因为斯洛博丹·米洛舍维奇（Slobodan Milošević）倒台去塞尔维亚，去橙色革命期间的乌克兰，去分裂出来的德涅斯特河沿岸地区。尽管有记录的新技术，但身临其境仍然是无可比拟的。通常，我会讲一两次课，从与学界同仁和学生的会面中学习，但是大部分时间我都是像一个记者一样工作，起早贪黑，一边观察，一边与各种各样的人交谈。“记者”有时被认为是新闻生涯中层次最低的，但在我看来却是最高的。我会骄傲地戴上这个 xvii
徽章。

身临其境——在那个特定的地方，特定的时间，摊开你的笔记本——是大多数历史学家无法实现的梦想。只有很久以前担任记者的历史学家才有可能。想象一下，能够像 1789 年 7 月他们在巴黎那样观察、倾听、触摸甚至闻一闻会如何。如果与普通的新闻记者（我非常钦佩他们的报道）相比，我拥有优势的话，那这一优势就是围绕一篇报道或者一个问题，我可能拥有更多的时间搜集证据。（在杂志上发表长文的作家享有同样的待遇。）比如，在塞尔维亚，米洛舍维奇倒台后几个小时内，我可以反复询问大量亲眼目睹米洛舍维奇倒台的人。在乌克兰橙色革命期间，我亲眼目睹了这场革命发展的过程。

最后一个阶段是回到我的牛津大学或者斯坦福大学研究所反思

和写作：静静地追忆情感。我也会在研讨会上讨论和提炼我的发现，与同事们交流。理想状态下，整个过程是周而复始的，研究、报道和反思的过程要重复好几次。在我上一部名为《当下历史》(*History of the Present*）一书的引言中以及收入本书的《事实文学》一文中，有关于这种混合法更详细的介绍。

您在本书中发现的篇幅较长的分析性报道大部分都首发在《纽约书评》(*New York Review of Books*)上，有关君特·格拉斯(Günter Grass)、乔治·奥威尔（George Orwell）和以赛亚·伯林（Isaiah Berlin）等作家的评论文章也是如此。有些章节由演讲整理而成，包括我对英国与欧洲错综复杂的关系的调查以及对欧洲力量（真正或据称）的道德基础的调查。大多数较短的文章都出自《卫报》的专栏。我将这些篇幅极短的随笔称为中欧新闻小品文的英文版：对一个主题自由发挥，发表个人见解，往往笔调轻松，围绕一个细节阐述，像一粒沙子将牡蛎转变成珍珠。或者说这是写这种小品文的人梦寐以求的。

相比之下，每周我在《卫报》上定期发表的许多评论文章都是 xviii
展望未来，敦促读者、政府或者国际组织有所作为，尤其是督促政府不要做一些他们当前正在做或提议要做的有害或愚蠢之事。“我们必须……”或者“他们不能……”，在这些专栏中这样大声疾呼往往无济于事。这类专栏文章具有自身价值，但未免过时。它们没有收录在本书中。预测和对策都要丢进垃圾箱。描述和分析可能会更持久一点。

全书我坚守一个立场，即我自认为可以被准确地形容成一个自由主义者。尤其在美国，这个被大量滥用的词的内涵需要详加说明（见《自由主义》一文)。作为一个欧洲人，我认为，在所有不时被拿来尝试的各种版本的欧洲中，欧盟是最糟糕的一个。作为一个英国人，我常常对我们充满好奇、合并而成的祖国（曾经是英格兰和大不列颠）深感沮丧。

我的工作中心仍然在欧洲。然而，在这十年中，我走出欧洲，到我们经常称之为“西方”（尤其是美国）的其他地方做报道和分析。目前，我每年要在美国待三个月。除了西方，我还去了一些别的地方，尤其是我们普遍称之为“亚洲”和“穆斯林世界”的一些角落。

与研究更久远时代的历史学家相比，任何研究当下的历史学家面临的最大限制是不知道他或她所描述的事件较长期的影响。读者在本书中读到的文章稍有编辑，主要是删掉了一些令人厌烦的重复内容和诸如“昨日”或者“上周”等一些不协调的东西，统一了拼写和风格。我还纠正了一些事实错误。（如果还有错误，欢迎指出来。）除此之外，出版的文章保留了原来的风貌，首次公开发表的日期标在最后。因而，您可以看到我们当时不知道的东西，评论我的误判。 xix
它们当中最令人痛苦的误判是伊拉克战争。读者将在《为骑墙派辩护》一文中觉察到，我不支持伊拉克战争，但也没有从一开始就强烈反对，我本应该从一开始就强烈反对的。我过于相信唐宁街 10 号那些搜集事实的人了，过于相信我所尊重的美国人了，尤其是科林 · 鲍威尔（Colin Powell）。我错了。

由于这是我第三次将自己十年内的文章收集成册，让我用一个词来形容这十年——2000 年 1 月 1 日至 2009 年 12 月 31 日。以十年分段是对时间的随意划分。有时历史与它们合拍，不过通常并非如此。我的第一部文集《灾难的价值》（*The Uses of Adversity*）记录了 20 世纪 80 年代的中欧。20 世纪 80 年代在 1989 年——世界历史转向中欧事件的时刻——光荣谢幕。《当下历史》记录了 20 世纪 90 年代更广泛的欧洲，包括一些发生在巴尔干半岛的悲剧。与 1989 年相比，1999 年并不是一个转折点，但正是在这一年引入了欧元；北约扩张，三个先前身在铁幕之后的中欧国家加入了北约；似乎在科索沃爆发了最后一场巴尔干半岛的战争。我们正在“进入新千年”的不争事实让人感觉历史告一段落，或许也让人产生这样的幻觉。

与“20世纪80年代”和“20世纪90年代”不同，这是难以形容的十年。我不会用“〇〇年代”来形容它，令它难堪。这压根就不是一种好的尝试。这好像给一位大汗淋漓的人穿上一件缀有许多褶边的长礼服。不知道为什么，不要为这十年取名似乎更加合适，这不仅因为其特点，还因为其持续的时间依然不明朗。它并不是开始的时候才开始，却在结束之前已经结束了。经历漫长的20世纪90年代后，我们进入了我们可以任意命名的短暂时期。

得益于后见之明，我认为20世纪90年代始于1989年11月9日（柏林墙倒塌或者欧洲人所写的9/11），结束于2001年9月11日（世贸大厦倒塌或者说美国人所写的9/11）。事后来看，20世纪90年代似乎夹在两个9/11之间，也夹在结束于1989年的20世纪 xx
和开始于2001年的21世纪之间。如果读者仔细阅读我对2001年5月与布什（George W. Bush）漫长谈话的描述（见《总统先生》一文），将会发现，当时这位世界上权力最大的人的担忧，与即将出现的担忧相当不同。伊斯兰主义的恐怖分子则根本只字未提。

2001年，9·11恐怖袭击后，布什政府迅速得出结论——托尼·布莱尔（Tony Blair）也认同该结论，即一个新的时代已经开始，一个他们称之为“全球反恐战争”的时代。新保守派作家诺曼·波德霍雷茨（Norman Podhoretz）称之为第四次世界大战。但在2008年11月4日那个难忘的夜晚，我够幸运，在华盛顿亲眼目睹了一切（见《与历史共舞》一文）。由于巴拉克·奥巴马（Barack Obama）击败约翰·麦凯恩（John McCain）成为了美国第44任总统，这个时代几乎还未开启就结束了。这不是因为我们不再面临伊斯兰主义的恐怖分子给我们的生活和自由带来的严重威胁——我们过去面临这样的威胁，现在依然如此——而是因为其他的危险和挑战出现了，或者说提到了议程的前列。正如一位资深的内部人士曾经说的：问题通常没有被解决，只是被其他问题代替了而已。

在这个新的“新时代”中，非西方国家尤其是中国的崛起、全球变暖的挑战（布什政府对燃油问题不屑一顾）、有人所谓的资本主义总危机（抑或只是资本主义的一种版本而已？）都是更为重大的问题。与此同时，奥巴马主义温暖人心的现象给世界带来了希望，但是能持续多久呢？因此，其实这个十年看起来可能只持续了七年多一点，从 2001 年 9 月 11 日至 2008 年 11 月 4 日。

这是否高估了美国单方面的重要性？或许吧！然而，自从影响深远的 20 世纪 40 年代以来，与任何十年一样，在这段时间内，美国的政策改变了世界。不过可惜这次主要是向更糟糕的方向改变了。此外，我大胆猜测，由于非西方国家的崛起，美国自身深陷金融困境（亚洲的存款资助美国的挥霍无度将两者连在了一起），美国将 xxi
无法像这十年一样塑造下一个十年。

至于欧洲，我们这片古老大陆浪费了大部分这些难以形容的岁月，未能团结一致应对一个越来越非欧洲的世界。因此，欧洲没有变好，也没有变差，与 20 世纪 80 年代（当时，欧洲仍然是全球冷战的中心舞台）或者说 20 世纪 90 年代的表现没什么两样。除非我们欧洲人幡然醒悟，认清我们所处的世界——但我们没有表现出什么这样的迹象——今后我们的影响力将继续减弱。

然而，这些只是根据历史做出的猜测而已，真心希望事实将证明我是错的。万花筒从未停止转动。所以我期待再记录一个十年，我们大概会将它称为 21 世纪 10 年代。事后的总结恐怕要等到 2020 年了。

蒂莫西·加顿艾什

2009 年 3 月于牛津

第一章

天鹅绒革命，绵延不绝

米洛舍维奇的奇怪倒台 3

2000 年 10 月 5 日，星期四，塞尔维亚人冲进位于贝尔格莱德的议会大楼，从燃烧着的窗户中挥舞着旗帜，并占领了国家电视台的总部（有一位反对派领导人曾经将它们称为“电视巴士底狱”），这看起来像是一场真正的旧式欧洲革命。攻打冬宫！攻陷巴士底狱!

目前可以肯定的是，这个共产主义终结后继续掌权的最后东欧统治者、“巴尔干屠夫”会步上所有暴君的后尘。有激动人心的报道称，三架飞机正在将斯洛博丹 · 米洛舍维奇及其家人送出国。也有报道称他像希特勒一样躲在地下掩体中。他会被私刑处死吗？会像齐奥塞斯库一样被处死？还是会像他的父母一样自杀？“拯救塞尔维亚，”人群喊道，“自杀吧，斯洛博丹。”革命的形象以及“巴尔干半岛人”让人联想到的所有血腥场面，引来了数百名记者，前来报道这一可怕却适合上镜的结局。

出人意料的是，10 月 6 日，星期五晚上夜深的时候，米洛舍维奇出现在另一个国家电视台上，发表了和善的败选演讲。人们觉得美国总统或者英国首相才会发表这样的演讲。他说，他刚刚收到消息，沃伊斯拉夫 · 科什图尼察（Vojislav Koštunica）赢得了总统大
选。(这话竟然出自他之口,过去 11 天,他一直在努力通过选举舞弊、 4
恐吓以及操纵法庭来否认这一点。）他感谢了那些选他的人，同时

也感谢了那些没有选他的人。现在，他打算“多陪陪我的家人，尤其是我的孙子马尔科”。随后，他希望重建其社会党，使它成为反对党。“我祝贺科什图尼察先生获得胜利，”他总结道，“我祝愿南斯拉夫的所有公民在今后几年取得成功。”

他像往常一样穿着整洁的西服、白衬衫，打着领带，但却僵硬地站在南斯拉夫国旗的旁边，双手交叉着，在身前放得很低，像一个作弊被抓的男学生一样，或者说像在牧师前忏悔的人（他的父亲曾经希望当牧师）。对不起，神父，我在选举中作弊了，毁掉了我的国家，带给了邻国无尽的杀戮和痛苦，但是从现在起我将做一个好人。假装这只是一次普通又民主的领导人换届，既不协调又离奇可笑。

然而，这也正是新总统希望假装的。科什图尼察总统后来告诉我，米洛舍维奇曾打电话问他是否可以发表演讲，他很高兴，因为他希望让塞尔维亚的所有人知道，权力的民主和平交接是可能的。同一天晚上早些时候，科什图尼察曾出现在“解放”的国家电视台上，一如既往地穿着得体且严肃，回答公众的电话提问，镇定自如地谈论投票制度，似乎这是世界上最正常的事情。

没错，当晚，我发现有年轻人在议会大楼前吹哨跳舞庆祝。但是与我交谈过的大多数朋友——多年来一直致力于推翻米洛舍维奇的人——既没有表现出欣喜若狂，也没有表现出愤怒不已，而是在情不自禁的喜悦中略感疑惑。他真的完蛋了吗？世界各地的记者都很明白。见鬼，这不应该是一场革命吗？但这场革命似乎始于星期
四晚上，而星期五早上就结束了。不再有壮观的场面。没有流血事 5
件。塞尔维亚人没有引发流血事件。他们让美国有线电视新闻网（CNN）、美国广播公司（ABC）、美国全国广播公司（NBC）失望了。巴勒斯坦人和以色列人更会配合。他们正在互相拼杀。因此，第二天，一半摄影组奔向了以色列。那些留下来的人还在继续琢磨这样一个问题：这算怎么一回事？

这是一种非常奇怪的混合体。同日早上，科什图尼察搬进了

有回声的联邦宫（Federation Palace），就在接待俄罗斯外长前几分钟，塞尔维亚克拉伊纳叛乱中的传奇老兵“德拉甘上校”（Captain Dragan）在他的手臂下面别着一把天蝎式自动武器，带着一队武装人员向联邦海关大楼走来。他去那儿是为了将米哈利·科特斯（Mihalj Kertes）驱逐出境，米哈利·科特斯是米洛舍维奇的亲信，通过海关控制了许多见不得人的交易。德拉甘上校告诉我，科特斯在颤抖，苦苦哀求饶他不死。

星期六，科什图尼察不得不在20世纪70年代风格的萨瓦中心的简陋接待室里站了几个小时，等待反对党和米洛舍维奇的社会党新当选的议员解决他们的分歧，让他按照宪法正式宣誓就职。与此同时，一队“红色贝雷帽”国家安全特种突击队，包括参加过武科瓦尔（Vukovar）和科索沃（Kosovo）行动的塞尔维亚老兵，正在占领内政部。但是他们这样做是为了表明反对米洛舍维奇，或者说至少部分原因是如此。

在政党会面共同讨论新联邦政府之际，工厂和办公室内自封的“危机委员会”以人民的名义解雇了他们先前的老板。前一分钟，我还在看准军事部队领导人、激进的民族主义者沃伊斯拉夫·舍舍利（Vojislav Šešelj）在塞尔维亚议会的会议上谴责这场革命。接下来，我就在仔细观察德拉甘上校从可恨的科特斯那里拿过来的手枪了。那把手枪相当轻便，紫檀木的枪托上刻有花纹，相当漂亮，里面有五发软头子弹和一发普通子弹。

然而，米洛舍维奇一直静静地坐在德丁杰（Dedinje）郊区郁
郁葱葱的山间别墅中，与他的旧党在一起商讨。在贝尔格莱德的 6
最后一天，我开车经过尤兹克卡（Užicka）大街上的这些房子，它们躲在高墙和防护篱笆后面。不知道怎么回事，我连门铃都无法找到。

一

这场塞尔维亚革命是什么？显然，有关塞尔维亚事件的许多事情尚不明朗，但这些事件不可避免地会被跟波兰 1980—1981 年间“自我约束”的革命和 1989 年欧洲的天鹅绒革命（velvet evolution）进行比较。我最初的解读是，在塞尔维亚发生的一切是一个独一无二又错综复杂的组合体，由四个要素组成：有点儿民主的选举、自我约束的新天鹅绒革命、较古老的短暂革命政变和些许旧式的巴尔干阴谋。

首先是选举。许多外界人士不知道的是，与齐奥塞斯库统治下的罗马尼亚不同，米洛舍维奇统治下的塞尔维亚从来不是一个极权国家。这是他倒台与众不同的一个主要原因。没错，他是一个战争犯，给前南斯拉夫中塞尔维亚的邻国带来了巨大的苦难。但在国内，他不是一个极权的专制统治者。相反，他的政权是民主和独裁的奇怪混合体：民主专制国家。

在米洛舍维奇的统治下，党派斗争不断，多个党派互相斗争。连执政党也有两个：他自己和他妻子各自所属的政党。他自己的后共产主义时代塞尔维亚社会党与妻子的南斯拉夫左翼联盟（Yugoslav United Left）之间的紧张关系，导致他的权力根基动摇。但是如今即将掌权的反对党和反对派政客，包括沃伊斯拉夫·科什图尼察，也已经参政十年了。没错，是有警察及秘密警察的镇压活动，甚至还包括政治暗杀，但是也有选举，米洛舍维奇在选举中获胜了。

它们不是自由公平的选举。他的政权最重要的单一支柱是国家电视台，被用来维持民族主义的受困心理，在居住于没有什么其他信息来源的乡下和小镇上的人们中间尤其是如此。因此，他最早的 7
政治对手之一，武克·德拉什科维奇（Vuk Drašković）称之为电视巴士底狱。但是也有设防的独立广播电台和私营报纸。人们可以旅行，几乎可以想说什么就说什么，还可以上街游行。反对党可以组织活动和竞选，在议会和市议会中也有他们的代表。米洛舍维奇掌权的另一种方法是在他们中间巧妙周旋，分而治之。比如，上面提到的德拉斯科维奇受命接管了贝尔格莱德市政府，人们都说他同时也接收了随之而来的致富源泉。

在这个贫穷、目前深陷腐败的国家，钱财在政坛中发挥了巨大的作用。我所指的钱财是指塞在黑色皮夹克口袋里或装在手提箱里带出国的大量德国马克。政界、商界和有组织犯罪机构之间的边界完全消失了。米洛舍维奇的可恶儿子马尔科是一名商人，同时也是个强盗。他有众多家产，其中一家位于贝尔格莱德市中心的香水店叫斯康达（Skandal），这个名字真是再合适不过了（译按：谐音scandal，意为“丑闻”）。10 月 6 日，星期五晚，我和一群人站在一起注视着这家被洗劫一空、烧焦的店。他带着米洛舍维奇的孙子马尔科逃到了莫斯科。

从黑手党的角度来理解，执政的家庭是更大家庭的核心。然而，这位“教父”还在表面上保留了宪法的形式，定期在选举中寻求连任。他获胜得益于电视巴士底狱和有些悄无声息的投票舞弊，还因为他可以利用四分五裂的反对派，依靠真正相当高的支持率。

只有知道这些背景，才能理解为何 7 月初米洛舍维奇决定修改宪法，寻求直接连任南斯拉夫联邦共和国的总统。现在我们知道这是一个致命的错误了。但当初，这样认为的人寥寥无几。

他自己呼吁在 9 月 24 日进行选举，为什么他会在选举中败北？ 8
最首要也最温暖人心的部分答案无疑是：动员其他塞尔维亚人击败他。在“塞尔维亚人”都被妖魔化的情况下，再加上“他们”在波斯尼亚和科索沃的所作所为，人们常常无法坚定地说总是还有其他塞尔维亚人。一开始就有塞尔维亚人发表演说、写文章和组织活动来反对米洛舍维奇。他们的斗争与在苏联共产主义统治下的异见分子的斗争不同，但难度或者危险程度一点也不亚于他们。苏联的异见分子冒着被克格勃（KGB）逮捕入狱的危险。塞尔维亚的异见分子冒着在漆黑的小巷中被陌生的暗杀者枪杀的危险。他们人数不多，但总是有这么一些人。

韦兰 · 马蒂奇（Veran Matić）是他们当中的一员，身材粗壮，留着大黑胡子，性格沉着冷静。你总可以在他的办公室里看到他在一台轻巧的手提电脑上打字。马蒂奇有一个敬业的记者团，又有西方的大量金融资助，于是建立了一个独立的广播电台——B92 电台，科索沃战争刚爆发的时候，当局控制了这个电台，但它仍然在网上提供新闻。他还开办了一个叫 ANEM 的网站，为不受米洛舍维奇控制的省级广播电台和电视台提供独立的新闻和时事节目。目前，“电视巴士底狱”谴责科什图尼察和反对派是北约的走狗、美国中央情报局（CIA）的特工，但该网站却泰然自若地告知贝尔格莱德外面的人这场竞选活动的真相。此外，还有一些不太知名的记者因为报道他们自认为是真相的东西锒铛入狱。

同样至关重要的是名为“奥特波尔”（Otpor）——意为“抵抗”——的学生运动。它成立于 1998 年，与 1996 年和 1997 年的抗议一脉相承，但更加激进。一名活动人士告诉我，在西方资助的非政府组织举办的研讨会上，奥特波尔的成员学习了其他地方的权力运动和非暴力反抗是如何组织的，从马丁 · 路德 · 金（Martin Luther King）到去年在克罗地亚的活动。这些都是“比较革命”专业的学生。但是他们自己添加了很多种创新的变化。比如，他们会穿着上面有“塞尔维亚的一切都不错”字样的 T 恤，出现在购买糖 9
和石油的长队中。他们举着画着紧握拳头图案的独特横幅，一而再再而三地对抗警察。在革命爆发前的一年里，有 1 500 多名奥特波尔的活动分子被捕。

在 1998 年的斯洛伐克选举中，民间团体的活动分子推翻了弗拉基米尔 · 梅恰尔（Vladimir Mečiar），与此一样，他们组织了运动来“摇动投票”。流行的摇滚音乐会与出去投票的信息相结合。

他们设计了一个口号，“Vreme je！”，即“时机已到！”或“现在是时候了！”，而这恰恰是 1989 年人们在布拉格所喊的口号。随后他们找到了一个更好的口号，“Gotov je！”，即“他完蛋了！”，作为这场革命的名言，涂在米洛舍维奇的海报上，写在帽子和横幅上，涂在这座城市的墙壁上，还被十万人喊着。

在这个独立活动的世界中，还有许多人——在斯洛伐克，他们被称为“第三部门”——致力于该事业。独立的民意调查者（其中一些人由美国资助）会定期作调查，调查表明科什图尼察正在取得胜利。竞选志愿者和独立的选举监督人员数不胜数。在后共产主义时代的欧洲，西方在“民间团体”项目上浪费了数百万美元。但是这次，在这里，确实是物有所值了。

其次是意见迥异的反对党最终团结起来的事实。可以肯定的是，并不是所有反对党。最大的反对党，即武克·德拉什科维奇的塞尔维亚复兴运动党（Serbian Renewal Movement），拒绝加入。此外，黑山总统米洛·久卡诺维奇（Milo Djukanović）呼吁抵制选举，因而让米洛舍维奇实际上拿到了所有留下来的黑山人的选票。但是还是有十八个党一起加入了塞尔维亚民主反对党（Democratic Opposition of Serbia）。其中最大的党是民主党，该党党首是反对派领导人佐兰·金吉奇（Zoran Djindjić），他任职很久了，但容易妥协，不得人心。

米洛舍维奇败北的第三个原因是，金吉奇和其他人彻底平息了他们内部的争执，一致提名让沃伊斯拉夫·科什图尼察当候选人。 10
科什图尼察是小塞尔维亚民主党的领袖，该党在 20 世纪 90 年代初从民主党分离出来。科什图尼察不太愿意去竞选——他自嘲道，自己是第一位犹豫不决的选民，但这是一个完美的选择，因为他集四种品质——反共产主义、民族主义、不腐败和迟钝——于一身，独一无二。

科什图尼察从来都不属于共产党。他是一名宪法律师和政治学家，1970 年的博士论文写的是反对党在多党制中的作用。他后来翻译了《联邦论》(*The Federalist Papers*)，还专门研究了托克维尔（Tocqueville）和洛克（Locke）。由于反对铁托（Tito）1974 年颁布的宪法，称该宪法对塞尔维亚人不公平，他被贝尔格莱德大学开除。与大多数其他反对党领导人不同，他竟然从未见过米洛舍维奇，直到 10 月 6 号，星期五，军队总司令内博伊沙·帕夫科维奇（Nebojsa Pavković）才给即将离任和上任的总统安排了一次简短的会面。科什图尼察自豪地告诉我："因此我是在他垮台的时候第一次见到他的。"

他是个温和的民族主义者，曾支持波斯尼亚的塞尔维亚共和国，强烈批评北约在科索沃发动的战争。与德拉斯科维奇和金吉奇不同，人们从未看到他与马德琳 · 奥尔布赖特（Madeleine Albright）过从甚密。轰炸期间，他一直留在贝尔格莱德，而金吉奇逃到了黑山，或许正是担心自己的小命不保。

他不腐败。我基本上还未见过比他的党务办公室还简陋的办公室。他和妻子还有两只猫一起住在一个小公寓里，开的是一辆破旧不堪的南斯拉夫牌汽车。这又与其他反对派领导人（尤其是金吉奇和德拉斯科维奇）形成鲜明对比。他们穿着光鲜亮丽的西服，开着快车，人们普遍认为他们贪污腐败。在后奥斯曼帝国时代的世界里，大多数政客都是这样做的，由来已久。

他的一大劣势是他的迟钝。不过在这件事上，连迟钝也是一项
优势。人们一次又一次地告诉我，他们喜欢他慢条斯理、行动迟钝 11
的风格。他们说，迟钝非常受欢迎，与米洛舍维奇悲壮的装模作样和他的许多对手，比如说武克 · 德拉什科维奇的夸夸其谈形成对比。一位首席独立记者告诉我："你懂的，我想要一位乏味的总统，还想生活在一个乏味的国家里。"

话说回来，毕竟科什图尼察也没有那么迟钝。他发现自己成为祖国解放运动的领袖，备受鼓舞（谁会不受鼓舞呢），于是带来了

一些英勇无畏又令人难忘的时刻。他在议会和电视台被占领的那天晚上所说的“晚上好，解放的塞尔维亚”将载入史册。

9 月 24 日，星期日，至少有 240 万塞尔维亚人在沃伊斯拉夫·科什图尼察的名字旁边画了一个圆圈。当然，我们永远无法确切地知道让他们这样做的所有动机，但是有人给我提供了两个引人注目的部分解释。

一个解释与北约的轰炸有关。我问政客和分析人士，他们认为革命是何时开始的。有几个人表示，常常撅着嘴说：嗯，老实说，科索沃战争结束的时候。在战争期间和战争一结束后，都在国旗下举行过爱国集会，米洛舍维奇也从中受益。但是这也太荒唐，太“奥威尔”（Orwellian）[1] 了，国家电视台竟然声称这个历史性的明显战败是一次胜利：塞尔维亚的耶路撒冷——科索沃——输得其所。在经济方面，情况变得更加糟糕了，在轰炸的影响下，每一项勒紧裤腰带的要求都是合情合理的。科卢巴拉煤矿的矿工——他们的罢工对这场革命起到了决定性的推动作用——告诉我，战后他们的工资从平均每月 150 德国马克降到了 70 德国马克的低位。对此给出的解释是为战后重建交税。但这让他们怒不可遏。

正如韦兰 · 马蒂奇所说，当时米洛舍维奇“竞选不是为了对抗我们，而是为了对抗北约”。然而，这没有起作用，因为人们内心更深处认为：“不过，他对抗北约输了，不是吗？”如果马蒂奇说得对，那么科什图尼察在不知不觉中成了他所谴责的轰炸的受益
人。当然，这种解释疑点重重，永远无法证实。但战争推波助澜引 12
发革命在历史上并不是第一次。

另一种部分解释不那么具有戏剧性，但也令人信服，至关重要。那就是许多过去选米洛舍维奇的人只是觉得受够了而已。这位

[1] 代指奥威尔在其作品《一九八四》中描述的情形：事实真相被掩盖，宣传信息遭到了控制等。——译注

领导人脱离了现实。他执政这么久，应该为当前的苦难负责。变革的时候到了。奥格年·普林彼斯维奇（Ognjen Pribičević）长期以来一直批评米洛舍维奇，他说，这与玛格丽特·撒切尔（Margaret Thatcher）和赫尔穆特·科尔（Helmut Kohl）分别掌权十一年和十六年之后发生的一切一样。与撒切尔或科尔作比较可能令人吃惊，甚至显得无礼。但这是一个有用的提醒，提醒我们，对于许多塞尔维亚的选民来说，米洛舍维奇不是一个战争犯也不是一个暴君。他只是一个国家领导人，做了一些好事，也做了一些坏事，但是现在必须下台了。

正是这些人最终选了沃伊斯拉夫·科什图尼察，让他的票数超过了 50%，在第一轮中当选。

这场选举就是那样。在 9 月 24 号，星期日晚上，一个成熟又独立的选举监督组织——外国资助的“第三部门”的一部分——告诉反对派，科什图尼察已经获胜，人们在贝尔格莱德的大街上一直狂欢到凌晨。但所有人都知道，米洛舍维奇不会认输。他可能试图“偷走这场选举”，声称从黑山和科索沃获得了额外的选票，来欺骗人们。好戏才刚刚开始。

可以肯定的是，米洛舍维奇让联邦选举委员会宣布科什图尼察获得票数比他多，但不足以在第一轮中胜出。必须要在 10 月 8 号举行第二轮选举。反对派当时没有听从许多西方政客和支持者的建议，豪赌了一把。他们表示：不行，我们不会进行第二轮选举。相反，通过策划和平的大众抗议，他们将迫使米洛舍维奇承认他在选举中败北。他们还设定了截止时间：10 月 5 号，星期四下午 3 点。 13

这场竞选运动已经带有革命动员的性质，与 1989 年夏季在波兰团结工会发起的竞选运动如出一辙。这就是所谓的反思。但是目前形势更加明确地朝着新风格的和平革命发展。人们走上贝尔格莱德以及其他城镇的大街举行大游行。反对派知道这样还不够。毕竟，

1996—1997 年的那个冬天，米洛舍维奇挺过了三个月的大游行。[1] 因此他们呼吁进行全面罢工。他们呼吁塞尔维亚的所有公民在 10 月 5 日星期四那天来贝尔格莱德游行，结束所有的游行。

全面罢工一开始非常零散，但在一个重要的地方站稳了脚跟：科卢巴拉的巨大露天煤矿场，大概在贝尔格莱德向南三十英里的地方，该煤矿场提供的燃料发出了塞尔维亚一半以上的电。它不可避免地被比作了格但斯克（Gdańsk）的列宁造船厂——1980 年波兰革命的发源地。探访科卢巴拉的矿井确实感觉回到了二十年前波兰的矿井和造船厂。同样的塑料桌子、盆栽植物、透孔的窗帘、无数的茶杯，还有一台旧收音机中传出的民乐。工人们穿着一身蓝色的衣服，留着胡子，脸上脏兮兮的，带着失而复得的尊严。

与那里一样，在这里，共产主义工业化的一大堡垒——此刻大约有 17 500 人受雇在科卢巴拉的基地工作——最终向其制造者倒戈。同样，在这里，更加熟练的工人和技术人员发挥了重要作用，他们都与民主反对党有关系，是革命的半导体。像三十六岁的工程师亚历山大·卡里卡自称是科卢巴拉的莱赫·瓦文萨（Lech Wałęsa）。他说："但有许多莱赫·瓦文萨，我们都是莱赫·瓦文萨。"卡里卡坐在咖啡厅里，穿着一身蓝色的衣服，戴着一顶鲜橙色的棒球帽，喊着奥威尔《一九八四》中的英雄的口号：1+1=2。一个选举监管组织把他挑了出来。卡里卡透露说，他最喜欢的流行歌曲非常红，是由著名的南斯拉夫乐队阿兹拉（Azra）演唱的，庆祝的是 14
1980 年格但斯克罢工。

与在格但斯克一样，经济问题推波助澜，引发了这场罢工，但工人立即牺牲了他们当地和物质上的需求来满足全国和政治的需求。当军队总司令帕夫科维奇和与他随行的政府部长答应如果他们

[1] 对于这些游行的描述详见我《当下历史：20世纪90年代发自欧洲的随笔、小品文和报道》（*History of the Present: Essays, Sketches, and Dispatches from Europe in the 1990*，纽约：古典书局，2001年）一书中的"塞尔维亚的悲剧"一文。

复工便给矿工增加一倍工资时，他们坚持只要一样东西：认可选举结果。罢工工人也有团结，但力度不够。10 月 3 日至 4 日的晚上，煤矿场罢工的工人减少了，警方入驻了。因此罢工的领导者呼吁人们前来支持他们。附近的拉扎雷瓦茨镇和首都来了数千人。在一个矿井外面，警察警戒着，但有些踌躇。最终，三位老人开着一辆拖拉机，缓缓朝他们开去，警方的警戒线打开了一个缺口。这要么是电影里的场景，要么是具有纪念意义的一刻。

不应该夸大与格但斯克的相似性，我可以说出许多不同点。但是科卢巴拉的罢工具有巨大的象征意义。它增强了革命的势头，进一步破除了恐惧的壁垒。随之而来的完全是塞尔维亚人。

10 月 5 日，星期四凌晨，许多汽车和卡车车队纷纷从省城、查查克（Čačak）和乌日策（Užice），克拉古耶瓦茨（Kragujevac）和瓦列沃（Valjevo）出发，还有从位于北部的伏伊伏丁那（Vojvodina）的肥沃平原和位于南部的塞尔维亚中心地带舒马迪亚（Šumadija）出发。来自查查克的车队由长期担任市长的反对党人韦利米尔·伊利奇（Velimir Ilić）领导。该车队有一辆铲车、一辆重型推土机和一些重型卡车，上面装着大石块、电锯，没错，还有枪。他们差不多将强行堵在路上的警车推到了一边。其他车队也通过谈判和武力打破了警方的封锁。

许多赶到贝尔格莱德的人都是来自反对党控制的城市的普通民众，由于当地有独立的电视台和广播电台，有时他们收到的信息要
比住在首都的民众多，但是生活常常没有住在贝尔格莱德的人好， 15
因此更加愤怒。然而，在他们当中也有当过警察和士兵的，还有参加过克罗地亚、波斯尼亚和科索沃战争的老兵。他们表情坚毅，光着头，皮夹克下面夹着枪。他们知道如何战斗，决定取得那天的胜利。

他们从四面八方聚集到贝尔格莱德，加入了成千上万贝尔格莱德人的游行大军中。宪法法院最近作出了荒唐又富有挑衅性的裁决——宣布这场总统选举无效，这进一步激怒了他们。因此，他们

聚在一起，举着国旗，吹着哨子，拿着写有“他完蛋了”的横幅，站在壮观的议会大楼（联邦选举委员会伪造了选举结果，它的总部也在这里）前。

3 点钟了——这是这场革命的截止时间。接着过了 3 点，人群中就有人对扎克 · 科拉奇（Žarko Korać）（他是反对派的领导成员，设定了该截止时间）说：“哦，教授，已经 7 点多了……”

没有人知道接下来会发生什么。是这样吗？

二

10 月 5 日，星期四下午大概在 3 点至 7 点这段时间内发生的事情改变了一切。一名穿着红衬衫的男子不惧警察的警棍和催泪弹，带领人群占领了议会大楼。紧接着不久，附近的国家电视台总部被烧毁。一些其他的重要媒体机构，包括国家电视台的演播室、传送中心和韦兰 · 马蒂奇的 B92 电台也被接管，不过采用的方式更加和平。“晚上好，解放的塞尔维亚”，科什图尼察向欣喜若狂的人群喊道，他们在街道上庆祝。

这些事件引发了对形象与现实之间关系的短暂反思。那些占领
议会的人创造了一个令人难忘的解放形象，美国有线电视新闻网和 16
英国广播公司（BBC）将这一形象传向了全世界。接着这一形象变成了现实。占领国家电视台本身又是一个具有说服力的电视形象：“电视巴士底狱”化为了灰烬。但这也意味着目前反对派控制了制造形象的地方。此外，军队和警方都不是现代政治的中坚力量。

我记得，1989 年的时候，波兰反对派领导人亚采克·库龙（Jacek Kuroń）曾在华沙表示，如果他必须在控制秘密警察和电视之间选择，他会选择控制电视。我们的民主是电视民主。（在这场革命期间，我们停下脚步观看了一场阿尔 · 戈尔 [Al Gore] 与乔治 · W. 布什的电视辩论，这场辩论将决定一场更加正常的总统选举。）米洛舍维

奇的专制统治是电视的专制统治。电视对革命至关重要。通过电视革命，推翻了电视专制，走向了电视民主。

这是一个突如其来的大转折,具有政变的影响。是谁负责的呢?我至少收集了十二名目击者对占领议会情形的描述，他们的描述大相径庭。邀功之人往往很多。那些做了英雄之举或者策划该行动的人像耶稣被钉死的那个十字架的遗迹一样不断增多。对于这类事件，完整准确又缜密的真相永远无法为人所知，但是有大量证据表明，除了许多自发的行为外，还有精心策划夺取权力的革命，它也是强有力的组成部分。

查查克的市长韦利米尔·伊利奇向我描述了他和他的组织是如何准备其贝尔格莱德之行的，整个准备工作显得这是一次军事行动一样。当我向他的一名先锋（他身材魁梧，之前是精英第 63 伞兵团的伞兵）询问这次行动的目标时，他斩钉截铁地说："沃伊斯拉夫·科什图尼察必须在下午 7 点 30 分的时候出现在国家电视台上。"伊利奇在他们出发前告诉他们："今天，我们要么获得自由，要么牺牲。"

在这些描述中无疑有事后自我吹嘘的成分，但其他目击者也表
示，来自查查克的人站在前面严阵以待，准备与警察战斗。一位在 17
场的贝尔格莱德的朋友回忆说，一位十五六岁的少年站在议会大楼前，向人群嘲弄道："你们这些贝尔格莱德人要我们查查克人展示怎么拿下你们自己的市政厅吗？"这位省城的少年对这幢大楼是什么都不知道，但他还是冲了进去。

查查克并不是孤军奋战，还有许多来自其他省城的愤怒民众。警方发动第一波猛烈的催泪弹时，贝尔格莱德的知识分子基本上已逃到附近的公寓、办公室或咖啡馆了。另一位遇到熟人的朋友说："这是最大的葬礼，史无前例。"她认为起义失败了。但是来自各省的顽强民众重新回到了广场上。他们无法到附近的公寓躲避，来这里是完成使命的。

贝尔格莱德市卓越的足球俱乐部“红星”的粉丝挽回了该市的荣誉。据大家说，他们也奋战在前线。他们已经在足球场上这样做过，大喊“拯救塞尔维亚，斯洛博丹自杀吧”来嘲弄警察。他们对警方的手段了如指掌。后来，贝尔格莱德的新市长、历史学家、反对派领导人米兰·圣·普罗蒂奇（Milan St. Protić）感谢了他们的英雄之举。一位市长感谢他的足球小流氓闹事恐怕只此一次吧。

也不是只有查查克制定了计划。查查克的市长是联合全国反对
派领导层的成员，该领导层的其他成员也各自做了准备。佐兰·金
吉奇是民主党领导人，这一头衔要比科什图尼察的“助选团长”这
一平庸的头衔重要得多。他告诉我，他和他的反对派同僚也有从后
面拿下议会的计划，但是“查查克比我们抢先了一步”。他的左右
手切多米尔·约万诺维奇（Čedomir Jovanović）（一名魅力十足的
前学生领袖）在现场，穿着一件防弹背心。还有一辆推土机也是他
们叫来的。德拉甘上校坚称，他占领电视台的 B 演播室是受到金吉 18
奇一名亲密助手的指示。他奉命行事，护送警卫人员安全地穿过了
愤怒的人群。有几位反对派人士表示他们在警方那边有内线，这些
内线给他们传出消息，告诉了他们警方采取的手段。下午 7 点前，
一名指挥官通过从警方手中夺取的无线电设备说：“放弃吧，他完
蛋了。”

对于有计划的行动和自发行动的事后说法和反驳，还有一百多种谜团没有解开。但是基本要点是无疑的。塞尔维亚在经历 1980 年和 1989 年那样的革命后，还短暂出现了 1917 年那样的革命：有意但有克制地使用革命暴力。没有这样做，很难想象会有这样的突破。但引人注目的是有多克制，该国回归新式的和平革命有多迅速。在一星期内，奥特波尔的活动分子便开始组织行动鼓励人们归还他们从商店抢来的商品。尽管这是一个危险的词组，但有人往往会说他们使用了最少的必要暴力，这不禁让人想起奥登（Auden）那句臭名昭著的话——“必要的杀人犯”。

为什么米洛舍维奇一手组建的军队、强大的警力和国家安全特种部队没有插手，而是让一些普通的警察扔一些催泪弹，接着就放弃了？这仍然是一个问题。这些武装力量装备精良、身经百战，可以轻而易举地在贝尔格莱德市中心引发一场大屠杀，不过这可能只会让该政权以血腥得多的方式加速垮台。

现在，我们进入最模糊不清的领域。关于军队的说法中，有一种称，先前以米洛舍维奇铁杆盟友著称的军队总司令帕夫科维奇将军拒绝下令出动坦克。或许更加可信的说法是，帕夫科维奇与其高级指挥官商议后，发现他们不愿冒险出动大部分是征召来的士兵去对付自己人。（据报道，9 月 24 日，军队和警察的大部分选票显然都投给了科什图尼察。）佐兰·金吉奇告诉我，受惊的“红色贝雷帽”——之前是塞尔维亚内政部下属的国家安全服务的特别行动 19
队——接到直接命令进行轰炸并夺回议会大楼和电视台。他们没有执行命令。相反，两天后，这些“红色贝雷帽”接到绰号“军团”的米洛拉德·乌莱梅克将军（Milorad ‘Legion’ Ulemek）（从他脖子上的红玫瑰纹身可以认出他来[1]）的命令，为金吉奇接管了内政部，或者至少是与金吉奇合谋接管了内政部。[2]

贝尔格莱德就是贝尔格莱德，还有更黑暗的推测。在这里，我所到之处都有人一直告诉我有关阴谋——有国内的，也有西方的，尤其是美国的——的奇妙故事。这是阴谋论的世界首都。但是，在这件事情上，我觉得可能并不是空穴来风。该推测是，这些不忠的军队、秘密警察和特种部队前成员此前一直在想方设法推翻米洛舍维奇，现在推波助澜确保米洛舍维奇无法获得准确消息，部队不做

[1] 他名字中的“军团”是因他参加过法国外籍军团而得名。——译注

[2] 这个故事还有血腥的后果。2006年，该“军团”将军因在2003年组织过暗杀佐兰·金吉奇的行动而被判有期徒刑四十年。详见《文明抵抗和权力政治：从甘地到现今的非暴力行动经历》（*Civil Resistance and Power Politics: The Experience of Non-Violent Action from Gandhi to the Present*，亚当·罗伯茨和蒂莫西·加顿艾什主编，牛津：牛津大学出版社，2009）一书中伊万·韦沃达（Ivan Vejvoda）撰写的章节。

出反应。在军队方面，毫无秘密可言。米洛舍维奇的两位前高级将军莫姆契洛克·佩里希奇（Momčilo Perišić）（1998年被解除了参谋长的职务）和伍克·奥布拉多维奇（Vuk Obradović）现在成了反对派的领导人，在公共场合和私下里都呼吁其前战友不要对民众采取行动。但是最值得一提的重要人物是前秘密警察指挥官约维察·斯坦尼斯奇（Jovica Stanišić），1998年他被米洛舍维奇解职，但据说在那些秘密警察、准军事部队、商人、政客和黑社会式歹徒混杂的阴暗的贝尔格莱德边境，他仍有很大的影响力。

这些躲在背后的人的动机是什么？首先，正如政治分析人士布拉蒂斯拉夫·格鲁巴季奇（Bratislav Grubačić）对我所说的，“就是对付米洛舍维奇”。这些曾受米洛舍维奇重用，接着又被其抛到一边的人是在报复。其次，正如一位曾经与米洛舍维奇很亲密的消息人士解释的那样，“保他们自己的命。还有钱，你懂得，大量的钱。可能还要保住他们的自由”。还有试图与即将上台的政权达成一些和解。这里似乎主要指佐兰·金吉奇，一直有谣传说之前他曾与前秘密警察指挥官会过面。当我问金吉奇为什么在秘密警察的总部没 20
有出现像东德人占领斯塔西（Stasi，即国家安全部，东德的秘密警察）那样的大规模游行时，他慌乱地回答道：“不，我们认为那里有宝贵的装备，那些东西是每个国家都需要的。”我对此感到很吃惊。

仅此而已，我再重申一遍，仅仅是基于可靠消息的推测而已。进一步证实需要调查，但我无意调查。这根本不像1989年罗马尼亚那样，在罗马尼亚，一群政府的前官员组织了政变，还把它伪装成一场公众革命。但是贝尔格莱德是一座人与人之间存在最奇怪关系的城市。除了武装部队出于爱国心的克制与和平公众抗议的天鹅绒力量外，要解释没有出现严重的镇压现象，似乎确实还缺点什么。如果一点旧式的巴尔干阴谋促成了这样的结果，那么为旧式的巴尔干阴谋欢呼三声吧。

10月5日，星期四的下午，一位妇女死在一辆卡车的车轮之下。

一位老人死于心脏病。国家电视台的总编以及许多警察和游行人员遭到了毒打。未经证实的报道称有两名警察死亡。就这些了。在这个表面上仍然由米洛舍维奇统治的国家，藏着大量的枪支，人们使用起来已经驾轻就熟，在这里没有什么奇迹。

这四个因素——基于先前多党政治的选举、新式的和平革命、短暂的革命性大转折和一些阴谋——的结合有助于解除世界各地的记者抵达贝尔格莱德时遇到的困惑。不同的反对派领导人喜欢用不同的手段：吉伦特派[1]的科什图尼察总是希望采用和平、合乎法律和宪法的手段，按照自己设想的方式公开开始；雅各宾派[2]的金吉奇更倾向于采取直接行动；而其他人介于他们两者之间。这一事实也有助于解除世界各地的记者抵达贝尔格莱德时遇到的困惑。

三 21

从形式上来说，塞尔维亚的超级星期四过去四天后，反对派中掌权的只有总统一人。我们坐在联邦宫的时候，科什图尼察先生揶揄道："没错，当时只有我一人。"他是这片土地上的法定继承人。两星期后，反对派与米洛舍维奇的前执政党社会党和武克·德拉什科维奇的塞尔维亚复兴运动党在组建塞尔维亚共和国的过渡政府方面达成了一致，大部分真正的行政权力都在该过渡政府手中。这似乎很可能包括一些旧政权中积极妥协的代表。

你可以到处看到悄悄叛变的人。在一个省城，奥特波尔的活动分子正在向叛变者分发象征性的管装凡士林。但是每一个新的民主国家都需要这些阿谀奉承的机会主义者。人们仍然担心米洛舍维奇

[1] 吉伦特派（Girondin），法国大革命期间立法议会中温和的共和派，这里代指温和派。——译注

[2] 雅各宾派（Jacobin），法国大革命时期的政治团体，以极端激进主义和暴力闻名，这里代指激进派。——译注

东山再起——吸血鬼从坟墓中出来，但他的社会党的主要成员已经在呼吁他辞职。他的社会党可能确实还有政治前途，就像后共产主义时代欧洲其他地方的后共产主义社会党一样，只是没有了他而已。

以法国为首的世界各国纷纷前来道贺，提供帮助。法国是现任欧盟轮值主席国，希望与塞尔维亚建立特殊关系。当然，经济重建任务艰巨：目前塞尔维亚的国内生产总值差不多是1989年时的一半。但是，按照一位经济学家的说法，塞尔维亚拥有后发优势。作为最后一个国家，它可以从所有其他后共产主义的过渡中学习经验。姆拉詹·丁基奇（Mladjan Dinkić）是所谓G17+集团[1]经济学家中的代表，他们已经在为民主过渡做准备。他告诉我，他们将结合波兰式的休克疗法和更加谨慎的私有化。他们还将接受西方的许多帮助。为什么？因为，大体而言，塞尔维亚虽小，但很危险。（俄罗斯很危险，但却是大国；保加利亚是小国，但不够危险。）这是米洛舍维奇留 22
下的一项间接的有用遗产。一项重要的考验是，他们能否在一个犯罪率高的社会中建立法治，这是我们从其他过渡中学到的经验。这将决定塞尔维亚会变成一个小俄罗斯，还是变成一个文明的欧洲国家。

还有两大问题。第一个问题是：这是一个什么样的国家？科什图尼察致辞的时候说是“解放的塞尔维亚”，但接着宣誓就职的却是南斯拉夫联邦共和国的总统。黑山并不这样认可他，目前他提议将国家的名字改为塞尔维亚—黑山，这不禁让人想起1990年的提议——带有连字符的捷克—斯洛伐克，紧随其后发生了“天鹅绒分离”。塞尔维亚新选举之后，关于与黑山新关系的谈判将开启。科什图尼察已经明确表示，他将尊重黑山公投的结果。在这个问题上，在塞尔维亚，塞尔维亚人无论如何都不想与黑山人组成一个不平等或者虚假的联盟。

另一个问题是：如何处理过去？在西方看来，这通常变成了：

[1] G17+，1997年成立的一家非政府组织，2002年变为一个政党。——译注

如何处理米洛舍维奇？是在海牙（Hague）吗？科什图尼察曾接二连三地表示不会引渡。在塞尔维亚进行审判？塞尔维亚的许多人都希望能这样做。“在荷兰坐牢太便宜他了。”这是我听到的一种评论。“让他试试塞尔维亚的牢房”,还是让他“多陪陪他的家人”就好了？佐兰·金吉奇说：“我真的不关心他会怎么样，我们现在有别的任务要先去完成。”

但是过去的问题要大得多，也要复杂得多，绝不仅仅是米洛舍维奇的命运问题。有许多人，包括反对派中的一些高层，之前都是米洛舍维奇政权的官员或者支持者。此外，大多数普通塞尔维亚人的片面观点（他们认为自身是米洛舍维奇和北约的受害者），和许多外界人士几乎同样片面的观点（他们认为“塞尔维亚人”只是波
斯尼亚和科索沃的受害者）之间存在巨大的冲突。塞尔维亚的真相 23
委员会将面临艰巨的任务。

这些问题以及许多其他问题仍然悬而未决。但是，事件已经过了两星期，目前，我们可以自信满满地说什么已然结束，什么才刚刚开始。

如果波兰团结工会的革命拉开了共产主义终结的序幕，那么这场革命是共产主义终结的闭幕式。它是二十年间中欧和东欧一系列新式革命中的最后一场，每场革命都借鉴了上一场革命，但也添加了新成分和变化。[1] 还不仅仅在欧洲是如此，在菲律宾或印度尼西亚也有响应。有人希望，信息能够传递给其他国家。在当前全球化的政治中，我们已经超越了 1789 年和 1917 年那种旧式的革命模式。如果它可以在塞尔维亚发生，那么为什么不能在缅甸发生呢？为什么不能在古巴发生呢？

解放是一个大词，对于在米洛舍维奇统治下仍然享有一半自由

[1] 说“最后一场”为时过早了。尽管在共产主义到后共产主义期间，米洛舍维奇一直执政，但乌克兰的橙色革命和格鲁吉亚的玫瑰革命可能也属于这个系列。

的人来说尤其如此。现在除了执政结构和一些人员没有变动外，还保留了许多旧政权的东西。但他们觉得更加自由了，并且这种自由感与日俱增。一位熟人告诉我：“我们呼吸起来更加自由了。”此外，他们至少可以规划未来了。自由国家的一种定义是人们回归而不是离开的地方。现在塞尔维亚将成为这样一个国家。

正如 1956 年的匈牙利革命改变了匈牙利在世界的形象一样，这次塞尔维亚的革命也将改变塞尔维亚在世界的形象。与 1945 年的德国人不一样，塞尔维亚人是实现自我解放的。如果他们自己能够继续处理好过去的问题，那么他们将获得更好的声誉。

这是巴尔干战争的终结。科什图尼察非常关心所有在克罗地亚（留在那里的人非常少）、波斯尼亚、科索沃（他希望看到更多塞尔维亚的难民从那里回归）和黑山的塞尔维亚人。但是他是一个主张和平的人，将通过谈判争取塞尔维亚的国家利益。目前唯一可能想发动一场巴尔干战争的人是科索沃和马其顿（Macedonia）的阿尔 24
巴尼亚人（Albanian）。如果北约驻扎在科索沃的数千兵力无法阻止这场战争，那么不如让自己变成一个烹饪俱乐部算了。

这也是塞尔维亚帝国梦的终结。我在贝尔格莱德与作家多布里察·乔西奇（Dobrica Ćosić）谈过，他因在 1986 年塞尔维亚科学与艺术科学院的备忘录上倡导这些梦想而受到许多人称赞。他坐在塞尔维亚科学与艺术科学院的总部告诉我，目前的重点就是建设一个现代的塞尔维亚国家。如果黑山人想自行其是——不过他急忙补充说，“黑山性”是斯大林主义国籍政策的产物——那也无所谓，随他们去。塞尔维亚人必须继续建设自己的国家。

如果真的是这样，我的直觉告诉我，我们将接近一个更长、更大故事的尾声：从奥斯曼帝国的废墟中形成现代欧洲国家的过程，持续了两个世纪，旷日持久，时断时续。

这反过来给西方带来了巨大挑战，但最重要的是给欧洲尤其是欧盟带来了巨大挑战。米洛舍维奇倒台后，我们建设一个自由共同体不再面临任何外部障碍，这个自由共同体不再仅仅由 15 个民主国家组成，而是由 30 个民主国家组成。现在我们真的有了机会，但也面临建设“一体化和自由欧洲”的艰巨任务（老布什在冷战结束前夕提出了这项任务，令人难忘）。

一个星期四下午 3 点至 7 点之间发生的事情真不少。

2000 年

国家召唤我 25

这是一个天寒地冻的冬夜。革命的营地驻扎在基辅相当于伦敦摄政街的街道上，站在营地帐篷中间的是斯维亚托斯拉夫·施莫林(Svyatoslav Smolin)。他看上去相当硬朗，脸色苍白，穿一件卡其布的夹克，平常的工作是检测切尔诺贝利的辐射水平。他告诉我，在两周多前那个至关重要的星期一，当他听到据说反对党候选人在总统选举中败选的消息时，他转向妻子说："我必须过去。"他来到基辅，加入独立广场上大批抗议民众中，为之提供服务，而帐篷，眼看着一天天多起来。这座组织有序的"帐篷之城"，在城市宽敞的大道上延展了约莫半英里，他在其中的一个分区负责指挥保安人员。

在一个火盆旁边烧木取暖的是瓦西尔·霍尔库达(Vasil Khorkuda)，他身体强壮，目光炯炯有神，来自喀尔巴阡山脉附近的农村，在当地经营一家小旅行社。他说，之前他从未积极参与过政治。但是那个星期一，他也确信自己必须去基辅。他来了以后一直待在这里，将继续待下去，直到"成功"，他解释说，成功是指在自由公平的选举中选出总统。

此外，在一棵纯橙色的人造圣诞树——这是橙色革命，因此连
圣诞树也与之相称——旁边咯咯傻笑的是埃琳娜·玛雅丘克(Elena 26
Mayarchuk)。她穿着皮衣，围着应景的橙色围巾，是乌克兰中部一个小镇一家玫琳凯美容院的老板。又是那个同样的故事：她听到消

息，知道自己必须过来并将坚持到底。还有沃瓦（Vova），他是东北部一座工业城市的工人，摆出一副英雄姿态——举起两只戴着黑色手套火腿般粗细的双手，比划出 V 形胜利符号，郑重地宣称："这个国家召唤我。"

11 月 22 日，星期一，这些自发行动起来的所谓普通人创造了历史。一开始是基辅人控制了自己的城市。接着是外来人员。所有为反对党候选人维克托 · 尤先科（Viktor Yushchenko）所做的资金充足的竞选活动，所有精心准备参加抵抗运动波拉（Pora，意为"是时候了"）的学生活动分子，所有西方支持的非政府组织和选后民调等，所有国际选举监督机构，所有来自华盛顿或者布鲁塞尔的电话——所有这一切，如果没有像斯维亚托斯拉夫、瓦西尔、埃琳娜和沃瓦这样的人浩浩荡荡地来到基辅的街头，改变了一切，都无法战胜列昂尼德 · 库奇马（Leonid Kuchma）的邪恶政权。该政权操纵媒体，拥有俄罗斯的顾问，还制造选举骗局。

乌克兰政坛依然还有许多模棱两可、腐败不堪和弄虚作假的情况，但在这次变革的核心位置有一点非常真实的东西：人类希望掌控自己的命运。无论多么短暂，历史渺小的客体将成为活跃的主体。主体将成为公民。

外界最感兴趣的是俄罗斯和美国争夺欧亚大陆的控制权和塑造新欧盟，但你在街上和广场上听到的情况并非如此。连最支持欧洲的学者也承认，后苏联向欧盟转变的吸引力在这场运动中只发挥了很小的作用。

的确并非如此，你听到的情况是十三年前苏联解体后，乌克 27
兰变成了一个独立的国家，只是到了现在才开始创造主权独立、准民主国家的社会现实。还有列昂尼德 · 库奇马总统领导下的后共产主义政权一直玩弄手段、恃强凌弱、腐败不堪，连谨慎的分析人士也将它形容成"强盗政权"。在他们所谓的"敲诈国家"中，总统控制着公共生活的大部分最高职位，通过抓住官员非法活动的"把柄”——人们用的是旧苏联秘密警察的术语 kompromat——来确保其忠诚度。通过把柄来治理。

如果合作者真的踏出了红线，他们的企业会被封，或者他们会锒铛入狱，又或者被毒打一顿，也可能更糟糕。维克托 · 尤先科曾经帅气的脸上那些可怕的痈很可能是故意被人下毒所致。正如尤先科自己所说 ：他的脸反映了当今乌克兰的面貌。

但是，掌权者希望，这不是乌克兰未来的面貌。最终，他们玩得过火了。他们推选了一名大政治机构的官员维克托 · 亚努科维奇（Viktor Yanukovych）当总统，他年轻的时候因偷窃和造成严重的人身伤害坐过两年牢。（在基辅流传的许多玩笑中，有一个玩笑说，与现任总统库奇马不同的是，亚努科维奇不会想连任三次。）主要电视台上的谎言和选举舞弊变得过于明目张胆。接着莫斯科的教父弗拉基米尔 · 普京（Vladimir Putin）（据说他掌握着库奇马的把柄）像乌克兰仍然是苏维埃俄罗斯的一个辖区一样行动。这是最后的救命稻草。

民主和国家进程齐头并进，在乌克兰历史上可能尚属首次。在
波斯尼亚、东帝汶或者伊拉克，西方占领者谈论“国家建设”，令
人难以置信。在这里，你在呼喊人群的团结和挥舞的新象征物中可
以看到国家是如何建成的。一位俄罗斯籍的年轻人说 ：“与三周前
相比，现在我觉得更像个乌克兰人了。”这短短的一句话体现出了 28
真正国家建设的实质。在这个依然基本上说俄语的国家，在今年 2
月份一项全国调查的对象中，只有 42% 的人称自己“终究”是乌克
兰公民。（令人惊奇的是，有 13% 的人的回答是“苏联公民”。）一
位该调查的设计者跟我打赌说，明年 2 月份，这一比例将达到 50%
或者更多。

国家建设包括创造传统。这些天，创造传统的不是吟游诗人和历史学家，而是电视。我已经在这里更加独立的电视台上看到了在雪中戴着橙色饰品的示威人员的照片集，有靓丽的女孩、呐喊着的

老奶奶和爱国歌曲。没错，还有独立广场上白色与金色相间的大石柱，看上去仿佛肯定是 19 世纪初的杰作，其实立于 2001 年。

目前，议会已经为 12 月 26 日腐败的第二轮选举不再重演铺平了道路。我刚好回来了，没有听到维克托 · 尤先科向在那根大石柱下面挥舞旗帜的人群宣布“经过漫长的 17 天后赢得了胜利”。他说：“在这 17 天中，我们让这个国家变得民主。”但他甚至还没有赢得选举。前方还有很多的坎坷。即使他现在当选（这似乎最有可能），在总统尤先科的领导下，失望会随之而来。令人感动的是，我看到布拉格天鹅绒革命之父、前总统瓦茨拉夫 · 哈维尔（Václav Havel）在其翻领上戴着一条橙色的装饰带，出现在了乌克兰的电视上，警告的正是革命后不要抱幻想。

浪漫的理想化肯定不是我们应该在这里给予的，但有眼光的尊重却可以。在零下 10 度的情况下，你会离开你的工作和家庭，数星期去和陌生人住在脏兮兮大街上的拥挤帐篷中吗？我待了两个小时就冷得受不了，必须回宾馆喝点热茶来急救一下。他们在那里待了两星期。这些所谓的普通人现在正做着非凡之事，至少获得了不
被视为外界意识形态幻想或者臭名昭著的阴谋论对象的权利。相反，29
我们可以怀着敬畏之心，倾听他们亲自讲述为何身在此处的故事。

2004 年

乌克兰的橙色革命[1] 30

去年秋天，在其历史上，乌克兰首次在世界政治意识中留下了自己的印记。在所谓的“橙色革命”中，大批围着橙色围巾的人在低于零度的气温下聚集在基辅的独立广场，要求一场公正的总统选举。

观察人士将乌克兰的“橙色革命”归入一系列和平的民主革命中，从 1989 年中欧的“天鹅绒革命”到 2003 年格鲁吉亚的“玫瑰革命”再到黎巴嫩有些人所谓的“雪松革命”（Cedar Revolution）。这个引人注目的称呼与过去他们基本上负面或者默默无闻的形象截然不同，许多乌克兰人为这个称呼感到高兴可以理解。然而，我们必须透过新闻的头版头条，去发现这种变革是如何发生的，为何会发生，以及可能带来什么后果。

一

乌克兰的历史始于一千年前，当时建都基辅（Kiev）——或者说 Kyiv，这是乌克兰语的拼法——的一个贸易国的统治者皈依了拜占庭基督教（Byzantine Christianity）。蒙古入侵之后，当时波兰—

[1] 本文是我与耶鲁大学的蒂莫西·斯奈德（Timothy Snyder）共同撰写的，他是研究现代中欧和东欧历史首屈一指的专家。

立陶宛合并在一起的国家吞并了基辅和周围的土地，在该国，乌克 31
兰人受到了文艺复兴和反宗教改革运动的影响。随着俄国的力量向西辐射，受过良好教育的乌克兰人就为俄罗斯帝国提供服务了。与波兰语和俄罗斯语都相关的乌克兰语让他们轻而易举地融入了其中。随着 19 世纪民族主义的兴起，俄罗斯人开始把乌克兰视为本国的一部分。与此同时，一场乌克兰的民族运动开始清楚地传达一种独特的乌克兰文化。

然而，1918 年，乌克兰没有实现独立。乌克兰人建立国家的努力受到了布尔什维克和波兰势力的阻挠。伍德罗·威尔逊（Woodrow Wilson）认为乌克兰不是一个国家，西方列强认同乌克兰的土地由俄国白军控制，希望他们能够打败布尔什维克主义。1921 年，布尔什维克和波兰瓜分了乌克兰。[1] 布尔什维克在新苏联里划了一块很大的地给乌克兰，但是农业集体化让苏维埃乌克兰的农民深受其害，与此同时，东正教低人一等，腐败不堪，大批知识分子惨遭杀害。斯大林犯下的最严重罪行之一是 1932—1933 年期间有组织的饥荒，该饥荒夺走了苏维埃乌克兰 300 多万人的生命。1941 年，纳粹分子推翻了他的政权，认为乌克兰人是低劣种族，因此对他们相当残暴。乌克兰中的犹太人在那场大屠杀中遭受了灭顶之灾，在这个过程中，德国的占领者获得了一小部分乌克兰人的协作。一些乌克兰的民族主义者攻击并杀害了当地的波兰人。成千上万的乌克兰士兵饿死在德国集中营里。尤先科的父亲在奥斯维辛集里营里活了下来，是为数不多的幸运儿之一。

战后苏联东山再起，乌克兰土地聚集成了一个政治实体。1945 年，斯大林吞并了属于波兰的乌克兰西部，将来自不同政治背景的
人带入了苏联。其中一些人来自加利西亚（Galicia），它在 1772— 32
1918 年间是奥地利的一部分，后来并入了波兰。这些乌克兰人基本

[1] 如今乌克兰的更小一部分地区陷入了罗马尼亚和捷克斯洛伐克的内战。

上是希腊的天主教徒，他们的“东仪天主”（uniate）教会奉行东方的礼拜仪式，接受梵蒂冈的领导。在二战期间，加利西亚人一直是波兰的公民，尽管波兰日益成为一个专制国家，但总体而言还是一个可以自由发表言论和接受法治的国家。1945 年后，掌管乌克兰的共产党官员尼基塔·赫鲁晓夫（Nikita Khrushchev）接管了其西部的苏维埃和解工作。正是他于 1954 年将克里米亚半岛划给了苏维埃乌克兰，让该国有了现在的版图。

苏联的力量削弱或者消除了乌克兰文明社会中的那些要素——私有农场、教会和知识分子，这些要素曾为更加幸运的邻国（比如波兰和捷克斯洛伐克）的天鹅绒革命铺平道路。不过，1991 年，当苏联解体的时候，乌克兰仍然有名字和首都，在地图上也有一席之地。但是乌克兰的独立没有经历一场重要的全民运动[1]，其根基不牢。许多俄罗斯人不接受乌克兰独立的现实。

20 世纪 90 年代期间，乌克兰从一个选举的民主国家摇摇晃晃地过渡到后苏联时代的资本主义国家。1994—2004 年间，列昂尼德·库奇马总统领导的政权采用了日益腐败、残暴和不民主的手段，总统几乎任命了所有重要人员。库奇马开创了所谓的“敲诈国家”。[2] 腐败不断自我扩散，他的政权利用官员和普通公民不当之举的证据来威胁进而敲诈他们。这些证据是秘密警察收集的，称为“kompromat”（旧苏联术语，意为“把柄”）。库奇马还与一些乌克兰新兴的工业大佬培养了亲密的关系，让他们接管国有资产——尤其是煤炭、钢铁和天然气，还给他们其他好处，从而换取他们的政治支持。这个制度似乎挺有效。

---

[1] 1991年期间，支持独立的运动“鲁赫”（Rukh）确定了辩论的期限，但没有赢得选举。

[2] 基思·A. 达登（Keith A. Darden），“敲诈作为国家统治的工具：库奇马统治下的乌克兰”（Blackmail as a Tool of State Domination: Ukraine under Kuchma），《东欧宪法评论》（*East European Constitutional Review*）第10卷，2001年第2期，67—71页。

第一次世界大战后，乌克兰保守派人士维亚切斯拉夫 · 里皮尼斯基（Vyacheslav Lypyns' kyi）有一个乐观的想法：即便是一个腐 33
败的乌克兰国，如果能够持续的话，也能创造一个乌克兰民族。富人将遵守法律，与国家官员套关系。如果他们在各个机构中有利益的话，那些与乌克兰没有文化渊源的人也会将把自己视为乌克兰的公民。[1] 20 世纪 90 年代考验了这些想法。机敏的生意人接管了先前的国有资产，创造并利用垄断企业，进行有利可图的投资。在靠近俄罗斯边境的乌克兰远东地区，一名矿工的儿子雷纳托 · 阿克梅托夫（Rinat Akhmetov）以煤炭和钢铁起家，现在大概积累了 30 亿美元的财富。这些寡头——基本上是东部说俄语的人——通过资助政党当选议会议员。其中许多人搬到基辅，向库奇马献殷勤。其中有一位叫维克托·平丘克（Viktor Pinchuk）的人，娶了库奇马的女儿。这些寡头在乌克兰的幸存中有既得利益。而在扩大的俄罗斯或东山再起的苏联中，他们将只是大池塘中的一条小鱼，其关系毫无价值。

库奇马的乌克兰支持建设作为一个独立国家应该拥有的机构和象征。它有大使馆、军队和自己的警察。1992 年，重新启用了第一次世界大战后短暂独立的乌克兰人民共和国所使用的国歌，2003 年对其进行了修订。每晚，人们都可以在电视的天气预报地图上看到自己国家的版图。乌克兰语是国家的官方语言。外国记者被要求使用“Kyiv”而不是“Kiev”来表示基辅。精英学校的老师在课堂上要使用乌克兰语，行政部门的文本和大学考试也都使用乌克兰语。尽管许多政治精英私下里还是用俄语，但在公共场合使用乌克兰语成为这个国家已经成立的一个标志。[2] 库奇马出版了一本名为《乌

[1] 详见伊凡 · L. 鲁登斯基（Ivan L. Rudnytsky），《现代乌克兰史随笔》（*Essays in Modern Ukrainian History*），埃德蒙顿：加拿大乌克兰研究所，1987年，447—461页。

[2] 详见奥克萨娜·谢维尔（Oxana Shevel）的“乌克兰的国籍：接触的一些规则”（Nationality in Ukraine: Some Rules of Engagement），《东欧政治与社会》（*East European Politics and Societies*）第 16 卷，2002 年第 2 期，386—413 页。

克兰不是俄罗斯》(*Ukraine is Not Russia*) 的著作。

2004 年，库奇马的制度实现了升级。尽管维克托·平丘克和雷纳托·阿克梅托夫的出价（8 亿美元）低于以美国钢铁公司为首的集团，但他们还是收购了私有化的克里沃罗格（Kryvyi Rih）钢铁厂。 34
投桃报李，阿克梅托夫资助库奇马的总理、指定继承人维克托·亚努科维奇的总统竞选。如果亚努科维奇当选总统，乌克兰依然会是独立的国家，但其资源更加会被少数寡头紧紧掌握在手里。然而，库奇马的制度有两大缺陷。第一大缺陷是，乌克兰人有选举权。库奇马政权及其候选人（一位年轻时判过两次刑、超级没有魅力的政客）不得人心。第二大缺陷是，并不是所有有权有势的人都心满意足了。

比如，尤利娅·季莫申科（Julia Tymoshenko）就是一名有所不满的寡头。她是一名来自乌克兰工业中心第聂伯罗彼得罗夫斯克东部的经济学家，靠投机天然气，利用国有企业可以用重新出售的商品而不是现金来支付能源的法律漏洞牟利。中间人可以按这种方法积累自己的财富。季莫申科以“油气公主”著称。后来，1999—2001 年担任政府部长时，她堵住了这些法律漏洞，迫使能源业成为现金经济的一部分。她与前中央银行行长、时任总理维克托·尤先科一道，对乌克兰经济进行了改革。库奇马解雇了他们二人，并将季莫申科送进了监狱。她的勇气和胆识让她成了一个颇具魅力的人物。她很快被释放。然而，尤先科成了乌克兰最受欢迎的政客。他能够吸引这样的企业家：他们相信自己能够在与政权的关系不那么重要、法治更为重要的经济中兴旺发达。

2000 年 9 月，在基辅外面的森林中发现了格奥尔基·洪哈德斯（Heorhiy Honhadze）的无头尸，洪哈德斯是一名以批评库奇马著称的记者。据称，库奇马的一位保镖泄露的录音带录的声音听起来好像是库奇马在下令干掉洪哈德斯。乌克兰人走上街头，要求一个“库奇马下台的乌克兰”。抗议的学生在基辅建起了一个帐篷城市。
尽管他们的运动失败了，但这次深得人心的动员运动对于数千名乌 35

克兰人来说是一种新体验。

三年后，维克托·尤先科发起了一场烛光祷告，纪念1932年和1933年在斯大林政权统治下发生的饥荒的数百万受害者。总统竞选如火如荼，许多乌克兰人敬重尤先科请公众默默记住这个国家过去的方式，但他的对手、总理维克托·亚努科维奇有库奇马的支持、寡头的金融资助，以及无休止的电视宣传。尤先科几乎无法上电视，于是亲自到每个地方竞选，亲自访问乡村，与人握手，与人见面，以此来应对电视上对他的攻击。

去年9月，选举前几星期，他中了二氧芑的毒。他与秘密警察的高级官员共进晚餐后首次出现了相关症状，尽管这没有与中毒扯上明确的关系。他重新开始竞选时，原本英俊的脸已面目全非，上面有严重的粉刺和伤疤。他说，这是“当今乌克兰的面貌”。库奇马政府暗中指示电视台宣称，尤先科被蓄意下毒乃是“不要脸的谎言”，是一种竞选伎俩。[1]维克托·梅德韦丘克是与库奇马关系密切的一名寡头，他的电视台称尤先科的病是其不良个人习惯所致。

二

尽管障碍重重，尤先科还是在10月31日第一轮总统选举中赢得了多数票。11月21日，星期日，在第二轮选举中，库奇马政权组织竞选活动伪造了投票结果。那天晚上，该政权宣布亚努科维奇以3%的微弱优势获胜。弗拉基米尔·普京总统随即对他表示祝贺。 36
然而，独立委托和西方资助的选后民调清楚地表明，尤先科赢得了决定性的胜利。

于是橙色革命爆发了，抗议舞弊的选举。尽管库奇马政权主导

[1] 详见“Temnyk po khvorobi Iushchenka”，*Ukrains'ka pravda*，2004年10月1日。Temnyk是库奇马的助手给电视台的秘密指示，引导某些话题。

着电视，但自称为“波拉”（意为“是时候了”）[1] 的学生运动利用互联网，在谷歌上查找有关从斯洛伐克到格鲁吉亚等地其他抗议组织方式的信息。这样利用网络在东欧天鹅绒革命的历史上是前所未有的。1997 年的时候，一名在贝尔格莱德游行示威的学生告诉我：“我不是互联网时代的孩子，但我很想成为那样的孩子。”[2] 星期一凌晨，乌克兰的学生开始在基辅的主要商业街上搭帐篷的时候，他们的网站在 2 点 33 分 11 秒用英语向世界宣布了这一事实。他们后来解释说，他们料到库奇马政权会在第二轮选举中造假，早就提前准备好了下一步行动。同日，许多在基辅和国外的外交官宣布他们“全力且无条件”支持尤先科。他们的声明用邮件发给了全世界。

然而，改变一切的是普通民众的回应。一开始，数千名基辅市民走上了街头，接着增加到上万人，随后，乌克兰其他地方的民众纷纷响应来到了基辅。这不禁让人想起 1989 年的布拉格或者 1980 年和 1981 年首次团结工会革命期间的波兰。但是二十五年前，在波兰，充当先锋的是工人和农民，而这里充当先锋的是刚刚起步的中产阶级——学生、旅游中介、美容院老板。

在这些革命的秋日里，尤先科和季莫申科经常一起出现在独立广场的讲台上：他高大魁梧、让人安心，脸上因二氧芑中毒而留下的可怕痘疤现在已经成为国家英雄的圣痕；她小巧玲珑、热情洋溢，常常穿着乌克兰的民族服装，一头金发扎成了平民风格的辫子。尽管总是看起来更像玛丽·安托瓦内特（Marie Antoinette）[3]，但这位 37
“油气公主”成为了“革命女神”。

橙色革命者的首要准则是：绝不使用暴力。这是天鹅绒革命与

[1] 这出自诗人伊凡·弗兰科（Ivan Franko）的著名诗句：“现在是时候为乌克兰而活了！”但“现在是时候了”也是2000年贝尔格莱德和1989年布拉格的口号。

[2] 详见蒂莫西·加顿艾什的《当下历史：20世纪90年代发自欧洲的随笔、小品文和报道》一书中的“塞尔维亚的悲剧”一文。

[3] 玛丽·安托瓦内特，法国国王路易十六的王后，挥金如土，被称为“赤字夫人”。1792 年被革命法庭判处死刑。——译注

1789年雅各宾派和1917年布尔什维克的模式区别开来的最显著特征。与自1989年以来和其间的几次其他革命一样，安全部队人员没有动用武力对付抗议人员。[1] 尤先科、季莫申科及其盟友占领了独立广场，维持了政府大楼周围的和平封锁状态，静待协商的机会。

最高法院命令中央选举委员会不要发布任何胜选声明，对欺骗行为展开了调查。12月3日，最高法院发现，确实存在欺骗行为，宣布12月26日重新举行第二轮选举。与此同时，在国际调解人的协助下，通过一系列“圆桌会议”，尤先科与即将离任的总统库奇马达成了协议，库奇马同意置身事外，不再支持亚努科维奇。尤先科同意削弱总统的权力。12月8日，议会通过了相应的宪法修正案。

在12月26日重新举行的第二轮选举中，尤先科获得了胜利并于1月份宣誓就任总统。2月4日，确认季莫申科担任总理。

原本反对新当选领导人的寡头似乎勉强同意了新规则。2005年1月，平丘克在达沃斯世界经济论坛上表示，如果新掌权者不做违法行为，他将支持他们，他还认为乌克兰东部最大的寡头雷纳托·阿克梅托夫也将支持他们。平丘克说，他们只要求尊重法律。对于任何了解他们历史的人来说，这可能听起来像谎话，但这是有用的谎话。

三 38

该国说乌克兰语的西部和说俄语的东部在宗教、历史和语言方面的所谓巨大差异已经很说明问题。实际情况更加复杂。乌克兰是一个有不同宗教信仰的国家，包括大量的希腊天主教徒，但是东正教的信奉者占绝大多数，他们的选票分给了两位候选人。文化和历史影响了当今的政治结果，但无法支配它们，这与塞缪尔·亨廷顿

[1] 详见奇弗斯（C. J. Chivers）的“乌克兰的高级间谍如何改变国家的路线”（How Top Spies in Ukraine Changed the Nation’s Path），《纽约时报》2005年1月17日。

(Samuel Huntington)《文明的冲突》(*Clash of Civilizations*) 一书中的观点相反。一位乌克兰的历史学家评论道，苏联解体后，过去波兰对乌克兰某个特定地区统治的时间越长，该地区的选民就越有可能支持强调乌克兰爱国主义的候选人。在 1991 年首次总统大选中，鲁赫（Rukh）独立运动的候选人在被波兰统治了 500 年的省份赢得了选举。1994 年，亲西方的候选人拿下了被波兰统治了 300 年的省份。2004 年，尤先科还拿下了只被波兰统治了 100 年的省份。[1] 乌克兰西部不断向东部扩张。

在橙色革命期间，显然愤怒不已的弗拉基米尔 · 普京总统说："整个国家都说俄语。"[2] 其实，该国说两种语言。苏联的政策确保了受过教育的乌克兰人都说俄语，这是一种同源但相当独特的斯拉夫语。如今，在乌克兰西部，有年轻人不会拼俄语，在南部和东部的许多乌克兰人和俄罗斯人不会说乌克兰语。但是大多数人两种语言都说，其中许多人都会根据心情或者情况在两种语言之间转换，常常为了消除敌意，说半句就会换。决定选举结果的不是语言而是政治倾向。尤先科在俄语为主要语言的省份获得了绝大多数选票：在切尔尼戈夫，他赢得了 71% 的选票，在波尔塔瓦获得了 66% 的选票，在苏梅获得了 79% 的选票，在基辅获得了 78% 的选票。

基辅是一个说俄语的城市，这里的人们知道何时说乌克兰语。 39
基辅人即使在说俄语的时候，也总是用乌克兰语的发音来说"独立广场"。在竞选期间，尤先科和季莫申科在公共场合都说乌克兰语。12 月 8 日，尤先科宣布革命胜利的时候，他的手放在胸前，带领人群一起唱国歌。这是最近才养成的一个习惯，显然是从美国总统那边学来的。在广场上，说俄语的基辅人把他们的手放在胸前，也用乌克兰语唱起了国歌，或者说至少试着去唱国歌：

---

[1] 这稍微纠正了一下雅罗斯拉夫尔 · 赫次卡（Iaroslav Hrytsak），"修正：乌克兰的诞生"，*Krytyka*（《基辅》），1—2（2005）。

[2]《真理报》在线版，2004 年 12 月 3 日。

乌克兰的光荣和自由还没有逝去
命运将会再次向我们的同胞微笑
我们的敌人将会像朝阳下的露珠一般消失
同胞们，我们将统治属于我们自己的领土……

尤先科和季莫申科说的乌克兰语要比库奇马和亚努科维奇好。尤先科和季莫申科说的俄语也比他们好。他们都是东部人，证明并不是只有西部说乌克兰语。然而，他们知道，必须向东部的矿工和钢铁工人说明一下。革命之后，他们两人立即前往顿涅茨克——阿克梅托夫的东部基地，去应对怀疑者。“革命女神”出现在了阿克梅托夫的电视台上。面对充满敌意的俄语提问，她应对自如。“整个国家都说俄语”，这句话可能并没有像普京总统似乎认为的那样令人欣慰。

四

普京政府愤怒地指责美国和欧盟在国外策划了橙色革命。荷兰
的外交部长——荷兰当时担任欧盟的轮值主席国——几乎每天都接 40
到俄罗斯外交部长的愤怒电话。

尤先科明确表示，他希望自己的国家成为欧洲的一部分。在独立广场上，他说：“世界已经看到，乌克兰可以称为欧洲国家了。”在达沃斯上，他说：“在不久的将来，我们打算申请成为欧盟成员国。”欧盟对该革命推波助澜靠的不过是其作为一个许多国家希望加入的俱乐部的吸引力而已。这是战后欧洲政治的一个长期特征。德意志联邦共和国建国之父康拉德·阿登纳（Konrad Adenauer）早在20世纪50年代就提到了“欧罗巴磁铁”（Magnet Europa）。

欧盟的一些成员国——一位乌克兰活动人士提到了英国和荷

兰——给选举监督人员、乌克兰学生、专业人士以及来自民间的其他团体提供了巨大的直接支持。2004 年 5 月，欧盟增加了其成员国，让八个中东欧国家加入，其中包括波罗的海国家（它们与乌克兰一样，1991 年之前一直属于苏联共和国）和邻国波兰。这将这块磁铁带到了乌克兰边境。荷兰担任主席国的欧盟一反常态，猛烈谴责 11 月份的选举舞弊。当时，欧盟的外交政策“高级代表”哈维尔 · 索拉纳（Javier Solana）（相当于欧盟的集体外交部长）在基辅与乌克兰领导的圆桌谈判中发挥了主导作用。参加谈判的还有立陶宛总统。然而，谈判的非正式主席是波兰总统亚历山大 · 克瓦希涅夫斯基（Aleksander Kwaśniewski），波兰在 1989 年首创通过圆桌谈判实现政权更迭。

波兰人早早地参与了这场革命。第一周，一个庞大的波兰代表团就抵达了独立广场，大声呼喊，在空中挥舞着红白相间的波兰国旗和引人注目、衬在蓝色背景上的黄色星星的欧盟旗帜。波兰人出现在基辅是持续战略的最新例证。在 20 世纪 70 年代，当时波兰仍 41
然是苏联的卫星国，富有影响力、总部位于巴黎的流亡者月刊《文化》（*Kultura*）在共产主义终结后向波兰提议了一个新政策。尽管斯大林夺走了该国的一半领土，但波兰人必须接受战后新的东部边境。如果波兰人提前接受这些边境，不要求归还他们之前的领土，那他们就可以与邻国立陶宛、白俄罗斯和乌克兰苏维埃共和国的民主反对派运动更好地合作，当苏联解体时，就能与它们建立友好关系。

20 世纪 80 年代，反共产主义的波兰反对派接受了这些条件，1989 年后，它们成为团结工会领导的波兰政府的外交政策重心。[1] 1991 年苏联解体前，华沙就将苏维埃乌克兰视为独立国家了。后来波兰迅速与独立的乌克兰签订了协议，协议认可了当前的边境并保

[1] 该主题更全面的阐述，详见蒂莫西 · 斯奈德：《国家重建：波兰、乌克兰、立陶宛、白俄罗斯，1569—1999年》（*The Reconstruction of Nations: Poland, Ukraine, Lithuania, Belarus, 1569-1999*），纽黑文：耶鲁大学出版社，2003年。

护了两国国内的少数民族。

1995 年后，波兰总统、前共产主义者亚历山大 · 克瓦希涅夫斯基采用了由团结工会首创、《文化》进行完善的战略。克瓦希涅夫斯基与库奇马总统一起纪念波兰人和乌克兰人的国家悲剧。在革命最关键的时刻，克瓦希涅夫斯基能成为双方接受的调解人，一个原因是他与库奇马建立了密切的关系。波兰不停地游说欧盟，让它为乌克兰放宽条件。除了老牌的欧盟成员国不太愿意接受较贫穷的东欧国家外，主要问题在于库奇马政权。现在克瓦希涅夫斯基可以用更大胆的语调了。克瓦希涅夫斯基在达沃斯与尤先科站在同一个讲台上，热情洋溢地为乌克兰加入欧盟造势，“这个非凡的国家……一个拥有伟大领导人的伟大国家”。

美国在这场选举中做了什么？美国政府以及以个人名义捐赠的美国人为乌克兰民主人士提供的支持比西方的欧洲人还多。美国国务院表示，2003—2004 年，它在乌克兰的开支高达 6 500 万美元。 42
2004 年 10 月 20 号，乔治 · 索罗斯（George Soros）在乌克兰的基金会——国际复兴基金会（International Renaissance Foundation）的报告称，它向非政府组织“选举相关的项目”分配了 1 201 904 美元。美国的大部分资金（与中西欧的基金一样）都流向了非政府组织，包括为学生活动分子提供培训和为独立媒体与电视台提供支持的组织，以及选举监督机构和两项独立的选后民意调查。正如我们已经指出的那样，这些选后民意调查在激起这场革命中发挥了巨大的作用。

旧苏联会说这些活动是“干涉该国内政”，是这样吗？确实是如此。俄罗斯方面给亚努科维奇的竞选投入了大量资金，俄罗斯媒体估计投入的资金高达 3 亿美元左右。俄罗斯政治顾问帮忙设计了对付尤先科的不正当竞选。俄罗斯当局传唤季莫申科，要求她接受犯罪指控的审讯。（她回应说：“请不要阻碍争取乌克兰国解放的斗争。”[1]）普京两次出现在乌克兰的总统竞选中，支持亚努科维奇。这些活动也是干涉该国内政。毒害尤先科的调查还在继续，初步证据表明这种毒素最有可能来自俄罗斯。

外国人的有些“干预”是情有可原的，但有些显然并非如此。应该对外界干预，主要是金融干预推动民主的基本原则展开公开的辩论，就像已经对基于人道主义或者其他原因进行军事干预的标准展开过深入辩论一样。[2]但是美国和欧洲在乌克兰的政策在道德层面上肯定站得住脚。橙色革命并不是华盛顿制造或者布鲁塞尔逼迫发起的。西方帮助乌克兰公民做了他们自己想做的事情。

维克托·尤先科获选后，就与米哈伊尔·萨卡什维利（Mikheil Saakashvili）一起到喀尔巴阡山脉度假了。萨卡什维利在格鲁吉亚 43
的玫瑰革命之后成为该国的总统。他们两人发布了《喀尔巴阡宣言》（Carpathian Declaration），称他们两国的变革是“欧洲新一波解放运动的开端，最终将带来欧洲大陆自由和民主的最终胜利”。萨卡什维利总统在《金融时报》上撰文明确表示，这“第三波也是最后一波欧洲解放运动”应该囊括“整个后苏联地区”。[3]

一厢情愿？或许吧。然而莫斯科的一些保守人士似乎同意该看法。在乌克兰革命期间，亲克里姆林宫的《俄罗斯报》这样写道：

> 俄罗斯在争夺乌克兰的战斗中输不起。别的不说，输了将意味着今后两年，白俄罗斯、摩尔多瓦、哈萨克斯坦、吉尔吉斯斯坦还可能包括亚美尼亚，将成为基辅的变体，爆发天鹅绒

---

[1] 详见《共和报》（*Rzeczpospolita*）2005年1月27日第六版。

[2] 详见2004年12月16日《卫报》蒂莫西·加顿艾什的“6500万美元的问题”和迈克尔·麦克福尔（Michael McFaul）的“民主援助是什么……不是什么”，《胡佛文摘》（*Hoover Digest*），2005年第1期。

[3] 详见《金融时报》2004年12月20日。关于较早的解放工程，详见蒂莫西·斯奈德的《秘密战争的素描：一位波兰艺术家解放苏联乌克兰的使命》（*Sketches from a Secret War: A Polish Artist's Mission to Liberate Soviet Ukraine*），耶鲁大学出版社，2006年。

革命。[1]

乌克兰的橙色革命也将对普京日益不民主的国家产生直接影响。不出意外的话，一个说俄语的邻近大国的自由媒体和电视将对他的政权控制信息带来挑战。在一项俄罗斯新闻服务委托的民调中，俄罗斯人被问道：“您认为在俄罗斯会爆发像乌克兰那样的政治危机吗？”大约 42% 的人的回答是“永远不会”，35% 的人的回答是“会，但不是现在”，还有 17% 的人的回答是“会而且即将发生”。[2] 在 2005 年的一次交谈中，维克托·平丘克称，他的俄罗斯生意伙伴、兄弟寡头羡慕其乌克兰同仁享受到的世界尊重。接着他讲了一个最近在莫斯科听到的笑话：“列昂尼德·库奇马写了一本名为《乌克兰不是俄罗斯》的著作。现在普京也在写一本书，名叫《俄罗斯不是乌克兰》(*Russia is Not Ukraine*)。”

2005 年

[1] 理查德·派普斯（Richard Pipes）在2004年12月27日的《国家评论》上引用了这段话。
[2] RBC新闻，2005年1月10日至11日，6130条回复。

这不是革命 44

我呼吁《卫报》“自由评论”网站上的读者和发帖者对白俄罗斯发表看法，有一位网名“thedacs”的网友回应说：“不，仍然毫不在乎。”但是大量的其他回应表明，许多人确实关注在俄罗斯和欧盟之间那个深陷困境的严寒地带发生的事情。他们的看法有太大的不同，但所有人对于如何处理这种情况都不甚了了。

显然我们必须从在白俄罗斯出现的实际情况入手。问题在于，对白俄罗斯发生的事情在其现实的定义甚至本质上出现了争论。各方的发言人和媒体对现实的说法各执一词，他们的目的是创造现实。

正如研究后苏联时代的专家安德鲁·威尔逊（Andrew Wilson）在其优秀的作品《虚拟政治》（*Virtual Politics*）中所表明的那样，白俄罗斯总统亚历山大·卢卡申科（Alexander Lukashenko）是后苏联时代的新式政权通过威尔逊所谓的“伪民主”获取权力的一个例子。至少与克格勃（在白俄罗斯仍然这样称呼）等逮捕、恐吓或者迫害反对派领导人的国家权力机构同等重要的，是所谓的“政治技师”和私人的俄罗斯管辖机构（Russosphere agencies），这些机
构有的称为 Nikkolo-M，其中 M 代表马基雅维利（Machiavellian）， 45
有的称为 Image-Kontakt。它们创造了残忍而狡诈的选举战略，让阿拉斯泰尔·坎贝尔（Alastair Campbell）看起来像是母亲联合会（Mothers' Union）中一名更有教养的成员。接着由前俄罗斯内政

部长领导的前苏联选举监督小组，宣布举行的选举“自由、公开和透明”。黑色是白色，或者用后苏联时代的话说黑灰色是浅灰色，就是不是橙色。

另一方面，获得欧洲和美国顾问帮助的反对派领导人努力创造一个鼓舞人心的故事，讲述一个国家正在崛起摆脱独裁统治。在互联网时代，你可以在网站上，比如九七宪章组织（Charter 97 group）的网站上跟读这类故事，该网站的建立有意指向了捷克斯洛伐克的七七宪章运动（Charter 77 movement）。在那个充满舞弊选举的星期日晚上，你每分钟都可以在 www.charter97.org 上看到“成千上万”的人不畏冰天雪地和警察而游行示威的报道。到星期日早上 4 点 05 分，一支“一万人的强大队伍”变成了“四万人”（这一估计数字比所有外国记者的估计数字都要大得多）。那天早上晚些时候的头条，呼吁人们在十月广场聚集，宣称：“如今，我们出生在一个不同的国家，一个更加勇敢和自由的国家。叫上你的亲戚、朋友、同事和家人一起过来。我们是多数群体，我们应该能够获胜！”

但他们不是多数群体。大多数独立的观察机构一致认为，这些选举毫无公平公正可言，在 92.6% 的有效选票中，卢卡申科其实不可能获得他所说的 82.6% 的选票。大多数人还认为，虽然选票的实际情况无从知晓、富有争议，但投给他的实际票数可能远远低于 50%。这并不只是来访记者的粗略印象。比如，白俄罗斯作家斯韦特兰娜·阿列克谢耶维奇（Svetlana Alexeyevich）（她声称卢卡申科是独裁者，他的时代已经一去不复返）也表示：“这个社会的很多人都认同在该国正在发生的一切。这意味着他们可以在某个地方
谋生，他们在高等教育机构中有一些名额，还有一些免费的教育和 46
医疗保健。”显然还有靠从俄罗斯进口廉价能源而繁荣的经济。

尽管如此，如果反对派领导人同样拥有相对独立的大众媒体（他们没有），我们不知道大多数会是什么样子。因此，本着 19 世纪美国总统安德鲁·杰克逊的精神——“若有勇气，即使是一个人，也

可比得上千军万马”，他们正在试图通过街上的人群创造一种“人民力量”的多数群体。不过，在明斯克的街上持续游行需要勇气。

我写这篇文章的时候，看起来他们似乎并没有取得成功，不像他们乌克兰、格鲁吉亚和塞尔维亚的先行者们。游行示威的人数似乎一天天减少而不是增加，而在乌克兰的橙色革命中，却是一天天增加的。据报道，有两百名抗议人员在十月广场上安营扎寨，尽管有警察威胁，反对派呼吁下星期日再次举行大集会，但国际媒体的报道已经声称“这不是革命”。或许革命仍会爆发。或许卢卡申科认为白俄罗斯抵制了“颜色革命的病毒”得意得太早了，但他的声明也是在创造现实。

读到这里，一些了解我以前作品的读者可能怀疑，我受到了令人不快的后现代相对论的影响。一点也没有。卢卡申科和他的对手在道德上无法相提并论。但是我坚持认为，恰恰是我们这些最关注欧洲自由传播的人必须最小心，不要将我们的愿望和现实混淆起来。比如，当自由欧洲广播电台和自由广播电台的网站（www.rferl.org）不断用“克服恐惧”作为大标题报道白俄罗斯时，我必须指出，它们忘了在后面加个问号。最重要的是，我们坚持，即便在这样一个虚拟或者潜在现实的争论中，无论事实多么难找，都还有潜在的事实基础，我们必须坚持这些事实。有太多的人，也只有这么多人被关起来了。有太多的人，也只有这么多人走上街头。

这是我们的首要职责：实事求是。接着再解读。三条冲突的主 47
线在白俄罗斯这个支点上相遇了。有民主与独裁之间的冲突线，后苏联时代的政治技师，比如 Nikkolo-M，已经将模糊这条线作为其任务；发达的西方自由帝国——欧盟和美国领导的北约——和衰落的俄罗斯帝国之间的冲突；当下有关更自由市场的优势或者“新自由主义”经济与更加中央集权的计划经济对立的争论。限于篇幅，我将另选时间论述。除了事实和解读，总是还有列宁同志的疑问：怎么办？

在此，我一刻也没有混淆愿望与现实，知道该做什么。自从冷战结束后，白俄罗斯东西边的邻国采用不同的方式——波兰的方式和俄罗斯的方式——有许多原因，但最根本的原因之一是：波兰人希望加入欧盟，欧盟明确表示，如果波兰人能满足民主、法治和市场经济等方面的标准，就可以加入。目前，正是作为欧盟新成员的波兰人、斯洛伐克人、捷克人、立陶宛人以及其他最近自我解放的欧洲人在说，我们必须在维持白俄罗斯等地的自由事业方面做更多努力。除了直接支持独立媒体、民间团体和民主反对派，给该国的领导人施压外，我们能做的最重要的事情是提供这个长远的欧洲前景。

他们说得没错。这是我们能够直接并合理改变的白俄罗斯现实困境。所以如果你关注白俄罗斯又是欧盟公民的话，就向你的政府发博文吧，直到它注意为止。这包括你，“thedacs”。

2006 年

1968 和 1989 48

在 1989 年天鹅绒革命期间，我在布拉格的一家商店橱窗上发现了一张临时广告。该广告显示，“68” 旋转 180 度就变成了 “89”，有箭头指示旋转。1968 年和 1989 年：双革命记。或者至少说，两波当时许多人所称的革命。1968 年的革命今年是四十周年，1989 年的革命明年是二十周年。这两个，哪个将最值得纪念呢？又是哪个带来的实际变化更多呢？

从纪念的意义上来说，1968 年将很难被打败。在回忆 1968 年上所费的笔墨已经超过1789年后巴黎断头台上所流的鲜血。据报道，单单在法国，有关 1968 年五月革命的著作就出版了上百种。德国也有大批的学者，华沙和布拉格重温了各自喜忧参半的模糊春天，连英国的《展望》(*Prospect*) 杂志也用了一期加以回顾。

出现这种出版潮的原因不难发现。68 一代是全欧洲独特又明显的一代人，或许是有人可能会称之为 39 一代以来最棱角分明的一代人，39 一代青少年时期的二战经历塑造了他们的人生。1968 年
时是学生的那一代，现在大约六十岁，在大多数欧洲国家都占据了 49
文化生产的制高点。想想他们会放过谈论自己青春的机会吗？你肯定在开玩笑。我不重要吗？

1989 革命的阶层是无与伦比的。这一神奇之年的主角更加多样化：资深的异见分子、政府官员、教会领袖和中年的男女职工耐心

地站在街上，终于喊出受够了。学生在一些地方发挥了作用，二十年过去了，现在其中一些人已经成为国家公共生活中的杰出人物。但是1989年革命中的领导人基本上更老一些，许多人其实是68一代。连苏联米哈伊尔·戈尔巴乔夫身边的“撤退英雄”也受到了1968年记忆的影响。

通常，我们记忆最深的是那些我们年轻时经历的事情。你二十岁时见到的曙光可能并不是真正的曙光，你在五十岁时见到的曙光可能永远改变世界。但是记忆这狡诈的东西总是喜欢先入为主。此外，1968年，在欧洲东西部，巴黎和布拉格都爆发了革命，而1989年，其实只在东部爆发了革命。

从政治上来说，1989年带来的变革要多得多。1968年的华沙和布拉格之春以失败告终，巴黎、罗马和柏林之春以部分重建或者只是以逐渐变革告终。或许1968年5月在巴黎街上最大规模的游行示威是政治权利的表现，接着法国选民重新掌权了十年。在西德，1968年的一些精神更加成功地传到了维利·勃兰特（Willy Brandt）的改良主义社会民主中。在西方各地，资本主义幸存下来，进行自我改革并实现了繁荣。相比之下，1989年的事件结束了欧洲的共产主义、苏联帝国、德国的分裂以及曾影响世界政治达半个世纪的意识形态和地缘政治斗争——冷战。在地缘政治的成果方面，1989年所取得的成果与1945年或者1914年一样大。相比之下，1968年的地缘政治显得微不足道。

如今重温起来，1968年许多马克思主义者、托洛茨基分子、毛 50
主义者或者无政府解放论者的言论确实显得可笑、幼稚并且在道德上不负责任。这用乔治·奥威尔的话来说是玩火的人甚至不知道火是烫的。通过开启“文化大革命的过渡期”——毛主席的“文化大革命”因此成为了欧洲效仿的模式，还将越共形容成对抗美帝国主义的“革命解放力量”，鲁迪·杜奇克（Rudi Dutschke）在西柏林告诉越南国会说，这些解放的真相是通过“学生生产者生产的特殊关系”发现的。这是胡说八道。在伦敦政治经济学院，他们反复说：“我们想要什么？什么都要。我们什么时候要？现在。”真是披着红旗的水仙。

68 一代在一些其父辈一代（39 一代）走过的道路上艰难前行，他们曾经一直与法西斯主义和斯大林主义的恐怖者同流合污，在这周年之际，他们可能只希望对自己与他们知之甚少的遥远国度的恐怖者掉以轻心地同流合污做一点反省。但是许多 68 一代的主要代表还是从这些错误和轻浮的行为中吸取了教训。在接下来的数十年中，他们参与了争取自由、社会民主或者绿色“新进化论”（借用波兰 68 一代亚当 · 米奇尼克 [Adam Michnik] 的词组）等更加严肃的政治活动，包括推翻一系列从葡萄牙到波兰的欧洲专制政权，以及在他们了解较多的遥远国度促进人权和民主。

因此，只是将 1968 年形容成严肃不足、转瞬即逝、无关紧要，而将 1989 年形容成严肃认真和至关重要，这样的比对过于简单了。典型的 68 一代丹尼尔 · 科恩–本迪特（Daniel Cohn-Bendit）指出了必不可少的一点：“我们在文化和社会方面取得了胜利，但不幸的是，我们在政治方面输了。”1989 年，在没有出现暴力的情况下，出人意料地实现了国内和国际政治和经济结构的转型。在文化和社会方面，1989 年更具复原的特征，或者至少说是重建或效仿现存的 51
西方消费社会。1968 年没有实现无与伦比的政治和经济结构转型，但确实促进了中西欧文化和社会的深远变革。（这里的“1968”其实代表一种更加广泛的现象，“60 后”，推广口服避孕药比任何游行示威或者路障都更为重要。）

这样大规模的变革从来都不会只有积极的一面，如今我们可以看到一些消极影响了，但总体而言，这让人类解放向前推进了一步。在我们所处的大多数社会中，大多数时候，对于如今的妇女、许多来自少数民族和之前受到令人窒息的等级制度限制的社会阶层的人们来说，他们的生活机会要比 1968 年前多得多。连 1968 年的批评者，比如尼古拉·萨科奇(Nicolas Sarkozy),也是那场变革的受益者。(在1968年前他想象的保守环境中，移民的儿子同时又离异的人能成为总统吗？)

尽管两场运动截然不同，但正是乌托邦的68革命和反乌托邦的89革命的共同作用给欧洲大部分国家和世界的许多国家带来了社会和文化自由、政治社会民主、全球化的改革资本主义。然而，在68革命周年纪念之际，我们正在发现这个改良资本主义的发动机房里的问题。如果正好在明年89革命周年纪念之际，问题进一步恶化，将会怎么样？现在看来，可能会出现一场革命。

2008年

第二章

欧洲和其他令人头痛的问题

机器中的鬼魂 55

万圣节那天，波兰人会纪念逝去的人。这是一片令人吃惊的景象。正午的时候，波兹南市中心非常冷清，就像圣诞节那天午餐时间的一个英国小镇。但在波兹南市郊区秋季树林中的主要公墓里，有许多人沿着小径缓慢移动，家家户户都带着鲜花和装在防风罐里的特殊蜡烛，将它们放到他们所爱之人墓前。到吃午饭的时候，几乎每个墓前的石板上都有鲜花和燃烧着的蜡烛，视野所及之处可以看到一个一闪一闪的花园。

这种流行的节日纪念，我在波兰亲眼看到过好几次，每次都令人难忘。傍晚的时候，由于霜的出现，一万支蜡烛在墓碑和树木的黑色影子中变成了火焰岛。在远处的某个地方，一个唱诗班唱起了古老的爱国圣歌。你几乎可以看到亲爱的逝去之人的幽灵。此时此刻，如果你的脊梁骨没有颤抖，那就是你的脊梁骨有问题。

这就是一个欧洲国家的写照：一种称之为记忆的黏合剂将一群想象出来的死者、活着的人以及尚未出生的人连在一起。这就是让波兰人挺过近两个世纪的分离和外国占领的力量。根据 1995 年所
做的一项民调，在万圣节那天，98% 的波兰人会去扫墓。由于波兰 56
成了一个更加“正常”、现代和西方式的消费国家，或许如今这一比例稍微小一些了。年轻的波兹南人不去扫墓，反而可能待在家里看 DVD，或者到当地的乐购（Tesco）购物（乐购在波兹南的业绩

相当不错）。

从一定程度上来说，这是一种健康的正常化，但这只是在一定程度上。因为如果你不知道你来自哪里，你就不会知道自己是谁。任何人如果看到过某个年老的亲戚逐渐失去记忆，就会明白没有记忆的人就是一个孩子。没有记忆的国家不是一个国家。欧洲如果没有记忆，将不会长存。

其实，这是欧洲当前最根本的问题之一，不那么起眼，但与我们的经济问题或者我们的福利国家危机一样影响深远。欧洲六十年前的样子仍然是继续建设欧盟最强有力的理由之一，或许是所有理由中最强有力的。但是如果没有人记得欧洲六十年前是什么样子，这个理由就没有说服力。

以我过去几年从柏林到波兹南游历的欧洲范围为例。透过火车车窗向外看，你可以看到木谷仓、牢固的砖块砌成的农舍，以及可爱的松树丛、欧洲山毛榉丛和白桦树丛。在阳光明媚的秋日，这看起来像一个田园。但是如果你知道一些历史，那你就会知道这些树的根扎在尸体演变而来的丰富堆肥中。有波兰人的尸体，他们在抵抗德国占领中阵亡。有犹太人的尸体，他们因为试图逃脱纳粹将他们转移到死亡集中营而死。有德国人的尸体，他们在红军的进攻下向西逃亡时身亡。至少还有成千上万俄罗斯年轻士兵的尸体，他们在进攻柏林的过程中被杀。这些你看到的房子几乎都曾被强制从一个房主转到另一个房主。沿途还有柏林墙（其界限现在已难以追寻）、铁幕、斯塔西和戒严令。

太多的记忆也会带来问题。这发生在单独的男男女女身上，我
称之为创伤后压力。过去缠绕着你。但是与欧洲其他国家一样，在 57
波兰和德国，大趋势是遗忘。人们只考虑当前的不满。一些德国人指责波兰人抢走了他们的工作。一些波兰人感觉受到了德国公司的剥削。由于高失业率、犯罪和社会不安全，德国人和波兰人一致指责其政客。他们缺乏只有历史能带来的视角。

所以，除了历史教训，我们需要纪念物。在柏林，我和妻子在大屠杀纪念物的深灰色混凝土板或者石碑中漫步，这些纪念物占据了勃兰登堡门南边的整个街区。当你沿着鹅卵石铺成的狭窄走道在这些黑色、高大的石块中间走动时，会有一种令人不安的威胁感，但接着你会因咯咯傻笑的孩子在这迷宫中玩捉迷藏的游戏而感到振奋。你的思绪会由死者转向活人，接着又会回到死者身上。

然而，这种公共、国家支持的纪念物也会带来危险。如今，德国和波兰之间为数不多的主要争议来源之一是建立纪念驱除事件的博物馆的计划，该计划的灵感来自二战结束的时候，德国的组织被驱除出如今属于波兰的领土。在各种情况下，问题变成了：为什么国家要纪念这次悲剧而不纪念那次悲剧？以受害者自居的其他民族、宗教组织或者不同性取向的人也要求认可他们的“浩劫”。

在英国，快到 11 月 11 日荣军纪念日（Remembrance Day）的时候，许多人都会佩戴罂粟花。主要的纪念仪式是在白厅（Whitehall）[1] 的阵亡士兵纪念碑前放花圈，传统的理解是，这纪念所有为了维护我们的自由而牺牲的士兵、水手和飞行员。最近，为纪念战争中受害的动物，在公园街（Park Lane）上立起了一块巨大的纪念碑。还是在最近，纪念二战中身亡的妇女的纪念碑出现在了白厅，就立在阵亡士兵纪念碑前面。在我看来，纪念的顺序似乎颇具英国特色：首先是战士，接着是动物，再接着是妇女。

通常效果最好的是小纪念物，与特定的当地社区甚至只与一座 58
房子有关。在柏林东部曾经是犹太人住地的一个小广场上，有一个纪念受到驱除的犹太人的纪念物，不过由一张简单的饭桌和两把椅子的青铜雕塑组成，其中一把椅子倒在地上。在汉堡，人行道的鹅卵石上刻着曾在某个特定的房子中住过的犹太人的名字和日期。

如今，只要稍微挖掘一下，你就可以用自己的方式纪念。我

[1] 英国伦敦市内的一条街，英国的行政部门都在此街上或附近。——译注

在波兹南拉姆斯基酒店（Hotel Rzymski）——即罗马饭店（Rome Hotel）中写这篇文章。该酒店的外观、大厅和楼梯展现了毫无生气的新古典主义，它可以代表 20 世纪 30 年代的波兰、20 世纪 40 年代初的纳粹或者 20 世纪 40 年代末的斯大林主义。在第一层的楼梯平台上，我发现了建筑师弗朗茨 · 博默（Franz Böhmer）关于波森（Posen，波兹南的德文名称）“罗马饭店”的一些结构计划。上面的日期是 1941 年。该酒店中有后现代风格的缩短的罗马圆柱，我坐在该酒店翻修过的咖啡馆中，通过无线网络用我的手提电脑谷歌了一下弗朗茨 · 博默。原来他是希特勒的建筑师之一，还奉命将这条街上的一座皇宫改造成元首的指挥部，以监视其东部领土。我的手提电脑颤了一下。这机器中有鬼魂。

2005 年

英国属于欧洲吗？ 59

最近几年，我们关于英国的身份和欧洲进行了广泛又无规则的德国式辩论。什么是英国？什么时候是英国？英国仍然存在吗？英国会幸存下来吗？安德鲁·马尔（Andrew Marr）已经宣布英国“不复存在”，而彼得·希钦斯（Peter Hitchens）则“废除”了英国。数十年来，人们一直把英国当作一个典型的民族国家。现在诺曼·戴维斯（Norman Davies）告诉我们，英国从来都不是一个民族国家。安东尼·巴尼特（Anthony Barnett）表示，尽管英格兰是一个民族，但英国从来不是一个民族。但是罗杰·斯克鲁顿（Roger Scruton）在其关于英格兰的杰出著作中告诉我们，英格兰——他认为也不复存在了——也不是一个民族，只是一个国家、一片土地、一个家园。有人开始渴望像德国那样就身份进行简单明了的辩论，以民族（Staatsvolk）和文化民族（Kulturvolk）等的基本区别为基础。

更加显而易见的是，如果考虑到如今有时古怪地称之为“自治领土”（the devolved territories）的苏格兰、威尔士和北爱尔兰，“英国属于欧洲吗”这一问题的答案可能会截然不同。实际上，安东尼·巴尼特在他的书《当今时代》（*This Time*）中称，英国人反对欧洲其实是英格兰人反对欧洲。

对于一些人来说，我们更加欧洲化，才可以拯救英国；对于其他一些人来说，我们去欧洲化，才能拯救英格兰。不过，对于两者而言，这个问题都至关重要。雨果 · 扬（Hugo Young）在《这一片幸福的国土》（*This Blessed Plot*）中表示，过去五十年根本的问题在于“英国……是否能够真正接受其现代命运而成为一个欧洲国家？”但是，这是什么意思呢？如果“英国”这个名词难以理解，那么“欧洲的”这个形容词更是如此。这在所有欧洲语言中都是如此，在英语中尤其如此。 60

我们可以轻而易举地指出欧洲的六种可能含义。有两种含义已经鲜为人知，但对后世有巨大的影响：成为欧洲人意味着成为基督徒，成为欧洲人还意味着成为白人。接下来是三种互相交叉的含义，人们更加熟悉。第一种是地理学上的含义：欧洲是第二小的大陆，是欧亚大陆向西扩展的产物。我们是欧亚大陆的一部分吗？地理学家的回答是肯定的。许多英国人对此持怀疑态度，这三种互相交叉的含义中的第二种，正如《柯林斯英语词典》告诉我们的那样，是“除大不列颠群岛之外的欧洲大陆”。（有人纳闷那把爱尔兰放哪儿了？）这是一种常用用法。我们说“杰姆去欧洲了”或者“弗雷德从欧洲回来了”。欧洲是其他地方。第三种含义是，欧洲指欧盟。

在当代英国，人们在使用的过程中常常不会在意这三种含义，但第三种含义在政治辩论中占主导地位。从这个意义上来说，“英国属于欧洲吗？”这一问题归根结底就变成了：英国完全加入欧盟了吗？英国会支持欧洲大陆人称为欧洲项目之类的东西吗？

然而，最后，关于欧洲还有第六种含义，这种含义更加崇高，更加神秘。这第六种含义是在《国际先驱论坛报》最近的一个标题中体现出来的：“小组建议欧盟结束对‘欧洲’奥地利的制裁。”三名“智者”组成的小组经过长时间的商讨刚刚得出结论，奥地利属于欧洲。不过，这声明听起来挺可笑的。他们认为奥地利还能属于哪个洲？非洲？但我们知道他们的意思。他们有一套所谓“欧洲标准”或者“欧洲价值观”的东西，他们用这些东西来衡量奥地利。换言之，衡量的依据不是描述性的，而是标准、规范和理想化的欧

洲，或者就是冈扎格·雷诺（Gonzague de Reynold）所谓的符合 61
欧洲标准的欧洲(l’Europe européenne)。在符合欧洲标准的欧洲中，阿道夫·希特勒（Adolf Hitler）和约尔格·海德尔（Jörg Haider）不是欧洲人，或者至少说是非欧洲人。这如同一个非欧洲活动的内务委员会。

从这个意义上来说，英国属于欧洲吗？你可以记下欧洲价值观的清单，然后在每一条上打勾、打叉或者打问号。但是如果我们认为用这种理想的方式来问这个问题至关重要的话，那也只不过是有那么一点意义而已。

一

在将这些有关欧洲的相互矛盾的含义铭记于心的同时，我希望以一种更加通俗、经验主义——我能斗胆说英国式或者英格兰式吗？——的方式来问这个问题。在哪些方面，英国与欧洲大陆国家之间的差异要大于欧洲大陆国家自身之间的差异？在哪些方面，英国与其他国家——美国、加拿大或者澳大利亚——的相似度要高于其与那些欧洲国家的相似度？

第一个问题的答案通常是“历史”。我们的历史长期以来一直是以英国——或者说英格兰？——例外主义的故事加以讲述的。这是一个分离的故事，从近海岸的岛屿从大陆分离开始，但是接着百年战争结束后出现了政治分离。这是一个温暖人心的故事，组织机构、普通法、议会和独特的主权观念缓慢又稳步的自然发展，授予了议会权力。休·盖茨克尔（Hugh Gaitskell）认为，如果英国和法国、德国一样加入欧洲大陆的共同体，这“一千年的历史”会受到威胁。屈维廉（G. M. Trevelyan）、阿瑟·布莱恩特（Arthur Bryant）、温斯顿·丘吉尔（Winston Churchill）和费希尔（H. A. L. Fisher）在优美的散文中讲述了这个故事。最初的历史观可以追溯至维多利亚时代晚期的英国，但是在我们这个时代仍然具有重大的影响。

比如，在 1997 年 1 月，一个对欧洲持怀疑态度的读者在致《每日邮报》的信中写道："我们似乎离丧失主权、丧失独立、丧失不止一千年乃至从第一次有人争取保护该国不受侵略算起的历史，只 62
有一线之差。"或者听听亚裔英国人汤姆 · 帕特尔（Tom Patel）怎么说吧，他是一名同性恋，刚刚和爱人约翰 · 史密斯从科孚岛度假回来，他对亚斯明·阿里巴海—布朗（Yasmin Alibhai-Brown）说："你懂的，我们英国人太不容易了。他们与我们不一样。我和约翰悄悄拥吻的时候，与我们在英格兰拥吻的感觉完全不一样，我们周围的空气中弥漫着那种败坏道德的气息。我们是一个岛屿上的民族，我们与这些农民不一样。"

所以说，英国或者英格兰例外主义的信念深入人心。现在历史学家的问题肯定是：英国例外主义有多例外？实际上，如果你关注其他欧洲国家的历史编纂学，你会发现例外主义是正常现象。每个国家的历史编纂学关注的都是该国独特的东西。大多数欧洲国家的例外主义与一些理想化的"西方"或者"欧洲"常态进行比较，在这方面，经常提到的例子是法国和英国。每个东欧国家的历史编纂学也都有这些要素。

这也取决于你拿哪个欧洲与我们进行比较。如果你就是拿英国与欧洲经济共同体（EEC）的最初六个成员国（继承了罗马和神圣罗马帝国——即加洛林王朝——大批共同遗产的国家）进行比较，那么英国的确显得例外。但是如果你拿英国与目前欧盟的其他 14 个成员国或者即将成为成员国的 20 个国家又或者在今后十到十五年内可能成为成员国的 30 个国家进行比较，那么英国一点也不显得例外，因为这些国家的历史本身就有巨大的差异。

此外，在过去二十年间，休 · 科尔尼（Hugh Kearney）、杰里米·布莱克（Jeremy Black）、琳达·科利（Linda Colley）和诺曼·戴维斯等历史学家对于英国或英格兰例外主义的重大论述作了大量的

解构。大多数这类解构都不是在过去中寻找新东西，而只是促进关注点的双重转变。首先，它使关注点转向了大不列颠群岛的整个历
史。其次，它在更大的欧洲框架中审视我们的国家历史。杰里米·布 63
莱克的工作特别有助于系统地比较欧洲大陆各国的经历。比如，他提醒我们一些欧洲的民族也信奉新教（Protestantism）——实际上是其中的一两个民族开创了它。

最重要的是，这种解构向我们表明，重大论述所提出的连续性要少得多，如果你关注威尔士、苏格兰或爱尔兰历史的话尤其如此。在《群岛》(*The Isles*）中，诺曼·戴维斯列出了16个在这些岛屿的历史上出现过的不同国家，其中10个国家是在过去五百年出现的。杰里米·布莱克表示，英国“具有出现连续性的天赋”。费迪南·曼特（Ferdinand Mount）在其有关英国宪法的著作中称此为“连续性神话”。我们发明了《传统的发明》(*The Invention of Tradition*）——不仅仅是这本书，还有传统。彼得·斯科特（Peter Scott）说，“英国是一个新发明的国家，历史没有比美国长那么多”，一语中的。

尽管有这种比较性的解构，但毫无疑问的是，1939年的英国仍然是一个特别的地方。乔治·奥威尔在《向加泰罗尼亚致敬》(*Homage to Catalonia*）一书的最后一页引发了这种例外主义，令人难忘。当时他从西班牙内战回来，乘坐火车穿越英格兰南部去伦敦，书中写道：

> 脏兮兮河流上的驳船、熟悉的街道、发布板球比赛和皇家婚礼消息的海报、戴着圆顶礼帽的男子、特拉法尔加广场上的鸽子、红色的公交车和穿着蓝色衣服的警察——这一切都在深深沉睡的英格兰（当然，他特意指出了英格兰）长眠，我有时担心，我们将永远沉睡，直到炸弹的巨响将我们唤醒。

现在有人告诉我们一个新故事，这是与解构或者重构我们国家历史相伴而生的。正是在英国被炸弹的巨响唤醒以来的过去六十年中，英国变得更加欧洲化了，变得不那么与世隔绝、不那么跨大西洋和后帝国主义了。然而，在我看来，这个故事似乎只有一半是真 64
实的。没错，英国变得不那么与世隔绝和自成一体了。但是我们身份中的跨大西洋或者后帝国主义成分，特别在与丘吉尔所谓的说英语民族的关系中，真的减弱了吗？

我们见证了英国摆脱与世隔绝。但是代替它的是欧洲化、美国化还是只是全球化尚不清楚。如果我们从非常高层面的主权、法律和政府来看，显然英国变得更加欧洲化了。从《罗马条约》到《阿姆斯特丹条约》再到现在的《尼斯条约》，英国主权一直被共享和限制。我们英格兰的普通法与苏格兰法律一样常常要服从欧洲的法律。我们甚至还有欧洲大陆那奇怪的成文法，将《欧洲人权公约》(European Convention on Human Rights) 写入英国的法律。在政府的实践方面，与欧盟伙伴的亲密合作是无与伦比的。另一方面，如果关注政策的内容并询问过去二十年间英国政策最追求的对象是哪个国家，答案肯定是美国。这是撒切尔政府和布莱尔政府的共同之处：对美国政策和美国解决之道着迷。

没错，在国防政策方面，自从1558年在加来战败后，时隔将近四百年，我们再次作出了历史学家迈克尔·霍华德（Michael Howard）所谓的“大陆承诺”。英国军队永久驻扎在了欧洲大陆上。但以什么名义呢？以北约的名义：跨大西洋组织。哪怕计划好的欧洲快速反应部队会改变这种情况，也只能缓慢改变。没错，在外交政策方面，我们与欧洲伙伴有非常密切的合作。但看看巴尔干半岛：过去十年，欧洲外交政策面对的最大挑战。关键政策是在哪里作出的？不是在欧盟，而是在由四个主要欧盟大国加上俄罗斯和美国组成的联络小组，后来是所谓的“五胞胎”(Quint)，还是那个联络小组，只是少了俄罗斯。谁是关键伙伴，第一个电话通常打给谁？美国。 65

我们的资本主义怎么样？在《资本主义对抗资本主义》一书中，米歇尔·阿尔伯特（Michel Albert）将我们归为盎格鲁—美利坚模式的一部分，与莱茵河—阿尔卑斯模式相反。威尔·赫顿（Will Hutton）在其《我们所在的国家》（*The State We're In*）中将我们界定在两者之间。我们的经济和美国经济一样，优势都在于金融服务或者媒体领域。我们没有那么多法国和德国那种小农民和大生产商的特色，在结构上从欧盟中受益。没错，我们的大部分贸易都是与欧盟做的，但是我们最大一部分投资的目的地和来源国都是美国。

社会呢？哈尔西（A. H. Halsey）在2000年的《社会趋势》（*Social Trends*）概要中写了一篇序言，他在序言中引用了另一段乔治·奥威尔对英国独特性的著名描述，这次是引自《狮子与独角兽》（*The Lion and the Unicorn*）："大镇上的人们脸上有点疙瘩，牙齿差但彬彬有礼，与欧洲的人们不一样。"哈尔西说，如今不同了。他根据社会现实的各类资料总结出，"英国的生活已经与欧洲和北美其他发达工业化国家的生活融合在一起"。实际上，在社会现实的测试中，伦敦与多伦多的相似程度肯定要高于伦敦与基辅的相似程度。因此英国所属的欧洲"类型"并不是这类欧洲国家，而是常常所说的"西方"。

另外，许多"亲欧人士"喜欢援引生活方式来证明英国的欧洲化："看看我们喝的基安蒂葡萄酒（Chianti）和卡布其诺咖啡，在西班牙或者意大利度过的假期，在法国拥有的房子。"现在"我们常常挂在嘴边、家喻户晓"的名字不再是英王亨利（Harry the King）、培福（Bedford）和埃克塞特（Exeter），而是阿尔塞纳·温格（Arsène Wenger）、热尔博（P. Y. Gerbeau）和斯文—戈兰·埃里克森（Sven-Göran Eriksson）（英格兰足球队的新主帅）。[1] 但是每个这样的欧洲化例子都至少有一个相对应的美国化例子。有一个

[1] 英王亨利、培福、埃克赛特是莎士比亚戏剧《亨利五世》中的人物；温格是英超阿森纳队的主教练；热尔博是法国冰球运动员，曾入选法国国家队，退役后在英国从事商业活动；埃里克森，瑞典人，曾任英国国家足球队主教练。——编注

卡布其诺咖啡吧就至少有一家麦当劳或者星巴克。美国电影、美剧 66
和美语是我们流行文化的主要甚至是主导部分。

你可能会说，在 21 世纪初，这只是欧洲化的一部分。这种美国化也是一种所谓的欧洲现象。从许多方面来说，确实如此。但是在英国特别严重，我们美国化的方式与欧洲大陆不一样。这也不单单是我们与美国的关系所致。在 1990 年的一次哈里斯民调中，英国人被问到他们喜欢到哪个其他国家住。50% 以上的人提到了澳大利亚、加拿大、美国或者新西兰。法国、德国和西班牙分别只获得了 3%。这绝对是某种态度的证明，多了一个小小的语义指示。谈到美国的时候，许多英国人会用一个词组：“池塘的那一边。”“池塘的那一边”——似乎大西洋就像一个放鸭子的池塘，美国就在乡村草坪的另一边。从某种语义上来说，英吉利海峡比大西洋还宽。

雨果 · 扬坚持认为这都太过时：依然与丘吉尔所谓的“说英语的民族”相提并论的身份正在变淡，毕竟在美国，西班牙裔的人越来越多，盎格鲁血统不再那么纯正。他写道：“盎格鲁—美利坚主义必须在这个欧洲国家停止阻碍欧洲意识的兴起。”在我看来，这种说法站不住脚、不现实，可能也不可取。我赞同罗伯特 · 坎昆斯特（Robert Conquest）的看法，他写道：“在西方，几个世纪以来，在无政府状态和专制统治之间开辟并保持中间道路的还是说英语的国家。”这话听起来有点沾沾自喜，但是在我看来，作为一种历史概述似乎相当真实。这是我们的身份重要而积极的一部分。

二 67

那么，在“英国是全身心地致力于欧盟和一些欧洲项目的吗”这一最熟悉——也是最肤浅——的意义上，我们回到“英国属于欧洲吗”这个问题吧。不过，又要问我们所指的由英国决定是什么意思？如果我们指的是当前选举产生的政府，那么答案显然是响亮的

“是”。如果我们指的是民意，那答案是响亮的“不是”。

2000 年 10 月，“欧洲晴雨表”（Eurobarometer）针对与欧盟的同一性提了一些常规问题。英国位于图表的底部。欧盟成员国的身份对您的国家有利吗？只有 25% 的英国人说“有利”。欧盟成员国的身份对您的国家带来过好处吗？ 25%。信任欧洲委员会吗？ 24%。支持欧元吗？ 22%。只有在支持共同的安全政策和扩张方面，英国不是垫底。

根据自己的看法，你可以对这种情况描述一番——令人沮丧或者鼓舞人心。首先，这些英国的答案特别多变。以第一个问题作为欧盟成员国是否是一件好事为例，相关数据如下：1973 年，31%；1975 年，50%；1981 年，21%；1991 年，57%；1997 年，36%。可谓大起大伏。罗伯特·伍塞斯特（Robert Worcester）坚持认为，英国对欧盟的看法坚定不移但并非根深蒂固。伍塞斯特区分了“舆论”、“态度”和“价值观”。他称，这些只是舆论而已，受到了最近媒体普遍对欧盟负面报道的影响。态度是指更加固定的看法，伍斯特尤其在“中产阶级、偏老的人”当中找到了态度。然而，我一点点收集来的证据和每天与所谓的“普通人”交谈的经历表明了如下事实：还存在更深的态度，绝不仅仅限于仍然主导政治和媒体辩论的中产阶级、偏老的人当中。所以，再援引一项民意调查，1995 年英国广播公司莫利民意调查问道“您觉得欧洲怎么样？”，只有 8%
的受访者说“非常好”，15% 的受访者说“一般”，但是 49% 的受 68
访者说“很差”。

人们常说，将欧洲说成其他地方是英国的专利。其实不然。在欧洲，有几个国家的人们也将欧洲说成其他地方，至少有一段时间是如此。西班牙人、葡萄牙人、波兰人、希腊人和匈牙利人都是这么说的。区别在于，对于他们来说，欧洲可能是其他地方，但他们想成为那样的地方。我认为，欧洲只有两个国家不仅把欧洲说成其他地方，而且还不确定它们是否想成为那里的一部分。它们是英国和俄罗斯。

1971 年 10 月，爱德华 · 希思（Edward Heath）在下议院说过一句著名的话:“我们正走向一个节点，如果本院今天作出决定的话，我们的共同体就将等同于他们的共同体。”三十年过去了，我们没有向那个节点靠近一点。

当然，我们都知道我们的精英分子在这个问题上分歧很大。但是连最支持一体化的英国“欧洲人”也不像欧洲大陆精英分子那样，把欧洲说成理所当然的问题。我们不像从事于公共事业的欧洲人那样单纯地谈论欧洲。这在一定程度上是因为我们感受到了虚伪。我们怀疑欧洲思想的国家工具化。记住哈罗德 · 麦克米伦（Harold Macmillan）对戴高乐（de Gaulle）的评价：“他说的是欧洲，其实指的是法国。”自麦克米伦以来，可能每位英国首相都很想在私下里对当任法国总统作出这样的评价（希思对蓬皮杜的评价可能是个例外）。这部分是事实，而且不仅仅只有法国如此。我写了整整一本书（《以欧洲的名义》）来描述德国如何以欧洲的名义来追求其国家利益。但这只是部分事实。对于一个更大的欧洲共同工程还有一种真正的情感认同，在德国基本上是如此。政治中的情感总是位于靠近真实与虚假之间、真诚与虚伪之间边缘的某个地方，但这里有一份真实的情感。

这与我的第六种、也是最后一种欧洲含义有关：符合欧洲标准 69
的含义。欧洲是一个理想，是一个神话，政治身份就是由这些东西造就的。似乎在我看来，甚至在英国“欧洲人”当中几乎完全缺失的正是这第六种含义。近几年，我只看到过一点点苗头。就是当初“八八宪章组织”（Charter 88）和中左翼的其他人在“欧洲化”英国方面主张宪法改革。这个语境中的“欧洲”意味着更加民主、更加现代、公正、开明，这是最佳现代欧洲惯例的精华。但是接着乔纳森 · 弗里德兰德（Jonathan Freedland）站出来表示，不，我们真正需要的是美国化的英国；我们需要，正如他的著作所宣示的那样，

《给祖国带来革命》(*Bring Home the Revolution*)。这是指美国革命。由于这是英国，理想化的美国胜过理想化的欧洲。

我的结论？没有结论，这是因为身份研究的本质很少会有明确的发现，也因为英国身份的特质。或许“没有结论”的声明本身就是一个结论，甚至还是一个重要又积极的结论。

毫无疑问，欧洲身份可以成为英国的一种身份。如果我们想选择建立一种欧洲身份，说“我们”而不是“他们”的话，这里有大量的材料。但英国不能接受这个身份。我们不能作出雨果·扬似乎希望作出的声明：“英国是一个欧洲国家，句号。”我们也不能说我们采用的是美国化的方式，就加句号。

其他身份也太强烈了——海岛的身份没有那么强烈，但是西方和跨洋的身份以及不仅仅与美国还有所有说英语民族的身份一致性太强烈了。此外，还有所有内部身份，苏格兰、威尔士、爱尔兰和英格兰。对于“英国属于欧洲吗”这一问题的答案必须是“属于，但不只属于欧洲”。英国的欧洲身份只能是部分身份，因为只要有英国存在，英国一直以来都是，也将继续是一个拥有多重、重叠身份的国家。

然而，说“部分身份”并不意味着肤浅的身份，目前英国的欧
洲身份就是肤浅的身份。毕竟，在我们的历史中，我们拥有部分身 70
份也可以很深刻的例子：英格兰身份、苏格兰身份。如果英国要全身心有效地参与以欧盟为中心的欧洲项目，无论欧盟随着扩张会变成什么样，这种身份必须变得更加深刻。对于共同的事业必须要有更多的情感认同，或许一点点理想主义，甚至我所说的第六种含义就行。

这不仅对我们在欧洲的地位至关重要，对项目本身也至关重要。英国人比其他任何人都更清楚，如果没有情感认同的纽带、没有一些共同的神话、一些神秘感或者白芝浩（Bagehot）在描写英国宪法时直接称之为“魔法”的东西，人为创造的政治结构就无法幸存。

当然，代指欧盟的欧洲目前就是一个人为创造的脆弱政治结构，英国曾经也是如此，可能现在又这样了。

2001 年

欧洲实力有道德基础吗？ 71

我一开始到牛津大学学习历史的时候，对德国抵抗希特勒特别感兴趣。我曾站在柏林前德军司令部的可怕庭院中，克劳斯·施陶芬贝格上校（Claus Count Stauffenberg）及其同党就是在此被枪决的。我也曾亲眼目睹了1974年7月20日炸弹计划的三十周年纪念活动。在牛津大学学完第三帝国的历史后，我回到柏林开始着手我的毕业论文，研究纳粹统治给柏林带来的痛苦。让一个人成为抵抗的战士、另一个人成为助纣为虐者的东西是什么？抵抗的战士是指施陶芬贝格，助纣为虐者是指阿尔贝特·施佩尔（Albert Speer）。我对这个问题着迷不已。亚当·冯·特罗特（Adam von Trott）是这方面特别有趣的一个例子，因为他的抵抗之路既漫长又复杂。特罗特深爱自己的祖国，同时又痛恨统治祖国的独裁者，爱恨交织，备受折磨。[1]

事与愿违，我最终并没有写德国抵抗希特勒的故事。我发现，在柏林墙的另一边，在共产主义的东德，人们同样面对着抵抗还是配合的两难困境，尽管形式要温和一些。因此，我没有写一篇有关
希特勒统治下的柏林的论文，而是写了一部有关昂纳克（Honecker） 72

[1] 本文由亚当·冯·特罗特纪念讲座的内容整理而成，该讲座由牛津大学贝利奥尔学院和曼斯菲尔德学院主办，在曼斯菲尔德学院的小教堂内举行，因此第一部分中提到了小教堂里的彩色玻璃窗。

统治下的柏林的著作。我还研究了共产党统治下的中欧的异见分子，陪伴他们在艰难的解放之路上前行。这些共产主义统治下的异见分子与德国的纳粹主义抵抗者有两点共同之处：一点是总纠缠于道德和政治之间的关系，另一点是总担心战后（对于反共产主义的异见分子来说，这是指冷战后）可能出现的任何欧洲新秩序的道德基础。

在实力和道德之间存在一种明显的紧张关系。阿克顿勋爵(Lord Acton）建议我们多怀疑实力而不是相反。正是这个原因，历史上的政治理论家针对该问题为我们提供了丰富的思想——从亚里士多德坚持认为美德是良政之因亦为其果，到当代国际关系方面的学术研究著作，解决人道主义干预、人权、合法性和正当性等问题。（我希望，如果我基本上互换使用道德和伦理的术语，哲学家们能够原谅我。）

我应该把这些学识和思想应用到我所谓的“欧洲实力”中。这也需要解释一下。我这里所说的“欧洲”主要“指欧盟或者与欧盟相关”。我很清楚，欧洲和欧盟有着巨大的差异，但在此我确实主要指欧盟，作为各国的独特共同体，外交政策的独特参与者。这个名词“实力”一直被简洁明了地定义为“达到任何预期效果的能力”，或者换句话说，你想让他们做什么，他们就得做什么的能力。

“欧洲拥有什么样的实力？”这个问题引人入胜。美国新保守主义者给出的一种答案是“没什么”。罗伯特·卡根（Robert Kagan）将其有关美国人来自火星和欧洲人来自金星的著名文章题为《强权和弱势》(Power and Weakness)。美国强大，欧洲弱小。如果你像许多新保守主义者一样，对实力只有一维的定义，即简化 73
为军事实力的单一维度，这种立场才站得住脚。即便在当时，欧洲也不乏潜在的军事实力。毕竟，欧盟的成员国拥有一百多万武装人员。然而，欧盟缺少可以部署和运作的军事实力，也缺乏动用军事实力的意愿。有人可能会补充说，对于许多欧洲人而言，不愿动用军事实力正是欧洲实力的道德基础之一。可能是如此，但还必须考虑实力的另外两个维度：经济实力（在这方面，欧盟基本上与美国旗鼓相当）和约瑟夫·奈（Joseph Nye）所谓的“软实力”（经济、社会、文化甚至还可能是大学的吸引力）。

然而，欧洲实力还有第四个维度，这是欧盟特有的。我称之为诱导力。这种诱导力首先可以按磁铁的诱导力来理解：通过磁力影响附近物体行动的力量。欧盟很大程度上就具有这种力量。但这种磁力取决于另一种意义上的诱导力的大小：该过程结束的时候，我们的邻国将被诱导加入欧盟，就像有人被诱导加入俱乐部或协会一样。可以看到目前这种诱导力正在土耳其和乌克兰发挥作用。在与邻国的关系中，这种实力是美国所不具备的；这是欧洲的第四个维度。

除了美国或许还有联合国外，与其他任何政治共同体的实力还有道德基础的说法相比，欧洲实力还有道德基础的说法更加广泛。20 世纪 20 年代，阿里斯蒂德·白里安（Aristide Briand）在倡导欧洲一体化时，将其工程形容成“一个道德的欧洲联盟”。这种说法以许多不同的方式发展，我准备对其中的十种说法审视一番。我的
“十诫”并不是由戒律组成，而是由问题组成的。 74

一

第一种说法显示在牛津大学曼斯菲尔德学院小教堂的彩色玻璃窗上。它们呈现了历史人物，从奥利金（Origen）和奥古斯丁（Augustine）到阿奎那（Aquinas）、安瑟伦（Anselm）、威克里夫（Wycliffe）、路德（Luther）、加尔文（Calvin）、茨温利（Zwingli）、格劳秀斯（Grotius）和威廉·佩恩（William Penn），一直到利文斯通博士（Dr. Livingstone）。唯一缺了让·莫内（Jean Monnet）。简而言之，这是一种有关欧盟精神和知识遗产的说法。我最近听到欧盟委员会主席若泽·曼努埃尔·巴罗佐（José Manuel Barroso）引用了保罗·瓦莱里（Paul Valéry）对于欧洲实力基础的著名描述：“耶路撒冷、雅典和罗马。”然而，巴罗佐立即补充说：“我们不应

该忘记阿拉伯—伊斯兰的贡献，以及斯拉夫和凯尔特的资源。”

更加频繁的是会提到犹太基督教的传统。1948 年 5 月在海牙的欧洲大会上，泛欧洲运动的创始人理查德·尼古劳斯·冯·康德霍夫—卡利吉伯爵（Count Richard Nikolaus von Coudenhove-Kalergi）提供了另一种配对：“如果欧洲再次崛起，我们必须将其未来奠定在过去两种最高贵的基础之上：希腊的个人主义和基督教的社会主义。”但是他还引用了威廉·富布赖特（J. William Fulbright）参议员的一封信，盛赞欧洲工程是对抗苏联威胁的壁垒，以及该工程对“推进西方基督教文明”的贡献。如今，我们很少能听到这样的话。

真相是，像以往一样，基于该学院显示欧洲身份的彩色玻璃的说法主要是关于基督教，明确地说是关于西方的基督教。从历史上来看，这种说法没有什么依据。首次提到欧洲人是在记录 733 年普瓦捷战役[1]——这是一场对抗入侵的阿拉伯穆斯林人的战役——的编年史中。教皇庇护二世继承了基督教的观念，他的笔推进了“欧洲”这个术语的广泛使用。“欧洲”被有意定义为应对土耳其人入侵和伊斯兰发展的办法。庇护二世给君士坦丁堡的征服者、苏丹穆 75
罕默德二世写了一封非凡的信。在信中，他首次引出了欧洲各国：“西班牙坚如磐石，法国骁勇善战，德国人多势众，英国强大无比，波兰勇猛过人，匈牙利积极进取，意大利资金雄厚、士气高涨、久经沙场。”接着他对穆罕默德二世说，实际上，你不可能打败我们，所以加入我们吧。“然而，能造就你，穆罕默德，成为你这个时代最伟大、最强大和最著名之人的是一样小小的东西。你问是什么。这东西并不难找。它在世界各地都能找到。一点点水，有了它，你就可能被洗礼，皈依基督教。”这是自知、自我定义的新欧洲发出的第一条信息。

[1] 通常认为是732年，但两位法国学者认为实际上是在733年；详见罗伊（J. H. Roy）和戴沃塞（J. Deviosse）的《普瓦捷战役——733年10月》（*La Bataille de Poitiers—Octobre 733*），巴黎：伽利玛出版社，1966年。

15 世纪 60 年代至 20 世纪 60 年代期间，这种西方基督教的观念——天主教或者新教但不是东正教——都是欧洲工程某种论述和自我定义的核心，无论对于信奉基督教的民主人士还是社会主义者都是如此。然而，现今显然并非如此。出现了一个严肃的问题：从什么意义上来说，欧洲仍然是一个信奉基督教的大陆？在 2000 年的《世界价值观调查》中，当被问到“宗教是否对您非常重要”的问题时，57% 的美国人说“是”。在英国，这一数字为 13%；在法国为 11%，在德国为 9%。现在欧洲或许是地球上最世俗的大陆。在我们的领导人当中，托尼 · 布莱尔在这方面是一个特例——我认为可以说，这是他要比别人跟乔治 · W. 布什相处得更好的原因之一。西班牙首相何塞 · 路易斯 · 萨帕特罗（José Luis Zapatero）或许更加典型。最近有人引用他的话：西班牙人想少看到一些宗教，多看到一些运动。

尽管约翰 · 保罗二世和保守天主教徒的波兰人付出了最大的努力，但在提议的欧洲宪法条约前言中并没有明确提到上帝或基督教。
如果在欧洲，我们信奉宗教是按照遵守宗教仪式来理解，那如今我 76
们最有可能是伊斯兰教徒而不是基督徒。在柏林，目前宗教势力大小的顺序是：首先是新教，其次是伊斯兰教，最后是天主教。欧盟境内可能有 1 500 万伊斯兰教徒。由于移民和欧盟的不断扩张，将波斯尼亚、阿尔巴尼亚和土耳其等国纳入其中，欧洲将变得更加伊斯兰化。因此，欧洲将自我定义为积极地象征着西方基督教的价值观，在我看来站不住脚。

二

欧洲实力的道德基础的第二种说法称，该工程的关键历史基础无法在西方的基督教中找到，但可以在启蒙运动中找到。如果你是一位富有思想的历史学家，你可能马上会问：哪次启蒙运动？英国的启蒙运动还是法国的启蒙运动，德国的启蒙运动还是波兰的启蒙运动？但是，与欧盟价值观和教皇庇护二世的价值观的匹配程度相比，这些启蒙运动中任何一次运动的价值观和欧盟如今声称的价值观的匹配程度一定更高。然而，这正是我们与美国的共同之处。拉尔夫·达伦多夫（Ralf Dahrendorf）写过一部有关美国的精彩著作（是用德文写的），名为《应用启蒙运动》（*Applied Enlightenment*）。也可以用同样的标题来形容欧盟。然而，从一方面来说，我们跟在美国的后面，从另一方面来说，我们又超越了美国。我们的“落后”体现在泾渭分明的政教分离上，它写入了美国的宪法，此后在美国得到了践行。英国还有一个国教。瑞典，先进、进步的瑞典在 2000 年之前也有一个国教。在德国，你还要交所谓的“教会税”，在你的年度税收申报表中还有这个税种。

另一方面，从伏尔泰“踩死败类”（écraser l' infâme）的精神 77
上来说，我们超越了美国。伏尔泰会为自己在当今欧洲社会看到的许多东西感到高兴，该东西是指盛行的世俗主义：世俗主义是一种积极、具有攻击性的意识形态。世俗主义可以说是法国的国教。实际上，前几天，有人引用了一位法国外交官的话。该外交官在提到提议的欧洲宪法时说，“我们不喜欢上帝”。前西班牙外交部长安娜·帕拉西奥（Ana Palacio）补充说，“我们高举的唯一旗帜是世俗主义”。

如果你看看 9·11 事件后的讨论，你会发现欧洲的世俗主义甚至比美国还要多，欧洲的一些反应确实表明了与伊斯兰恐怖主义有关的问题在于伊斯兰本身，而不在于对伊斯兰的曲解。言外之意显而易见，伊斯兰的问题并不在于它是一种不正常的宗教，或者甚至说是一种错误的宗教，而仅仅在于它是一种宗教。

这种富有攻击性的世俗主义会增强欧洲的实力吗？或许不会。一方面，显然，欧洲吸引年轻的伊斯兰教徒有很多方式。另一方面，他们来到这里生活的时候，他们在欧洲社会发现的一些东西有力地排除他们：咄咄逼人的世俗主义、无神论、道德相对论和享乐主义。其中一些年轻的伊斯兰教徒受到了这种富有攻击性的世俗主义的严重排斥，而他们正好是在欧洲，而不是在自己的国家，也不是在美国遇到这种世俗主义的，因此他们在此地变成了恐怖分子。协助在纽约发动9·11袭击的基地组织汉堡分支是如此；2003年3月11日，轰炸马德里的摩洛哥人肉炸弹是如此；在荷兰谋杀提奥·梵高的人也是如此。所以有人甚至称，欧洲社会富有攻击性的世俗主义并不是一种资产，反而是欧洲软实力的一种负担。

三 78

其三，有人可能以传统的形式称，欧盟的合理性在于它是一个外交政策的参与者。但是接着我们不得不问：当哈维尔·索拉纳去乌克兰斡旋，他为欧洲说话的权利是什么，获得了什么授权？答案似乎是：尚未批准的宪法条约赋予的预期权力。实际上，我们呈现给世界的是一种混乱合并起来的权力。乌克兰发生橙色革命期间，代表"欧洲"坐在圆形谈判桌上的是欧盟公共外交和安全政策的"高级代表"索拉纳，但是还有欧盟轮值主席国荷兰的一名代表、波兰的总统和立陶宛的总统。那些作为国家政府的成员、具有直接民主合法性的人只是间接负责欧洲的外交政策。那些直接负责欧洲外交政策的人只有间接的合法性。

我认为，在此得出的结论似乎很清楚：至于传统的合法性，目前欧盟外交政策展示的欧洲实力比包括美国在内的任何民主国家都不合法。如果你问"这种实力的代表凭借什么权力使其有权让年轻的士兵为了一项政策冒生命危险"，那么像欧盟这样给出的答案会更加不清楚。实际上，哈维尔·索拉纳作为指定的外交部长，在提议的宪法条约中并没有赋予他这样的权力。正如简-维尔纳·米勒(Jan-Werner Müller)在一篇有关欧洲爱国主义的好文章中所说，"为国捐躯甜蜜又光荣”的格言不太令人信服。

四 79

接下来这种说法当前在欧洲相当流行，是关于道德价值观，实际上是关于欧洲“社会模式”的优越性：体现社会公平、团结和平等等优于美国的品质的一系列内部安排。对了，顺便提一下，我们没有死刑。因此，比如德国总理格哈德·施罗德（Gerhard Schröder）最近说：“我们欧洲人很清楚，我们的社会模式是一种独特的文明成果。”他说，只有欧洲形成了这种特殊的工作方式、特殊的经济生产方式和团结生活在一起的特殊方式。

这反过来又与一些独特的“欧洲价值观”有关。我们还可以在伊拉克危机期间由尤尔根·哈贝马斯（Jürgen Habermas）撰写、雅克·德里达（Jacques Derrida）联合署名的宣言中看到这种争论。这是欧洲道德基础的一种定义，将社会公平作为一系列价值观的核心并将欧洲定义为非美国。

这种说法经不起更严密的实证调查研究。首先，我们的社会模式从两方面来说并不是独一无二的。第一，它并不是单一的：事实上，在欧盟的25个成员国（本文写作时的欧盟成员国数量）中，有大量的社会模式，更不用说更广泛的欧洲了。在其杰出的著作《资本主义的多样性》（*Varieties of Capitalism*）一书中，彼得·霍尔（Peter Hall）和大卫·索斯吉斯（David Soskice）指出，在如今的欧盟中至少有三种不同的民主资本主义。他们将它们称为“市场”、“协调的”和“地中海的”。寻找欧洲社会模式的外界人士，像中国人那样，最后意识到不是只有一种而是有许多社会模式。因此，他们一点点地吸收，将斯堪的纳维亚模式、法国模式和德国模式等拼凑在一起。

第二，欧洲社会模式并非独一无二的原因是它根本不仅限于欧
洲。我们所谓的欧洲社会模式可以在加拿大、新西兰、澳大利亚甚 80

至在美国一些更加以福利为导向的州找到相应的版本。我认为，欧洲社会模式显然在道德上占据高地也不可能令人信服。可以肯定的是，在收入平等和福利服务方面要更胜一筹，但通常在就业和创造就业岗位方面要略逊一筹。关于即将称为的“第三种方式”，正如比尔·克林顿（Bill Clinton）在一次国际对话中一针见血地指出，失业本身也是社会不平等的一种形式。欧洲在福利待遇方面更好，这是我们能够吸引大量移民的原因之一。欧洲让移民感觉宾至如归的能力不及美国，这在一定程度上也是因为他们获得了太多的福利待遇，这使已经生活在这些社会中的穷人、无依无靠的人和失业者产生了怨恨情绪。当然，就最近几年的经济增长而言，尤其在法国和德国这两个核心国家，我们的社会模式也很难说创下了良好的记录。我们可能更善于重新分配财富，但我们并不擅长创造财富用于重新分配。目前，有流行的说法称，欧洲实力的道德基础基于我们独一无二、胜人一筹的社会模式。但综上，这种说法也相当有问题。

五

有人会称，欧洲对有人所谓的国际社会公平作出了独特的贡献：即富裕的北方和贫穷的南方之间的公平。目前，所有欧盟成员国提供的官方发展援助是美国的三倍多。我们更加关注环境问题和《京都议定书》（Kyoto Protocol）等。但是我们在贸易保护主义和农业
补贴方面超差的记录彻底撕破了这张皮。 81

总部位于牛津的国际慈善机构乐施会（Oxfam）关注贸易保护主义的问题，制定了其所称的“双重标准指数”（Double Standards Index）。欧盟因贸易干预和农业补贴而位居双重标准名单的榜首。比如，2000 年，欧盟对每头欧洲奶牛的平均补贴为 913 美元；我们给非洲撒哈拉沙漠以南地区的每个人的援助为 8 美元。给一头欧洲奶牛 913 美元，却只给一个非洲人 8 美元！与此同时，共同农业政

策（CAP）进行了一些改革，我们还有“武器之外的一切”（Everything But Arms）的计划，鼓励从发展中国家进口。但事实依然是，2003年，共同农业政策仍然占到欧盟预算的46%，是其分配给援助的预算的7倍。世界银行称，如果没有贸易壁垒和农业补贴，世界上发展中国家本可以出口到发达国家、事实却在出口中损失的金额估计达1 000亿美元。这是整个经合组织提供的发展援助的两倍。所以说，基于致力于国际社会公平的说法也难以为继。

六

据说，欧洲政策因其尊重国际法律和国际组织，包括联合国而在全世界独树一帜。实际上，与美国相比，欧盟在程序的合法性方面确实拥有良好的记录。这从一定程度上来说，原因很简单，欧盟本身就是一个国际组织或者说一系列国际组织，建立在一部跨国法律之上。由于其性质，它往往会更加尊重国际组织和国际法律。（我将单个成员国代表本国所作所为的问题放到了一边：比如，法国在 82
其非洲的前殖民地采取了单边行动。）

更深层的道德问题在于，这种谨慎地尊重国际法律和国际组织有利还是无利，反而阻碍我们防止在我们的大陆上——1992年至1995年在波斯尼亚——出现种族大屠杀。1999年，当我们着手防止科索沃变成“另一个波斯尼亚”时，我们的干预却没有获得联合国安理会的明确授权。在一份优秀的报告中，独立的干预和国家主权国际委员会（International Commission on Intervention and State Sovereignty）总结说，对科索沃的干预“非法但合理”。对于这类干预可能非法但合理的情况，欧洲人需要解决许多艰难又严肃的问题。

在这个问题上，亚当·冯·特罗特和1944年7月20日对抗希特勒的炸弹计划的记忆可能有所帮助。诛杀暴君在国际法律中没有明文规定。无论如何，很难想象，诛杀暴君会提前得到联合国安理会决议的授权。然而，1944 年，试图诛杀暴君是一项具有深远道德意义的行为。

七

欧盟是一种和平解决国际冲突的模式。它将数百年来互相争斗的国家聚在了一起，它们现在决定只通过和平手段解决其冲突和分歧。这使来自欧洲许多不同的国家、欧洲反法西斯斗争的许多前成员在 1945 年后成为欧洲工程的创始人。他们的座右铭是“绝不重蹈覆辙”。或者正如温斯顿 · 丘吉尔所说，“动口不动手”。

在我看来，这似乎是欧洲实力的道德基础最有力的一种说法。
如果我们厌烦了布鲁塞尔那些没完没了的谈判和官僚妥协，我们应 83
该提醒自己，布鲁塞尔的口水是和平的代价。如果我们要向我们年轻的公民讲述欧洲的故事，要回答他们完全合理的问题——为什么是欧洲、欧盟到底是干什么的，必须面对的一个问题是，最佳的单一答案必须基于一项有关如果欧盟不存在可能发生什么的反面陈述。很难摆出这个论点，因为这种情况永远无法证明。

然而，在我看来，这绝不仅仅是哈贝马斯关于我们社会模式的看法，而是欧洲在这方面确实独一无二，是一种模式。目前，在地球上还没有其他这样的国家组合。北美自由贸易区（NAFTA）、南方共同市场（MERCOSUR）和东盟（ASEAN）都无法相提并论。这也是欧洲软实力（吸引力）的重要部分。比如，非洲国家组织（Organization of African States）更名为非洲联盟（African Union）绝非偶然。这直接受到了欧盟的影响，不过当然非盟的行动方式无法与欧盟相提并论。这种模式的吸引力有力地向我们的邻国扩散，其中大多数国家希望加入我们，不仅仅是经济方面的原因，也不仅仅是要获得民主，而是因为，按照卡尔 · 多伊奇（Karl Deutsch）

的说法，欧盟是一个安全共同体。

八

第八种说法：欧洲创造了一种政权和平更迭的模式。这种说法与其说适用于欧盟现有成员国，还不如说适用于那些位于欧洲大陆但不属于欧盟又希望成为欧盟成员国的国家。欧洲政权和平更迭的模式融合了如下元素：第一是来自基层的和平社会压力，包括大规模的非暴力反抗——所谓的“人民力量”；第二是政府和反对派精英之间的谈判，常常在圆桌上进行；第三是支持性的国际框架。这 84
是一种天鹅绒革命的模式，它于 1989 年代替了 1789 年的雅各宾—布尔什维克模式。这种模式在 1989 年之前已有渊源。人们可以追溯到 1974 年葡萄牙的“康乃馨革命”以及西班牙和希腊的转型。2000 年，它席卷了塞尔维亚，2004 年席卷了乌克兰。

在此，对于这种政权和平更迭的模式，我只想说明两点。第一点是道德问题，也是政治问题。在讨论波兰的团结工会运动导致共产主义终结时，波兰反对派领导人和历史学家亚当·米奇尼克表示，他们从欧洲历史吸取的教训是，那些以攻占巴士底狱起家的人最终建造了他们自己的巴士底狱。与雅各宾—布尔什维克“只要目的正当，可以不择手段”的原则相反，这种新欧洲模式坚持认为手段也决定目的。因为你选择的手段可以非常腐败，所以它们确保了预期的目的其实永远无法达到。在我看来，这确切地说是欧洲 20 世纪的远见卓识。这种远见卓识可以成为跨大西洋的艰难对话的重要部分，谈论更广泛的中东转型。欧洲和美国对该对话的真正贡献是：我们完全赞同你们的目的，我们的问题在于你们选择的手段。

第二点，可以毫不夸张地说，在三十年间，从 1974 年的葡萄牙到 2004 年的乌克兰，民主的希望和欧洲的希望携手并进。无论欧盟内部的民主缺陷如何，在外界看来，对于邻国而言，欧盟一直是民主的催化剂和倡导者。那些和平革命的口号一直是“回归欧洲”。有的国家走向民主就是为了“回归欧洲”，确切说是为了加入欧盟。加入欧盟，你也就获得了脆弱的民主。欧洲和民主是同一个硬币的两面。

九 85

因此欧洲是一种规范力量。在其有关中国人权政策的著作中，罗斯玛利·弗特（Rosemary Foot）将美国和欧盟描述成世界两大“规范企业家”——规范的创造国和出口国。这是描述欧洲所作所为的另一种方式，参考了一些或多或少经得起历史考验、有关什么是欧洲人的说法。但是，在不渴望成为欧盟成员国的国家和渴望成为欧盟成员国的国家（这些国家我称之为欧元候选人[europapabile]）之间，欧盟为在经济关系和尊重人权之间创造联系方面所作出的努力具有巨大差异。对于一些遥远的国家，欧盟还是相当不一致。不一致体现在对于缅甸和中国采用不同的标准。不一致还体现在我们利用这些标准的方式上，特别是因为每个欧盟成员国都坚持采用自己的方式。有人认为，在与中国关系的处理上，法国和斯堪的纳维亚的所作所为形成了对比。因此，我们的政策支离破碎、不一致、不断变化。

相比之下，我们对待那些渴望加入欧盟的邻国和已经成为欧盟成员国候选人的方式，非常行之有效和引人注目。当我们提及“干预”国际关系时，我们往往会想到军事干预，像在科索沃或者伊拉克那样。但事实是欧盟在中欧和东欧大规模干预了邻国的内政，现在还干预了土耳其的内政。从“赫尔辛基进程”（Helsinki Process）到欧盟成员国的“哥本哈根标准”（尤其是第一条哥本哈根标准：民主、法治和人权），欧盟大规模参与了这些国家的经济、社会和政治制度转型。这种转型实质上与美国在占领伊拉克时所作的一样——但 86

在这里，政权更迭是以同意为基础的。这是欧洲独特的诱导力：欧洲实力的第四个维度。

在某个特定的国家体现欧洲实力——从欧盟的实力意义上来说——的最伟大时期是在该国加入欧盟后不久那段时间。一旦你成为成员国，你可以得到更多的东西。比如，西尔维奥·贝卢斯科尼(Silvio Berlusconi)近乎垄断了意大利的地面电视，这在欧盟成员国的候选人中是无法接受的。如今的意大利可能无法成为欧盟成员国，但是，一旦你成为欧盟成员国，欧洲力量的限制效力要小得多，如果你是一个较大的成员国，更是如此。

无论如何，这种诱导力的问题在于，它只适用于那些显然希望加入欧盟且欧盟准备接受其成为成员国，或者至少准备用一定程度的确切口吻表示希望接受它们成为成员国的国家。我在此特别想到了土耳其。土耳其成为欧盟成员国的前景一消失，我们的规范力量就会蒸发，或者至少说大大削弱。即便在地中海所谓的“巴塞罗那进程”中，欧洲的规范力量也大大减弱了。

十

1948 年 5 月，在海牙的欧洲大会上，康德霍夫–卡利吉伯爵说了如下令人难忘的话：“朋友们，我们千万不要忘记，欧洲是一种手段，没有目的。”欧洲是一种手段，没有目的。这么说，欧洲不仅以其关注手段和目的为特色，还以其本身只是实现更高目的的一种手段的事实为特色。许多现代的欧洲人忘记了这位欧盟创始人的远见卓识。对于他们来说，手段成了目的。但是欧盟像德国统一一样 87
本身并不是一个目的。欧盟应该是建造自由世界的基础材料，是走向伊曼纽尔·康德在其精彩的论文《世界公民观点下的普世史观念》(Idee zu einer allgemeinen Geschichte in weltbürgerlicher Absicht)中所说、我引用的“die vollkommene bürgerliche Vereinigung in

der Menschengattung"——大意为"一个完整的人类文明联盟"——的垫脚石。

然而，如果我们认真地将欧洲工程看作普世规范的倡导者，那么有一种逻辑会导致欧盟不断地扩张。按照这种逻辑，每次扩张会带来下一次扩张。一种超凡的模式已经出现，按照这种模式，许多国家从历史上来看是彼此最大的仇敌，在扩张的过程中变成了彼此最亲密的盟友。因此，德国曾是波兰成为欧盟成员国最强有力的倡导者；希腊成了土耳其成为欧盟成员国最有力的倡导者之一；另外，现在波兰是乌克兰成为欧盟成员国最有力的支持者。正如我所说，有一种强大的逻辑引导着一步走向另一步，总是认为达到了"哥本哈根标准"。因此，到 2024 年，我们可能不仅要面对乌克兰是否成为欧盟成员国的问题，还要面对土耳其的邻国伊拉克是否成为欧盟成员国候选人的问题。当然，还有以色列。有人可能会有点夸张地说，欧洲是康德意义上的世界政府不断扩大的核心。

为什么不是如此呢？因为这个核心不会是硬的。它是软的并且会日益变软。这样扩张会导致欧盟完全不一致，毫无基于一些共同文化、共同历史和共同政治身份要素的团结可言，当前成员国之间的团结显然基于此类要素。如果哪儿都是欧洲，那就哪儿都不是欧洲。然而，我不相信，康德的这一绝对律令如果获得了恰当理解，还会必然导致一种无限扩张的前景。它反而应该引导我们迫切考虑 88
一下，欧盟可以为不是其成员国候选人并且在可预见的未来不太可能成为候选人的邻国做些什么，这样一来，在处理与这些国家的关系时，欧洲就无法使用其独特的诱导力了。其次，如果本着康德霍夫—卡利吉伯爵的精神——欧洲是一种手段不是一种目的，我们把欧洲当作建造自由世界的基础材料，那么我们需要问问自己，这种建造自由世界的基础材料和其他建造自由世界的基础材料——从美国算起，但是还包括其他说英语的民主国家，再到所有其他自由民主国家，当然还包括联合国——之间应该是什么关系。

现在，你可能觉得这个结论正在迅速接近我们在英语中所说的“天上的馅饼”（pie in the sky），或者德语中更有礼貌、更加诗意的说法——Zukunftsmusik（远在天边的幻想）。对此，我没什么可辩解的。我们可以从德国抵抗希特勒和中欧异见分子对抗共产主义中吸取的一个教训是，现实主义还不够。以1944年的德国、1984年的波兰或者2004年的乌克兰为例，自称的现实主义者最终都不现实，理想主义者反而是更好的现实主义者。在国际事务中，要既符合道德又实际有效地思考和立即行动，其面临的挑战是恰当地融合理想主义和现实主义，因地制宜。我们要双脚脚踏实地，也要仰望星空。

2004年

孪生兄弟的新波兰 89

民族可以比人民更幸运。人民只能年轻一次。他们抓住机会或者错过机会，接着慢慢变老死去。尽管浪漫的民族主义者喜欢用拟人的手法——“年轻的意大利”、“年轻的德国”，从某些重要意义上来说，民族能够“活”上百年，甚至上千年，由真正或者设想出来的政治地理学和共同经历的连续性维持。它们可以“病怏怏”或者“老态龙钟”数百年，但接着还可以焕发活力和青春。

如今的中国是一个例子，西班牙是另一个例子，波兰是第三个例子。两百年来，从 18 世纪末第一个波兰“共和国”（其实是一个选举产生的君主专制政体）像圣诞节的火鸡一样被普鲁士、俄罗斯和奥地利帝国瓜分，一直到 20 世纪末波兰实现完全独立（边界截然不同），波兰人在一个单独的国家只有二十年的脆弱自治：即他们的“第二个共和国”，从 1918 年到 1939 年。

波兰的常态似乎是被占领、落后、沮丧和力求摆脱外国控制。它开始以忍耐力、文化的生命力和英勇但不屈不挠的抵抗的美德著称。其白鹰被外国的箭射中，流出的鲜血让红白两种国家颜色焕然一新。其英雄是烈士。连像诺曼·戴维斯这样同情波兰事业的历史 90
学家也在 1983 年写道：“波兰通常政治失败，经济混乱，落于人后。”[1]

[1] 详见诺曼·戴维斯，《欧洲的心脏：与波兰当代有关的历史》，牛津：牛津大学出版社，1984年，462页。序言写于1983年。

关注今日波兰的任何人肯定会得出该国的基本形势已经转变的结论。如今，波兰是一个自由国家。与这片亲密无间的大陆上任何其他欧洲国家一样，波兰是一个主权国家，自 1999 年以来在北约获得了前所未有的安全保障，2004 年 5 月 1 日后成为欧盟的正式成员国。一些分析人士已经将波兰列为欧盟 25 个成员国中的“六大国”之一，其他五国分别为德国、法国、英国、意大利和西班牙。波兰的国内生产总值自 1990 年恢复独立以来增长了 50% 左右。年轻的波兰人——超过 40% 的人口在三十岁以下——在世界各地自由旅行。其中成千上万的人现在在英国等欧盟成员国内寻找新的工作机会。如果我踏出牛津大学的前门，很可能会遇到一名在这里学习或者在当地咖啡馆打工的波兰学生。[1]

1979 年，我首次去波兰的时候，纳粹党人占领和斯大林迫害的记忆仍然萦绕着该国。一天晚上，我从华沙的一家餐厅出来发现，有人故意放掉了我汽车前轮的气。我的房东说：“他们一定认为你是德国人了。”在如今十几岁的波兰人当中，这些记忆已经远去，因此手机上要求短信服务的俚语词组是“给我派个保镖（SS man）”（*译按：SS man 是指纳粹德国时期政府高官的保镖*）[2]。

一

如果你问波兰的历史何时开始向好的方面转变，一个答案是

[1] 英国一直特别欢迎来自中欧和东欧所谓的“欧盟新成员国”的工人。自从2004年5月1日它们加入欧盟以来，在逾二十九万正式申请在英国工作的人当中，大约有十七万人来自波兰。详见2005年11月23日《卫报》的报道。如果二十九万人真的在英国工作，这相当于该国总劳动力的1%。

[2] 这是我华沙的朋友在谈到他们自己年轻的孩子时告诉我的。这在一本富有吸引力的波兰年轻人新俚语使用指南中得到了证实，用的是波兰的发音“esesman”，详见鲍尔泰克 · 查茨斯基（Bartek Chaciński），*Wypasiony: Słownik Najmłodszej Polszczyzny*，Kraków：Znak，2005年，36页。

1980 年 8 月 14 日星期四 9 点左右。当时一名叫莱赫 · 瓦文萨的年轻失业电工，跳出位于波罗的海格但斯克港口的列宁造船厂围墙，抢到了一场职业罢工的领导权，该罢工诞生了一场称为团结工会的 91
运动。瓦文萨自己给出了一个不同的答案：1978 年 10 月，当时克拉科夫的红衣大主教卡罗尔 · 沃伊蒂瓦（Karol Wojtyła）被选为教皇约翰 · 保罗二世，抵抗精神不仅在波兰增强了，而且在整个中欧也增强了。让米哈伊尔·戈尔巴乔夫(Mikhail Gorbachev)愤怒的是，瓦文萨将欧洲共产主义统治终结的历史功绩分配如下：50% 归功于波兰教皇，30% 归功于团结工会运动和其他中欧的解放运动，20% 归功于戈尔巴乔夫和改革。

“Kurcze, panie！”（礼貌点可以翻译为“真该死，先生！”）他告诉我，“我在这些事件中看到了上帝之手！”[1] 如果那个 8 月的早上像他及同伴原本计划的那样，试图早几个小时在早上 6 点的时候到达造船厂，那么秘密警察可能已逮捕他了，但他迟到了。他不记得迟到的原因了。罢工差点泡汤，但这也是好事，因为最终成立了好得多的罢工委员会。他一边用整只手臂富有激情地做手势，一边发出他富有特色、爆炸性的惊叹。“后来，在斗争中，处境多么尴尬……这个世界上谁能这样扭转乾坤？……只有上帝之手！”

六十二岁的瓦文萨精力充沛、身材魁梧、面色红润，嘴角两侧仍然留着粗长的胡子，与该国首次尝试民主时期的古老画像中胖胖的、挥舞着军刀的 18 世纪波兰贵族越发相像。前波兰团结工会运动的领袖、前波兰总统仍然滔滔不绝，他的语言一如既往地生动形象、无法模仿，几乎无法翻译。在言语中不仅有精彩的幽默片段，还闪耀着脚踏实地的智慧和敏锐的政治判断。它们提醒你，莱赫·瓦文萨可算是屈指可数、天赋异禀、受人欢迎的领导人。

无论对于欧洲共产主义终结的历史功绩的公平分配是怎么样

[1] 引自2005年11月10日在伦敦的对话。下文瓦文萨的话也引自该对话。

的，1980 年 8 月团结工会运动的开创性贡献巨大，因此二十五年后，2005 年 8 月，乘坐飞机的前政治领导人和现任政治领导人在格 92
但斯克的莱赫 · 瓦文萨国际机场走下飞机庆祝周年活动。前来庆祝的人包括瓦茨拉夫 · 哈维尔、乌克兰总统维克托 · 尤先科、格鲁吉亚总统米哈伊尔 · 萨卡什维利、詹姆斯 · 贝克三世（James Baker III，代表大小布什两位总统）、兹比格涅夫 · 布热津斯基（Zbigniew Brzezinski）、德国总统、塞尔维亚总统和欧洲委员会主席若泽 · 曼努埃尔 · 巴罗佐。

他们在一张巨大的蒙太奇照片前演讲，在照片中可以看到一副多米诺骨牌，第一张骨牌是一张 1980 年他的工友高举莱赫 · 瓦文萨的照片，推倒的多米诺骨牌代表 1989 年的波兰（苏联集团中第一个非共产党政府成立）、布拉格的天鹅绒革命（瓦茨拉夫 · 哈维尔在塞斯拉斯摇他的钥匙）、乌克兰的橙色革命（尤先科），最后一张基本上隐藏的多米诺骨牌描述的是另一个革命群体，我无法认出他们的国籍，但可能代表白俄罗斯。许多演讲者都表达了与白俄罗斯（欧洲最后一个独裁国家）受压迫的人们的团结之情，并且希望在那里也发生类似的变革。

这个过去二十五年的“多米诺骨牌理论”的版本，不像随附的口号“今天诞生于格但斯克”那样只体现了波兰以救世主自居的情结。实际上，像戈尔巴乔夫和其他人会指出，这一系列的成功有许多开创者。然而，事后一想，我们可以说，波兰 1980 年至 1981 年的革命是第一场天鹅绒革命。尽管 1981 年 12 月沃伊切赫 · 雅鲁泽尔斯基将军（General Wojciech Jaruzelski）实施了戒严令，但团结工会幸免于难——不过只是没全军覆没而已，许多领导人都被逮捕了，后来 1988 年通过更进一步的一波罢工东山再起。它的卷土重来让波兰成为 1989 年中欧和平革命中的第一场，还有第一次随之而来的圆桌谈判，在那次谈判中，共产党统治者和反对派领导人谈判，实现了向民主的和平过渡。萨卡什维利和尤先科肯定了 1989 年革命的重要性，它推进了最近一波革命（有时被称为“颜色革命”），从 2000 年在塞尔维亚推翻米洛舍维奇，到 2003 年格鲁吉亚的玫瑰革命，再到 93
2004 年乌克兰的橙色革命。

所以 2005 年 8 月在格但斯克可以庆祝一番。但在庆祝的背后和场外，新波兰对其近期的情况喜忧参半，对未来忧心忡忡。我从格但斯克（不再是列宁）造船厂附近庆祝的人群中离开，回到了 2 号门，瓦文萨过去常常在这扇门的上面给人群发表风趣幽默又鼓舞人心的演讲。这扇蓝灰色的门再次装饰上了约翰·保罗二世的肖像、琴斯托霍瓦的黑圣母、红白色的国旗和鲜花，与记忆中我 1980 年 8 月抵达这里目睹历史性罢工时的情况差不多。但有三个地方不同。现在在入口的右侧是自动取款机。在门的后面是一片破旧的大楼、瓦砾和杂草组成的景象，现在在这家造船厂（目前由一家叫 EVIP 的公司拥有）工作的工人还不到 3 000 人，在共产党鼎盛时期，雇佣的工人超过 15 000 人。在这扇门的前面一个巨大的木制枷，过去用于枷罪犯。其三个枷头的三个孔上枷着穿着黑色制服、白色衬衫和照片作为脸的稻草人。下面写着“马克·罗曼（Marek Roman），EVIP 公司的总裁——盗贼”、“雅努什·斯兰塔（Janusz Szlanta），前总裁——盗贼”、“耶日·莱万多夫斯基（Jerzy Lewandowski），现任总裁——骗子”。后面庆祝的人群合唱着歌颂和平、宽容和爱情的歌曲。

二

在团结工会运动周年活动后两个月内，波兰人选出了新议会和新总统。2005 年 9 月，选举的投票率刚好超过 40%，他们将大部分选票投给了名为法律与公正党（Law and Justice）的中右翼政党，更加自由的公民纲领党（Civic Platform Party）位居第二。十多年来，主要由共产党的前成员——自 1989 年来以“后共产主义者”

著称——领导的民主左派联盟党（Left Democratic Alliance）一直是执政党，在 9 月的选举中，其在议会中的席位从 217 席大幅降到 94
了 55 席。一个月后，在总统大选的第二轮选举中，选举的投票率刚好超过 50%。大部分参加投票的选民选择了法律与公正党的候选人莱赫 · 卡钦斯基（Lech Kaczyński），而不是公民纲领党的领导人唐纳德 · 图斯克（Donald Tusk）。

这两大中右翼政党（公民纲领党和法律与公正党）接着并没有就联合政府达成一致，之前它们都表示将组成联合政府。相反，法律与公正党创建了一个少数派政府，该政府将依赖两个更加极端、民粹主义的、信奉天主教的政党（即所谓的自卫党和波兰家庭联盟党）在议会的支持，它们都反对经济和社会自由主义，对欧盟抱有深深的怀疑。总理是相当一本正经、之前当过老师的卡齐米 · 马辛基维茨（Kazimierz Marcinkiewicz），但是所有人都知道总理宝座的幕后掌权人是法律与公正党的党魁雅罗斯瓦夫 · 卡钦斯基（Jarosław Kaczyński）——新总统莱赫 · 卡钦斯基的孪生兄弟。

因此，我们看到了一个欧洲大国由一对孪生兄弟有效掌管的奇观，这对孪生兄弟几乎一模一样，很容易认错（莱赫的鼻子一侧有一颗明显的痣）。他们出生于 1949 年。在二战期间和二战结束后不久，他们的父母在反纳粹主义和反共产主义的抗争中战斗过，并将这种爱国斗争的巨大遗产传给了他们的儿子。十二岁的时候，这对金发孪生兄弟就在一部名为《偷月亮的两个人》的儿童电影中担任主演。这部电影的 DVD 在波兰成为畅销品。我在华沙的时候买了一张，亚切克（Jacek）和普拉切克（Placek）（他们在影片中的名字）确实是一对魅力十足的“淘气包”。

从 20 世纪 70 年代开始，两兄弟就认真地参加了波兰反共产主义的反对派。留在华沙的雅罗斯瓦夫参加了一个主要的民主反对派“保卫工人委员会”（KOR）。莱赫搬到了格但斯克，他在那里学习 95
法律，并帮助波罗的海沿海的工人组织独立的贸易工会，对抗共产主义国家。一些朋友叫他莱谢克（Leszek），从而与他们当中的另一个莱赫——电工莱赫 · 瓦文萨——区别开来。

莱赫 · 卡钦斯基获得了法学博士学位，是团结工会在格但斯克的一名活动分子，1981 年实施戒严令后，在秘密抗争的那些年里，他仍然相当活跃。我记住他是在一场 1988 年的罢工中，该罢工占领了格但斯克造船厂。这为 1989 年的圆桌谈判铺平了道路，他也参加了那次谈判。共产主义终结后，1990 年，他支持莱赫 · 瓦文萨成功竞选总统，但是后来因为在个性和立场方面的严重分歧而与莱赫 · 瓦文萨分道扬镳。自那以后，他和他的孪生哥哥一直活跃在波兰后团结工会时代的右翼政坛，努力组建一个能够胜选的政党。瓦文萨轻蔑地称 :“他们一生都致力于获取权力！” 现在他们成功了。

雅罗斯瓦夫 · 卡钦斯基比莱赫早出生 45 秒，是一名技艺超群、毫不妥协的幕后政治战略家。据说，他那总体上较温和的弟弟对他敬畏有加。莱赫当选总统后，在其胜选演讲中向他的兄长暨党魁致谢，并以一位士兵向指挥官报告的形式作结。他说 :“主席先生，报告 : 任务完成。”

关于他们的名字缩写（kaczor，意思为“鸭子”，严格地说是“公鸭”）的文字游戏带来了许多关于鸭子的笑话，尤其在较年轻、更加自由或者左翼的波兰人中间，他们通过电子邮件或者手机上的短信传播这些笑话。有人可能会说，现在的波兰就是《鸭汤》[1] 的翻版。它从马克思变成了马克斯兄弟。德国媒体的一些评论人士评述这一轮转变却没有那么幽默，表示这位新总统不仅是一位信奉天主教的 96
民族主义者，强烈反对堕胎和同性恋，还受到了反犹太主义的不良影响。我的一些犹太朋友，他们自从莱赫 · 卡钦斯基早年当异见分子时就认识他，已经三十年了，他们强烈反对那种旧式反波兰模式的复兴。他们说，就卡钦斯基来说，事实绝非如此。实际上，他们

[1] 《鸭汤》是一部由马克斯兄弟主演的喜剧片。——译注

表示他接受天主教的民族主义，至少在基于任何深刻的个人信仰的同时，体现了战术性和战略性，将此视为在波兰成立有效右翼政党的唯一方法。

然而，公允地说，新总统一贯都对德国和俄罗斯持怀疑态度，更不用说欧盟了。他不会说任何外语，在当华沙市长期间非常不愿意寻找外国人签协议。此外，他深受有关国内和国际政治阴谋论的熏陶，能够看到安全服务中看不见的手，这是其他人发现不了的。正如美国学者大卫·奥斯特（David Ost）所说，与理查德·霍夫施塔特（Richard Hofstadter）的著名分析一致，卡钦斯基及其盟友代表波兰政坛中的“多疑风格”。[1]

1980 年“八月波兰”过去二十五年后，波兰最终由一对孪生兄弟领导，他们是团结工会右翼传统的真正代表，但却通过利用某些人的不满上台，这些人对 1989 年团结工会胜利以来所发生的一切感到不悦。他们将这些不满串成了一种论述，这种论述与后团结工会时代和后共产主义时代的自由人士（过去十六年，波兰基本上由这些自由人士领导）讲述的富有说服力的成功故事截然不同。[2] 比如，杰出的历史学家、前团结工会顾问、1997 年至 2000 年担任外交部长的布罗尼斯瓦夫·盖莱梅克（Bronisław Geremek），以及谈吐清晰、稳扎稳打的后共产主义时代的自由派总统亚历山大·克瓦希涅夫斯基（Aleksander Kwaśniewski）等人，他们能够说流利的英语、法语或者德语，不厌其烦地向世界解释，波兰如何开创共产主义向自由民主和平转型的先例，如何在用繁荣的自由市场代替旧计划经 97

[1] 详见大卫·奥斯特，《团结工会运动的失败：后共产主义欧洲的愤怒和政治》（*The Defeat of Solidarity: Anger and Politics in Postcommunist Europe*），伊萨卡：康奈尔大学出版社，2005年，187、229页。

[2] 当然，现在“自由”这个词在欧洲和北美不同的背景中具有截然不同的含义。但大多数政客都普遍支持经济自由主义（坚信自由市场，有时又称为“新自由主义”）、政治自由主义（与“左翼自由”差不多）和文化自由主义（有关信仰和生活方式）的某种组合；因此“自由”似乎是一个恰当的简便词。

济的同时，达到欧洲尊重人权的标准。无论有什么不足之处，这个成功的故事本身大大促进了波兰加入北约和欧盟、吸引外国投资的外在成功。

然而，连最乐观的波兰自由人士也不得不承认，向资本主义过渡在人力方面所付出的代价高昂。国有企业的私有化、市场价格的引入，以及来自西方进口商品的竞争导致许多波兰人失去工作。目前，失业率在18%左右。在欧盟，波兰的就业率创下了最低纪录，在十五岁到六十四岁这个年龄段中，只有一半人（51.7%）就业。[1]其中损失最惨重的人就是那些对团结工会运动的胜利贡献最大的人：工人。1980—1981年的波兰革命可能是我们最近看到的真正“工人”革命。布罗尼斯瓦夫·盖莱梅克在纪念活动的演讲中表示，波兰18世纪争斗不休的贵族摧毁了该国自己缔造的“贵族民主”，而20世纪的工人也摧毁了苏联强制实施的“工人国家”。但是如今，如果你与工人和失业的格但斯克造船厂前工人交谈，其中大部分人都相当愤怒和失望。

尽管一些波兰人变富裕了，但更多波兰人变穷了。世界银行的一份最近报告显示，日益严重的不平等导致生活在贫困线之下的人数增多。[2]瓦文萨非常言简意赅地表示：当时，人们有安全保障但没有自由，现在他们有自由但缺乏安全保障。当时，他们拥有强制的平等，现在有人是百万富翁，但其他人贫困交加。此外，他补充说，“那个百万富翁的赚钱方式可能并不是最干净的……”

与后共产主义世界的其他地方一样，如今波兰的财富常常始于法律不清楚的时期，当时，共产主义的计划经济被废除，许多野心勃勃的人，其中一些是后共产主义者或者与安全服务部门有良好的 98
关系，获得了商品。如果现实通常是黑暗的话，那观念，尤其是过

[1] 真正的就业数字，包括黑色经济和那些在国外工作的人，可能要更高一些。

[2] 世界银行：《增长、贫穷和不平等：东欧和前苏联》（2005），基于世界银行：《加入欧盟前的波兰的增长、就业和生活水平》（2004）。

渡中的“输家”的观念更加黑暗。正如格但斯克造船厂前那些新中世纪的木制枷(“现任总裁——骗子”)所示,许多普通的波兰人坚信,任何富裕的人都是盗贼或者骗子。

这与卡钦斯基兄弟指出的另外两种普遍的不满有关。第一种不满是感觉在 1989 年之后在如下方面做得还不够:让公众反思共产主义的过去、清除安全服务机构、让共产党政权中参与镇压的人退出公众视野。波兰没有南非或者拉丁美洲式的“真相委员会”。相当于德国“高克管理局”(Gauck Authority,为受害者提供秘密警察的档案)的机构,五年前才刚刚运行。与此同时,公共视野中的重要人物被指控早前曾与共产主义的安全服务机构狼狈为奸,这动摇了波兰尚年轻的民主。后共产主义时代的总理约瑟夫·奥莱克西(Józef Oleksy)就因这种指控而辞职。

第二种相关的不满是波兰的国家危机,人们觉得整个国家弱小、臃肿、缺乏效率,很可能走向腐败。新总理义正词严地谈到了“百慕大四边形”(Bermuda quadrangle),即腐败的政客、秘密警察操作者、生意人和罪犯。在这方面主要的政治目标是后共产主义者,他们在国际关系中表现得理智而负责,但在国内身陷一系列见不得人的钱权交易丑闻。最臭名昭著的就是所谓的“雷温事件”或者说“雷温门”,在这起事件中,一位电影制片人承诺,拿 1750 万美元来,“集体控制权”(该词组在波兰已经臭名昭著)将修改管理大众媒体的预定法律。

卡钦斯基及其顾问巧妙地结合了这些普遍的不满,进而呼吁在波兰发起一场“道德革命”。莱赫·卡钦斯基是一位法学教授,拥有辉煌的履历,担任过司法部长和国家审计局局长,其政党的名 99
称——法律与公正党——也暗示着这对兄弟将重整波兰的法纪,给波兰社会带来公正。实际上,他们更进了一步。他们最成功的一份竞选海报的内容是,莱赫·卡钦斯基展现出一副慈祥、年长、专业的形象,在堆满书籍的书房中挥舞着一支笔。下面写着“第四共和国的总统”。

这是一份政治营销的优秀作品，但是一名真正的保守人士本应该更加清楚的。大多数波兰人将1989年之后出现的主权民主国家描述成“第三共和国”，从而否认了1945年后共产主义的波兰人民共和国作为真正波兰共和国的尊严。人们对于第三共和国到底何时开始意见不一，是1989年6月4日，该国首次半自由的选举导致波兰的共产主义有效终结的时候吗？是1989年9月，团结工会顾问塔德乌什·马佐维耶茨基（Tadeusz Mazowiecki）成立自1945年以来首个非共产党政府的时候吗？是1990年1月修改宪法，重新使用旧名称——波兰共和国的时候吗？是1990年12月，新共和国的新总统莱赫·瓦文萨，选择从1918年成立的第二共和国的合法继承人、位于伦敦的流放政府的总统那里，而不是从戒严令的设计师和波兰人民共和国的最后一位总统、事实上的前任总统沃伊切赫·雅鲁泽尔斯基将军那里，接受官衔的时候吗？

不论确切的成立日期是哪天，1997年颁布并通过全国公投的新宪法称，第三共和国已经存在并将持续存在。现在卡钦斯基兄弟想修改该宪法，但是在其提出的修改中，即使假设他们能够让这些修改被议会通过，也无法证明这将成立一个新共和国的说法合情合理。

然而，作为赢得选举的工具，“第四共和国”的口号能够非常有效地与对整个第三共和国的政治体制和掌权的“政治阶层”的普
遍不满遥相呼应。民调组织民调研究中心（CBOS）表示，超过三 100
分之二的受访者表示他们对波兰民主的运作方式不满意。现在高达40%的人同意“强人掌权要比民主政府好”的说法——这是自恢复独立以来的最大比例。[1] 低选举投票率也反映出了这种幻想的破灭。

卡钦斯基及其政治盟友面临的一个问题是，尽管他们称将改头换面，但他们本身一开始就是波兰第三共和国这个名誉扫地的政治

[1] CBOS所作的调查详见www.cbos.pl和2005年12月16日的《选举报》。

体制的一部分。他们一上台就开局不利，争吵不休、失败的联合谈判，正好体现了他们宣称要摈弃的、不光彩的争权夺利。首篇有关他们属下腐败丑闻的报道正出现在波兰媒体中。同时，他们承诺的 101
“道德革命”被期望通过清除警察和安全服务机构、公布与共产主义的秘密警察狼狈为奸的官员名单和在十年内自动解除那些合谋者的公务员身份来进行。很有可能对更多的共产党高官进行审判。我与现年八十二岁的雅鲁泽尔斯基将军交谈时，他心酸地告诉我，他预计要在“被告席上”度过余生。[1] 在选举中，他一针见血地指出，法律与公正党作出的实质性改善的承诺无法兑现，“如果人们无法获得面包，他们必须有马戏”。他希望成为马戏的一部分。

这种“道德革命”的另一面，对于那些了解美国的人来说，似乎更为熟悉。波兰保守人士特别看重宗教和社会问题，尤其反对堕胎和同性恋。作为华沙市市长，莱赫·卡钦斯基禁止男女同性恋“平等游行”，其他市长现在也采用了同样的做法，这引发了抗议。格但斯克造船厂的团结工会组织出面守护该市的“平等游行”，另外在波兰西部城市波兹南，一名法官作出裁决称，这一地方禁令不合法。与此同时，波兰欧洲议会的保守成员在布鲁塞尔的欧洲议会大厦举办的一场展览，将堕胎比作纳粹集中营的屠杀，让一些同僚震惊不已。

美国有著名的“红色”州和“蓝色”州之分。在总统选举的地图上，波兰可以分为“橙色”和“蓝色”区。橙色代表该国更加自由的区域，更加喜欢唐纳德·图斯克；更加保守的蓝色区域偏向卡钦斯基。该国的西北部，包括德国边界上的什切青和波罗的海上的格但斯克，主要是橙色区。除了首都华沙是个主要的特例外，波兰的中部、东部和东南部基本上是蓝色区。从一定程度上来说，这是一种社会经济的划分，因为东部和东南部较贫穷。但历史学家指出，波兰被瓜

[1] 2005年11月5日，华沙的对话。

分期间，现在该国的橙色区主要由德国统治，而蓝色区主要由俄罗斯和奥地利统治。在后共产主义时代的欧洲，非常古老的分界线再现于新政治版图上并不是第一次，好像是用看不见的墨水画着似的。

与美国的红蓝之分一样，现实在地理和社会方面都更加复杂。但是经历这些选举之后，出现了前所未有的“两个波兰”的感觉：一个更加自由、都市化、包容和对外开放，另一个更加保守、宗教化、褊狭和内向。

三

在卡钦斯基兄弟的领导下，这个第三多一点的共和国会怎么样呢？这对孪生兄弟及其阵营最多能在加强国家管理和法治方面有所作为。他们可以解决共产主义过去的顽疾，只要表现得现在对此
做不了什么。他们可能从不稳定、鱼龙混杂的右翼集团中成立稳定 102
的波兰版基督教民主党，而不是像何塞·玛丽亚·阿斯纳尔（José María Aznar）在西班牙人民党中做的那样。他们最好还能提高该国的经济活力，稍微降低税收，同时控制庞大的预算赤字，如果在社会方面保守的话，可以继续保持波兰作为欧盟现实和建设性的成员。

最糟糕的情况是，他们会掌管一个虚弱的少数派政府，迅速带来新一轮的丑闻；进行不公平的政治迫害，而不是谨慎地审视共产主义的过去；导致经济增长放缓，通过民族主义的保护主义让外国投资望而却步；毁掉波兰成为塑造欧盟未来“六大”成员国之一的机会。他们迟早会步前任执政者的后尘，众叛亲离，接着受到不满选民的惩罚。

根据波兰过去两个世纪的历史标准，这些也算不上巨大的选择。即使卡钦斯基兄弟表现出现最差的情况，该国的独立、政治自由和安全，也会像意大利和西班牙那样，不会受到任何威胁。年轻的波兰人对此了然于心，这就是他们的反应各式各样的原因：抗议、用

脚投票、开“鸭子”玩笑等。

民族要比人民幸运。但在特定的时间，最重要的是组成国家的每个人的幸福。诚实需要坦然地承认，对于数百万波兰人来说，尤其是工人、穷人和老人以及那些生活在南部和东部的人，1989 年以来的这些年一直充满痛苦和失望。对于他们来说，自由的现实与梦想截然不同。

然而，还有另外一面。团结工会运动周年活动的再聚首带来的一个惊喜是，不仅可以遇到新老朋友，还可以遇到他们的孩子——现在像我自己的孩子一样，他们已经二十岁出头了。早在 1980 年，
我和我的波兰朋友生活在两个不同的世界。从最广泛的意义上来说， 103
那时年轻的波兰人的政治可能性和生活机会受到的限制要比年轻的英国人多得多，简直无法比较。在我们的孩子一代，情况已经不再如此。如今，正如我每天在牛津大学看到的波兰学生和打工的学生那样，积极进取的年轻波兰人的生活机会可以与年轻的英国人相提并论，绝不仅仅是那些拥有优越背景的人才享有。总有些东西赢了。

2006 年

帝国的变迁 104

在蒂拉斯波尔（Tiraspol）列宁大街的一个咖啡馆里，我坐在三位穿着深绿色克格勃制服的靓丽女军官边上，有了这种不可思议的想法：苏联会加入欧盟吗？

超现实的准国家德涅斯特河沿岸地区（Transnistria）从摩尔多瓦德涅斯特河的东岸分离出来，乍一看像是旧苏联的一个缩影。在首都的中心，一尊巨大的列宁红石像自豪地矗立在最高苏维埃面前。在10月25号大街（以1917年的俄国革命命名）上有一辆放在底座上面的服役坦克。在“先锋馆”内，展板上展示着饱经风霜、挂着勋章的苏联老战士向如饥似渴的年轻人解释“没有战争多美好”！不仅在列宁大街上，在苏联大街、共产主义大街、和平大街上，每三个人中似乎就有一个人穿着制服。这些女军官精致的化妆、油光发亮的染发、高跟皮鞋与他们原始的制服相得益彰，她们的肩章表明她们隶属于国家安全部（MGB），但人们还是非正式地称她们为克格勃。在每个政府办公室里都有一名闷闷不乐的秘书、一株盆栽和一幅装在镜框里的领导人画像。

这让我怀旧之情油然而生。但是再稍微仔细一看，情况并非它们表面看上去那样。在先锋馆的地下室里，孩子们在玩西方的电
脑游戏：古墓丽影（Tomb Raider）、坦克赛车（Tank Racer）。10 105
月25号大街上的商店包括阿迪达斯专卖店和一家装饰着放大的美

国摩天大楼巨型照片的快餐店。沿着大街，有一个庞大的新建体育馆，该馆由当地最大的公司建造，名字为“县治安官”(Sheriff)，以向拓荒前的美国西部边境的执法官致敬。在蒂莫蒂酒店（Hotel Timoty），接待员塔尼亚（Tania）穿着有弹性的白色运动服，上面印着杜嘉班纳（Dolce e Gabbana）的商标。当然不是真品。她向我解释说，这个酒店的名字——蒂莫蒂——在俄语中代表蒂拉斯波尔—莫斯科—蒂拉斯波尔（TIraspol-MOscow-TIraspol），表明了与俄罗斯首都的重大关联。

连底座上的坦克也讲述着一个新故事，它纪念的并不是苏联1941—1945 年伟大的卫国战争，而是 1992 年的英雄“之战”，在这场战斗中，这片严重苏联化、基本上说俄语的土地上的当地部队，在俄罗斯第十四军的协助下，从摩尔多瓦当局获得了实际自治。摩尔多瓦当局将拉丁语而不是西里尔文字作为摩尔多瓦 / 罗马尼亚的官方语言，正试探性地将德涅斯特河以西的领土重新向罗马尼亚、欧洲和西方靠。自那以后，该实体在英语中最为方便地称为德涅斯特河沿岸地区（即德涅斯特河以西地区），其俄语的名称可以直译为“德涅斯特河沿岸摩尔多瓦共和国”。它拥有自己的国旗、国徽（锤子镰刀形）、国歌、总统、议会、穿着制服的边界守卫、安全服务机构、警察、法庭、学校、大学和宪法——大多数国家的特质，但没有得到国际认可。

其总统伊戈尔 · 斯米尔诺夫（Igor Smirnov）看上去像是浮士德博士和临时牙医的结合物，掌管着充满压迫和腐败的政权，靠实际上由俄罗斯天然气工业股份公司提供的免费能源、一小部分俄罗斯军队和一些当地工业——包括军工厂，据说还有不少非法的武器走私和人口贩卖——来维系。尽管最近有人向秘密从事的《星期日泰晤士报》记者出售一枚装备“脏弹”弹头的后苏联火箭导弹 106
(post-Soviet Alazan missile）的事情可能是骗局，但西方相关专家认为，无赖政权和潜在恐怖分子的武器确实是从或者通过德涅斯特河沿岸地区获得的。

然而，目前，斯米尔诺夫的政权备受压力。在其西面，国际认可的摩尔多瓦总统（尽管他自己是一名共产主义者）正在努力向欧盟和美国靠拢。它的另外三面是乌克兰，在那里，橙色革命带来了一位更加亲西方的总统，对填补这种黑洞更加感兴趣。欧盟和美国正在再次寻找可能的协商解决方法。斯米尔诺夫在国内也面临一些反对势力，该反对势力受到了强大县治安官寡头的部分支持。连在德涅斯特河沿岸地区，也有最微弱的橙色气息。

坐在维护人权基金会简陋又寒冷的办公室里，亚历山大·拉琴科（Alexander Radchenko）告诉我，斯米尔诺夫“拥有斯大林或者萨达姆·侯赛因拥有的权力”。他和其他议员想修改宪法，从而允许他们弹劾总统和加强宪法法庭等。他收到过威胁电话：“你会葬身于德涅斯特河。”然而，更进一步的询问发现，矮小而强壮的红军前政治委员真正喜欢的与其说是“回归欧洲”，还不如说是回归苏联。他微笑的时候露出了几颗金牙，称：“当然，在苏联，有和平、人与人之间有友谊还有福利。没有人失业，没有人无家可归，没有人吸毒上瘾，没有妓女，没有人口贩卖。”他说，斯大林死后不久，情况便开始变坏。这是德涅斯特河沿岸地区式的橙色。

像我一样，对于不是丁丁迷[1]和神秘东欧冲突行家的任何人来说，德涅斯特河沿岸地区有什么重要性？或许没有什么重要性——除了生活在那儿的人们，从那儿残忍贩卖过来的妇女，以及那些被
出自那儿的武器杀死的人。然而，它还凸显了一种历史发展，我们 107
当中的大多数人只觉察到了一半，这种历史发展促进了过去二十五年我们在欧洲目睹的许多变革，如今依然在促进欧洲的变革。

这种发展是俄罗斯帝国的兴衰。首先，有可能相信，这只是苏

[1] 埃尔热在比利时的《20世纪报》副刊创造了他的丁丁世界，丁丁是一名小记者，身处每一个现实世界的冲突地：苏联、刚果、美洲、远东等。——译注

联帝国而不是俄罗斯帝国的衰落。当你到达格鲁吉亚、乌克兰和德涅斯特河沿岸地区，这已经不再可能。在蒂拉斯波尔的市中心有一尊陆军元帅亚历山大·苏沃洛夫（Alexander Suvorov）的巨大雕像。这标志着在18世纪末，这位伟大的沙皇将军征服了这片土地并建立了这座城市。在此，不仅苏联帝国正在衰落，沙皇帝国也在衰落。

如今，我们欧洲人有三种选择。我们可以把这类领土当作黑洞，置之不理。我们可以让美国成为新的帝国力量。或者我们可以决定，与美国拥有安全合作伙伴关系的欧盟应该逐渐扩张，进而给苏联的这些地区带去更多的自由、尊重人权和长期的繁荣前景。当然，前提是生活在那里的人们希望这样。

然而，欧盟是人类历史上最不主动的帝国。我们到目前为止的扩张已经导致像法国这样的核心国家投了反对票。如果欧盟不扩张吸收前苏联的更多地区，像德涅斯特河沿岸地区这样的地方将依然是黑洞。如果这样做，欧盟将有步前苏联后尘的风险。德涅斯特河左岸像红军的火箭光芒一样，这是我们透过它看到的两难困境。

为什么英国在欧洲 108

根据历史、学术传统和相关国家的语言，“为什么‘某国’在欧洲”这一问题会以截然不同的方式回答。比如，如果我们问为何法国在欧洲，一名法国的学者可能会回答：“因为不在欧洲的法国就不再是法国了，没有法国的欧洲也不再是欧洲了！”现在，这个答案可能无法让我们完全满意，但是如果它似乎可以让他及其足够多的同胞满意，那么从某种非常重要的意义上来说，这是对上述问题的一个令人满意甚至是完满的答案。如果我们问为什么德国在欧洲，有人可能会像赫尔穆特·科尔的顾问沃尔夫冈·伯格道夫（Wolfgang Bergsdorf）那样回答：“统一的德国存在的理由就是融入欧洲。”或者正如资深的德国外交部长汉斯－迪特里希·根舍（Hans-Dietrich Genscher）有一次所说：“我们的外交政策越是体现国家性就越体现欧洲性。”这些答案可能显得公式化，有点令人眼花缭乱，但是如果它们同样能让足够多的德国人相信，那么从某种重要意义上来说，它们是令人满意又完满的答案。至于为什么波兰在欧洲的问题，答案必须富有诗意——这是波兰的风格。用伟大的浪漫诗人尤利乌斯·斯沃瓦茨基（Juliusz Słowacki）的话来说：“如果欧洲是一名妙龄少女，那么那不勒斯是这名妙龄少女明亮蓝色的眼睛；华沙则
是她的心脏。”约翰·梅杰（John Major）告诉我们英国应该位于 109
欧洲的中心是一回事，一位伟大的浪漫诗人说你位于欧洲的中心又

是另一回事。

简而言之，对于这样一个问题，没有一个客观、科学或者说哪怕完全合理的答案。各国都有根植于国家历史、经历特别是语言的答案。所以关于“为什么英国在欧洲”这一问题，我们寻找的答案肯定是英国的答案，根植于我们的国家经历、我们的学术传统和历史。在本文中，我探讨了四种可能的答案：从地理、历史或者更准确地说是从我们 1945 年前的历史观、当代历史，尤其是 1945 年至 1975 年间，英国加入现在所谓的欧盟，以及在全民公投中决定继续留下去的历史等角度，还有最后政治的角度，提出如今这是否对我们有利和我们为何还在那里的问题。[1]

一

首先是地理学，或者更准确地说是历史制图学。为何我们在欧洲，一个明显的英国答案是：我们在这儿，故我们在这儿。或者，正如许多英国人也许会说的那样：我们在那儿，故我们在那儿。这可以从菲利浦学校地图册开始算起的任何地图上看到，年轻的玛格丽特·撒切尔——玛格丽特·希尔达·罗伯茨（Margaret Hilda Roberts，撒切尔的全名）1939 年和 1940 年上学的时候几乎肯定用过菲利浦学校地图册中的地图。无论我们怎么看世界，倒着看还是正着看，英国都在欧洲。如果我们从中国的地图上来看，英国在欧洲。最近，在霍梅茵镇，我在阿亚图拉·霍梅尼（Ayatollah Khomeini）外面的一个书刊亭里买了一份伊朗版的欧洲地图。同样，英国仍然坚定地在欧洲内——不像土耳其，一半在欧洲内，一半在欧洲外。 110
我特意询问了大英图书馆的地图图书管理员，他是否知道任何以某种形式不包含大不列颠群岛但具有重要历史意义的欧洲地图。他的

[1] 本文由 2005 年本·平洛特纪念活动的开幕词整理而成。原演讲还配有提到的地图幻灯片。

回答是不知道。

地图不仅仅表明了有形的现实。它们是看待方式、思维方式的体现，人类分类和人类想象的产物。但是这种特别的人类分类相当古老和持久。到目前为止，欧洲和亚洲之间的差别是世界上最古老的连续性地缘政治差别。当然，这可以追溯到古希腊，从制图方面来说至少可以追溯到公元前 2 世纪。如果我们根据公元前二三世纪生活在亚历山大市的古希腊地理学家埃拉托色尼（Eratosthenes）重新绘制的世界地图，会发现尽管欧洲的形状相当古怪，但可以看到欧洲的位置与现在欧洲的位置一模一样，左上的大岛是大不列颠群岛。

在中世纪许多对托勒密（Ptolemy）地理学的重建中，英国都非常坚定地在欧洲内。实际上，在托勒密地理学中，第一部分总是欧洲，而这一部分的第一张地图总是英国。随后还有中世纪的“T 和 O”地图，以其三分世界而著名。有欧洲，在欧洲内，有大不列颠群岛。在历史制图方面，土耳其的位置在还是不在欧洲内备受争议；俄罗斯和马格里布（Maghreb）的位置也有争议。但是历经二十三个世纪，如今从世界任何其他地方来看，英国都是欧洲的一部分。

当然，通过地图还可以体现出其他的看待方式。比如，在所谓的“初级地图”（Elementary Map，这是 19 世纪初展现有形地理要素的地图），我们将熟悉的岛屿作为一种地理要素，与洲或者大陆相对。此外，我们还有帝国地图，英国位于中心，欧洲实际上根本不复存在。在一张体现最近、非常严肃的大英帝国历史的帝国地 111
图中，当你关注欧洲大陆的时候，所有标注都写着“法兰西帝国”。这或许是英国对欧洲相当独特的看法。

所以说思维地图差异很大。2003 年，我参加了辩题为“英吉利海峡比大西洋更宽”的伦敦辩论，那是一次有趣的经历。正方是保守的疑欧派约翰·雷德伍德（John Redwood）等人，论证充分。

大多数富裕的伦敦听众认为，英吉利海峡比大西洋更宽。我们装着这种思维地图从地理走向历史，因为这些相对距离的观念是由历史观塑造的。

二

我们如何看待我们 1945 年前的历史？在《就业、利息和货币通论》接近尾声的地方，约翰 · 梅纳德 · 凯恩斯（John Maynard Keynes）写了这样一段著名的话："许多实践家自以为不受任何学理之影响，却往往当了某个已故经济学家之奴隶。狂人执政，自以为得天启示，实则其狂想之来，乃得自若干年以前的某个三流学者。"务实者更是一些过世历史学家的奴隶。像玛格丽特 · 撒切尔这样的务实女性在 1999 年政策研究中心发表的演讲中说："上帝将英国从欧洲大陆分离出来是有目的的。"这是民族主义历史观的绝妙浓缩，要么预示着历史从地理向前推进，要么预示着倒退回地理。

这一简单句子的背后，隐藏着一种最初源自维多利亚女王时代的、对于英国历史的完整论述，从大不列颠岛屿走向帝国，从技术上向传播自由的目标迈进。经典的论述可以在约翰 · 西利（John Seeley）的剑桥演讲中找到，这些演讲已于 1883 年出版，名为《英国的扩张》（*The Expansion of England*）。约翰 · 西利问道："英国 112
历史的总体趋势或者目标是什么？"（也许只有在英国才可以把"趋势"和"目标"当同义词用。）他自问自答道："我们脱口而出的答案是自由、民主。"接着他讲述了英国扩张的故事，首先囊括不列颠群岛成为了大不列颠（他将大不列颠看作一种内部帝国），接着成为了他所谓的更大的不列颠，即海外帝国。

这种重大论述更富影响力的版本是马歇尔（H. E. Marshall）的儿童读物《我们小岛的故事》（*Our Island Story*）。该书的序言标题为"本书是如何写成的"，信上的地点和时间为澳大利亚墨尔本，

1905 年。书是这样开头的：

> 斯彭（Spen）看着刚刚送到的狭小信封，听着薄纸发出的清脆响声说："爸爸，这封信真有趣。"
>
> 爸爸说："是吗？它是从国内寄来的。"
>
> 斯彭大笑说:"国内寄来的！爸爸，为什么，这就是国内啊。"
>
> "我是指旧国家，斯彭。"
>
> 薇达（Veda）放下洋娃娃，靠到她爸爸的膝盖上说:"爸爸，旧国家？旧国家？什么意思？"
>
> 爸爸说："我是指西边的那座小岛，我们属于那里，我过去生活在那里。"
>
> 斯彭问道："但这是一座岛，一座很大的岛，妈妈说是澳大利亚。所以我们怎么会属于一座小岛呢？"
>
> "额，我们确实属于一座小岛——至少这座大岛属于那座小岛，那座小岛又属于这座大岛。"
>
> 薇达说："哦，爸爸，解释一下嘛。你根本没有解释。"
>
> 爸爸叹了一口气说："好吧。很久很久以前……"
>
> "哦！"斯彭说,"是一个故事。"于是他便开始坐下来倾听。
>
> "对，"爸爸说,"是一个故事，而且还是一个非常长的故事。我觉得我应该请另外一个人来告诉你们。"

而这个人就是马歇尔女士。这篇序言完美地概括了这种论述的 113
来源，具体而言是源于帝国的经历，这里特指源于澳大利亚。

费舍尔在 1935 年出版的《欧洲历史》中写道，英国痛惜其在 14 世纪和 15 世纪丧失的法国领土，并没有意识到"一名善良的仙女正准备将他们遥远的岛屿放到可居住地球的中心"。思维中的地理也是："位于可居住地球的中心"。

这种著名的论述在二战期间，尤其在 1940 年的上升时期，得到了大大提升：英国独自屹立着——正如在大卫·罗（David Low）的卡通中，英国士兵英勇无畏地站在差点被海浪吞没的海岸上，向布满纳粹飞机的天空挥舞拳头——那位陆军上尉说：“一个人，很好！”那段时间，最伟大的作家、推广者之一是屈维廉（G. M. Trevelyan），大卫·坎纳戴恩（David Cannadine）为他写过一部富有启蒙意义的传记。屈维廉的《英国社会史》（*English Social History*）第一版于1944年在英国出版，到1949年，售出了将近40万册；正如普鲁姆（J. H. Plumb）所评论的那样，它不仅是一部社会历史，还是一种社会现象。屈维廉在书中写到，百年战争（Hundred Years War）后，“英国变成了一座奇怪的岛，与大陆脱离”。他接着探讨了英国的例外主义，补充说，“如果法国的贵族阶级能够与农民打板球，那么他们的城堡就不会化为灰烬了”。一直到阿瑟·布莱恩特（Arthur Bryant）——穷人的屈维廉，他在其战时的冗长文集《忍耐的岁月》（*The Years of Endurance*）和《胜利的岁月》（*Years of Victory*）中描述了他所谓的“自由的小岛……进入银色的海洋”。

需要强调的是，这一有力又能引起回忆的重大论述在我们这个时代仍然具有重大的影响力。还有一些人在写它，比如保罗·约翰逊（Paul Johnson）。他的《近海岛民：从罗马占领到进入欧洲的英国人民》（*The Offshore Islanders: England's People from Roman Occupation to European Entry*）出版于1972年，在封面上印着1962年——英国首次申请加入欧共体的时间——休·盖茨克尔所说的名言，这将是“一千年历史的终结”。但最重要的是，这一“小 114
岛故事”的论述具有影响力是因为我所谓的“教科书时间差”。正常情况下，要花多年才能将传统的史料编纂智慧选入教科书中。接着这些教科书要在教室里用好多年，或者说像《我们小岛的故事》这样的儿童读物，要在家里用好多年，家长常常喜欢在家给他们的孩子读他们自己喜欢的故事。而你儿时读的历史通常是对你影响最大的，深深刻在你的记忆中。所以教科书时间差很容易变成四五十年。凯恩斯表示，人们是一些“若干年前”三流学者的奴隶，但是这时间可能是好几十年前。

1939 年和 1940 年，撒切尔女士在学校学习和吸收的是这样的历史就不足为奇了。或许有点更加令人吃惊的是，我们非常现代和自由的坎特伯雷大主教前几天在一场有关历史的公众角色讨论后竟然提到，《我们小岛的故事》一直是他小时候最喜爱的图书之一。这种重大的论述是我们这代人（20 世纪 50 年代和 60 年代的时候在学校学习）的论述，伴随着我们成长。这是托尼 · 布莱尔在预备学校和公共学校学习吸收的论述（只要他学过历史），你在他关于欧洲的演讲中可以找到相应的痕迹。比如，2000 年在华沙发表的演讲中，他这样描述英国：“英国是二战中的战胜国，美国的主要盟友，一个具有自豪感和独立思想的岛屿民族（不过我们的血管中流淌着许多欧洲血液）。”“岛屿民族”——阿瑟 · 布莱恩特，你应该活到现在！这种历史深入人心，我们小报的报道不断地反复讲述这种历史，正如《太阳报》受到提议的欧洲宪法条约的刺激，在一篇令人难忘的头版中说：“1588 年：我们赶走了西班牙人；1805 年：我们赶走了法国人；1940 年：我们赶走了德国人；2003 年：布莱尔让英国向欧洲投降了。”

自英国加入欧洲共同体以来，不像《太阳报》的记者，专业 115
的历史学家一直在做一些有意义的工作纠正这种历史观。首先，他们做了有人所谓的史学的史学。他们向我们展示了民族身份是如何构建的，传统是如何发明的，让人想起埃里克 · 霍布斯鲍姆（Eric Hobsbawm）和特伦斯 · 兰格（Terence Ranger）合著之书的著名书名（译按：即《传统的发明》，*The Invention of Tradition*）。琳达 · 科利（Linda Colley）在其富有影响力的《英国人》（*Britons*）一书中引用了如下论断：英国是一个“发明的国家，历史并不比美国长多少”。当然，“发明的”与在法国的说法不同，按照身份研究的可怕术语，我听说在法国就是所谓的“对立的”。谢默斯·迪恩（Seamus Deane）写道：“英国为了定义自己对它的理解，必须在法语中创造其反面意义。”“对立的”这个法语词的创造非常有效，因此玛格丽特·撒切尔的父亲、市参议员阿尔弗雷德·罗伯茨（Alderman Alfred Roberts）等人认为法语“自上而下都有错误”。

这种史学的史学一直是更广泛的比较国际训练的一部分，在比较国际实践中，许多欧洲国家都批判性地审视了自己的史学。这也常常受到国家例外主义说法的影响。比如，战后德国所谓的“特殊道路”（Sonderweg）的史学，德国现代历史的“特殊道路”。沃尔夫冈·蒙森（Wolfgang Mommsen）曾评论说，从很大程度上来说，“特殊道路”的史学依靠的是一种反事实的模式，这是英国走向自由民主的一种理想化模式。因此，德国例外主义的定义照搬了英国认为的英国例外主义，并将此作为现代西方常态的标准，如果你愿意的话，可以将此作为欧洲标准。我们国家的例外主义成为了他们欧洲常态的标准。

此外，在过去三十年，尤其是过去十五年，专业的历史学家所做的努力主要是通过强调我们与其他欧洲国家的共同而不是不同之处，来帮助我们在更加广泛的国际环境下看英国历史的全貌。这方
面的经典例子是诺曼·戴维斯的著作《群岛》，该书为我们提供了 116
我们国王用原始语言写成的名字，同时还提供了大约公元前8000年——即在所谓的“英吉利海峡”的水带出现之前，当时我们确实是“一片大陆，是大陆的一部分”——英国的第一张地图。这与现代历史的关系尚不清楚，但其意义在于这是书上的第一张地图，试图给我们英国是欧洲一部分的感觉。

其他历史学家探索了英国现在成为跨英吉利海峡政治组织一部分的方式，就其大部分历史而言，英国都是跨英吉利海峡政治组织的一部分。他们称，在16世纪和17世纪的大断裂期，从亨利王改革（Henrician Reformation）到17世纪的革命，连续性要比以

前认为的多得多。他们还探索了英国历史与被称为盎格鲁势力范围（Anglosphere）的其他部分还有什么共同之处。因此，这种新史学并不仅仅是用英国只是另一个欧洲国家的说法，来代替英国是一个创造帝国的特殊岛屿的说法。准确地说，它描述了杰里米 · 布莱克（Jeremy Black）所称的“海洋与大陆的双重性”，他的这种说法恰如其分，定义了我们的历史。英国是一个欧洲国家，但不仅仅是一个欧洲国家。

最后，在过去三十年，专业历史学家对我们所争辩的分离及分离的现实所作的研究，提醒我们，像屈维廉那样将一个小岛称为英国，可笑至极。我们必须谈谈群岛，它们包含了四个国家。休 · 科尔尼的书叫《群岛：四国的历史》(*The Isles: The History of Four Nations*)。如果将苏格兰、威尔士和爱尔兰的历史包括其中，那么与欧洲大陆的历史就有了更多的共同之处和交流互换。许多在英国开车转悠的苏格兰人，在车上用法语写上自己国家名字：Écosse，这并非偶然。

所以有大量的专业编史学可以研究。但是，这是如何影响——
用麦考莱（Macaulay）那个著名的词来说——每个学生所知的东西 117
呢？恐怕事实是对于每个学生所知的东西影响微乎其微。我们从对于“我们小岛的故事”的民族主义史学的必要、健康解构走向了另一个极端，在我们的学校课程中删除了任何连续国家历史的意义。目前，大多数英国孩子在学校体验的是戈登 · 马斯登（Gordon Marsden）所谓的“呦！寿司”（Yo! Sushi）式学校的历史指导，就像在“呦！寿司吧”一样，一只只小塑料盘装着的寿司从传送带上运过来。首先学了点希特勒，接着又学了点斯大林——每个人都学了点希特勒和斯大林。接着又可能学了点工业革命，或许还学了点都铎王朝和斯图亚特王朝。最终，无论多么批判性地审视，你都没有一点英国历史连续性的感觉。我们从一个简单、误导性的虚构故事——“我们小岛的故事”走向了一种没有任何故事可言的境地。

三

我的第三种探讨途径是当代历史，尤其是1945年至1975年之间的相关时期。在这方面，为何英国在欧洲，这一问题进一步缩小，变成为何英国加入并决定留在现在的欧盟；更准确地说，为何英国的执政精英在三个不同政府的领导下选择申请加入欧盟，不仅仅是一次而是三次，接着向民意推销这个决定。在这方面，我们拥有非常丰富的资源：私人和公共的文件，接受系统访谈的目击者，从迈克尔·查尔顿（Michael Charlton）的开创性工作开始，再到现代英国历史研究所收集的口述历史。我们还有阿兰·米尔沃德（Alan Milward）、大卫·雷诺兹（David Reynolds）、本·平洛特 118
（Ben Pimlott）、彼得·亨尼西（Peter Hennessy）、约翰·扬、雨果·扬、安德鲁·格迪斯（Andrew Geddes）、安妮·戴顿（Anne Deighton）、斯蒂芬·乔治（Stephen George）和皮尔斯·勒德洛（Piers Ludlow）等历史学家、政治学家和记者作出的丰富的自主分析。

在编纂这部分历史方面，目前依我看，没有太大的争议：情况相当清楚，意见基本一致。我想从这浩如烟海的资料中选出几个显著的要点。首先，毫无疑问的是，这些加入的申请是对衰落的观念和现实作出的反应。大卫·雷诺兹用四个单词概括了其有关英国20世纪外交政策《被否决的大不列颠》（*Britannia Overruled*）一书的观点："英国已经失势。"这也是对可感知的经济衰退所作出的反应，最初欧洲经济共同体的六个成员国的经济表现超过了英国，欧洲工业化国家之间的贸易增长要比英联邦内部快得多。但是，如果我们回头看当时的辩论，令人吃惊的是政治和经济方面的理由是多么的显著，尤其是如下理由：在冷战的背景下，稳定、团结的西欧是英国一项重要的国家利益。如果你阅读1971年和1975年全民公投期间下议院的演讲，会发现演讲人一次又一次地提到了安全问题——

西欧与前苏联集团的安全。同时，一个重要的因素是我们最亲密的盟友美国不断地敦促我们加入欧洲经济共同体。

最重要的是，当时私下和公共辩论令人吃惊的地方在于它们围绕着英国世界角色的观念。保罗·夏普（Paul Sharp）恰当地坚持认为，可以说，我们必须在不列颠前保留那个“大”字，我们必须保留一个世界角色，让其本身成为英国精英定义国家利益的核心部分。比如，一名外交部的前常务次官回顾申请决定时说，思路是这样的：“如果我们不抓住这次机会，我们将沦为一个边缘的欧洲小国。”他反思说：“我们加入是为了防止自己沦为一个真 119
正较低端的联盟。”

这种后帝国时代的忧虑是这些辩论的永恒主题，你已经可以在丁尼生（Tennyson）19 世纪末的诗歌中听出来。丁尼生写道，没有帝国，我们应该是“某种三流的岛，一半淹没在我们北面的汪洋中”。有趣的是，在 20 世纪 50 年代初，我们决定不加入的一个主要原因正好是 20 世纪 60 年代初我们决定加入或者试图加入的原因。1950 年，欧内斯特·贝文（Ernest Bevin）对美国欧洲一体化的支持者抗议道，“英国不是欧洲的一部分，她可不是什么卢森堡”。安东尼·艾登（Anthony Eden）反思我们不是帝国和联邦会怎么样时说，“我们应该不过是最多几百万人生活在欧洲一个离岸的岛上而已，没有人会有特别的兴趣”。正是这种担忧促使我们在 20 世纪 60 年代和 70 年代加入欧洲共同体。目标没变，只是手段变了。这在 1971 年的《白皮书》中非常清楚地反映出来，该《白皮书》称，如果我们不加入欧共体，“仅仅一代人的时间，我们将放弃帝国的过去，拒绝欧洲的未来”。这种世界角色的观念与英国一直着迷的“领导者”观念紧密地联系在一起。你可以在托尼·布莱尔的演讲中一次又一次地发现这种观念，即英国在欧洲必须处于领导地位。据维利·勃兰特（Willy Brandt）回忆，1967 年时任外交大臣乔治·布朗对他说的话几近荒谬地表达了这种看法：“维利，你必须让我们加入，这样我们就可以领导了。”

当然，“我们”总是指精英们。这引出了我对现代历史的最后一点看法。在分析、反思和决定的整个过程中，几乎没有考虑民意，直到民意变成了一个问题。1962 年 9 月的内阁会议纪要上记着，“民意正表现出怀疑的态度，非常危险，需要纠正”。“纠正”——像刑法修正。因此展开了一阵猛烈的宣传攻势，接着又将民意抛到了脑
后。20 世纪 70 年代，同样的一幕再次上演了，当时盖洛普（Gallup） 120
的调查显示，大多数人都支持收回申请。1975 年 1 月，政府发动了一场规模更大、更为有效的运动，获得其想要的“支持票”，接着再次将民意抛到了脑后，没有向英国的民众作出系统的告知，更别提说明英国在欧洲的原因。这是英国欧洲政策的一个永恒特征。因此，如果我们问当今的每个学生对 1945—1975 年期间这段完好记载的英国与欧洲的关系史知道多少，答案是：一无所知。

四

这直接将我引到了我的最后一部分：当代政治。如果我们问为何英国还留在欧盟、欧盟成员国的身份是否一直对英国有利、如今留在欧盟的原因是什么，那么显著的事实是，尽管我们有一个没完没了的东西叫英国“欧洲辩论”——这种形式让人想起圣烛节（Groundhog Day），你一觉醒来又听到一名亲欧人士和一名疑欧人士在英国广播电台第四频道《今日》节目中争吵不休，重复我们已经听过无数次的同样观点——但是我们还无法对这些问题给出任何合理充分的判断。英国人自己在接受民意调查时表示，他们对欧盟不太了解；他们既不信任欧洲组织，也不信任英国媒体告诉他们有关欧洲组织的信息；他们根本不关心。一无所知、毫不信任、漠不关心。

令人吃惊的是，对于欧盟成员国的身份是否有利，以及代价和

好处是什么，很难找到一份没有偏见的分析型资产负债表。我所知的最后一次认真尝试，是由西蒙 · 布尔默（Simon Bulmer）编辑并于 1992 年出版的一本书做出的。但连基本事实也富有争议：比如，121
所谓 300 万英国人的工作依靠我们与欧洲的贸易的事实。

此外，连判断我们仍然留在欧盟是否有利的基本标准也富有争议，比如，英国应该拥有世界角色是否重要有很大的影响。对于从托尼 · 布莱尔到大多数高级官员等支持留在欧盟的人来说，这是一个决定性的考虑因素：因此，我们可以“有所作为”，我们可以影响有关气候变化、非洲或者大规模杀伤性武器的全球议程。但是，有一个非常一致的立场称，“为什么我们应该这样？”疑欧派的领军人物、《每日电讯报》（*Daily Telegraph*）的查尔斯·摩尔（Charles Moore）有一次对我说：“你知道的，所谓的世界角色是外交辞令。我们不需要什么角色。重要的是这个国家应该富裕和自由。”一个近海的瑞士？为什么不呢？

除非你决定了判断该资产负债表的标准，否则你根本没有机会作出合适的判断。此外，如果你更进一步审视关键理由，你会发现它们依靠的是反事实的东西。欧盟倡导者一个关键的反事实的东西是：没有欧盟，欧洲会怎么样？当然，这完全没法知道。世界还会有最大的单一市场吗？欧洲的绝大多数国家仍然会是民主国家吗？欧洲大部分地区还会有和平吗？然而，这是支持欧盟的核心理由。激进的英国疑欧人士（那些希望退出欧盟的人）关键的反事实的东西是：英国没有加入欧盟会怎么样？同样，答案也完全无法知道。挪威和瑞士等国是我们唯一可以参照的例子，但是这些国家要比英国小得多，历史也截然不同，他们实际的立场也富有争议。

在 1975 年我们举行全民公投和 2006 年我们没有举行全民公投期间，欧盟显然在不经意间发生了明显的变化。英国的辩论在如今
欧盟的现实背后至少持续了十年。与此同时，“英国在欧洲”这个 122
词组中的主语也发生了变化。由于分权，这已经不是那个英国。现

在冷战已经结束，因而那个出于西欧安全要求、具有说服力的理由已经站不住脚——至少就应对苏联的安全而言是如此。因此，美国不再热情地支持欧洲一体化或者英国成为欧洲一体化的一部分。[1] 法德两国和英国之间的经济关系基本上彻底改变了；目前比我们还苦苦挣扎的是他们。已扩展至 25 个成员国、很快将有 27 个或更多成员国的欧盟，永远不可能成为一个联邦的超级大国。实际上，法国“否决”欧洲宪法条约后，法国首屈一指的思想家阿兰 · 迪阿梅尔（Alain Duhamel）评论说，2005 年 5 月 9 日星期日的全民公投日可能成为英国或者大不列颠欧洲的生日：庞大、松散、自由贸易、开放、深深地非法国式。欧洲大陆上的许多人都持这种看法。这在很大程度上导致了“否决”票，在法国尤其如此。然而，英国的大多数人甚至几乎都没有注意这种看法，因为我们既没有必要的历史知识水平（我们学校的错），也没有现代的报告和分析（我们媒体的错）。

五

为了回答为何英国在欧洲的问题，我们从四种探讨途径进行了简要探讨：地理、史学、当代历史和政治。我们从中发现，牢固、毫无争议的事实要比你可能认为的少得多，更多的是选择、解读和
反事实的问题，看待方式（包括地图）、思维方式、感觉方式的问题， 123
以及最重要的是有意识和无意识的选择问题。在我们开始回答为何英国在欧洲的问题之前，我们首先必须问：我们自认为是一个什么样的人？我们想成为什么样的人？我们想讲述什么故事？如果可以的话，我们希望英国在更广泛的世界里扮演什么角色？如果没有上述探讨（在我们的公开辩论中就是没有探讨），其实根本不可能提出这个问题，更不用说回答了。

[1] 本文写于布什执政期间，乔治 · W. 布什第一个任期时尤其如此。

可惜的是，与五年、十年或者十五年前相比，现在更不可能探讨了。在 20 世纪 90 年代、约翰 · 梅杰执政期间、1997 年布莱尔选举前期以及布莱尔执政前期，确实提出了这个问题。英国的重要性在很大程度上通过英国在欧洲的重要性来衡量。在出版于 1996 年的《希望与荣耀：1900—1990 年间的英国》(*Hope and Glory: Britain 1900–1990*) 一书的最后一段，历史学家彼得·克拉克（Peter Clarke）写道，英国政治的所有难题日益围绕我们与欧盟的关系。他写道，“这些问题到 21 世纪应该可以解决了”。可是，我们早就进入 21 世纪了。这些问题还没有解决，我猜在未来相当长一段时间内仍然无法解决。

不管我们愿意与否，对欧盟宪法条约进行全民公投，是迫使我们对“为何英国在欧洲”的问题展开辩论的一种方法，我们没有进行公投，因此我们不会对此展开辩论。如果不举行全民公投，托尼·布莱尔根本不会试图引导我们展开这样的辩论。与托尼 · 布莱尔相比，戈登 · 布朗对欧盟更加谨慎，对美国更加着迷；他肯定不会带我们展开辩论。戴维 · 卡梅伦从很多方面来说是一名自由的现代主义者，但是对于一名自由的现代主义者而言，欧洲工程显得有点过时，另外，他是通过向其疑欧派的同僚作出承诺而当选党魁的。他们当中没有人有兴趣将这个问题放到英国公开辩论的风口浪尖。别的不说， 124
这样做将有分裂自己党派的风险。因此，未来许多年，这个问题似乎不会直接被放到英国公众的面前，自从 1975 年那短暂一刻起，它就没有被放到英国公众面前过。据说，让—保罗 · 萨特（Jean-Paul Sartre）曾说过，没有决定也是决定。无论是否如此，这是英国在可预见的未来可能作出的唯一一种决定。

2005 年

欧洲的新故事 125

欧洲疯了。在我们庆祝已经变成欧盟的欧洲经济共同体成立50周年之际，欧洲已不知自己想讲述什么故事。对于战后西欧一体化的工程，一个共同的政治故事支撑了三代人，但冷战结束后，一体化变得四分五裂。现在大多数欧洲人都不知道我们来自何方，我们也没有共同的追求目标。我们不知道为何我们拥有欧盟，也不知道它有什么用。因此我们急需一个新故事。

在《罗马条约》50周年之际，我提议我们的新故事应该从六条线来编，每条线都代表一个共同的欧洲目标。这些线是自由、和平、法律、繁荣、多样性和团结。这些并不是欧洲独一无二的目标，但大多数欧洲人都一致认为，追求这些目标是当代欧洲的特色。然而，我们的表现常常与该理想差一大截。这差的一大截本身就是我们新故事的一部分，必须加以讲述。因为当今的欧洲还应该有能力不断地自我批评。

在这份提议中，我们的身份不会以历史性欧洲国家的形式构建。
我们的身份曾经幽默地被定义为因共同憎恨其邻国、共同误解自己 126
的过去而团结起来的一群人。我们甚至不应该试图将欧洲历史重新讲述成那种颇富19世纪国家建设特色的目的论神话。像神话一样编造我们的历史毫无好处（“从查理曼大帝到欧元”），也不会有任何作用。历史学家欧内斯特·勒南（Ernest Renan）明智地将国家分析成拥有共同记忆和失忆的共同体，但是一个国家希望忘记的东西，另一个国家希望记住。欧盟的成员国越多，国家记忆的大家庭就越多样化，对于共同的过去构建一个共同的神话就越难。

消极地套用敌人或者“对立面”（身份研究中的专业术语）也无法给我们带来欧洲的团结感，比如18世纪和19世纪构建的“英国”与老套的法国形成对比。共产主义苏联的“东方”（从20世纪40年代末开始一直到1989年，西欧一直以它的对立面定义自己）崩溃后，目前一些政客和学者试图在美国或者伊斯兰中找到欧洲的“对立面”。这些尝试愚蠢又自找麻烦。它们分裂了欧洲人而不是团结了他们。消极地套用对立面和像神话一样编造我们自己的共同过去是我所谓的欧洲民族主义（Euronationalism）——试图在欧洲层面上复制建立政治身份的民族主义方法——的典型。

在这份提议中，欧洲唯一明确的“对立面”是过去的自己：更加具体地说，欧洲文明历史中不愉快、自我摧毁、时而完全野蛮的篇章。南斯拉夫的一系列战争，科索沃未遂的种族大屠杀，这一不愉快的历史一直延续到上世纪的最后一年。这并不是遥远的过去。历史知识和意识在这方面具有重要的作用，但必须是真实的历史，展现所有细节，而不是编造的故事。

与许多传统欧盟论述相比，统一和实力在此都不是欧洲工程的
明确目标。无论是国家还是大陆的统一本身并不是目的，只是实现 127
更高目的的手段。实力也是如此。欧盟确实需要更多的能力施展其实力，尤其在外交政策方面，以便保护我们的利益，实现一些美好的目标。但要认为欧洲实力本身是一个目的，或者只是为了与美国的实力媲美，这是欧洲民族主义而不是欧洲爱国主义。

因此，我们的新故事将真诚、自我批评式地讲述从不同的过去向可以构建共同未来的共同目标迈进的进步（非常不完美的进步，但终究是进步）。就其本质而言，这些目标无法完全实现（至少这

个世界上没有完美的和平和自由)，但一起朝这些目标努力本身可以构建一个政治共同体。下面是编写这样一个故事的要点，本身就具有批判性。如果这些内容中的一些东西无法吸引足够多的欧洲人，再继续下去就没有任何意义。如果吸引到了足够多的欧洲人，或许还有意义。

自 由

过去六十四年的欧洲历史就是传播自由的故事。1942 年，欧洲只有四个充满危险的自由国家：英国、瑞士、瑞典和爱尔兰。到 1962 年，除了西班牙和葡萄牙，西欧的大多数国家都是自由的。1982 年，像希腊一样，伊比利亚半岛加入了自由国家的行列，但是大多数我们所谓的东欧国家在共产党的独裁统治之下。如今，在可能明确算欧洲国家的国家中，只剩下了一个令人厌恶的小专制国家——白俄罗斯。大多数欧洲人都生活在自由的民主国家。这是前所未有的，两千五百年来都没有过。这值得庆祝。

欧盟当前的大多数成员国都曾是独裁国家，这还记忆犹新。意
大利总统乔治·纳波利塔诺（Giorgio Napolitano）清晰地记着墨 128
索里尼（Mussolini）的法西斯政权。欧洲委员会主席若泽·曼努埃尔·巴罗佐在葡萄牙萨拉萨尔（Salazar）的独裁统治下长大。欧盟的外交政策负责人哈维尔·索拉纳还记得躲避佛朗哥将军（General Franco）的警察。不到二十年前，2007 年春相聚在欧洲理事会会议桌上的 27 位政府首脑中，包括德国总理安格拉·默克尔在内的 11 位政府首脑还在共产党的独裁统治之下。他们知道自由是什么，因为他们知道什么是不自由。

可以肯定的是，生活在独裁统治之下的人们想要自由，主要是因为他们想要自由，并不是因为他们希望成为欧盟人。但是进入现在所谓的欧盟的前景，促使一个个国家，从三十年前的西班牙和葡

萄牙到如今的克罗地亚和土耳其，转变其国内政治、经济、法律、媒体和社会。欧盟是有史以来最成功的政权和平更迭的引擎。几十年来，争取自由的努力与动人地称为“回归欧洲”的努力携手并进。

缺 陷

进一步地仔细审视表明，许多欧洲的新民主国家充满缺陷，腐败盛行，尤其但绝不仅限于东南欧。像美国一样，金钱也在我们牢固的民主国家的政治、法制和媒体中发挥了太大的作用。无论理论是什么，实际上富裕的欧洲人比贫穷的欧洲人更加自由。欧盟大大促进了民主，但其本身并不是非常民主。欧盟的规章制度是以《罗马条约》“四项自由”——商品、人员、服务和资本的自由流动——的名义来证明其合理性，但这些规章制度本身就侵犯了个人自由。无论如何，欧盟不能独享所有的称赞：美国、北约和欧洲的安全与合作组织（Organization for Security and Cooperation）在获取欧
洲自由方面也发挥了重要作用。直到最近，为个体人权和公民自由 129
辩护的与其说是欧盟，还不如说是欧洲理事会及其欧洲人权法院(European Court of Human Rights)。

和 平

上百年来，欧洲是一个战争的舞台。现在它是一个和平的舞台。我们在足球上而不是在战场上展现我们的国家实力。欧洲国家之间的争议通过布鲁塞尔没完没了的谈判而不是武力冲突解决。欧盟是一个固定、机制化的冲突解决体系。如果你厌烦了布鲁塞尔的胡说八道和敷衍了事，好好想想其他选择。对你来说，法国和德国再次互相交战似乎无法想象，但塞尔维亚人和阿尔巴尼亚人就在前天还在互相厮杀。你无法仅仅依靠善意来维护欧洲的和平。这可能是欧洲一体化一个古老而熟悉的理由，但它依然很有说服力。有时，古老的理由依然是最好的。

缺 陷

我们无法证明，正是欧洲一体化维护了 1945 年后西欧的和平。
有人会说，是北约、冷战的霸权制度和美国作为“欧洲的抚慰者”
维护了和平；有人还会引用如下事实：西欧已经成为一个自由民主
的区域，自由的民主国家不会互相开战。几件事情同时发生，历史
学家可以评论它们的相对重要性。无论如何，1945 年后，中欧和
东欧并没有生活在和平中：苏联的坦克开进了东柏林、布达佩斯和
布拉格，1981 年波兰宣布进入“战争状态”。此外，欧洲——从欧
盟的意义和更加广泛的欧洲牢固的民主国家的意义上来说——在冷
战结束后并没有防止战争重归欧洲大陆。美国曾两次干预阻止巴尔 130
干半岛的战争。所以我们有什么好自豪的？

法 律

大多数时候，大多数欧洲人都生活在法制之下。我们享有受法律保护的人权和民权，我们可以上法院保障这些权利。男人和女人、富人和穷人、黑人和白人、异性恋者和同性恋者，在法律面前都是平等的。我们基本上可以认为，警察是维护我们的，而不是为那些掌权的人谋取利益，对当地的黑社会唯命是从，为自己捞钱。我们忘记了这是多么不寻常。对于大部分欧洲历史而言，大多数欧洲人都没有生活在法治之下。如今，至少三分之二的人类依然如此。一名非洲的官员在收取霸道的“罚款”之前，站在路障旁边对我认识的一名记者说：“我有枪，我决定什么是法律。”

欧盟是一个法治的共同体。欧洲法院将《罗马条约》和后续的条约转变成了一部累积型的宪法。一位学者将欧洲法院形容成“世界历史上最有效的超国家司法机构”。欧盟的法律超越国家法律。连最强大的政府和企业最终也必须服从欧洲法官的判决。为什么欧洲一流的足球队充满了其他国家的队员？因为 1995 年欧洲法院的

一项判决。得益于欧洲法律对“四项自由”的司法实施，现在大多数欧洲人可以到他们喜欢的大部分欧洲国家旅游、购物、生活和工作。

缺 陷 131

实际上，一些国家比另一些国家更加平等。看看西尔维奥·贝卢斯科尼。此外，还有大片没有法治的区域，尤其在东欧和东南欧。在牢固的民主国家，包括未经审讯便拘留的安全部门权力得到了加强，以“反恐”的名义侵犯公民的自由权利。当然，欧洲法律和法官权力的至高无上正是疑欧人士——尤其在欧洲——所讨厌的。他们将此视为剥夺主权国家民选议会的权力。

繁 荣

大多数欧洲人都比他们的父母富裕，要比他们的爷爷奶奶富裕得多。他们住在更加舒适、温暖和安全的房子里，吃着更加丰富、多样化的食物，拥有更多的可支配收入，可以享受更加有趣的假期。我们从没有这样幸福过。看看亨利·卡蒂埃-布列松（Henri Cartier-Bresson）精彩绝伦的摄影集《欧洲人》，你会想起 20 世纪 50 年代，许多欧洲人还是多么贫穷。如果你根据国内生产总值在世界地图中标注出来，再根据人均国内生产总值标注为阴影部分，你会发现欧洲是世界上最富裕的集团之一。

缺 陷

班德街（Bond Street）和库弗斯坦达姆大街（Kurfürstendamm）并不是欧洲的典型。即便在欧洲最富裕的国家也有个别非常贫穷的地方，另外在欧洲东部还有一些非常贫穷的国家。也很难确定这种繁荣多少是由于欧盟的存在。在《欧洲重生》（*Europe Reborn*）一书中，经济历史学家哈罗德·詹姆斯（Harold James）制作了一张图表，展示了 20 世纪法国、德国和英国人均国内生产总值的增长情况，二战期间锐减，二战后快速增长实现了复苏。总体而言，20

世纪前半叶（当时我们还没有欧洲经济共同体）的繁荣增长率基本 132
上与后半个世纪（那时我们已经有欧洲经济共同体）相同。詹姆斯表示，这样稳步增长的主要原因是科技的发展和应用。

欧盟的单一市场和竞争政策几乎肯定提高了我们的繁荣程度，像共同农业政策和由于欧盟法规和社会政策带来的额外成本机会肯定没有。像瑞士和挪威等国在欧盟外表现相当好。无论如何，欧洲增长的光辉岁月已远远离我们而去。在过去十年，更加发达的欧洲经济体的增长比美国还慢，比亚洲新兴的大国更是慢得多。

多样性

在《与欧洲小不点为伍》(Among the Euroweenies) 一文中，美国幽默作家奥鲁尔克（P. J. O' Rourke）曾经抱怨欧洲“迟钝小国”的扩散。他抱怨说：“连语言也是小语种，有时要用上两三种语言才能吃上午饭。”但这正是我喜欢欧洲的地方。你可以在早上享受一种文化、城市景观、媒体和烹饪，接着乘一会儿飞机或者火车，在同一天晚上便可以享受另一种方式。此外，第二天还可以换一种。我说“你”时，我并不只是指一位小小的精英。乘坐廉价航班旅行的学生和乘坐通宵长途汽车的波兰水管工也可以享受它。

欧洲是一块复杂的彩色拼接板。每种国家（和次国家）文化都有其特色和动人之处。每一种小语种都揭示着生活和思考方式的细微差别，历经几个世纪才成熟。英国人说：“大地啊，这到底是什么意思？”德国人会说：“老天啊，这到底是什么意思？”哲学经验主义和理想主义融入了日常用语。Awantura 在波兰语是指声响大但秘密进行、相当愉快的争吵。Bella figura 在意大利语中是一种无
法翻译的观念：在有其他男人和女人的陪伴下，一个男人或者女人 133
应该怎么做。

这不仅仅是一种多样性，而是一种和平、可控和培养出来的多

样性。美国有富人，非洲具有多样性，但是只有欧洲将富人和多样性紧密地融合在一起。

缺　陷

我在这条线上看到的可靠批评是最少的。疑欧人士诋毁欧盟是一种霸权力量，消除了旧式的国家特色，比如手工意大利奶酪（加美味的调料）或者以标准磅和品脱计量的英国牛肉和啤酒。但是，这样的例子不多，因欧盟法规每消失一种旧式多样性中的成分，就会出现两种新成分，从英国大街上的尼路咖啡（Caffè Nero）到布拉格的廉价周末行。总体而言，欧洲化与其说是全球化的霸权版本，还不如说是美国化的霸权版本。

团　结

这不是今日欧洲最富特色的价值观吗？我们相信，在经济增长的同时应该有社会公正、自由企业与社会安全相互平衡——我们通过欧洲法律和全民福利国家来做到这一点。欧洲的社会民主人士和基督教民主人士一致认为市场经济不应该意味着市场社会。在欧洲一定不能有美国式、社会达尔文的资本主义丛林，让穷人和弱者死在贫民区。

我们还相信较富裕的国家和较贫穷的国家之间的团结和欧盟内地区之间的团结，因此爱尔兰和葡萄牙等国在过去二十年里从欧盟基金中明显受益。此外，我们还相信世界富裕的北部和贫穷的南部之间的团结，因此我们有慷慨的国家和欧盟援助预算并承诺放缓全 134
球变暖（这将不相称地伤害一些世界最穷的人）。

缺　陷

在这条线上，欧洲的现实与其追求的目标差一大截。在国家的调和下，较富裕的欧洲国家具有很大程度的社会团结，但是即便我们最繁荣的城市，还是有乞丐和无家可归的人露宿街头。在东欧较贫穷的国家，福利国家基本上是一纸空文。欧洲荒凉东部的穷人、老人和病人像美国荒凉西部的穷人、老人和病人一样难熬。没错，有大量金融援助转给葡萄牙、爱尔兰和希腊，但给当前欧盟新成员国的金融援助要少得多。2004 年至 2006 年间，15 个“老”成员国给欧盟用于扩张的预算投入了平均每个公民每年 26 欧元，因此我们跨欧洲的团结的价格达到每个月一杯咖啡的价格。至于与世界其他地方的团结：我们的农业保护主义不比任何国家好，欧盟和美国还要为世界多哈回合贸易谈判可耻的停滞不前负责。

我重申一下，这些只是编写新欧洲故事的要点。或许我们需要添加或者提炼一两个主题。接着必须要让骨架变得有血有肉。列出六个抽象的名词无法引起普通的关注，更不用说热情了。一切取决于个性、事件和轶事，让叙述变得生动有趣、多姿多彩。这些将因地制宜。欧洲自由、和平或者多样性的故事在华沙和马德里、左翼和右翼可以也应该以不同的方式讲述。我们不需要千篇一律的故事，不需要像欧元区利率一样统一的故事。实际上，在称赞多样性的同时要求统一将自相矛盾。然而，鉴于骨架相同，芬兰、意大利、瑞
典或者法国讲述的有血有肉的故事将拥有强烈的相似性，就像欧洲 135
的城市一样。

六条线交织在一起将讲述我们来自何方和我们追求的目标。然而，不同的线将对不同的人产生更大的吸引力。对于我来说，最感兴趣的故事是那些讲述自由和多样性的故事。我真诚地感谢其他几点，但这两点能让我心跳加速。我可以毫不夸张地说，它们是我爱欧洲的原因。当然，这与我爱家人的感觉不同，无法相提并论。甚至也不是我爱英国的感觉，尽管下雨天的时候，欧洲和英国很像。但是，我可以说，从某种有意义的意义上来说，我爱欧洲——换句话说，我是一名欧洲爱国者。

我们新的欧洲故事永远不会带来 1914 年前国家特有的愚忠。

幸运的是，如今的欧洲并非如此。我们的企业不需要甚至不想要这种情感之火。欧洲性仍然是更吸引人的二级身份。如今，欧洲人并没有受到号召去为欧洲牺牲。我们当中的大多数人甚至没有受到号召为欧洲而活。只需要我们让欧洲活着。

2007 年

国歌 136

2008 年一个冬日的星期一，普莱西多·多明戈（Placido Domingo）本应该站在马德里，唱为西班牙国歌提议的新歌词。西班牙奥委会组织的一场比赛的胜者——它们至少从英译版来看极其平庸：

长存的西班牙！
绿色的山谷
浩瀚的海洋
歌颂兄弟情谊

如此等等。但是在一个居民对其有多少个民族尚意见不一的国家里，这一删改文本的泄露引发了一阵争议。一名首席评论员说："这完全是扯淡。"无论如何，难道不应该用巴斯克语（Basque）和加泰罗尼亚语（Catalan）演唱吗？抑或像南非的国歌一样，融合五种语言吗？继续使用只有曲没有歌词的历史性《皇家进行曲》（Royal March）——当西班牙成为民主国家的时候，佛朗哥将军批准的歌词便被弃用，此后该国歌便只有曲没有歌词——是不是反而更明智
呢？因此，西班牙奥委会刚好提前五天突然收回了该提议，不过坚 137
称还在继续寻找新歌词。

与此同时，在欧洲的另一个角落，据说一个科索沃国歌遴选委员会（Committee for the Selection of a Kosovo National Anthem）正在运作，为预期中的宣布独立做准备。如果这个新小国不采用与邻国阿尔巴尼亚完全相同的国旗和国歌，国际将会对此表示赞赏。科索沃前总统易卜拉欣·鲁戈瓦（Ibrahim Rugova）曾亲自尝试写新国歌："当作战口号降临科索沃。"作战口号！这正是我们需要的。可是，由于还有一些塞尔维亚人生活在科索沃，新国歌的部分歌词是不是应该用塞尔维亚语呢？或许吧，本着激进多元文化主义的真正精神（"你们有你们的文化，我们有我们的文化"），国歌中阿尔巴尼亚语的歌词可以誓言消灭他们的敌人（未言明但显然是塞尔维亚人），接着塞尔维亚语的歌词可以誓言消灭他们的敌人（未言明但显然是阿尔巴尼亚人）。

国歌的历史是一部尴尬的历史。像 X 射线一样，它们展现了国家这个身体中所有的弱点和裂痕。一般情况下，当一个国家唱不起国歌时，这个国家肯定遇到麻烦了。斯大林逝世下台大约二十年后，苏联没有唱其国歌的歌词，因为歌词上宣布（按照保罗·罗伯逊易记的译文）：

> 我们的领袖斯大林相信人民
> 激励我们建设我们深爱的土地

东德预见到了自己的覆灭，于是禁止了其国歌的歌词，因为它们歌颂"德国，统一的祖国"（该歌词写于 20 世纪 40 年代，理想是祖国将在共产党的统治下统一）。最近，波斯尼亚的宪法法院宣布旧塞尔维亚的民族主义国歌（该国歌被波斯尼亚内所谓的塞尔维亚共和国采用）违宪。

拥有统一、单一语言国歌的国家罕见又幸福，这种国歌音调和谐、毫无争议、不同寻常。就其平庸而言，那些生命力短的西班牙 138

歌词面临激烈的国际竞争。比如，我记得，我们在悉尼街上散步的时候，一名年轻的澳大利人用轻蔑嘲笑的曲调向我的家人演唱《前进澳洲美之国》(Advance Australia Fair) 的歌词。但是巴哈马人 (Bahamas) 实在可笑：

> 面向朝阳抬起头来，巴哈马；
> 走向光荣，你明亮的旗帜高高飘扬。
> 看全世界注视着你！

坦白地说，《天佑女王》的第一段也相当沉闷。其实到第二段才有感觉：

> 保王室，歼敌人，
> 一鼓涤荡。
> 破阴谋，灭奸党，
> 把乱盟一扫光

现在这才值得演唱，但通常我们不这样做。

然而，连平庸的国歌也能引发瞬间的共鸣，让你须眉倒竖。当它是为数不多的几首伟大国歌之一时，更是如此。一位南非的朋友描述了自己首次看到一个白人组成的南非橄榄球队演唱《天佑南非》(Nkosi Sikelel' iAfrika) 时的感动之情。人们几乎不敢提欧洲的犹太人在纳粹灭绝集中营的笼罩下演唱《希望》(Hatikvah)，情况相当惨烈。

《星条旗》(The Star-Spangled Banner) 肯定也算是伟大的国歌之一，但最伟大的国歌是《马赛曲》(La Marseillaise)。希望成为法国人有多个好理由，演唱《马赛曲》是最好的理由。如果你问“国家意味着什么”，哲学家会将此称为一种实物定义。每个人都知道《卡

萨布兰卡》(*Casablanca*）中的情景，当时维克托·拉兹洛（Victor 139
Laszlo）让里克酒吧中的管弦乐队演奏《马赛曲》，以淹没德国人演唱的《保卫莱茵河》(Die Wacht am Rhein)。

我早就坚信，《卡萨布兰卡》的编剧盗用了让·雷诺阿（Jean Renoir）的《大幻影》(*La Grande Illusion*）——在我看来，这是一部更伟大的电影——的思想，该电影比《卡萨布兰卡》早五年拍摄。在这部影片中，法国的战俘正在表演一场时事讽刺剧，有的穿着女人的衣服，在他们的战友和一些德国军官组成的观众面前表演，这时一名表演者突然说，“我们夺回了杜奥蒙”。管弦乐队立即提高了曲调，那些“女人”摘掉假发，立正站着，所有法国战俘开始高唱“拿起武器，公民们 / 排好你们的队伍”，盯着抓他们的人，要求侵略者的“不洁之血”灌溉法国的战壕。

国歌不仅仅是国家的象征，它们至多还可算是现存政治共同体神经系统的一部分。从这方面来看，令人吃惊的是成功的国际歌是多么少。马德里的试验显然受到了北京奥运会的推动。奥运会实际上有其自己的会歌，但很少有人知道这一点，其歌词是最纯洁无瑕的。人们在奥运会上——更不用提在足球比赛或者战争中——真正期待的是他们国家的曲调。

欧盟有一首伟大的曲调，即贝多芬《欢乐颂》(Ode to Joy）的曲调，但没有正式的歌词。联合国也没有。非正式的抗议歌曲《我们要战胜一切》(We Shall Overcome）享有一定的国际流行度，但现代历史中最成功的国际歌曲（宗教歌曲除外）或许是全球共产主义的集结歌曲《国际歌》(Internationale)。连那些讨厌共产主义现实的人也有时喜欢唱它。有多种语言、激动人心的版本。为什么它最能与伟大的国歌竞争呢？因为它威武、暴力，展现了英勇的“我们”战胜了邪恶的“他们”。

结论显而易见。如果世界要拥有一首名副其实的歌曲，我们需 140
要一个强大的共同敌人。恐怕气候变化、艾滋病或者流星这些没有生气的挑战都不行。我们需要的是一些要真正回击的可怕侵略者。当火星人入侵的时候，世界将拥有自己的《马赛曲》。

2008 年

啊，裂缝，属于你的墙在哪里？ 141

记住，请记住，11 月 9 日。但是谁记住了呢？看到这个日期，你会立即知道我指的是 1989 年柏林墙倒塌的那天晚上吗？诗人罗伯特·洛威尔（Robert Lowell）说，日期比我们老得快，大多数确实如此。对于中欧较老一代的人来说，11 月 9 日是指“水晶之夜”，即 1938 年的“碎玻璃之夜”，当时纳粹的暴徒打碎了犹太店家的窗户，让柏林的街道上铺满了碎玻璃。对于那些更老的人来说，它让他们想起 1923 年 11 月 8 日至 9 日希特勒未遂的暴动。每个 11 月 9 日都替代了上一个 11 月 9 日。或许——但愿不要——在几年内，在 11 月 9 日，在柏林发生一场未遂的恐怖袭击，德国人将不得不决定称之为欧洲版的 9/11 还是美国版的 11/9。

本周早些时候，我和一位东欧的老朋友花了一个下午，带我小儿子（1989 年的时候才三岁）参观了柏林墙的所在地。那里已经没剩下多少东西：几块凝固的倾斜旧沙地（曾经是“死亡地带”，准备从前东德逃走的人在此被射杀），粒状的博物馆照片，一块显眼、生锈的纪念碑。波斯波利斯遗迹更加生动形象。对于我们这些到过
那里的人来说，那种经历——我们的朋友长期监禁的滋味和解放的 142
神奇时刻——令人难忘，改变人生；要将这种经历解释给那些没有到过那里的人听，需要像小说家那样努力渲染。当地一家报纸刊登了一张图片，上面画着孩子们伸出手指去碰一座内部明亮、彩色的

柏林墙塑料复制品（一位韩国艺术家将该墙立在勃兰登堡门前），配图文字为“感觉一下怎么回事”。准确地说，怎么也不是那么回事。

这种遥远的感觉不仅仅是岁月和有形距离的原因。晚饭时，我问我东德朋友最大的儿子（1989年夏天，二十一岁的他从匈牙利穿过有孔的铁幕逃到了奥地利，现在是西柏林的一名牧师），如果本周日他根据自己的经历布道，他的教区居民会理解多少。他说，不会太多。西柏林的会众可能会认为：他又来讲述自己东德的旧事了，令人厌烦。他们就像父亲开始不断地重复讲述自己参加越战或者第二次世界大战时厌烦的家人一样。

但是想象一下，一名年轻的女子生于1989年11月9日早上的东德，那么本星期五便十八岁了。她会如何庆祝和反思自己成年？我的朋友说：“就像西班牙人或者英国人那样。”西班牙或许是更好的比较对象。人们普遍认为，在一个人出生之前，那儿的某个地方有阴暗的过去，就像对于马德里的一名年轻女子来说，有佛朗哥独裁统治下的阴影。但是这与你自己的人生只有微乎其微的关系。

那么许多历史学家认为标志着“掐头去尾的20世纪”（1914—1991）终结的划时代事件为什么如此迅速地淡出生活体验呢？或许是因为，比如不像7月4日，它并没有开创一个庞大的新事物，仍然与我们在一起（比如美国）。它与其说是伟大的开始还不如说是伟大的结束。

那天早上后，许多大问题弥漫在空中。德国可以（并且应该）
和平统一吗？共产主义实际上已经废除了所有私人财产、削弱了法 143
治并用“无产阶级的专政统治”代替了民主，它能重新转变成资本主义吗？当时有一个笑话：我们知道可以将一个养鱼缸变成鱼汤，可是能将鱼汤重新变成一个养鱼缸吗？十八年过去了，这些问题得到了答案。是的，可以。我开车到东德的中心，注意到了一家嬉皮风格的别样商店，该商店的门上贴着一句模仿冷战时期柏林著名的标语，当初那个标语上说“你现在正在脱离美国的阵营”（对于西柏林来说，即加入苏联阵营或者东柏林）。这个模仿的标语上写着“你现在正在脱离资本主义阵营”。但事实并非如此。即便在这家别样商店门后的香气和珠帘中，资本主义也统治着，是吧。

资本主义胜利的最终证据可以在一份引人注目的全彩广告中看到，该广告最近几周出现在《经济学人》和《金融时报》的页面中。广告上显示，一副沉思表情的米哈伊尔·戈尔巴乔夫坐在汽车的后座上，通过该车的后窗，你可以清晰地看到一段为数不多残留的柏林墙。他的边上放着一个路易·威登（Louis Vuitton）的皮包，这个世界的历史人物、我们那个时代的英雄现在正在为该奢侈品制造商做广告。十八年过去了，在我看来，这似乎是我们所在时代的完美偶像。

那么那个难以置信的11月的夜晚（当时人们穿过那座墙跳舞而创造了自己的历史）留下了什么呢？正如东德的小说家克里斯塔·沃尔夫（Christa Wolf）悲哀地问道：“留下了什么？”我认为，除了我们淡去的记忆，至少还有一样东西将流传于世。柏林墙的倒塌或许是世界上、我们在英语中所说的“平民抵抗”——即公众的非暴力行动——最著名的胜利形象。它紧随莱比锡和东德其他城市的大规模和平游行之后。正如当时的一名东德工人对我所说：“你看，
这表明列宁错了。列宁说，只有暴力的革命才能成功，但这是一场 144
和平的革命。”

东德的“蜡烛革命”（当时有人这样称）有先例，从甘地和马丁·路德·金的非暴力运动到波兰的团结工会运动。它还有许多继承者，从几天后在布拉格发生的天鹅绒革命到南非、斯洛伐克、塞尔维亚、乌克兰以及最近缅甸佛教和尚领导的抗议——被过于草率地称为“番红花革命”，还有今天巴基斯坦的那些律师（估计一些记者还没有赶到现场，预计会有“律师”革命的名称）。

我参与了我牛津大学的同事亚当·罗伯茨（Adam Roberts）主持的一个研究项目，该项目正在研究许多利用“平民抵抗”的案例，

试图研究出有些案例成功而其他案例失败的原因。[1] 如果其他力量因素——军队和警察、殖民力量、邻国、国际媒体和经济力量——没有充分呈现、不利或者经不起考验，勇气、想象力和熟练地组织和平抗议就还不够。你需要你的戈尔巴乔夫、赫尔穆特·科尔、西方电台的摄像机，特别是你的政党领导人在愤怒中不开枪就放弃。但是你还需要公民站在街上，带着蜡烛、旗帜、口号，以及完全和平的力量。没有他们就没有革命。有了他们，即使面对拥有核武器的超级大国，你也可以改变世界历史的轨道。因此，那个日期可能淡去，但那个例子永存。

2007 年

[1] 详见亚当·罗伯茨和蒂莫西·加顿艾什主编，《文明抵抗和权力政治：从甘地到现今的非暴力行动经历》，牛津：牛津大学出版社，2009年。

完美的欧盟成员国 145

开车穿过多伦多，我看到一辆闪闪发光的黑色 4×4 汽车，一边的窗户外插着英国国旗，另一边窗户外插着德国国旗。估计是一个有着英国和德国混合血统的加拿大家庭，对世界杯中的两个球队都非常支持。稍迟一点，我看到一辆一边插着葡萄牙国旗，另一边插着意大利国旗的汽车。我突然想到，这正好基本上概括了自二战以来我们一直试图在欧洲实现的目标。欢迎来到加拿大的欧盟。

实际上，为什么欧盟不立即邀请加拿大加入呢？在大多数方面来说，加拿大要比乌克兰，更不用说土耳其容易符合条件得多。加拿大一直不遗余力地满足欧盟所谓的成员国的“哥本哈根标准”，包括民主政府、法治、受到良好监管的市场经济和尊重少数民族的权利。加拿大富裕，因此在欧盟招收大量较贫穷的国家之际，它可以成为欧盟预算急需的纯粹贡献者。欧洲令人苦恼的一大弱点是英国和法国意见不一，但是在这点上，两个历史性对手将立即意见一致。说英语的加拿大将加强欧盟中说英语的集团，而魁北克将加强欧盟中说法语的集团。

我可以罗列一下许多欧洲人认为我们与美国相比最具特色的 146
东西。我们欧洲人认为自由市场应该信奉社会公正、团结和包容的价值观，并通过一个强有力的福利国家来实现。我们没有死刑。我们认为军事力量应该只能作为最后的手段并与国际法的制裁一起使用。我们支持国际组织。我们喜欢多边主义，厌恶单边主义。我们往往认为男人和女人应该基本上能随心所欲地与他们喜欢的人在一起,无论性别和性取向。我们为我们的多样性感到自豪。检验,检验，再检验。欢迎来到加拿大。

再更近一点审视民调，有几个显著的特征。加拿大人还是往往比大多数欧洲人更看重一点自食其力和林中居民的进取精神。加拿大人往往要比大多数欧洲人更加信奉宗教一点，不过没有波兰人和乌克兰人那样信奉。最重要的是，他们对于移民和少数民族的态度要比大多数欧洲人更加积极。但是这些态度上的差异能够轻而易举地在当今欧盟广阔的范围内消化，同时加拿大对待移民和少数民族的态度还有利于欧洲。

好吧，我知道这不会发生。接受土耳其后，欧盟很难找到清楚一致的理由拒绝其他更加遥远的候选成员国——但是在欧洲附近似乎确实还是一个要求。现在，我猜，一名敏捷的加拿大因纽特人可以穿越正在融化的浮冰到达格陵兰岛（Greenland），这个岛十二年来一直归欧盟所有，现在与欧盟有特殊的条约关系。再从格陵兰岛出发，做一次相对较短的乘船旅行便可到达冰岛，冰岛通常被认为是一个欧洲国家。

但是很难一本正经地称加拿大在欧洲。此外，由于大约85%
的出口面向美国，大量贸易、能源和人员穿过边境在南北之间往来， 147
加拿大日益融入了美国的经济。欧盟要求其内部边境向新成员国开放的代价是他们必须收紧与非欧盟成员国的邻国的边境。加拿大与世界上最强大的邻国拥有世界上最长的边界线，这对于加拿大来说将是很高的要求。

这个有点令人发笑的思想实验——加拿大作为欧盟成员国——具有重要的意义。关注加拿大及其价值观，是为了理解试图通过据称一套独特的“欧洲价值观”来定义欧洲是多么愚蠢。价值观重要，但与许多欧洲人相比，大多数加拿大人更信奉这些欧洲价值观。生活在推崇自由的蓝州[1]的美国人也信奉其中的许多价值观。

另外，加拿大人和欧洲人的另一点共同之处是着迷于美国，着迷于通常通过生搬硬套让自身与美国区别开来。一位加拿大作家称，他的同胞“喜欢高喊我们多么谦逊”。就像当今的欧洲人一样。加拿大人和欧洲人沉浸在相对于超级帝国的道德优越感中，但在自己的边境之外却鲜有作为。加拿大的国防开支大约为国内生产总值的1.2%，按照欧洲的标准来说也算是低的。（在北约成员国中，只有卢森堡和冰岛的国防开支更少。）其对外援助预算也是如此，2004年只占到了国内生产总值的0.7%——尽管三十多年前正是加拿大的政治家莱斯特 · 皮尔逊（Lester Pearson）提议发达国家拿出国内生产总值的0.7%用于对外援助（现在这已经成为联合国的目标）。有力量的傲慢，也有无能的傲慢。

然而，这种无能是自己造成的。美国之外牢固的自由民主国家的潜在力量——军事、经济和软实力——巨大。最大的三股力量是欧洲的民主国家，大部分但不是所有都集中在欧盟；说英语或者英
联邦的民主国家，包括澳大利亚、新西兰、加拿大（与法语区交叉）、 148
南非和印度（世界上最大的民主国家）；拉丁美洲说西班牙语和葡萄牙语的民主国家。我们加起来的国内生产总值要比美国大得多，还有自然资源和具体的优势都是这个超级大国无法匹敌的。我们不应该像一帮表兄弟姐妹坐在一起，总是抱怨富裕的美国大叔的所作所为，而是应该想想在我们的海岸之外，我们可以做些什么来让这个世界有所不同。

比如，加拿大有维和的传统，目前正富有争议地扩展到阿富汗更加富有战斗性的维和工作。由于其自然资源丰富，拥有世界上超大份额的冰雪，加拿大可以在制定国际环境政策和对抗气候变化的

[1] 蓝州（Blue States），在美国大选中主要支持民主党，集中在西部和东北部；与之相对的红州（Red States），支持共和党，集中在美国中部、南部和东南部。——编注

影响方面作出独特的贡献。

加拿大拥有微妙平衡的联邦模式，在双语框架下获得了多元文化社会的权利，对于世界许多正在努力避免未成熟的民主制度变为多数人暴政——进而引发新一轮的种族冲突——的多民族国家，加拿大可以提供独特的立宪经验。为什么加拿大不以其独特的民主推广方式分享这份经验呢？还是我们认为推广民主应该由布什政府全权负责，而我们坐在一边嘲笑？

因此，至少在这方面，我从多伦多回来就希望加拿大人少像一点欧洲人。但同时，在这方面，我也希望欧洲人少像一点加拿大人。

2006年

第三章

伊斯兰、恐怖和自由

有好的恐怖分子吗？ 151

“有听说奥萨玛 · 本 · 拉登来马其顿吗？”

“没有。为什么？”

“因为我们已经宣布大赦恐怖分子。”

最近在斯科普里（译按：南斯拉夫东南部城市）有人告诉我的这个马其顿笑话引导我们反思“9 · 11 事件”后世界最重要的问题之一：谁是恐怖分子？对于这个问题，国际社会急需一个答案。

斯拉夫马其顿的民族主义者坚持认为他们面临自己的奥萨玛 · 本 · 拉登，即阿尔巴尼亚族马其顿的游击队领导人阿里 · 阿赫麦提（Ali Ahmeti）。[1] 然而，他们说，美国和北约一直在与这位恐怖分子做交易并向马其顿政府施压特赦他。当然，世界民族主义的政权总是打这种语义牌——俄罗斯指责车臣人是“恐怖分子”，以色列指责巴勒斯坦人是“恐怖分子”等——具有广泛不同程度的合理性。然而，就这个例子而言，并不仅仅是当地的民族主义者对阿里 · 阿赫麦提先生持悲观看法。

2001 年 6 月 27 日，乔治 · W. 布什签署了一项“行政法令”，
冻结了一些人（这些人参与或者支持“前南斯拉夫马其顿共和国和 152

[1] 这个观点是马其顿议会外面的一群民族主义的示威者向我提出的。马其顿的一家网站制作了一个表格对比这两个人（职业：恐怖组织的领导人；恐怖组织的领导人；伊斯兰？是；是；等等）。详见www.realitymacedonia.org.mk.

西巴尔干半岛其他地方的极端暴力行动”）的在美资产并阻止向他们捐款。该总统法令表示：“我发现这种行动对美国的国家安全和外交政策构成了非同一般的威胁，因而宣布了国家紧急状态来应对这种威胁。”在那份人员名单接近榜首的位置醒目地写着：“阿里·阿赫麦提，民族解放军（NLA）成员”，1959 年 1 月 4 日生于马其顿的基切沃（Kičevo）。该总统法令实际上并没有使用“恐怖分子”一词，但却把他当作恐怖分子来对待。2001 年 5 月，北约秘书长乔治·罗伯逊勋爵把阿赫麦提领导的民族解放军形容成“一群杀人不眨眼的暴徒，他们的目标是摧毁民主的马其顿”。

然而，8 月中旬，在美国、北约和欧洲谈判人员的巨大压力之下，斯拉夫和阿尔巴尼亚族马其顿的代表签署了一项和平协议。为了取得宪法和新政变革，为马其顿国家中的阿尔巴尼亚族马其顿人争取公平权利，民族解放军将停战并将其许多武器交给北约。作为协议的一部分，马其顿总统鲍里斯·特拉伊科夫斯基（Boris Trajkovski）承诺特赦叛乱人士，这实际上是北约给阿赫麦提作出的承诺。正如特拉伊科夫斯基总统对我解释说，“我与北约秘书长签订了一份协议，秘书长的总代表与恐怖分子签订了一份协议”，令人难忘。

我从驻扎在斯科普里的西方代表对阿赫麦提的专门描述中发现了一些困惑。一位英国的高级军官曾在北爱尔兰与爱尔兰共和军作战多年，他富有激情地向我强调，阿赫麦提及其民族解放军中的同僚是恐怖分子。他说：“如果按照北约对于恐怖主义的定义，他们完全符合。”[1] 其他北约的高级文官和军官代表将民族解放军的行动形容成“叛乱”，并对阿赫麦提及其属下在为期 7 个月出奇成功的行动中表现出的克制表示敬意。在文件中，国际组织特意采用委婉说法 153

[1] 但是北约对恐怖主义的定义是什么呢？这位军官记不大清楚了。随后的询问表明北约没有相关定义，至少是因为其成员对此意见不一——这又表明了困难。可能这位军官想的是英国军事理论中对“恐怖主义”和“叛乱”之间的有效区别。

并用一个首字母的缩略词来加以掩饰。文件上写道 :“EAAG”——“阿尔巴尼亚族武装集团”(Ethnic Albanian Armed Group)的缩写。

我觉得问问阿赫麦提本人或许有用。因此，带着一名阿尔巴尼亚族的司机和口译员，我驱车进入了马其顿西部美丽的深山老林中，沿途经过马其顿警察的检查站、建筑优美的山村、闪闪发光的尖塔，在西普科维卡村(Šipkovica)的入口有一个临时的标语写着 :“不得入内 : 民族解放军。”骡子驮着大量的稻草沿着陡峭、狭窄的鹅卵石街道往上爬，我们在一群穿着牛仔裤、戴着墨镜的年轻人的带领下一路给骡子让路，艰难地来到了一座大房子前。我们等待的时候，他们自豪地指了指从马其顿议会的副议长那里“缴获”的一辆黑色奥迪车。屋内，阿赫麦提一副疲倦的样子，一头银灰色的披发，手指上粘着不少尼古丁，坐在一把破旧的扶手椅上，翘着个二郎腿。他给了我一杯他所谓的“非常好的”威士忌——来自苏格兰艾莱岛(Islay)的十五年的波摩威士忌。他也喝了一些。(在巴尔干半岛，艾莱岛胜过伊斯兰。)

经过几分钟的寒暄后，我对阿赫麦提说，“9 · 11”事件后，对于恐怖主义的讨论很多，“一些人会说你是一名恐怖分子”。他会怎么回答这些问题?

当我的问题被翻译后，他的保镖在座位上稍微动了一下。阿赫麦提泰然自若地作出了回答。我想他大概会说，“不，我是一名自由战士”，但是他的回答更加有内涵。他说 :“那个人不可能是恐怖分子，他戴着军章，有自己的奋斗目标，遵守《日内瓦公约》，尊重海牙国际法庭，实名实姓地公开行动，回应自己所做的一切……他致力于该国良好的改革和民主、在法律面前人人平等。”

现在当然无法再简单地说，“哦，那好吧!”人们必须看看民族解放军到底做了什么以及可能还会做什么。我们也不应该回到过 154
去几周我在欧洲听了无数次、令人厌烦的词组的相对主义 :“一个人的恐怖分子是另一个人的自由战士。”可以肯定的是，对于这个问题，世界各地显然有双重标准。库尔德人在伊拉克是自由战士，在土耳其是恐怖分子，反之亦然，取决于你的立场。此外，没错，我们在西方政策和言辞中经常看到的那种突然转变会招致批评。遭到排斥的恐怖分子阿赫麦提在和平进程中变成了宝贵的伙伴。中情局资助、反苏联的英勇战士奥萨玛 · 本 · 拉登变成了世界的头号恐怖分子。前恐怖分子（还是自由战士？）梅纳赫姆·贝京（Menachem Begin）获得了诺贝尔和平奖。

然而，人们改变也是事实。他们总结出，像前德国恐怖分子霍斯特 · 马勒（Horst Mahler）、爱尔兰新芬党（Sinn Fein）的领导人格里 · 亚当斯（Gerry Adams）和纳尔逊 · 曼德拉（Nelson Mandela）所做的那样，武装斗争是达到政治目的的最好方式，因此他们像康拉德（Conrad）笔下的库尔茨（Kurtz）那样迅速变得残暴起来，或者重新走出了黑暗。有许多不同的恐怖主义，并非把所有使用暴力达到政治目的的行为描述成恐怖主义都是合适的，这也是事实。如果我们不想输掉布什总统在“9 · 11”事件后所称的全球“反恐战争”，我们需要深入地理解差异。

一

确定某个人是不是恐怖分子，下面是需要关注的四样东西，如果他们是，那是什么样的恐怖分子：生平、目标、方法和背景。只有结合这四样东西才能得出答案。我将以阿赫麦提和民族解放军为例，但这个模板适用于任何地方。

生 平 155

他们是谁，来自哪里，到底想要什么？为什么“9 · 11”事件的 19 名暗杀者中有 15 名来自沙特阿拉伯？奥萨玛 · 本 · 拉登是真的想摧毁西方、净化伊斯兰、推翻沙特王室，还是只想改变沙特的皇位继承而已？情报工作中的经典问题也是有关任何可疑恐怖分子最明智的问题。生平可能并不是位于所有历史的中心位置，但是在该领域肯定是。

对于任何在科索沃和马其顿待过一段时间的人来说，对我们所知道的阿里·阿赫麦提的人生故事都相当熟悉。他来自马其顿西部山区基切沃镇附近的扎雅斯（Zajas）村，住在那里的大都是阿尔巴尼亚人，但是他在科索沃的普里什蒂纳大学学习过。（当时，那里都算铁托统治下的南斯拉夫。）他是一名激进的学生。与当时许多其他学生一样，他融合了阿尔巴尼亚的民族主义和马克思列宁主义。他坐过几个月的牢。他二十二岁的时候积极参与了1981年发生在普里什蒂纳的阿尔巴尼亚学生起义。接着他逃到了瑞士。由于无法接触到机密的情报，我不知道他在瑞士的“研究”和“工作”是什么，但他在政治上依然活跃。据报道，在流放期间，他加入了南斯拉夫阿尔巴尼亚族社会主义共和国运动，并组成了科索沃马列主义者的马其顿分会。在我们漫长的谈话中，他花了好几个小时在烟雾弥漫的房间里与我辩论革命性的政治。他告诉我，他读过很多书，“比如，有关心理学和游击战的书”。

尽管他控制的农村人口基本上是穆斯林，但在我们的谈话中一字未提伊斯兰，更不用说暗示性地表露对于基地组织等伊斯兰恐怖组织的感受了。喝威士忌、前马列主义的阿尔巴尼亚民族主义者并 156
不将自己视为任何伊斯兰国家的一部分，这是一个合理的假设。

他在20世纪90年代期间的活动并不清楚。他告诉我，1993年，他回到了马其顿，但是他发现他的阿尔巴尼亚族同胞仍然希望在新独立的马其顿内部和平争取他们的权利。一篇未经证实的报道称，1997年，他在阿尔巴尼亚的首都地拉那试图组织游击队。对他产生巨大影响的是他的叔叔法兹利·维流（Fazli Veliu），以前是扎雅斯村的一名老师（并且也在布什总统6月7号发布的排斥名单中）。阿赫麦提加入了一个名为LPK的小政党，法兹利叔叔帮助成立了该政党。LPK 是科索沃解放军（KLA）的主要前身。[1] 他们还组织了“祖国召唤基金”（Homeland Calling fund），在海外生活的阿尔巴尼亚人中为科索沃的武装斗争筹集资金。[2] 其中多少钱是通过毒品交易、卖淫或者收取保护费获得，我们不得而知，但是其中一些钱是普通阿尔巴尼亚人的爱国捐献。

显然，对他来说，1998 年至 1999 年，在科索沃的科索沃解放军的军事行动是一次具有深远影响的经历。阿赫麦提告诉我，当时他在科索沃，但其实并没有参加战斗。其他报道称，他参加战斗了。无独有偶，马其顿民族解放军与科索沃解放军的阿尔巴尼亚语首字母缩写一模一样：UCK。[3] 民族解放军的一些领导人物来自科索沃解放军。一些武器也是如此。最重要的是有现成的例子。我问阿赫麦提，他是否认为阿尔巴尼亚族马其顿人在 1998 年已经为争取自己的权利做好了准备。他说，不这样认为，“因为科索沃的情况”。但是西方介入科索沃——大部分阿尔巴尼亚族马其顿人都看到了——科索沃解放军最终“获胜”后，今年初马其顿已有足够的人准备接受武装斗争的号召。民族解放军中的大多数普通战士都是阿尔巴尼亚族马其顿人，其中许多人都是自己买的枪。

通过概括他对我说的一切，我觉得现年四十二岁的阿赫麦提从 157
科索沃战争中得出了两个主要结论。第一个结论是，几个月的武装斗争比阿尔巴尼亚族的政客近十年的和平政治获得的东西要多。在

[1] 关于这个问题，详见提姆 · 犹大（Tim Judah），《科索沃：战争和复仇》（*Kosovo: War and Revenge*，纽黑文：耶鲁大学出版社，2000 年）和我在 2000 年 9 月 21 日的《纽约书评》上关于科索沃战争发表的评论文章。我引用了 1998 年 2 月美国特使罗伯特 · 格尔巴德（Robert Gelbard）的话将科索沃解放军形容成“毫无疑问是恐怖组织”。

[2] 祖国召唤基金可能能够与总部位于美国的北方援助基金相提并论，在美国为爱尔兰共和军筹措资金——不同的是美国当局早就容忍了北方援助基金。当然，阿尔巴尼亚裔的美国人选票要比爱尔兰裔的美国人少得多。

[3] 科索沃解放军是 Ushtria Çlirimtare e Kosovës（UÇK）；马其顿民族解放军是 Ushtria Çlirimtare Kombëtare（UÇK）。因此，当我的司机问阿赫麦提的总部位置时，他问道：“UÇK 的总部在哪里？”

科索沃是如此，在马其顿也是如此。第二个结论是，西方介入才能做到这一点。这是伟大的战术目标，也是最大的秘诀。他告诉我，2 月叛乱开始的时候，“我知道没有西方的帮忙，我们无法获胜。但是我们不知道他们会帮多少忙……”所以他必须竭尽全力让西方介入。这意味着限制他们的目标和手段。这是阿尔巴尼亚族马其顿的机会。这也是阿里·阿赫麦提的机会。

目　标

无论自身经历引发的动机多么混乱——人类动机常常连我们自己都不清楚——人们还必须关注一个恐怖组织或者运动所宣称的目标。有时，比如基地组织或者德国的“红色军团”（Red Army Faction），它们的总体目标太模糊、具有灾难性和包罗万象，因此这些目标在现实世界中永远无法实现。但有时它们清楚明了——尽管我们谴责伤害无辜之人的战术——并且从某种意义上来说是合理的目标，可能迟早会在现实世界中实现。科索沃解放军想要科索沃独立，爱尔兰共和军想要统一的爱尔兰，埃塔（ETA）想要巴斯克国独立，等等。

民族解放军所宣称的目标相当清楚并且相对适中。从一开始起，其领导人便坚称，他们只想要阿尔巴尼亚族马其顿的政客自从 1991 年马其顿独立以来一直在争取的东西：给予阿尔巴尼亚族马其顿人平等地位和权利。阿尔巴尼亚人应该被公认为马其顿共和国的一个基本民族。阿尔巴尼亚语应该作为议会和公共行政部门的官方语言。
阿尔巴尼亚人应该有权用自己的语言接受高等教育。阿尔巴尼亚人 158
应该在官僚机构、法院，尤其是警察局（警察应该停止骚扰他们）有相应的任职比例。更多的权力应该下放到对阿尔巴尼亚人占大多数的那些地区具有明显影响的当地政府，但是马其顿应该仍然是一个统一的多民族国家。

与科索沃解放军、波斯尼亚的塞尔维亚人和克罗地亚人、爱尔兰共和军或者埃塔的要求相比，这些要求看上去似乎是由国际特赦组织（Amnesty International）拟定的。大多数西方代表认为这些要求合情合理，马其顿政府在几年前就应该答应其中的大多数要求了。现在，你可能会说：但是这些要求都是战术性的，旨在吸引西方。当然是这样。总体而言，我发现阿赫麦提警惕、躲避甚至回避这些政治问题，也就是说，他像一个政客一样说话。像旧马列主义的同志一样，他坚定不移地坚持党的路线：统一多民族国家中的平等权利，仅此而已！但是，似乎在我看来，他这样做靠的是某种个人信仰，并且有充分的理由。

我问道，为什么没有人为马其顿设想出一种联邦解决方法？他微笑着说：“在一个只有 200 万人和 25 000 平方公里的国家？”这会非常可笑。联邦主义意味着各联邦国之间有新的领土边界和竞争。在一个阿尔巴尼亚族和斯拉夫族马其顿人如此混居在一起的国家，如何划分边界线？“要么我们生活在 21 世纪，想想融入欧洲，要么我们像他们在一百年前所做的那样采取行动……”他将手放到心的位置说，“我的祖国是马其顿。”

并不是他的所有同僚都这样认为。我和另外一位民族解放军的指挥官拉菲兹 · 阿里提（Rafiz Aliti）谈过，他被称为“导师”，因为在春季起义之前，他是该村的体育老师。他告诉我，他支持联邦化和“区划化”马其顿。一个单一的国家无法运作。如果马其顿方面不实施 8 月中旬的“框架协议”（它从名义上满足了阿尔巴尼亚 159
族的适中要求），那么他们将再次发动战争。这次将变成领土战争。什么领土？“阿尔巴尼亚人居住的领土。”

然而，大量的证据表明，大多数科索沃和马其顿的阿尔巴尼亚族政治精英已经一致认为，两个地方的中期战略目标应该不同：在科索沃是独立，在马其顿是平等权利。凑巧的是，两个目标都不是更伟大的阿尔巴尼亚。在可预见的未来都不会是。

阿尔巴尼亚族马其顿人采用这种渐进式的途径有一个非常充分

的理由。根据马其顿当局的统计，大约 23% 的马其顿人口是阿尔巴尼亚人，但是非官方估计这一数字高达 35%。“框架协议”将提供一次全新的、受到国际监督的人口普查，看看这次人口普查会是什么结果将很有趣。无论结果如何，所有人都知道阿尔巴尼亚族马其顿人的孩子比斯拉夫族马其顿人多。按照目前的出生率，大约到 2025 年，阿尔巴尼亚人可能将占人口大多数，到时这大多数人可能选举六十六岁的阿里 · 阿赫麦提担任马其顿的总统。

方　法

这是最重要的单一标准。一个下雨的星期六下午，一位老人站在伦敦“演说角”（Speakers’Corner）的临时演说台上，要求国王将所有马莎百货商店（Marks & Spencer）夷为平地，这位老人不是恐怖分子。他是演说角里的一个疯子。苏格兰民主党的目标要比民族解放军的目标宏伟得多——它想要苏格兰完全独立，但它完全通过和平、符合宪法的手段。

个人或者组织是否通过使用暴力来实现其个人或者政治目标？暴力专门针对国家的武装力量，还是恐怖组织也针对无辜的平民？在努力限制平民伤亡的同时散布恐慌和不断侵扰——就像爱尔兰 160
准军事组织有时通过电话发布轰炸警告那样，还是像基地组织在“9 · 11”事件中明显所做的那样，大规模地屠杀无辜平民？

阿赫麦提和民族解放军故意选择暴力。他们从科索沃吸取的教训是：如果牌打得不错，一点精心策划的暴力能够获得多年非暴力政治无法获得的东西。故技重施成功了。阿赫麦提和其他人称，他们从不针对平民。他们遵守《日内瓦公约》和看重海牙国际法庭等。大多数国际观察人士一致认为，民族解放军给斯拉夫族马其顿的平民造成的伤害，要比科索沃解放军给科索沃内塞尔维亚的平民造成的伤害少得多。最直接受到阿赫麦提指挥的地区尤其如此。但是人权观察组织（Human Rights Watch）和国际特赦组织记录了几个民族解放军成员绑架、实施酷刑和虐待的案例。

我与一群从马其顿西部村庄逃出来的年轻的斯拉夫族马其顿人谈过。然而，连他们自己也说，他们在拿起武器对抗民族解放军后，也这样做过。他们讲述了可怕又熟悉的故事：曾经一起和平生活和工作多年的邻居如何突然变成了枪口相向（就像在科索沃、波斯尼亚、克罗地亚那样）……根据马其顿政府的统计，大约 7 万人由于战斗而流离失所。国际观察人士表示，这一数字要低得多。他们还表示，平民受到的最严重伤害是由马其顿军队和安全力量造成的。一支不够格军队的枪支会不加区别地重创叛乱的村庄——不镇压叛乱是最合理的方式。与在米洛舍维奇统治下的塞尔维亚一样，内政部领导下的准军事组织“狮子”暗中袭击阿尔巴尼亚人。另外，毫无疑问的是，多年来，普通的阿尔巴尼亚人一直受到斯拉夫族马其顿人占大多数的警察的骚扰。 161

我与阿赫麦提会面后从山上下来，我们的车被一名穿着警长制服的男子和一名脖子上挂着一个木制大十字架的准军事组织的士兵拦住。这位警长辱骂了我的口译员。但我试图介入（相当傲慢地）说，早上我和特拉伊科夫斯基总统谈过，我敢肯定总统希望我们安然通过，他对我的口译员说：“告诉你的人，我他妈的才不管总统。”当我微笑时，他说：“告诉他不要微笑。”这位马其顿的警察就是阿尔巴尼亚事业的绝佳宣传者。

随后，我的阿尔巴尼亚司机愤怒得身体发抖。他用蹩脚的德语喊道：“你看到他们如何对待我们了。如果我没有看到那个警察在路边向我们挥手示意停下来，他们就向我们开枪了啊。这样不对。”确实不对。

这是一场有点混乱低级的内战，根据巴尔干半岛的标准，双方都不是非常正确，也不是非常残暴。民族解放军发起了这场战争，但斯拉夫族马其顿方面在此期间的行为更加糟糕。这引导我们进入我们的最后一条标准：背景。

背　景

马其顿框架协议的第一条基本原则上说，“完全无条件地禁止采用暴力追求政治目标”。值得赞扬的原则。但是不能太过于按表面意思来理解。毕竟，轰炸阿富汗，美国和英国就是通过采用暴力追求政治目标。你可能会说：但是经久不衰的“正义之战”的标准证明了它的合理性，国际联盟、组织和法律赋予了其合法性。无论如何，从内部实施政治暴力对付一个合法的国家是完全不同的一回事。但是谁决定一个特殊的国家是否合法呢？

即便在国际公认的国家中，只要有压迫，武装抵抗便有可能被 162
认为是合法的。弗里德里希·席勒（Friedrich Schiller）在其剧作《威廉·退尔》中借一名叛乱分子之口用无与伦比的强有力语言表达了这种说法。[1] 施陶法赫尔说，当受压迫的人没有其他方法找到公正的时候，他便镇定地伸向天空，从天上取下那无法剥夺、就像星星一样不灭的永恒权利。当没有其他手段时，他必须拿起剑。18 世纪和 19 世纪波兰争取自由的起义可能就是如此。美国的独立战争也是如此。

因此，你所在的是什么样的国家至关重要。像爱尔兰共和军在英国或者埃塔组织在西班牙等国利用政治暴力是一回事，在这样成熟的民主国家，所有人都平等拥有争取和平变革的手段。巴勒斯坦组织利用政治暴力对付加沙地带或者西岸受压迫的军事占领是另一回事。黑人民族议会（ANC）对抗南非的种族隔离政权又是另一回事。受到暴力镇压的科索沃阿尔巴尼亚人拿起武器对抗塞尔维亚的

---

[1] 我情不自禁地想全部引用这些精彩的句子：

不，暴君的权力有其限度：/ 倘若被压迫者无处找到公道，/ 倘若沉重的高压已无法忍受—— / 那他就理所当然地向天空伸手，/ 从天上取下他永恒的权利，/ 这些权利如日月星辰高悬天际，/ 不可转让，不会摧毁—— / 大自然的原始状况重又恢复，/ 人和人直面相对—— / 倘若手段全都无效，/ 那就采取最后一招，给他一把剑。（《威廉·退尔》，张玉书译）

米洛舍维奇政权也是另一回事。我们可能想支持普世原则“无暴力”，但我们都知道从政治事实和道德内容上来说，这些是完全不同的东西，我们应该说，一些暴力的政治行动没有另一些暴力的政治行动那样具有正当性。

鲍里斯·特拉伊科夫斯基总统微笑着告诉我：“目前据我所知，世界领导人都在称赞马其顿。”哦，我有消息要告诉特拉伊科夫斯基总统——他是一个善良、体面、自己并不腐败的用心良苦之人，但是或许没有拥有世界上最强大的智力或个性。他们并没有称赞马其顿。私下里，他们当中的许多人都在咒骂马其顿。我对一位与马其顿颇有渊源的资深西方谈判员说，我从未遇到过比斯拉夫族马其顿的政治精英更加固执己见、目光短浅的精英分子。这位谈判员说：“除了我质疑你所用的‘精英’一词外，同意你所说的一切。”正如他们 163
与民族解放军的作战方式伤害自身一样，写本文时，他们还是固执己见，坚持反对修改宪法，而大多数国际观察人士都认为修改宪法完全合理。

一个特别有争议的地方是前言中指代（在我的官方英译本中为）“马其顿是以马其顿民族的民族国家形式成立的历史事实……”的措辞。阿尔巴尼亚人不喜欢民族国家的说法，特别是因为在这种语境下“people”是指 narod，暗指民族，而不是更加广泛和更加文明的民族（nacija）。斯拉夫族马其顿方面在夏季签订的和平协议中同意修改措词，但是现在议会正威胁违背协议。

超大的西方压力——欧盟的外交政策代表哈维尔·索拉纳和北约秘书长乔治·罗伯逊几乎每周访问一次，他们的脑海中可能还想着其他几件事，比如在修正案通过前，停止对瘫痪的马其顿经济提供国际援助——似乎无法让他们改变态度。大锤难以敲开坚果。在更低的层面，官僚机构、军队和警察似乎和他们的政客一样顽固、腐败和无能。

这一切都有原因。回顾过去十年，有人肯定也会同情斯拉夫族的马其顿人。有向往州的地位的民族，也有州的地位强加给他们的民族。1991 年，前南斯拉夫解体的时候，州的地位便强加给了马其顿人。进入 20 世纪后，该国的四个邻国都宣称对其享有主权：在两次世界大战期间，塞尔维亚把它当作塞尔维亚南部的一部分，保加利亚把它当作自己的一部分（马其顿的语言只是保加利亚的一种方言），阿尔巴尼亚的民族主义者希望马其顿的大片土地都是更伟大的阿尔巴尼亚的，希腊人说马其顿其实是希腊的。

1991 年的时候，这些说法都还没有完全明确地尘埃落定。该
国已然千疮百孔的经济，因西方制裁米洛舍维奇的塞尔维亚和希腊 164
阻挠国际承认马其顿（因为希腊人说，在希腊已经有一个马其顿），而支离破碎、一落千丈。（因此该国在国际上有一个相当别扭的名字——前南斯拉夫马其顿共和国，不过直接自称为马其顿共和国。）当时，它必须应对从科索沃涌入的大量阿尔巴尼亚难民。西方承诺的经济援助和投资基本上依然是承诺而已。哦，对了，斯拉夫族马其顿人在本国将很快成为少数派。有点生存的忧虑是可以理解的。这可以成为理由，但不能成为借口。目前在民族解放军和西方压力之下做出的（或者未做出的）大多数变革在几年前就该做出了。

尽管如此，事实仍然是，马其顿阿尔巴尼亚人今年年初的立场与席勒《威廉 · 别尔》中表明的难忘立场一点都不像。仍有可能和平变革。过去，牢固的阿尔巴尼亚政党分布在政府和议会中（它们现在依然如此），施压推动大多数同样的改革。它们无法很快地实现目标（部分原因是斯拉夫族马其顿和阿尔巴尼亚族马其顿的政党都有相当高程度的腐败），但是在西方尤其是欧洲的压力之下，它们将及时实现目标。无论民族解放军的目标和方法相对是多么克制，在仍有其他途径的情况下，民族解放军仍然固执地选择了暴力之路。结果，这加速了名义上的必要改革，但也可能阻挠了实际的改革。因为这场战争导致了阿尔巴尼族和斯拉夫族马其顿社区的进一步疏远，以及双方政治的激进化。

二 165

那么，我在和一名恐怖分子喝威士忌吗？呃，当然是在与一名前革命政客和游击队领导人喝威士忌，他在还有其他方法可以选择的情况下故意拿起了枪。或许是他所宣称的目标的适当性和他努力不针对平民的事实刚好将他推到了对的阵营。刚好。或许吧。当然，他继续努力成为了一个令人难忘的坚定变革倡导者，通过一个统一的多民族国家内的政治谈判推动变革。因此，或许与一名改良的恐怖分子喝威士忌没有什么问题？如果不是这样，世界领导人在过去15年喝掉的威士忌恐怕只有寥寥数瓶了。

联合国在这个问题上会给我们提供一些进一步的指导吗？长期以来，联合国一直回避定义恐怖主义。最近，它已经向定义恐怖主义迈出了一小步。2000年11月，联合国第六委员会发布的一份报告接近一个大致的定义，该报告称：

> 由于政治原因打算或者设法在普通大众、一群人或者特定人群中引发恐慌状态的犯罪行为在任何情况下都是不正当的，无论是政治、哲学、意识形态、种族、民族、宗教还是其他考虑因素可能用于证明它们的正当性。[1]

但是这太宽泛。我们希望在塔利班中引发恐慌状态，难道塔利班不是“一群人”吗？谁决定什么是犯罪行为？

9·11事件后，召开有关恐怖主义的联合国大会的呼声越来越高。有人不禁想联合国给出的定义能有多大用处，一方面因为成员国对什么应该算恐怖主义将会有广泛的不同意见，另一方面因为其 166

[1] 我要将这段引用和对联合国所做一切的概括归功于我的牛津大学同事亚当·罗伯茨。

自身的难度，连最中立、独立的分析人士也很难给恐怖主义下定义。实际上，能够希望获得的最好情况可能是，尽可能广泛的不同国家，包括不同“文明”的国家（按塞缪尔·亨廷顿的理解来说）对尽可能多特例的描述达成意见一致。最差的情况是，欧洲和美国应该意见一致——这根本无法保证，比如，如果有一方认为对伊拉克或者巴以问题要采取不同的手段。即使如此，可能也不会带来一个共同的政策，但至少可以从一项共同的分析入手。

为了达到这个目的，我的四个小标题——生平、目标、方法、背景——或许可以作为一个折中的样板，但是每种情况的内容将截然不同，也没有判断结合情况的普遍指导。正如伟大的巴特勒主教曾经意味深长地评论道，凡事要具体问题具体分析。

2001 年

阿尔罕布拉 167

“我是你的选择，你的决定：没错，我是西班牙。”诗人奥登（W. H. Auden）这样回应1937年的西班牙内战。六七十年后，西班牙成为另一场战争的舞台，这场战争影响每个欧洲人，所有民主国家的每个公民。这是一场持枪的人和空中的人肉炸弹无法获胜的战争。这是一场为了避免另一场战争的战争。

在马德里一条宽敞的城市街道一边，你可以在索菲亚王后艺术中心（Queen Sofia Art Centre）中看到毕加索的《格尔尼卡》（Guernica）。这或许是现代世界中描述战争的最著名的单一艺术画，这幅纪念西班牙内战期间遭轰炸小镇的画，用黑、灰和白三种分明的颜色描绘了扭曲和肢解的身体部位——腿、胳膊，大部分都是人头，每个人头都张着嘴，痛苦地嚎叫着。就在几米之外，街道的另一边就是阿托查（Atocha）火车站。2004年3月11日，在这里，格尔尼卡的一幕重演了。由于安在上下班列车上的炸弹的引爆，在短短几秒内，活生生的男男女女们——父母妻儿——的身体被撕成了一块块。我们肯定可以想象，他们还张着嘴发出最后一声痛苦的嚎叫。

毕加索并没有来纪念阿托查火车站的受害者。乍一看，纪念物
可能是两台自助售票机。走近仔细一看，原来是装金属键盘的，你 168
可以在键盘上打纪念或者表达团结的语句，它能与你手的扫描像连

接在一起。在这两台记忆机器的中间悬挂着巨大的白色圆柱体，人们可以在这些上面想写什么就写什么。“永远不要再发生”有好几处。“阿兹纳尔、布什和布莱尔是暗杀者。”还有不合语法的波兰乐观主义的动人心声：“不要继续深陷在绝望中。波兰。”

阿托查火车站的纪念物缺少艺术的壮观。然而，其极致的平庸似乎也是恰当的——因为这场战争不会以某种大决战而是会以无数次日常的小小遭遇战（就像天天乘坐近郊列车上下班的人一样）的方式取胜或者输掉。

如果你往回走，从格尔尼卡博物馆到达拉瓦皮耶斯（Lavapiés）区，你便能更好地理解这一点。许多北非移民都住在这里，好几个“3 · 11”爆炸案的制造者过去经常在这里出没。在特里布雷特大街（Tribulete Street）上，你可以看到小电话店（称为“展位”）闩着的铁门，移民可以在这里给家里打便宜的电话。但是这个展位的主人杰莫尔 · 左格姆（Jamal Zougam）利用自己电信方面的专业技能准备了几部手机，通过远程控制引爆了列车上的炸弹。现在他的房子已经用于出租，但是门上还有“新世纪展位”的图案。确实是新世纪了。

拉瓦皮耶斯区并不像是一个贫民区。在狭窄的街道上，西班牙和北非的商店仍然混在一起。人们也是一样。但我感觉这个社区可能向其中一个方向发展：要么加强和平共处，要么急速陷入低层次的城市内战。

或许西班牙人在“3 · 11”袭击后所做的最令人印象深刻的事情是他们没有做的事情。他们没有回击，没有让任何国籍的摩纳哥人或者穆斯林当替罪羊。人权观察组织的最近报告谨慎地对此表示赞赏：“据我们所知，没有任何记录在案的种族暴力事件可以直接
归结于‘3 · 11’的爆炸事件。”该报告还援引西班牙摩纳哥工人和 169
移民组织主席的话说：“所作出的反应总体而言可以作为楷模，这个社会知道如何区别少数恐怖分子和一个共同体。”

然而，与拉瓦皮耶斯区的人们交谈，你会发现一个接近引爆点的社会。一位西班牙的酒吧老板告诉我，他多么讨厌像他之前的邻居左格姆（手机操控炸弹的人）那样的人，颤抖的声音中透着愤怒和酒意。他说："如果我3月11日那天有把枪，我会在这里自己打死他们。"穆罕默德·赛德是一名手上画着蛇的摩洛哥人，今年十九岁。他抱怨说，爆炸案后，警察对他们的骚扰越来越多。为什么，就在三天前，由于他朋友的手机中有一张奥萨马·本·拉登的照片，警察就打了他一顿并没收了他的手机！那么本·拉登是他这位朋友的英雄吗？没错，当然是。但赛德正在学做水管工，他说自己的老师对他一直很好。这么说，一个人正处在融合和疏远的风口浪尖。

我又问了一位能言善辩、十六岁的穆罕默德（"叫我穆罕默德就行了"），问他对去年发生在路那边阿托查火车站爆炸事件的看法。他说，他不想看到有人死掉，"即使他们是基督徒和犹太人"。但是这次是因为阿兹纳尔在伊拉克战争中所做的一切……

后来，在该市近郊一个戒备森严的会议中心，我在一次旨在讨论"民主、恐怖主义和安全"的纪念峰会上与一群杰出的政客、国际官员和思想家坐在一起。这次精心组织的会议的主题是"民主政府是抗击恐怖主义唯一合法并且也是唯一有效的方法"，旨在一份马德里议程里制定在应对恐怖主义的民主回应中从未见过的最完整行动计划。

我期望研究结果。国家和国际组织的下一步行动显然至关重要，从协调的警察和情报工作到移民政策，从使更广泛中东民主化的竞争战略到防止大规模杀伤性武器扩散。正如两位穆罕默德的评 170
论明确表示的那样，相应的政策会对我们自己阿拉伯的街道产生直接影响。

但是，如果欧洲的普通民众能够通过与不同肤色和信仰的人频繁的互动来有意识地参与这场战争，才能赢得这场避免更大战争的战争。这些体验将决定已经大量生活在我们当中的穆斯林移民是走向伊斯兰极端主义，最终走向恐怖主义，还是远离它。这不是“反恐战争”，在反恐战争中，强国强大的军队和安全设备屡屡被几个准备牺牲自己、技术精湛的人挫败。这是一场防止这类人想成为恐怖分子的战争。

一位伟大的法国历史学家曾经说过，一个国家就是“每天一次公民投票”。这场防止在普通男女遭疏远的脑海中出现恐怖主义的和平战争也是如此。这是一场应对小事、琐碎日常行为的战争。

回到特里布雷特大街上，有一家名为“阿尔罕布拉”的阿拉伯饭店，受到指控参与“3·11”爆炸事件的人过去经常来这里。我到那里的时候，遇到两名西班牙妇女正在学习阿拉伯语，熟悉他们邻国的文化。尽管她们是没有裹着头巾的西班牙妇女，她们也受到了阿拉伯饭店老板的热情招待。这，也体现了马德里议程。

2005 年

欧洲的伊斯兰 171

2006 年一个晴空万里的夏日，我参观了巴黎近郊著名的圣丹尼教堂。我欣赏了法兰克王国国王和王后壮观的坟墓和墓碑，包括查理 · 马特（Charles Martel，“铁锤查理”）的坟墓和墓碑。人们普遍认为，公元 733 年，在普瓦捷附近，查理 · 马特击退穆斯林军队的入侵阻止了欧洲的伊斯兰化。（详见“欧洲实力有道德基础吗？”）走出教堂，我走了约 100 米穿过维克多 · 雨果广场便到了主商业街，街上到处都是阿拉伯和非洲裔的当地购物者，包括许多戴着头巾的女子。我突然想：这样看来穆斯林终究还是赢得了普瓦捷战役！不是靠武力取胜，而是靠和平的移民和繁衍后代。

从国王的教堂出来沿着道路往下走，在“一神论协会”（Tawhid association）不起眼的后院办公室里，我会见了阿卜杜拉齐兹 · 伊加尤哈里（Abdelaziz Eljaouhari），他是摩纳哥柏柏尔移民的儿子，是一名口才出众的穆斯林政治活动人士。他用完美的法语流利又富有激情地讲述了巴黎周围贫穷住宅区的苦难——这正如我们所说又是抗议造成的——和对移民及其后代长期的社会歧视。他愤怒地说，法国所谓的“共和国模式”实际上是指“我说法语，叫让 · 丹尼尔，蓝眼睛，金发”。如果你叫阿卜杜拉齐兹，皮肤较黑，还是穆斯林，172
法兰西共和国就不像其所宣扬的那样做了。“我们有何平等可言？”他问道。“什么自由？什么博爱？”后来他给强硬的内政部长、继承雅克·希拉克的右翼主要总统候选人尼古拉·萨科齐发了一封私信，信中的措辞我永远都忘不了。阿卜杜拉齐兹·伊加尤哈里大声说："我，是法国人！"

此外，他可能还会补充说，欧洲人。严重疏远许多穆斯林人——尤其是移民家庭的第二代和第三代人，那些自身出生在欧洲的年轻男女——是当今欧洲面临的最令人烦恼的问题之一。如果形势还像现在这样恶性发展，那么这种疏远和对主流白人、基督徒或者后基督徒欧洲人的怨恨互相推动的方式，可能会摧毁欧洲最牢固民主国家的公民网。它已经促进了民粹主义反移民政党的崛起，非常直接地导致了 2001 年美国的"9·11"恐怖袭击事件（穆罕默德·阿塔等劫机人员就是在欧洲期间被激进化的）、2004 年马德里的"3·11"爆炸事件、2004 年 11 月 2 日谋杀荷兰电影制片人提奥·梵高的事件、2005 年 7 月 7 日的伦敦爆炸事件，还有 2006 年 8 月 10 日试图炸毁多架英国飞往美国的客机但被英国当局挫败的事件。

欧洲与其穆斯林之间的困境也是过度简单化的主题，在美国尤其如此，懦弱、反美、反犹太的"欧拉伯"（Eurabia）[1] 这套固有思维，

[1] 最初是一份深奥期刊的名称，一位名叫贝特·耶厄（Bat Ye'or）的作家将"欧拉伯"这个词推广开来。她的《欧拉伯：欧洲—阿拉伯轴心》（*Eurabia: The Euro-Arab Axis*，新泽西麦迪逊：费尔利迪金森大学出版社，2005 年）一书的书封上概括了其观点："本书写的是欧洲向'欧拉伯'的转变，欧拉伯成为阿拉伯 / 穆斯林世界的文化和政治组成部分。欧拉伯彻底反基督教、反西方、反美和反犹太主义。"耶厄女士的观点有阴谋论的强烈因素，深受一个叫作欧洲—阿拉伯对话（EAD）组织所谓的秘密指导的影响。
如下是她公平公正语调的一个例子："欧盟通过其巴勒斯坦的阿拉伯盟友对以色列发动秘密战争秘密实现间断性的大屠杀是不是幸灾乐祸？"她把联合国形容成"国际反犹太法庭，试图将伊斯兰的'齐米心态'（dhimmitude）强加给以色列"。布鲁斯·巴韦尔（Bruce Bawer）在《欧洲沉睡的时候：激进的伊斯兰正在如何从内部摧毁西方》（*While Europe Slept: How Radical Islam is Destroying the West from Within*，纽约：双日出版社，2006 年）一书中不加鉴别地重复耶厄的观点，还继续表示"欧洲可能以其被动的方式继续，甘心让自己向专制的伊斯兰教法和纯粹穆斯林逐渐转型。"尽管先前有这些令人怀疑的东西，"欧拉伯"最近还是获得了跨大西洋的尊重——出现在了《经济学人》的封面上。详见 2006 年 6 月 24—30 日那一期的《经济学人》。

日益束缚着阿拉伯/伊斯兰占支配地位的地区，目前似乎正在加剧。作为欧拉伯的一分子，我必须坚持几点基本的区别。首先，我们是在谈论伊斯兰、穆斯林、伊斯兰主义者、阿拉伯人、移民、皮肤较黑的人还是恐怖分子？这可是七种不同的东西。

在我住的地方——欧拉伯的牛津，我几乎每天都与大英博物 173
馆联系。他们的家族血统源自巴基斯坦、印度或者孟加拉国。与我熟悉的土生土长的英国人相比，他们是更加和平、守法和勤劳的英国公民。正如一项有关法国伊斯兰的杰出新研究的作者们所指出的那样，大多数法国穆斯林都相对较好地融入了法国社会。[1] 阿卜杜拉齐兹·伊加尤哈里抱怨的歧视在大多数欧洲国家都以不同的形式和程度存在着，对非穆斯林的移民也同样存在这样的歧视。可以说，对皮肤较黑、用外国名字或有口音的人都同样歧视，这是赤裸裸的旧式种族主义或者仇外，而不是现在称为“伊斯兰恐惧症”(Islamophobia) 的更加具体的偏见。

在欧洲大陆，对于伊斯兰，尽管有交叉的问题，但也有许多截然不同的问题。俄罗斯联邦有 1 400 多万人口——至少占到其迅速减少的人口的 10%——可以被认为是穆斯林，但是大多数欧洲人认为他们不是欧洲问题的一部分。[2] 相比之下，就拿土耳其来说，将近 7 000 万穆斯林人居住在这个世俗国家，欧洲人激烈地辩论了这样一个主要是穆斯林的大国（在大多数传统的文化、历史和地理定义中，它都不是欧洲的一部分）似乎应该成为欧盟的成员国。在巴尔

[1] 乔纳森·劳伦斯（Jonathan Laurence）和贾斯廷·韦斯（Justin Vaisse），《融合伊斯兰：当代法国面临的政治和宗教挑战》（*Integrating Islam: Political and Religious Challenges in Contemporary France*），华盛顿特区：布鲁克林研究所，2006年。

[2] 他们数量的估计大不相同，最低只有300万，最高达3 000万。2003年，当俄罗斯申报成为伊斯兰会议组织成员国时，弗拉基米尔·普京说大约有2 000万人，这令人怀疑。详见爱德华·沃克（Edward W. Walker）在《欧亚地理与经济》（*Eurasian Geography and Economics*, Vol. 46, No. 4 (2005), pp. 247–71）中的权威讨论。我非常感谢约翰·邓洛普（John Dunlop）提供该资料。

干半岛，有数百年历史的欧洲穆斯林社区，总共有700多万人，包括基本上是穆斯林的国家阿尔巴尼亚、迟早穆斯林将占多数的另一个实体科索沃、穆斯林占多数的脆弱国家波斯尼亚和穆斯林占不少人口的马其顿、保加利亚、塞尔维亚和黑山。

这些巴尔干半岛的穆斯林是老欧洲人，不是欧洲的移民。然而，像土耳其人一样，他们确实组成了德国、法国和荷兰等西欧国家穆斯林移民少数民族的一部分。在十年内，要么由于他们自己的 174
国家加入了欧盟，要么由于他们在另一个欧盟成员国获得了国籍，大多数巴尔干半岛的穆斯林可能将成为欧盟的公民。20世纪90年代，西欧对塞尔维亚和克罗地亚迫害波斯尼亚穆斯林的回应虚弱无力（对克罗地亚的回应相对有力一些），令人耻辱，这加深了穆斯林在欧洲受伤害的更广泛认识。西欧人（和美国人）军事干预科索沃，防止信奉基督教的塞尔维亚人试图屠杀穆斯林阿尔巴尼亚人，常常就没有那么让人记忆深刻。

人们随意谈论“欧洲穆斯林问题”的时候，他们通常想到的是来自移民家庭的1 500多万穆斯林，他们现在生活在欧洲西部、北部和南部欧盟成员国内，以及瑞士和挪威（生活在波兰等欧洲中部和东部欧盟新成员国内的数量很少）。法兰西共和国在理论上不管肤色、宗教和民族，但并没有真实的统计数据，这一事实使统计变得复杂，尽管如此，或许法国大概有500万穆斯林——超过总人口的8%。德国可能有400万人——主要是土耳其人，荷兰将近有100万人，超过总人口的5%。

其中大多数人都生活在城市，一般在城市的特定区域，比如圣丹尼周围的行政区域，它包含了巴黎近郊一些最臭名昭著的住宅区。每四个马赛市民中估计就有一个是穆斯林。在其引人入胜的新书《阿姆斯特丹的谋杀案》（*Murder in Amsterdam*）中，伊恩·布鲁玛（Ian 169
Buruma）引用了一份官方统计数据：1999年，阿姆斯特丹大约有45%的人口有外国血统，到2015年，这一数字预计将上升至52%，其中大多数人是穆斯林。此外，穆斯林移民的出生率通常比欧洲“本地人”高。根据一项估计，十六岁至二十五岁的法国人口中穆斯林人超过15%。[1]

因此，由于进一步移民、相对较高的出生率、欧盟向巴尔干半岛或许还有土耳其扩张的前景，欧盟越来越多的公民将变成穆斯林。 175
在英国、法国、德国、意大利、西班牙和荷兰的一些城区，他们占到的人口比例可以是20%到90%之间的任意一个数字。其中大多数是年轻人，非常多的人将遭受穷困，不能接受良好教育，就业不充分，被疏远——在他们居住的地方及父母的家乡都感受不到家的感觉，受到毒品、犯罪或者政治和宗教极端主义的吸引。

如果我们传统的欧洲人（因缺乏更好的措辞暂且如此称呼），能够成功扭转目前的趋势，能够让阿卜杜拉齐兹及其孩子这样的人像新穆斯林欧洲人那样有家的感觉，那么他们可以成为一种丰富文化、增加经济动力的源泉，有助于弥补欧洲快速老龄化的人口所拖的后腿。如果我们失败了，那么我们将会面临更多的爆炸。

一

伊恩·布鲁玛——荷兰和英国的混血儿、彻彻底底的世界主义者——拥有一个非常好的想法，即回到自己的祖国荷兰，探究2004年11月2日电影制片人、穆斯林文化的挑衅性批评者提奥·梵高被一个名叫穆罕默德·布耶里（Mohammed Bouyeri）的二十六岁摩洛哥裔荷兰人谋杀的原因和影响。据一名目击者说，布耶里是骑着自行车来的，在公共大街上向梵高开了好几枪，接着拿出大砍刀，向他的喉咙砍去——“好像砍一个轮胎似的”。他用另一把刀在梵高的

[1] 详见蒂莫西·萨维奇（Timothy M. Savage）非常有用的文章，“欧洲和伊斯兰：伊斯兰教兴盛，文化冲撞》(Europe and Islam: Crescent Waxing, Cultures Clashing)，《华盛顿季刊》(*Washington Quarterly*)，Vol. 27, No. 3（2004年夏季），25—50页。

胸部钉上了一个长长的杂乱无章的字条，呼吁对所有异教徒发动圣战，杀死一批他憎恨的人，从索马里出生的荷兰政客阿雅安·希尔西·阿里（Ayaan Hirsi Ali）开始到该字条上写着的要解决的人。梵高和希尔西·阿里一起拍过短片《屈服》(*Submission*)，该短片援引《古兰经》中的语句，通过半裸着身子的年轻女子诉说自己被虐待的故事，描述了一些穆斯林家庭中女子受压迫的情况。布耶里的谋杀字条以 176
此结尾：

> 我敢肯定你，哦，美国，将消亡
> 我敢肯定你，哦，欧洲，将消亡
> 我敢肯定你，哦，荷兰，将消亡
> 我敢肯定你，哦，希尔西·阿里，将消亡
> 我敢肯定你，哦，异教徒的原教旨主义者，将消亡

布鲁玛在《阿姆斯特丹的谋杀案》（兼具小品文和新闻报道的生动和敏锐）一书中的一个核心问题是：我小时候记忆中那个宽容、文明的国家到底发生了什么（他是1975年离开荷兰的，当时二十三岁）？这片产生过斯宾诺莎（Spinoza）和约翰·赫伊津哈（Johan Huizinga）的土地变成什么样了？赫伊津哈在一篇发表于1934年的文章中称，如果荷兰人会变成极端主义者，那他们的极端主义也是适度的极端主义。布鲁玛写道，梵高的谋杀案是“欧洲最进步的小世外桃源宽容和光明美梦的终结”。然而，他的部分答案似乎是现实总是与荷兰宽容的神话不同——比如，如果有人关注战争时期和战后对待犹太人的态度的话。他还引用了荷兰杰出政客、前欧洲委员弗里茨·博克斯坦（Frits Bolkestein）的著名宣言：“永远不要低估荷兰人对摩洛哥和土耳其移民的憎恨程度。”请注意，不是“穆斯林”而是来自特定地方的移民。

现在，布鲁玛重访自己小时候青翠欲滴的郊区（“青翠欲滴”

和“郁郁葱葱”这两个词在书中反复出现)，与学者和他讽刺地称为提奥的朋友的人交谈，倾听他们讲述每种文化都有单独“支柱”的荷兰多元文化主义的模式如何崩溃。太多的移民涌入太快，他们在语言、文化和社会方面还没有充分融入荷兰社会。父母是作为德国所称的“Gastarbeiter”，即“外来务工人员”进入荷兰的，但是 177
他们的孩子大部分都没有工作。

关于荷兰人对伊斯兰的态度，布鲁玛表示，像反移民的民粹主义政客皮姆·福尔顿（Pim Fortuyn）这样的人对穆斯林重新将宗教引入公众舆论非常愤怒，因为他们刚刚“费了九牛二虎之力摆脱自身宗教的束缚”，他指的是天主教或者基督教新教。更不用提穆斯林对于同性恋——福尔顿是同性恋——和女性的态度。当问及他为何反对伊斯兰教时，他说：“我无意再次解放所有女性和同性恋者。”像梵高一样，福尔顿也是被一名骑自行车的男子谋杀的（荷兰的风格)，不过暗杀他的人不是穆斯林。梵高对福尔顿着迷；布鲁玛写道，实际上，他自己被布耶里杀死的时候，这位电影制片人正在筹备一部有关福尔顿暗杀事件的“希区柯克式的惊悚片”。

对于我们非穆斯林的欧洲人或者更加普通的西方人来说，福尔顿和梵高等人的回应是这个故事较容易理解的部分。我们真正需要理解的是另一部分：穆斯林移民及其后代的经历。杀手穆罕默德·布耶里是一个孤独的疯子还是一场较大麻烦的征兆？答案无法让人放心。布耶里来自我所谓的中间人群：他们在自己所生活的欧洲国家和父母的祖国都感受不到家的感觉。他们居住在“天线城市”中，通过摩洛哥或者土耳其电视频道的卫星天线、网络和手机与父母的出生地联系。与大多数移民美国的穆斯林人不同，他们当中很多人每个夏天都亲自回“国”，到摩洛哥、阿尔及利亚、土耳其或者其他欧洲的邻国，有时一去会待上几个月。在他们欧洲的家里，第二代人通常与其兄弟姐妹说当地的语言——荷兰语、法语和英语，与他们的父母说本土语言——柏柏尔语、阿拉伯语、土耳其语：正如

一位摩洛哥柏柏尔裔的荷兰人对布鲁玛所说，“五五对开”。布鲁 178
玛问这人会支持哪支足球队。摩洛哥！他更喜欢拥有哪个国家的护照？荷兰！

几乎所有我在巴黎周围易发生暴乱的住宅区遇到的年轻人都讲述了中间生活的类似故事：悠闲的夏天在阿尔及利亚和突尼斯他们爷爷奶奶的农田里度过；分裂的忠诚，“你会支持哪支足球队”的问题便是集中体现。那些阿尔及利亚的后代告诉我：“阿尔及利亚！”2001 年，阿尔及利亚与法国的一场比赛引人注目地沦落成了一次令人厌恶的暴乱。但是，当阿尔及利亚裔的齐内丁·齐达内（Zinedine Zidane）带领法国队参加世界杯时，他们就支持法国了。[1]阿卜杜拉齐兹·伊加尤哈里说：“在摩洛哥，我是侨民；在法国，我是移民。”

从文化上来说，他们拥有双重人格。迷茫不仅仅限于文化方面。布鲁玛会见了一位专门治疗移民精神病的精神病学家。显然女性和第一代移民的男性往往会患上抑郁症，第二代男性会患上精神分裂症。根据他的研究，第二代的摩洛哥男性患上精神分裂症的概率要比来自类似经济背景的荷兰本地人高十倍。

穆罕默德·布耶里是这些第二代摩洛哥柏柏尔裔荷兰人中的一员，左右为难。他上过一所以画家皮特·蒙德里安（Piet Mondrian）命名的荷兰高中，说荷兰语，喝酒，吸毒，有一个一半荷兰血统、一半突尼斯血统的女朋友。他喜欢西方女孩，但当他的妹妹找了一个名叫阿卜杜的男友时，他非常愤怒。对他来说，在婚前发生性行为没有问题，但对她来说不行。如果女儿或者妹妹在婚

[1] 直到世界杯决赛的最后几分钟，我一直希望齐达内作为法国队队长出色又有纪律的表现将为数百万法国穆斯林人树立一个鼓舞人心的榜样。接着他恶意而精巧地用头撞向白皮肤、可能是天主教徒的意大利后卫马尔科·马特拉齐（Marco Materazzi），这给欧洲的穆斯林人带来了一种不同的启示。后来流行文化给这个事件带来了出人意料的转折，一首好记又令人愉快的歌讽刺性地庆祝齐达内撞人，迅速在法国走红。可以在www.koreus.com/media/zidane-coup-boule-mix.html上听。

前发生性行为，在他摩洛哥穆斯林的社区看来，传统上至关重要的家庭荣誉就会受到无法挽回的玷污。布耶里捅了阿卜杜一刀，在监狱待了一段时间。他的母亲死于乳腺癌。穆罕默德不再采用现在自己日益认为堕落的欧洲方式。他留了胡子，开始穿戴摩洛哥的长袍和祈祷帽，受到叙利亚一名激进穆斯林布道者的影响。他在网上发 179
伊斯兰的宣传帖，观看在中东的外国异教徒被圣战士割喉的视频。根据布鲁玛引用的一处荷兰资料，布耶里的朋友努雷丁（Nouredine）结婚当晚和的自己新娘在未来暗杀者公寓的床垫上观看异教徒被屠杀的视频。

2004 年 11 月 1 日，穆罕默德 · 布耶里和朋友们度过了平静的一晚。他们出去散了散步，通过插在数码音乐播放器上的耳机听古兰经的祷告。穆罕默德表示，那晚的夜空是多么的美。第二天早上，他 5 点半起来，向真主祷告后就骑着自行车去屠杀梵高了。显然，他打算在与后来警方的交火中杀死自己。

布耶里的故事与一些伦敦和马德里爆炸人员以及基地组织汉堡分支成员（他们是 2001 年纽约“9 · 11”袭击事件的主要人员）的故事惊人地如出一辙。同样是起初接受现代欧洲的世俗文化，接着愤怒地排斥它，无论是荷兰、德国、西班牙还是英国的变体，都有性放纵、毒品、饮酒和狂欢的共同诱惑；夹在两个国家之间左右为难的痛苦，两个国家都不是完完全全的家；激进伊玛目的影响以及来自网上、录音带或者盒式录像带和 DVD 光盘的伊斯兰材料的影响；全球伊斯兰受伤害的感觉，波斯尼亚、车臣和巴勒斯坦、阿富汗和伊拉克的恐怖报道加剧了这种感觉；一个小圈子朋友的共同想法坚定了决心；平静的自信，其中许多这样的年轻人似乎有了这份自信就接近殉教了。这类自杀式的杀手显然不能代表和平生活在欧洲的绝大多数穆斯林人；但他们毫无疑问是穆斯林移民的孩子更加广泛地疏远欧洲的极端而特殊的症状。他们病态的思想和心态用一种极端的方式表明了中间人群的病理。

二 180

布鲁玛专门用一章讲述了阿雅安·希尔西·阿里和《屈服》——她与提奥·梵高一起制作的电影，展现了穆斯林女性受虐待的情况。希尔西·阿里自身的故事已经在无数的简介和访谈中讲述过。实际上，她是记者无法抗拒的报道素材。她身材高大、非常漂亮、引人注目、英勇无畏、直言不讳，拥有非凡的人生故事，目前正生活在像梵高那样被屠杀的固定威胁之下。在其新评论集《笼中处女》(*The Caged Virgin*）一书封底列出的奖项除了道德勇气奖、自由女性国际网络自由奖、2004 年的荷兰先生（原文如此，Dutchman of the Year 2004)、2004 年科克荣誉勋章（Coq d' Honneur 2004）和丹麦自由奖，还有《魅力》(*Glamour*）杂志的“月度英雄奖”。这就是我们喜欢英雄的方式——富有魅力。如果她又矮又胖，还斜视眼，她的故事和观点可能就不会这么受关注了，这样说并没有不尊重希尔西·阿里女士的意思。

在两本书的书评见诸报端之际，围绕她的更严重丑闻爆了出来。在一篇电视报道“披露”1992 年申请到荷兰避难时她提供过虚假细节后，强硬的荷兰移民部长赖塔·维丹克（Rita Verdonk）撤销了希尔西·阿里的荷兰国籍。(实际上，这个故事希尔西·阿里已经亲口讲过好几次；当布鲁玛对她说，用英国小报经常使用的一个词组来说，她是一个假的寻求避难者，她回答说，“没错，一个非常假的寻求避难者”。) 该部长的强硬决定在荷兰议会引发了一阵抗议，因为阿雅安·希尔西·阿里是维丹克所在政党的一名议会代表。维丹克被迫收回自己的撤销决定，组建荷兰政府的联盟因此变得四分五裂。但是伤害已经造成。希尔西·阿里宣布从荷兰议会辞职，打算前往位于华盛顿的美国企业研究所。

我读过她的许多访谈，还在伦敦与她在台前和幕后聊过一个 181

晚上，对她的勇气、真诚和透明非常尊重。这并不意味着一定要同意她的所有看法。《笼中处女》的美国版还有一个副标题：一份女性和伊斯兰的解放宣言——称之为女性从伊斯兰解放出来的宣言更加准确——她根据自己先是作为一名口译员接着作为一名政客的经历，讲述了在欧洲一些穆斯林的移民家庭中，年轻女子遭受压迫和虐待的可怕又真实的故事。其中一些年轻的女子被迫与她们不想结婚的人结婚——她用了“包办强奸”的术语。其他人被丈夫、父亲或者叔叔虐待。如果她们试图逃跑或者与男友私奔，就会受到恐吓、毒打，甚至以“维护荣誉而杀人”的方式被杀害。希尔西·阿里写道，2004 年至 2005 年的 7 个月内，仅仅在荷兰的两个警区内就发生了 11 起穆斯林女孩这样被杀害的事件。

来自索马里等国的年轻女孩必须接受委婉所称的“女性割礼”——她描述说，整个过程包括“切除女孩的阴蒂、内外阴唇，用一个尖锐的东西——玻璃碎片、剃刀刀片或者土豆刀捣破她的阴道壁，接着将她的双腿绑起来，让阴道壁长在一起”。希尔西·阿里称这并不是“女性割礼”而是“切割生殖器官”，一语中的。（她自己在其索马里祖母的要求下经历了这个可怕的过程。）她还写了一篇令人感动又非常实用的文章《给想逃脱的穆斯林女性的十条忠告》——让她们为逃离穆斯林家庭遇到的冲击、痛苦和可能的危险做好准备。

希尔西·阿里努力让我们关注这些惨事，这些惨事是所谓宽容“多元文化主义”不为人知的一面。然而，她将她们受到的压迫归咎于伊斯兰宗教而不是她们所在的特定国家、区域和部落的文化，
一些穆斯林女性对此表示反对。（希尔西·阿里承认，《古兰经》中 182
并没有规定要切割生殖器官。）布鲁玛报道了自己与一家荷兰避难所（该避难所收留受虐待的家庭主妇和遭受毒打的女儿）中女子的电视会议，其中有几个人强烈反对电影《屈服》。有一位喊道：“你是在侮辱我们。是我的信仰让我变得强大。”布鲁玛称，她傲慢地

挥了挥手，对她们的反对置之不理。

《屈服》通常意味着一种挑衅。希尔西·阿里写道，穆斯林文化需要像蒙提·派森（Monty Python）的《布赖恩的一生》(*Life of Brian*）这样的电影，由一名阿拉伯籍的提奥·梵高那样的人导演，穆罕默德那样的人物充当主角。(这句话可能写于梵高被谋杀之前，该书的荷兰语版是 2004 年出版的。）她回忆说，她自己经历中的一个决定性时刻是阅读一部名为《无神论者的宣言》(*The Atheist Manifesto*）的著作。她也从约翰·斯图亚特·穆勒（John Stuart Mill）的《女性的屈从地位》(*On the Subjection of Women*）一书中获得了灵感。她说，"我要求我们确实要质疑伊斯兰的根本原则"。在书的最后一页，她总结说，"穆罕默德的首要受害者就是穆斯林的思想。他们被禁锢在对地狱的恐惧中，因而也惧怕对生活、自由和幸福非常自然的追求"。

希尔西·阿里青少年时期为伊斯兰原教旨主义所吸引，后来受到一名启蒙老师的影响，现在变成了一名勇敢、直言不讳、有点简单的启蒙运动原教旨主义者。按照政治历史学家熟悉的方式，她凭借情感力量已经从一个极端走向了另一个极端，莎士比亚完美地概括了这种情感力量：

> ……改信正教的人，
> 最是痛心疾首于以往欺骗他的异端邪说。

这正是在许多世俗的欧洲学者看来她是一位女英雄的原因，这些学者本身也是启蒙运动的原教旨主义者。他们认为，不仅仅是伊斯兰，而是所有宗教都在侮辱智者，摧残人类的精神。他们当中的大多数人都认为，完全基于世俗人类主义的欧洲将是更好的欧洲。183
或许他们是对的。(在我最好的朋友中，有一些是启蒙运动的原教旨主义者。）或许他们是错的。但让我们不要假装这不是对伊斯兰的正面挑战。在其疯狂的谩骂中，穆罕默德·布耶里将普通的欧洲敌人定义为“异教原教旨主义者”并没有完全弄错。

现在欧洲的每个男男女女肯定可以自由地坚持这类无神论者或不可知论者的观点，而不用担心迫害、恐吓和审查。像阿雅安·希尔西·阿里这类人的目的是为更好的荷兰和欧洲奋斗，而我们欧洲人却不能容忍这类人成为我们当中的一员，我将此视为荷兰和欧洲深深的耻辱。但我认为，她并没有为欧洲的大多数穆斯林指明前进的道路，因为未来很多年内都是如此。数百万穆斯林将突然抛弃父母的信仰，因为这种期望的政策根本不切实际。如果他们从我们这里听到的消息是，成为欧洲的必要条件是抛弃他们的宗教，那么他们将选择不做欧洲人。世俗的欧洲人要求穆斯林信奉他们的信仰——世俗人类主义——几乎就像伊斯兰圣战分子要求我们应该信奉他们的信仰一样不宽容。但启蒙运动的原教旨主义者将抗议，我们的信仰基于理性！好，他们会回答说，我们的信仰基于真理！

三

提奥·梵高、阿雅安·希尔西·阿里和穆罕默德·布耶里的荷兰故事只是纷繁复杂的欧洲和伊斯兰故事的冰山一角。如果我们问“该做什么”答案是：因地制宜，有所作为。我们一定要做狐狸，而不是刺猬，这让人想起以赛亚·伯林（Isaiah Berlin）恰如其分地引
用阿尔基罗库斯（Archilochus）的片段：“狐狸知道很多事儿，但 184
刺猬知道一样大事儿。”对付福克斯新闻这群难缠的刺猬，我们必须继续坚持这不仅仅是一场巨大的反恐战争，让好人消灭坏人就能获胜。

布鲁玛正确地强调了穆斯林移民的文化多样性：来自里夫山的柏柏尔人与来自低地的摩洛哥人相当不同；土耳其人的适应方式与索马里人不同，更不用提在英国的巴基斯坦人了。19 世纪的时候，欧洲的帝国主义者研究了其殖民地的人种学。在 21 世纪，我们需

要一种我们自己城市的新人种学。由于欧洲国家的移民往往集中来自其前殖民地，因此新的人种学可以借鉴旧人种学。与此同时，英国、法国、荷兰和德国一体化或者非一体化的方式截然不同，具有鲜明的优点和缺点。比如，适合布拉德福德（Bradford）巴基斯坦克什米尔人的方式可能并不适用阿姆斯特丹的摩洛哥柏柏尔人，反之亦然。

我们必须决定什么是我们欧洲的生活方式必不可少的，什么是可以协商的。比如，我认为，法国坚持成年女子在任何官方机构都不能戴头巾——我在圣丹尼住宅区的女子那边不断听到，这是法国穆斯林多一种不满的原因——在道德上站不住脚，在政治上也是愚蠢的。在我看来，法兰西共和国禁止成年女子戴头巾似乎应该像伊朗伊斯兰共和国强迫她们戴头巾一样遭到反对，依据同一个原则：在一个自由现代的社会，成年男女应该想穿什么就穿什么。[1] 从更加实际的方面来说，就算不给自己再添这个麻烦，法国与其穆斯林人口之间的关系面临的问题已经够多的了。

另一方面，言论自由必不可少。现在，它受到了穆罕默德 · 布耶里这类人的威胁，他们给阿雅安 · 希尔西 · 阿里这类人传达的信息是：“如果你这样说，我就杀了你。”实际上，布鲁玛告诉我们，
布耶里对法院解释说，神圣的法律不会允许他“在这个国家或者任 185
何言论自由的国家生活”。（既然这样，为什么不返回摩洛哥呢？）但是受惊政府的绥靖政策也威胁到了言论自由，政府试图借助社区间和谐的名义引进审查。一个令人担忧的例子是英国政府最初提议制定法律反对煽动宗教仇恨。这种所谓的多元文化主义是指，“你尊重我的禁忌，我也将尊重你的禁忌”。但是如果你将世界上所有文化的禁忌都集中起来，你言论自由的空间就很小了。

[1] 请注意，我特指成年妇女。有人称，在学校里不能戴头巾的禁令反而让十三四岁的女孩可能觉得自己从他们所谓的压迫性父母、社区或者宗教权威中解放出来了。但是，有些十三四岁的女孩想自由选择戴头巾，那么她们的权利何在呢？

要在准恐怖分子行动之前抓捕他们，则熟练警察和情报工作（就像2006年8月英国警察和安全服务机构所做的那样）必不可少，这不仅仅是为了拯救潜在受害者的生命。它至关重要还因为，每一次以真主名义实施的恐怖主义暴行，都会快速加剧穆斯林和非穆斯林欧洲人之间的互不信任。一位摩洛哥裔的荷兰年轻女子告诉布鲁玛，在纽约“9·11”袭击事件发生前，“我只是诺拉。接着突然间，我变成了穆斯林”。消除这种危险还意味着进一步严密地监视激进的伊斯兰家长，我们一次又一次地发现，是他们让不满的年轻欧洲穆斯林男子变得激进。

从另一个角度来看，欧洲经济体需要创造更多的就业机会，确保穆斯林人拥有平等的就业机会。最近的皮尤调查发现，英国、法国、德国和西班牙的穆斯林面临的首要问题是失业。鉴于从历史来看欧洲创造就业机会缓慢、来自亚洲低成本熟练工人的激烈竞争和许多欧洲国家仇外歧视的反射作用，这说起来容易做起来难。住房条件是另一个主要的不满来源。然而，试图通过公共开支来弥补这一点，将让业已捉襟见肘的预算更加紧张；如果以牺牲附近“本地”人的居住条件来做这一点，这也可能转化成更多支持民粹主义反移民政党的选票。

即使有独立繁荣的巴勒斯坦国，即使美国、英国和一些其他欧 186
洲国家没有入侵伊拉克，欧洲的移民穆斯林问题（即中间人群的病理）也是存在的。但毫无疑问，巴勒斯坦问题和伊拉克战争增强了欧洲穆斯林是全球受害者的感觉。马德里和伦敦爆炸人员的个人故事非常清楚地表明了这一点。英国第四电视频道的一项最近民调显示，将近三分之一的英国年轻穆斯林受访者同意如下看法：“由于英国支持反恐战争，因此7月的伦敦爆炸是正当的。”[1] 建立一个可

[1] 关于这个话题以及有关英国穆斯林人更年轻一代异化的更多细节，参见2006年8月10日我的《卫报》专栏。

以运作的巴勒斯坦国，从伊拉克撤出西方的军队，至少可以消除两个额外的不满来源。袭击另外的伊斯兰国家，比如伊朗，将恶化情况。

在与伊斯兰作为一个宗教的关系中，鼓励能够与现代、自由和民主欧洲的基础兼容的伊斯兰版本是有意义的。塔里克·拉马丹（Tariq Ramadan）——又是一个富有争议的人物，为阿雅安·希尔西·阿里、法国左翼和美国右翼深深不信任，但受到了许多年轻欧洲穆斯林的追捧——等伊斯兰改革者承诺可以找到它们。拉马丹坚称，如果恰当地阐释伊斯兰，伊斯兰未必会与民主的欧洲发生冲突。富有偏见的“欧拉伯”（Eurabianist）暗示“更多的穆斯林欧洲人意味着更多的恐怖分子”，而拉马丹则表示，穆斯林欧洲人越多，他们成为恐怖分子的可能性就越小。穆斯林欧洲人，在相信者眼中，与穆罕默德·布耶里、提奥·梵高和阿雅安·希尔西·阿里（我想可以加上她吧）不同，是既可以成为好穆斯林又可以成为好欧洲人的人。[1]

最终，这对欧洲社会和欧洲政府来说都是一个挑战。比如，法国的许多歧视都是单独的雇主所作出的决定造成的，他们正在违反
该国的公共政策和法律的精神。其穆斯林公民在欧洲是否能感受到 187
家的感觉，正是取决于成千上万的非穆斯林欧洲人在无数次小小的日常互动中所表现出的个人态度和行为。当然，还有数百万穆斯林的个人选择，以及其精神和政治领袖所做的表率。

[1] 拉马丹在牛津大学圣安东尼学院做访问研究员时，做了许多讲座，这里对他立场的简短总结是根据我所听讲座作出来的。围绕他的严重争议导致他在大多数说法语的欧洲不受欢迎，无法拿到美国的签证，担任圣母大学（Notre Dame University）的常务校长。从伊斯兰法律和法理学角度系统呈现他观点的是《做一名欧洲穆斯林：在欧洲背景下研究伊斯兰来源》（*To be a European Muslim: A Study of Islamic Source in the European Context*），莱斯特：伊斯兰基金；首次出版日期是 1999 年 /1420 H。

欧洲有可能应对这个挑战吗？我觉得恐怕不行。真没可能吗？有。但是再过五分钟就到午夜了，我们正在最后一家酒吧中喝酒。[1]

2006 年

[1] 本文及其讨论的伊恩 · 布鲁玛的作品引发了一个争议，该争议常常基于误解，有时是基于故意的误传。我还没有系统地回应过因此引发的所有观点，在此回应将破坏本书的布局。然而，我想向那些参与这场辩论的人指出，我自那以后早就弃用了“启蒙运动原教旨主义者”的说法，因为它被误解成与之有点对称的“伊斯兰原教旨主义者”——该称呼现在几乎等同于“恐怖分子”。关于我们现在需要哪个启蒙运动，关于伊斯兰改革主义（塔里克 · 拉马丹是一个非常有问题的例子）的本质和缺陷性，还有一系列重要的问题。我希望在其他地方重新探讨这些问题。与此同时，本章中的文章阐述了一些我支持的自由世俗主义的思想。

无形的前线 188

从美国回到欧洲，就是从一个自认为自己在反圣战恐怖主义的斗争前线其实却不是的国家，回到一个在前线却还没有完全意识到这个事实的大陆。我是指国内的前线，国外又是另一回事。只有笨蛋才会排除对现在所谓的美国国土发动另一次恐怖袭击的可能性，但事实是自从 2001 年 9 月 11 日以来的六年里，在欧洲发生了几次重大袭击（马德里、伦敦）和未遂的策划。目前据我们所知，在美国，没有发生重大袭击，只有几次识破的阴谋。所有证据表明，与西欧的穆斯林相比，美国的穆斯林更好地融入了其中。上周，在德国，一群显然在计划“9·11 事件”周年袭击的人被捕，这表明对“故乡”(Heimat) 的威胁要比对“国土”(homeland) 的大。

在欧洲，许多城市的平静街道上有一条无形的前线。无论喜欢与否，无论你住在伦敦还是剑桥，柏林还是新乌尔姆，马德里还是鹿特丹，你都在这条前线上——要比你在冷战时期所处的前线还要近。这场斗争的一部分是有关情报工作和警察工作的，防止那些已
经变得狂热、暴力的圣战分子在圣潘克拉斯火车站（St. Pancras） 189
或者巴黎北站（Gare du Nord）炸飞我们。与担心人身自由受到限制一样，普通的非穆斯林欧洲人在这方面能提供的帮助很少。普通、和平和守法的穆斯林欧洲人可以多提供一点帮助。

这场斗争更大的一部分，更长期而言也是更为重要的是争取年

轻欧洲穆斯林人——通常是男人——的心和思想，他们还没有变成狂热、暴力的圣战分子，但可能会变成那样。在我们整个大陆及其边缘地区，有成千上万的年轻穆斯林男子可以向其中一个方向发展。他们可以成为未来的人肉炸弹或者未来的欧洲人：良好公民、我们举步维艰的国家养老金计划的出资人、坚定的国际主义者。

回顾一下三十年前“德国之秋”和意大利红色旅（Red Brigades）中的最后一波青年恐怖主义，可能有助于更好地理解这个过程。20世纪70年代末，我住在柏林的时候，我遇到好几个人告诉我，“你知道的，有那么一刻，我本可以向其中一个方向发展”。他们本可以像其朋友的朋友霍斯特（Horst）和乌尔里克（Ulrike）一样偷偷地加入红色旅。相反，他们成为了记者、学者或者律师，现在是社会的栋梁，但这个社会正在遭受另一波更具毁灭性、潜在的恐怖主义的袭击。

当然，我们不能将这个比较拉得太远，但有一个基本特点是相同的：除了坚定的狂热分子外，还有一批可以向其中一个方向发展的人。在德国，他们过去（现在依然）被称为 Sympathisanten，即“同情者”。在欧洲穆斯林中，他们可能非常笼统地与那些在调查中拒绝谴责自杀式爆炸的人联系在一起，尽管这样的人因为对巴勒斯坦的态度而有所增加。一位分析人士估计，坚定的狂热分子可能占到英国穆斯林的1%，而“两边倒”的同情者可能占到10%。

如果你关注过去六年间真正的圣战暗杀者的生平，从“9 · 11”
事件的爆炸者、在汉堡被激进化的穆罕默德 · 阿塔，到提奥 · 梵 190
高的谋杀者穆罕默德 · 布耶里，你会一次又一次地发现同样的故事：年轻人一开始对与其父母所遵行的截然不同的现代西方的生活方式着迷，接着愤怒地排斥它，转而支持政治伊斯兰暴力、极端的方式。幸运的是，还有人向另一个方向发展。埃德 · 侯赛因（Ed Husain）的《伊斯兰主义者》（*The Islamist*）富有启示意义地阐述了一名年轻的英国男子如何深陷极端的伊斯兰主义，但后来摆脱了它，不过依然是一名穆斯林。因此现在很大程度上取决于这10%转向野蛮的1%，还是像侯赛因一样重新加入文明的大多数。（这不是文明与文明之间的冲突，而是文明与非文明之间的冲突。）

最近英国伊斯兰解放党（Hizb ut-Tahrir）的前高级成员马吉德·纳瓦兹(Maajid Nawaz)叛变,这又是一个非常鼓舞人心的信号。正如曾经欧洲拥有一群强大的前共产主义者一样，我们很快就可能拥有一群强大的前伊斯兰主义者。没有人比那些治愈自己疾病的人更了解如何抗击疾病了。

伊拉克是这场更大斗争中的小插曲。布什总统可能依然称，伊拉克是反恐战争的前线（“如果我们不在那里阻止他们，他们就会来这里找我们”），但连他的一些高级指挥官也不相信这一点。可以肯定的是，现在伊拉克有一个基地组织，但在入侵伊拉克前没有。伊拉克战争使各地不满的穆斯林人更加不满——伦敦的爆炸者是这么说的——不过请注意，德国没有参加伊拉克战争，也未能幸免于难。我们也不应该不关注这个更加令人不舒服的事实，即暴力的圣战分子将会把美国从伊拉克撤军当作本·拉登的胜利加以庆祝。

但是更大的事实是，英国士兵从巴士拉回到布拉德福德就是从一条前线回到另一条前线。这条无形的前线不是军事前线而是文化政治前线，最终在战胜圣战死亡方式的诱惑方面能够发挥更大的决定性作用。与他在巴士拉拿着枪所做的一切相比，撤回的士兵没上 191
岗的时候在家乡对待英国穆斯林的态度，可能更会减少英国恐怖主义的威胁。

阿富汗有所不同。彻底铲除基地组织和击退复兴的塔利班是对抗圣战恐怖主义不可分割的一部分。努力改变巴基斯坦和沙特阿拉伯激进宗教和政治的有害组合也是如此。皈依伊斯兰教的弗里茨·格勒维克（Fritz Gelowic）似乎一直是德国组织的头目，有毒的伊斯兰瓦哈比分支的导师在新乌尔姆的多元文化基地使他变得激进化，该分支位于伟大的美国盟友沙特阿拉伯，并由它提供资助。据报道，随后他到叙利亚接受了阿拉伯语的训练，在巴基斯坦边境区内一个由伊斯兰圣战联盟（最初是一个乌兹别克组织）管理的集中营中接受了恐怖主义训练。根据德国的情报，发动周年袭击的指令是从巴基斯坦通过邮件发来的。这样看来，我们既面临国际和国内的威胁，又面临全球和地方的威胁。死亡从新乌尔姆出来通过瓦济里斯坦人（Waziristan）降临到你身上。无形的前线有 5 000 英里长，就在你鼻子底下。

如果我们镇定、清明和果断，我们将最终赢得这场斗争并依然自由。一个已经摆脱帝国主义、法西斯主义和共产主义的大陆也将摆脱这一较小的威胁。但是这将耗时好多年，我们最好为此做好准备。

2007 年

破除禁忌 192

法国国民议会给了真理、正义和人性多么沉重的一击。上周，该议会投票通过了一项将否认土耳其人在一战期间屠杀亚美尼亚人视为犯罪的法案。太好了！欢呼吧！法国万岁！但让这只成为欧洲历史勇敢新篇章的一个开端吧。让英国议会现在就将否认1940年俄罗斯人在卡廷谋杀波兰军官视为犯罪吧。让土耳其议会将否认法国对阿尔及利亚的叛乱分子使用酷刑视为犯罪吧。

让德国通过一项将否认存在苏联古拉格视为犯罪的法案吧。让爱尔兰议会将否认西班牙宗教裁判所的可怕视为犯罪吧。让西班牙议会对任何称塞尔维亚没有试图屠杀科索沃阿尔巴尼亚人的人至少判十年监禁吧。另外，欧洲议会应该马上通过一项欧洲法案，必须将美国殖民者对待美洲土著人的方式形容成屠杀。唯一的遗憾是，我们，在欧盟，不能对这些十恶不赦的思想犯实行死刑。但或许，随着时间的推移，我们可能也会改变这一点。

啊，勇敢的新欧洲！我完全无法想象，任何思想正常的人—— 193
当然，除了亚美尼亚裔法国人的游说者——怎么会将该草案（它无论如何几乎肯定会被法国议会的上议院否决）视为富有进步和启发意义的一步。法律赋予了法国议会什么权利修改历史术语来形容九十年前另一个国家对第三个国家所做的一切？如果法国议会通过一项法案，将否认维希法国（Vichy France）驱除到法国犹太死亡集中营的共犯视为犯罪，我仍然会称，这是一个错误，但我会尊重其背后自我批评的道德冲动。

相比之下，该法案与我刚刚提出的其他一些建议一样，没有道德和历史的正当性。没错，大约有 50 万法国公民拥有亚美尼亚的血统——包括夏尔 · 阿兹纳夫（Charles Aznavour），曾经也叫维林内格 · 阿兹纳夫尔（Varinag Aznavourian）——他们一直在施压推动该法案。至少有同样数量的英国公民拥有波兰的血统，这样的话，英国提出针对卡廷的法案同样也是正当的。英国的波兰裔议员丹尼斯 · 麦克沙恩（Denis MacShane）先生向前迈出这一步提出了该法案。那么英国巴基斯坦裔和印度裔议员针对克什米尔提出针锋相对的法案会怎么样呢？

《卫报》在一篇头版文章中称，“该法案的支持者无疑受一种真诚的热望所驱动，想为长达九十年的不公正平反”。我希望自己也能这样自信。讨好亚美尼亚裔法国人的选民并为土耳其加入欧盟设置障碍可能是其他的动机，但猜测动机是白费力气。

对于每位聪明的读者来说，显而易见的是，我的看法完全不是
质疑，在第一次世界大战期间遭受屠杀、驱除、为保全性命被迫逃
跑的亚美尼亚人所遭受的苦难。他们掌握在土耳其人手中的命运相
当悲惨，欧洲主流对此的记忆甚少。德高望重的历史学家和作家曾
有力地指出，与自 1945 年以来所定义的一样，那些事件称得上是 194
种族屠杀。实际上，奥尔罕 · 帕慕克（Orhan Pamuk）——今年的
诺贝尔文学奖获得者——和其他土耳其作家一直因敢于明确地表明
这一点而受到土耳其刑法第 301 条的控诉。这要比法国法案的预期
效果糟糕得多。但负负并不能得正。

没有人可以将历史真相合法化。鉴于目前还没有牢固的历史真相，必须通过无拘无束的历史研究找到它，历史学家论证证据和事实，不畏受到起诉和迫害，求证和争论各自的看法。

鉴于我们这个时代的意识形态政治，这个提案正好向错误的方

向迈出了一步。如果我们自己不在这方面付出更多的努力，我们怎么能信誓旦旦地批评土耳其、埃及和其他国家通过立法保护历史、民族或者宗教的原则来限制言论自由？本周在威尼斯，我又听到了一名杰出的穆斯林学者指责我们的双重标准。他说，我们要求他们接受对穆斯林禁忌的侮辱，但犹太人会接受人们可以随意否认犹太大屠杀吗？

我们千万不要通过立法创造有关历史、民族和宗教的新禁忌，而是应该废除依然在我们法律上的禁忌。那些拥有这样法律的欧洲国家不仅应该废除其亵渎神明的法律，还应该废除否认犹太大屠杀的法律。否则不可能驳回双重标准的指控。你好我也好。

我最近听说，法国哲学家阿兰·芬基尔克劳（Alain Finkielkraut）走过一些令人难忘的学术弯路后，解释了他反对限制批评宗教的法律但支持否认犹太大屠杀的法律的原因。他称，质疑宗教信仰是一回事，否认历史事实又是另一回事。但历史事实不会改变。历史事
实正是通过对证据论证才确立的。没有争议的过程——达到并包括 195
修正主义者直接否认的极端——我们永远无法发现哪些事实才是真正的事实。

这样的一贯性需要艰难的决定。比如，我对大卫·欧文（David Irving）关于纳粹德国试图灭绝犹太人的一些历史观点只有深恶痛绝，但我相当清楚，他不应该因此坐在奥地利大牢中。你可能会迅速反驳说，他的一些看法中的不实之处实际上是一家英国法院的审判判定的。没错，但并不是英国起诉他否认犹太大屠杀。正是大卫·欧文到法院起诉另一位说他是犹太大屠杀否定者的历史学家。他试图阻止自由、公平的历史辩论；英国法院维护该辩论。

如今，如果我们想在自己的国家维护言论自由，并在目前还没有言论自由的国家推广它，我们应该呼吁将大卫·欧文从奥地利大牢中释放出来。与法国的提案相比，奥地利有关否认犹太大屠杀的法律从历史上来说要容易理解得多，从道德上来说也要值得尊敬得

多——至少奥地利人正在直面其艰难的过去，而不是对其他国家的过去指手画脚——但是为了更广泛的欧洲利益，我们应该鼓励奥地利人废除该法案。

只有当我们准备允许戳我们自己最神圣母牛的眼睛时，才能信誓旦旦地要求伊斯兰主义者、土耳其和其他人也这样做。现在不是创造禁忌而是废除禁忌的时候。我们必须身体力行。

2006 年

尊重？ 196

上周末，我去唱了许多自己不信的东西。大约两千零七年前，一个天使出现在一个名叫马利亚的女人面前，告诉她没有与约瑟同房却怀孕了，我会这样认为吗？不会。仁君温瑟拉（Good King Wenceslas）走进雪地是为了给“那边的农民”送食物和酒，我会这样认为吗？不太可能。然而，那些语言既优美又熟悉，中世纪的教堂点着蜡烛，我的家人和我在一起，我感动了。

在接下来的几天里，成千上万的人将像我一样，通常兴致勃勃地去唱那些他们不信或者至多半信半疑的歌词。根据最近一项为《金融时报》所做的哈里斯民调，在英国只有三分之一的人表示他们是“信徒”。在法国，还不到三分之一；连在意大利，也不到三分之二；只有在美国，这一数字才超过四分之三。得知在英国和法国这少数的真正信徒中穆斯林所占的比例将相当有趣。

这让我思考——在这个相当长的节日季：菩提节（Bodhi Day）、光明节（Hanukah）、圣诞节、古尔邦节（Eid-ul-Adha）、日本新年（Oshogatsu）、高宾星大师（Guru Gobind Singh）的诞辰和玛克桑格拉提节（Makar Sankranti）——在一个多元文化的社会中，说我们尊重别人的宗教是什么意思。在我看来，许多后基督 197
徒或名义上是基督徒的欧洲人与生活在他们中间的穆斯林之间，最大的问题并不是这些穆斯林信奉基督教之外的其他宗教，而是他们从根本上是一种宗教的信仰者。

这令少数思想深刻的欧洲人感到困惑，这些人可以说是虔诚的无神论者，转而相信科学发现的真理。对他们来说，问题不在于某种特定的宗教迷信，而是在于迷信本身。这也正是让大多数欧洲人担忧的地方，这些欧洲人自身拥有一些模糊、不太上心的宗教信仰，或者是温和的不可知论者，但是把其他事情放在首位。要是穆斯林不那么认真对待伊斯兰教就好了！许多欧洲人会补充说，要是美国人不那么认真对待基督教就好了！

现在有人会说，如果每个人都信奉自然科学无神论的真理，或者至少像大多数三心二意的半基督徒的欧洲人一样不太重视其宗教，世界是否会更好。(我自己对这个问题存不可知论态度。)但显然，这不是我们在一个自由国家建造多元文化社会的前提。这将正好与那些穆斯林占多数的国家不允许信奉伊斯兰教以外的其他信仰一样不宽容。

相反，在自由国家，必须允许每一种信仰，也必须允许彻底、直截了当甚至过度和冒犯性地质疑每一种信仰，而不用害怕遭到报复。牛津大学的科学家理查德 · 道金斯（Richard Dawkins）必须可以自由地表示，上帝是一种幻想。牛津大学的神学家阿利斯泰尔·麦格拉斯（Alistair McGrath）必须可以自由地反驳说，道金斯受到了蛊惑。……这是在一个自由国家的待遇：宗教自由和言论自由是同一个硬币的两面。我们必须可以生活，也让人生活——当想到萨尔曼·拉什迪 (Salman Rushdie) 和那位丹麦的漫画家受到死亡威胁时，
这个要求就不像听上去那么小了。这个空间的防护墙就是这片土地 198
的法律。

有趣的问题是，是否有一种尊重超越了这个受到法律保护的生活和让人生活的最小空间，却因缺少在思想上尊重其他信仰（许多跨信仰的对话交流）的伪装，或缺少没有限制的相对主义而止步不前。我认为有。实际上，我会称，我知道有，我们当中的大多数人

都是不假思索这样做的。我们每天都在跟心中坚持我们认为绝对疯狂信仰的人生活和工作在一起。如果他们在我们看来是好搭档、朋友和同事，我们就会这样尊重他们——而不去管他们私人的、可能也是最深的信仰。如果他们是我们亲密的人，我们可能不仅仅尊重他们，而是爱他们。我们爱他们，同时总是坚信，他们在脑海中的某个角落坚持着许多没有意义的东西。

通常，几乎是出于本能，我们会对信仰和信徒加以区别。可以肯定的是，与其他人相比，区别出一些有信仰的人要更容易。如果某人坚信 2+2=5，地球由奶酪组成，这将给每天的共处多增添一些障碍。然而，令人吃惊的是，我们拥有多样甚至古怪的信仰实际上也能相当愉快地共处。（普遍信奉占星术就是一个很好的例子。）尽管如此，无论其科学真理的成分有多少，信徒的行为会影响我们对信仰的判断。比如，我不相信有上帝，因此认为大约二千零七年前，一对名为约瑟和马利亚的夫妇只是生了个小孩。但是他成为了什么样的人！像伟大的瑞士历史学家雅各布·布克哈特（Jacob Burckhardt）一样，我将基督当作上帝加以研究一无所获，但作为一个人，在我看来，耶稣基督似乎是源源不断的奇妙灵感——正如布克哈特所说，甚至可能是“世界历史中最美丽的人物”。他之后的一些效仿者做得也不错。

我与道金斯学派的无神论者争论的地方，并不是他们所说的不
存在上帝，而是他们所说的基督徒和基督教的历史——其中大部分 199
都是真实的，但省掉了另一半积极的故事。正如古老的意第绪谚语所说，半真半假是彻头彻尾的谎言。依我作为一个现代欧洲历史学家的判断，积极的一面要比消极的一面大。在我看来，似乎不言自明的是，如果没有基督教、犹太教和（范围较小，主要在中东）伊斯兰教的遗产，我们就不会拥有我们今天的欧洲文明。这些遗产还为启蒙运动铺平了道路，尽管是不知不觉和不情愿的。此外，在我的一生中遇到的一些最令人难忘的人正是基督徒。

无论原初的信仰是否具有科学合理性，信徒当前的行为中体现出了一种尊重。一个多元文化的社会至多能让基督徒、印度锡克教徒（Sikh）、伊斯兰教徒、犹太教徒、无神论者以及 2+2=5 的信奉者进行公开友好的竞争，以他们的个性和优异工作给我们留下印象。“凭着他们的果子，就可以认出他们来。”

2006 年

世俗主义还是无神论？ 200

我们时代的一大辩论是拥有不同宗教、种族和价值观的人作为自由社会的正式公民如何生活在一起。这条共同的线索贯穿着每天的六篇新闻报道。比如昨天：一名教师因允许孩子们把一只玩具熊叫作穆罕默德而在苏丹遭逮捕并受指控；巴黎附近不同种族混居的贫困住宅区再次浓烟滚滚；巴以和平谈判对世界各地穆斯林和非穆斯林之间的关系都有影响；伦敦的一所犹太学校因坚持母亲是犹太人的申请者才有资格被录取而受到批评；由于一位学生辩称社会为一名犹太大屠杀的否认者提供了平台，牛津大学出现了愤怒的场面。

这场辩论的很大一部分是关于欧洲穆斯林的立场，但是关键是要记住，问题实际上广泛得多。最近有关欧洲穆斯林的讨论集中到了几位名人身上，包括我的一些观点。像这样将问题具体化到某个人身上有助于激活它们，但也有消失于“谁说了谁什么或者没说什么”之类阴暗又富有争议的后巷中的风险。或许此刻将名人放到一边，重申一些我提议的世俗自由立场的基础更加有用。

穆斯林始于伊斯兰。自由论者源于自由主义。我是一名自由主 201
义者，因此我源于自由主义——并不是美国右翼宣传的拙劣模仿版，而是可以恰当地理解成追求最大限度个体人类自由、能够与其他人的自由兼容并蓄的自由主义。我相信，面对多元化日益增多带来的挑战，作为公民的我们要一致同意并更加清楚地说明一个自由社会的必要元素。戈登·布朗提议的公民权利和义务宪章是将此向前推进的一种方法。

必要元素中有言论自由，由于来自极端主义者的死亡威胁，国家和私人机构方面对先发制人绥靖政策的误解，言论自由已经沦落到了令人担忧的程度。言论自由必须包括冒犯的权利，这不是义务而是权利。我们尤其必须可以随心所欲地谈论历史人物，他们可以是摩西、耶稣、穆罕默德、丘吉尔、希特勒或者甘地（然后让我们的说法接受证据的考验）。我们可能不同意争论者关于这些人物的看法，但我们必须坚定地维护他们可以这样说的权利。由于显而易见的原因，我们随心所欲地谈论活着的人应该有所限制，但是这些限制必须非常严格地控制。

自由的必要元素中有法律面前的平等，包括男女权利平等。必要元素中还要有宗教自由。由于一个核心的自由观念是：我们必须可以自由地追求我们想要的美好生活，还可以质疑和修正它，同样我们必须可以自由地传播、质疑、改变或者抛弃我们的宗教。在一个自由的社会中，改宗、异端和出教都不是犯罪。这个——尤其是出教——在多数伊斯兰教派中都无法接受，但是自由的这个必要元素无法妥协。

为了获得这些自由，我们需要一个世俗的公共范围。但是我们
这样说到底是什么意思？说“启蒙运动的价值观”还不够。是哪次
启蒙运动？是约翰·洛克的启蒙运动（要求宗教自由）还是伏尔泰 202
的启蒙运动（追求摆脱宗教）？（我故意简化了一段复杂的历史。）所有神明的信奉者与那些坚持没有神明——在我看来是对的——的人自由平等地在广场上试一试，是这样一条自由法令，还是所有神明都尽可能远离广场的自由法令？（法兰西共和国对摆脱宗教的理解更接近后者，美国第一修正案是前者的传统。）我自己更像是洛克一派，但我认为，在抽象的理论层面探讨“哪次启蒙运动”并不是最好的方式。解决具体的问题更好：信仰学校、新清真寺、进化

论教学、头巾、穆罕默德卡通，等等。

然而，我们确实需要更加清楚地区分世俗主义和无神论。在我看来，世俗主义应该支持共同的公共和社会生活的安排，无神论支持科学真理、个人自由和美好社会的本质。如今有关伊斯兰的辩论深陷于这两者的困惑之中。无神论者必须可以自由地对穆斯林、基督徒或者犹太人说：“如果你能放弃信奉上帝的可笑信仰，你的思想将更加自由。”信徒必须可以自由地反驳：“如果你有信仰，你对个人自由就会有更深刻的理解。”但两者都无权要求另一方将此作为成为自由社会公民的条件。公共政策支持宗教自由，私人信仰支持摆脱宗教或者信奉宗教，这两者应该在不同层面操作。

当然，如果成为一名虔诚的穆斯林实际上无法与成为一名自由社会的正式公民兼容，那么这种区别将不复存在。我觉得，这正是当前辩论的一些参与者（无神论者和基督徒）真正认为的，但很少有人如此清楚地对此加以说明。然而，思想不断地从“伊斯兰无法与民主相提并论”等套话中涌现出来。但穆斯林以伊斯兰名义所说的话和所做的事在历史上变化很大，如今变化也很大。当然，没错， 203
正如有《圣经》一样，有《古兰经》和《圣训》(Hadith)。但是，正如在所有巨大的宗教中一样，这些都是复杂的文本，可以有多种多样的解读。

当《卫报》的一名穆斯林写信者引用《古兰经》中的内容告诉我们，如果恰当地理解伊斯兰，伊斯兰支持“言论自由的重要原则”，我们这些非穆斯林的自由主义者反对他有什么可能的好处？如果基督徒支持法治（正如我们在21世纪的世俗自由国家对其所理解的那样），我们不会大声说：“但是你们的《旧约》中说‘要以命偿命，以眼还眼，以牙还牙’！”当然，除非无神论的议程——显示宗教不仅无意义而且极其无意义——战胜了世俗的自由议程，而世俗的自由议程寻找的是不同信仰的人可以自由和平地生活在一起的方法。

2007年

没有如果，没有但是 204

萨尔曼·拉什迪在女王陛下的一臂之力下再次清楚地表明了我们所处的战线。由于英国正在因他的作品而赋予他荣誉，因此他再次受到了死亡的威胁。一个伊朗组织已经提供大约80 000英镑悬赏他的人头。巴基斯坦的宗教事务部长穆罕默德·伊贾兹·哈克（Muhammad Ijaz ul-Haq）——前军事独裁者齐亚·哈克（Zia ul-Haq）的儿子——告诉巴议会说，自杀式爆炸是一种正当的回应。英国上议院穆斯林议员罗瑟勒姆的艾哈迈德勋爵（Lord Ahmed of Rotherham）的反应几乎荒唐，他对“赋予这位手上沾满鲜血的人荣誉”表达了愤怒之情。几乎奥威尔式黑白颠倒的思考方式让受害者变成了谋杀犯。

这里的问题不是拉什迪的作品是否值得授予爵位，也不是左翼、世界主义的作家是否应该接受女王陛下的荣誉。（顺便说一下，我的答案是“没错”和“为什么不呢？”）问题在于人们是否应该因为他们所说或者所写的东西而被杀或者面对被杀的严重威胁，面对这样的恐吓，一个主权民主国家是否应该审查对其公民的认可。在这点上，不能妥协，没有如果，也没有但是。此刻需要我们所有的个体团结和国家所有的必要资源。尽管提议该奖项的委员会认为这 205
似乎并不是至高无上的，但当女王用礼仪剑轻拍拉什迪的肩膀并说“起立，萨尔曼爵士”时，她在庄严地推动言论自由。

言论自由的权利并不是毫无限制的。在决定其界限时，背景至关重要。美国法官温德尔·霍尔姆斯（Wendell Holmes）曾恰如其分地表示，一个人不应该在一个人山人海的剧院中自由地乱喊“着火了！”的不实警报。当前的实际情况是，即使有世俗的自由学者说“疯狂的某某伊斯兰教神学教师应该被枪杀”，有人最终枪杀该教师的可能几乎是零。目前据我们所知，并没有阿尔达尔文旅（al-Darwinia brigades）在牛津北部的秘密实验室里制造炸弹，等待其深爱的伊玛目道金斯的命令暗杀某某伊斯兰教神学教师。然而，如果一名穆斯林的牧师或者学者说，“萨尔曼·拉什迪应该被枪杀”，可能就会有人采取行动。请记住拉什迪的日语译者遭到了谋杀，他的意大利语译者被刺死，他的挪威出版商被枪杀，因为阿亚图拉·霍梅尼（Ayatollah Khomeini）曾呼吁所有参与出版《撒旦诗篇》（*The Satanic Verses*）的人都受到惩罚。

由于这个一触即发的背景，穆斯林的演说者要特别注意其措辞。但是反过来，我们非穆斯林要大体清楚一个自由社会对他们的要求和仅仅是我们的希望之间的区别。我们可能希望他们抛弃我们所认为的过时迷信，“发现理性”，成为现代、自由、世俗的人。容忍广泛的不同意见和信仰正是自由社会和中东意识形态政权的不同之处。拉什迪写了一部深深冒犯许多穆斯林的小说。穆斯林有权猛烈回击。自由社会只要求他们——每个公民都一样——和平地进行这场争论，遵守这片土地的法律。

我注意到并尊重越来越多的英国穆斯林（包括1989年焚烧拉 206
什迪作品的一些人）现在如何坚定地站在这个立场上，对此表示赞赏。我会第一个站出来维护他们阐述其信仰的权利，他们采用的方式对无神论者的冒犯性可以像拉什迪的小说对他们的一样。在一个自由的社会中，我们没有必要意见一致。只是我们必须在我们不同意的方式上达成一致。

2007年

第四章

美国！美国！

总统先生 209

2001 年初夏的一个下午，我在牛津大学的办公室接到一个令人吃惊的电话。一个声称来自“白宫”的少女以美音问道，下星期四下午 1 点 40 分到 4 点 10 分，我是否想去参加总统的会议，为他首次正式的欧洲之行做准备。她说，国家安全委员会会支付经济舱的飞机票费用。

我确定这不是学生的恶作剧后，回答说，我那天确实有一个午餐的饭局，但我会努力推掉它。通常，我很警惕这种会议。我认为，写政客的人不应该与他们走得太近。另一方面，我认为没有理由不与任何级别的民选领导人分享你的专业知识。在单独的场合，我曾与玛格丽特 · 撒切尔、托尼 · 布莱尔和格哈德 · 施罗德等政客这样会面过。无论如何，这的确太有吸引力了，不容错过。

5 月 31 日，星期四，在约定的时间，我们在罗斯福厅（Roosevelt Room）聚集，听一个简短的发布会。在罗斯福厅的一端，泰迪 · 罗斯福从马背上向下俯视，在另一端富兰克林 · 德拉诺 · 罗斯福从桌上向下俯视。我们从那里转到了地图室。美国第 42 任总统乔治 · W. 布什突然出现在我们中间时，我正在专心地研究 1945 年 4 月富兰克林 · 德拉诺 · 罗斯福死前看的最后一张军事地图——一张欧洲战
争最后阶段的地图，上面标注了大量德国抵抗的“范围”或者“可 210
能的范围”。几个小时后，我写下了对该会议的回忆，当时我正在

国家机场等待回国的飞机。我在笔记本上记着，“很高。方脸、褐色皮肤。黑色西装。相当正式的问候。简洁的风格。”

总统带领我们上楼，快速参观了多个地方。他说，这是林肯的卧室，曾“用于……做很多事情”。（克林顿夫妇曾遭滥用它融资的指控。）女王的卧室——对于一个共和国来说相当古怪。（“没错，我们不用那一套。”随行人员中有人开玩笑说。芭芭拉·布什还在场。）还有杜鲁门阳台，朝南，在花园之上。那次最令我难忘的是飞机从国家机场起飞，直接从白宫上空飞过。现在我的记忆永远被2001年的“9·11”袭击事件转变了。当时（即2001年5月），我根本没有想到上空的飞机会是潜在的大规模杀伤性武器。当时，它们只是飞机而已。

我们坐在一个称之为“黄色椭圆形大厅”（不要与椭圆形办公室混淆）的宽敞、黄色墙面的客厅中，该客厅直接与杜鲁门阳台相连。在一边宝座一样的椅子上坐着总统和皱着眉头的副总统迪克·切尼（Dick Cheney）。在另一边坐着国家安全顾问康迪·赖斯（Condi Rice）——她是我在斯坦福大学相知相识的同事——和她的副手斯蒂芬·哈德利（Stephen Hadley），在他们的后面还有一些官员。受邀的嘉宾安排在两张巨大的沙发上，组成了一个不封闭的正方形：我、当时《金融时报》的美国主编莱昂内尔·巴伯（Lionel Barber）、金融界的传奇人物费利克斯·罗哈廷（Felix Rohatyn）和前美国驻法大使坐在同一张沙发上，任务是讨论欧洲；我们的对面是同样来自斯坦福大学的迈克尔·麦克福尔（Michael McFaul），以及他的同事研究俄罗斯问题的专家托马斯·格雷厄姆（Thomas Graham），主要讨论俄罗斯。一些紧挨的软饮料放在一张矮矮的大桌子上，与两边沙发的距离都不舒服。我记得，在我们两个多小时 211
的交谈中，只有总统敢去拿饮料。

布什用富有特色的自谦方式开场，说：“坐在你面前的是直率的德州人。”[1]他解释说，在这次重要出访之行前，他想知道更多东西。他是怀着“我们的伟大国家”被这些国际承诺限制的心情来的。他没有用杰斐逊的词组——“纠缠不清的结盟”（entangling alliances），但他讲话的精神基本上也是这个意思。

他对大多数自由国际主义形式的怀疑是一个不断出现的主题。那天下午晚些时候，他抱怨说，美国计划不周的军事干预太多了。我的笔记上显示他称，“我们会在卢旺达做什么”。莱昂内尔·巴伯记录他说，“我不会卷入，不会重蹈卷入索马里的覆辙”。他坚称，美国军队不应该被当作“横穿人行道的士兵”来用。但我说——我不记得自己是否加上了“尊敬的总统先生”——“马其顿不是索马里”时，他看上去并不是非常高兴。[2]

当莱昂内尔说欧洲人担心美国可能“从愚蠢的多边主义转向愚蠢的单边主义”时，他看上去更加不高兴了。说实话，总统似乎不太熟悉多边主义这个词，更不用说它的含义了。后来当他再次讨论该话题时，他转向巴伯，说了些类似“这么说，这是你对多元文化主义……还是多元民族主义的理解……”的话，我们都觉得他是指多边主义。无论如何，肯定是某种多边的极端主义。

当时他问道：“我们希望欧盟成功吗？”莱昂内尔和我相当坚定地回答说，作为英国的欧洲人，我们当然希望欧盟成功，我们认为美国也应该这样做，当我们这样回答时，他退后说，“这是挑衅”。然而，他的政府更喜欢与单独的欧洲国家打交道，即分而治之，这

---

[1] 引用的内容来自我自己的笔记，偶尔通过笔记以及莱昂内尔·巴伯和迈克尔·麦克福尔的回忆来扩充，我曾与他们共事过，一起重建这次会议。尽管我和巴伯随后马上就做笔记，但在读这些引用前还是要很清楚这一点。今后，我们希望通过利用信息自由法案（Freedom of Information Act）来获取该会议的官方备忘录，但更丰富的段落似乎不太可能出现在官方记录中。

[2] 当然，我并不是建议美国海军陆战队应该开始部署“黑鹰直升机”进入马其顿。我的观点是北约和欧盟及时的外交和维和工作有相当不错的成功前景，而不参与防止当时急速恶化的形势，将有可能爆发斯拉夫—阿尔巴尼亚内战，这将对欧洲其他国家带来直接的连锁影响。详见我同年从马其顿发回的报道，“有好的恐怖分子吗？”。

表明它确实是一个问题，对于这个问题，在场的一些人，比如皱着眉头的切尼，会回答不希望。当费利克斯·罗哈廷告诉他，德国为
欧洲制定了“一项联邦计划”时，总统打断他说：“你能给联邦计 212
划下个定义吗？”罗哈廷解释说：“我的意思是像美国一样。”

对于有关欧洲的大多数问题，他似乎都持开放态度，但绝不是毫无主见。他相当支持率先由我提出并受到迈克尔·麦克福尔大力支持的建议，即从长远来看，北约应该吸纳稳定、自由、民主的俄罗斯成为其成员国。但有两个问题，他已经完全下定了决心。一个是导弹防御问题。他说：“我全心全意地致力于这个问题。”这“不是星球大战”。它旨在应对许多威胁，不仅仅是俄罗斯，伊朗的导弹也提到了。他觉得，在他与弗拉基米尔·普京即将进行的会晤中，他能够说服俄罗斯总统加入他的历史性创举中：“我的目标是让他觉得大国的地位得到了认可。”没错，俄罗斯的国内生产总值还不及德克萨斯一个州的，“但我不会告诉他”。相反，他希望说服普京，他们可以合作签订一份协议“保护世界”。“保护世界”……除了美国总统，还有谁可以严肃地说出这个词组？但是防御谁？

另一个他拥有坚定立场并详细阐述的主题是气候变化。他说，在自己的故乡西德州，他们谈论“一个世界政府”——“对了，我已经发现了。它是国际环境游说团体”。《京都议定书》规定了能源排放限制，但连亚洲巨大的新兴经济体也没有包括其中，他认为欧洲人正在试图偷走竞争优势，超过美国：“他们在试图欺骗我们。”根据我的笔记，阐述绿党愚蠢的长篇讲话得出了如下结论：“《京都议定书》一塌糊涂。”然而，他承认，他的政府在《京都议定书》的问题上做得不是很好（康迪爽快地说：“没错。”）并承诺他们将在此次欧洲之行前努力制定出新的方案。

他对单个国家的判断似乎与其现任领导人密不可分。他喜欢托尼·布莱尔——“很好打交道……支持导弹防御”，他也喜欢温和
的雅克·希拉克，但他“与德国有一些问题”。当我问是什么问题时， 213

他的回答总是围绕着总理格哈德·施罗德和其外交部长约施卡·菲舍尔（Joschka Fischer）。他怀疑（后来证明这并非空穴来风），施罗德可能想让俄罗斯与美国互相竞争。至于菲舍尔，他有激进左翼的过去，最糟糕的是他是一名绿党分子。他（布什）曾嘲弄菲舍尔——“你知道的，我喜欢嘲弄”——说他曾经告诉过德国总理，他的政府中绿党人士太多了，接着他向菲舍尔眨了眨眼睛，向他表明自己在开玩笑。对此，这位毫无幽默感的德国人愤怒地回应道：“得了，问题在于你的政府中没有足够的绿党人士。”（约施卡或许不擅长开玩笑，但历史将证明他说得相当对。）

国家及其现任领导人之间的混乱状态似乎专门毁坏了21世纪初世界领导人的形象，这些领导人在双边和多边峰会上经常会晤。他们对各自国家的了解越少，他们的判断受到个性的影响就越大。比如，在一次现已臭名昭著的“契克斯高级会谈”（为了讨论1990年初德国统一的前景）上，与玛格利特·撒切尔的交谈时，我发现她个人讨厌赫尔穆特·科尔，她觉得他在欧洲领导人的峰会上欺负她，这形成了她对德国的看法。[1] 更糟糕的是，他成功地欺负了她。另一方面，她通常对法国持负面态度，但弗朗索瓦·密特朗（François Mitterrand）某种女性魅力冲淡了这种态度。布什和布莱尔也是一样，他们都误判了他们与法国的关系，因为他们被温和的雅克·希拉克吸引了。（这些法国人是怎么回事？）布什有关普京所说的金玉良言——“我的目标是让他觉得大国的地位得到了认可”——完美地体现了国家与领导人的谬论。我们在白宫开会几周后，当他与普京第一次会晤时，他说了一段著名的话，他“看着那个人的眼睛”，发现他“非常坦诚、可靠”。此外，他“感受到了他的心”。经过那
番自我反省后，布什理解了俄罗斯，但他对其他国家还有很多误解。 214

[1] 更多同样奇怪的遭遇，详见我《当下历史：20世纪90年代发自欧洲的随笔、小品文和报道》一书中的“契克斯事件”。

我们关于俄罗斯的讨论产生了另一个意想不到的看法。他说，从长远来看，俄罗斯别无选择，只能与欧洲和西方的军队并肩作战。因为在乌拉尔山脉的东部，他们面临一个崛起的中国："这是另一场会议的主题。"我感觉,这位总统仍在寻找其核心外交政策的论述，但从他现已形成的全面地缘政治看法来看，他似乎确实认为，中国代替了苏联，成为美国巨大的全球竞争对手和潜在敌人。

他快要结束讲话的时候，直接看着我说："顺便说一下，我认为马其顿不是索马里。前几天，我与马其顿总统在这里会晤过，作为卫理公会派唯一的两位世界领导人，我们一起祈祷了……"[1]

说完这段奇怪的结束词就散会了，我乘坐一辆破旧的华盛顿出租车赶往机场。反思这位总统，我发现他是一个奇怪、不均匀和不稳定的混合体：相当刻板、保守的东海岸绅士和鲁莽的德州牛仔；迅速反应的商业头脑和令人担忧的无知；美国第一个民族主义者并渴望成为像他父亲那样的政治家；自嘲的魅力，这表明了一种核心、根深蒂固的个性，也反映出了一种深深的不安全感。

有一会儿，在谈论没什么特别东西的时候，他突然转变话题，聊起了北美和南美领导人峰会上的一件趣事。在那次峰会上，康迪之前曾一遍又一遍地教导他该如何清晰有力地表达，但他却决定在一个重大的问题上保持沉默。当时主席转向他说："但是总统先生，您是地球上最有权势的人。"而布什告诉我们："我自认为，呃……没错……胜任这份工作需要点时间。"但是他能吗？在内心深处的某个地方，他显然对自己能够胜任有些怀疑。我也是。

四个月后，那些飞机变成了大规模杀伤性武器，整个世界随之改变。布什政府找到了其确切的论述：全球反恐战争。第四次世界 215
大战。富兰克林·德拉诺·罗斯福战胜了希特勒，布什将战胜奥萨

[1] 几个月后，还是同一个马其顿总统鲍里斯·特拉伊科夫斯基告诉我："目前据我所知，世界领导人都在称赞马其顿。"详见"有好的恐怖分子吗？"。

马·本·拉登。或者，当他们找不到本·拉登时，萨达姆·侯赛因也行。在这场全球斗争中，潜在的敌人中国成为了宝贵的伙伴。在这些极其考验人的情况下，世界知道了乔治·W. 布什内心最深处那个问题的答案。不，他无法胜任这份工作。实际上，他成了美国现代历史上最糟糕的总统之一。他将对世界造成巨大的伤害，这是由他的所作所为造成的，但更多的是由他没有应对气候变化等全球挑战造成的。他担任总统的八年也将对自己的国家造成巨大的伤害：对其经济、实力、美好声誉造成巨大的伤害。

但当时我们并不知道这一切。历史学家不能再次获得的一样最难——严格来说，不可能——的东西是理解当时人们不知道的东西。我们都掉进了陷阱中，法国哲学家亨利·柏格森（Henri Bergson）将该陷阱称为“回顾决定论的错觉”。

这架飞机非常拥挤，当我挤到飞机后面的经济舱座位时，我发现坐在我边上的这名男子是一种特定的美国类型，对于长途航班的其他乘客来说，他有两大不利：非常胖和非常友好。进入显然意味着要进行 5 个小时不间断的谈话后，他问我在华盛顿做什么。我犹豫了一会儿，看了看前方的景色后回答说：“喔，我刚刚会见了政府的一些人。”

2009 年

“9 · 11” 216

听到肯尼迪被刺杀的消息时，你在哪里？听到柏林墙倒塌的消息时呢？而现在：听到世界贸易中心遭到袭击的消息时呢？这是全球经历和情绪的标志性时刻之一，通过电视传遍全球。你走在大街上，知道你周围的每个人都在想同一件事。全世界成千上万的人也和他们一样。

但一个大问题在于：它将会是一个怎样的全球事件？它将会像肯尼迪遇刺事件一样——令人震惊、难忘但最终不会给历史轨迹造成什么影响？还是更像柏林墙倒塌，真正地改变历史轨迹，今后数十年对全世界都产生影响？

我的直觉是事实将证明它更接近后者，有两个原因。首先是因
为这是一场预料之中的灾难。几年来，安全专家一直警告我们，冷
战结束后，我们繁荣的资本主义民主国家——你可以称为西方或者
北方——最大的安全威胁可能来自恐怖主义袭击。大多数人都不太
相信。没错，出现过可怕的爆炸，但却没有出现真正重大的标志性
时刻——没有新时代的柏林封锁和古巴导弹危机——给每一个人留 217
下深刻印象。不过，现在有了：世界上最著名的城市景观形象浓烟
滚滚，彻底改变。因此，这绝非是一个一次性的反常事件，而是早
已成形、预料之中的更深层趋势最糟糕的表现。

其次，我认为它将改变历史轨迹，这是因为 21 世纪初世界上

发生的一切比以往任何时候都更取决于美国这一单个国家的行为，而这次袭击似乎可能对该国的心理状态造成无法估量的影响。自1945年以来，美国外交政策重大又基本上温和的连续性，在很大程度上取决于外部世界不直接影响大多数美国人的生命。

任何在美国待过的人都会明白我的意思。人们会在小镇的酒吧里抱怨纠缠不清的盟友。华盛顿的国会议员和评论人士会发出孤立或者报复的威胁。但是大多数人在大多数时候其实并不太关心世界其他地方发生的各种各样的事情。

基于大众根深蒂固的漠不关心的牢固基础，精英建筑师们树立了美国外交政策高耸入云的铁塔。随着自1814年英国军队烧毁华盛顿以来，美国本土的中心地带遭到最严重的外部袭击，这一自相矛盾的牢固根基将被动摇。担心普通美国人真正开始关心外面世界的时刻到来可能显得有些奇怪，但我们可能会发现自己还是怀念过去经常令外国游客恼怒的那种自我克制的冷漠。

民意阻止了美国领导人在世界上的很多行动。比如，越战后，出现了恐惧症，担心美国士兵会牺牲，马革裹尸回来。

因此，轰炸科索沃是在4 500多米的安全高度进行的。但民意 218
几乎没有积极地迫使领导人在外交政策方面采取行动。曼哈顿的恐怖事件似乎改变了这一点——反正目前是如此。突然被碎片和灰尘呛着的人和数百万美国人高喊：报仇！当然最好是用精良的武器抓住做这一切的混蛋，没有伤亡，但若这样不可能，要有些牺牲，也在所不惜。

那么当前在后“9 · 11”时代的世界中会发生什么？集中起来，有三种可能的情形：

第一种情形

美国开始更像以色列一样行事。美国感到四面楚歌，但又是天命所归，于是开始对甚至可能希望袭击自己的任何人滥用其高科技装备的军队。对任何恐怖袭击没等证据表明袭击真的来自何方便立即加以报复。以眼还眼，以牙还牙——但从不关心谁的眼或牙。这正是以色列前总理埃胡德 · 巴拉克（Ehud Barak）敦促美国走上的道路。他说，美国应该对恐怖主义——所有已知的恐怖分子——发动战争。

虽然以色列产生的直接影响不大，但人们永远都不要低估以色列的先例对美国共和党右翼的影响。比如，在 20 世纪 80 年代，以色列在黎巴嫩展现的冷酷无情和里根政府在中东表现出的强硬有着奇怪而紧密的联系。

华盛顿的许多第一反应似乎指向这个方向。美国国务卿科林·鲍威尔（Colin Powell）表示，无论法律立场如何，大多数美国人觉得自己的国家陷入了战争，他的感觉也是如此。人人谈论珍珠港事件和迅速的相应报复。针对谁？马萨诸塞州的参议员约翰 · 克里
(John Kerry) 说:“我确信是奥萨马·本·拉登。” 目前,奥萨马·本·拉 219
登，这位身为沙特亿万富翁的恐怖分子在阿富汗受到执政的塔利班保护。布什总统自己表示“我们将对实施这些行动的恐怖分子和庇护他们的人同等看待”。

那么，炸弹投向阿富汗，无辜者和犯罪者一起被杀，对美国的愤怒之情更多地席卷阿拉伯和伊斯兰的部分国家？美国变成了大以色列。

第二种情形

西方与其余国家对立。随着英国等国家与美国“肩并肩”站在一起（正如托尼 · 布莱尔希望的那样），布什政府采用一种更加深思熟虑的方法。美国与其西方的盟友共同制定一项战略，而不是采取单边的报复行动。但联盟基本上不会超出北约的盟友和其他几个西方的传统朋友。

这个大西方自身变得严阵以待。英国发现自己位于前线，金丝

雀码头等英国的地标与曼哈顿办公大厦目前采用的安保无疑是一样严密的。今后几年，将与多种多样、瞬息万变的恐怖主义力量作斗争。恐怖分子在我们所谓的“无赖”国家避难，但这些国家自认为是伊斯兰的兄弟、反犹太复国主义的兄弟或者不过是世界穷人对抗世界富人大联盟中的兄弟。它们其实暗中受到某些大国的支持，这些大国在其全球博弈中寻找盟友或者扈从。

第三种情形

联合国对抗恐怖分子。今年早些时候，美国的一架侦察机在中
国被击落。像在处理那场危机时一样，布什表现出耐心和克制，提 220
供所需的时间，通过合理的可能性判断，确定谁要真的为这些袭击负责。美国直接的武装报复只针对他们。与此同时，他与联合国一起努力，并通过联合国建立一个跨越西方、打击恐怖主义的联盟。特别是该联盟包括俄罗斯和中国。有时，布什政府好像已经认为世界进入了新冷战，中国扮演了新苏联的角色。但并不是中国袭击了美国的中心地带。

短期而言，这样非常协调一致的国际行动可能在阻止特定的恐怖分子方面不那么有效，但其较长期的影响能够利用最强有力的黏合剂——共同的敌人——将不同的国家聚集在一起。不是塞缪尔·亨廷顿的“文明的冲突”，而是保护一个共同的文明。而文明的基础包括所有人的人权和国际法面前人人平等。

这三种设想源自对布什总统准确形容成“大规模谋杀”的迅速回应。但影响要深远得多。自从布什当选以来，我们一直在推测他打算让美国“自行其是”到什么程度。用术语来说：他是单边主义者还是仍然会采取多边行动？当前，在最极端的情况下，我们会找到答案。

美国如何回应一场恐怖袭击（无论多大、多可怕的袭击）将塑

造整个国际制度，这个说法似乎不可思议。事实可能并非如此。如果柏林墙的倒塌给短暂的 20 世纪真正画上了句话，那么有充分的理由认为世界贸易中心的倒塌真正开启了 21 世纪。欢迎来到一个全新的世界。

2001 年

美国的反欧主义

221

今年，尤其如果美国对伊拉克开战的话，你肯定可以在美国的报纸上看到更多关于“欧洲反美主义”的文章。但是美国的反欧主义是怎样一回事呢？看看下面这番话：

> 我们必须将欧盟和法国的第五共和国加入注定要在欧洲历史中消失的政权形式名单中。唯一的问题在于它们的分崩离析将会多么混乱。[1]

还有这番话：

> 连“吃奶酪的投降派杂耍猴”（形容法国人）这个词组都像法国人常说“去他妈的犹太人”一样常用。哦，对不起，这又是一个流行的法语表达。[2]

或者从相当不同的角度：

[1] 马克斯·泰恩（Mark Steyn），《犹太世界评论》（*Jewish World Review*），2002 年 5 月 1 日。
[2] 乔纳·戈德堡（Jonah Goldberg），《国家评论在线》（*National Review Online*），2002年7月16日。

> 国务院的高级官员问道："你想知道我对欧洲人的真实看法吗？""我认为，过去二十年，他们在每个重大国际问题上的 222
> 看法几乎都是错的。"[1]

最近的此类说法引领我到美国——波士顿、纽约、华盛顿以及属于"圣经地带"的堪萨斯州和密苏里州去看看，在可能爆发第二次海湾战争的阴影下，美国人对欧洲的态度变化。实际上，我在东海岸交谈过的所有人都一致认为，与20世纪80年代初上一次令人难忘的峰值相比，现在对欧洲和欧洲人的愤怒程度要更高。

"欧洲人"又称为"the Euros"、"the Euroids"、"the 'peens"或者"欧洲小不点"，这些常常出诸笔尖舌端。国防政策委员会的现任主席理查德·珀尔（Richard Perle）说欧洲失去了"道德指南"，法国失去了"道德观念"。[2]在布什政府中，这种愤怒程度扩张到了最高水平。在与政府高级官员的谈话中，我发现"我们在欧洲的朋友"这个词组的后面紧跟着"令人讨厌"。

欧洲人目前的模式很容易概括。欧洲人是窝囊废。他们是软弱、暴躁、虚伪、不团结、口是心非、反犹太主义（有时）以及反美（常常）的姑息者（appeasers）。总而言之：欧洲小不点。[3]他们的价值观和骨气已经在多边、跨国、世俗和后现代的舒适温浴中消磨殆尽。他们将欧元花在红酒、假期和庞大的福利国家而不是国防上。美国劳心劳力在为欧洲人维护世界安全的时候，欧洲人却在一边嘲笑。相比之下，美国人是强大、有原则的自由守护者，为世界上最后一个真正主权国家的爱国服务感到自豪。

---

[1] 转引自马丁·沃克，《合众国际社》（UPI），2002年11月13日。

[2]《卫报》，2002年11月13日。

[3] 乔纳·戈德堡认为自己发明了这个词并将它在词源上与维也纳香肠——作为欧洲脊梁的比喻——联系起来。然而，似乎更早出现在奥罗克（J. O' Rourke）在《滚石》上发表的随笔"欧洲小不点的恐怖"（Terror of the Euroweenies）中。

应该对这些模式的性别形象写一份研究报告。如果反美的欧洲人将“美国人”视为恃强凌弱的牛仔，那么反欧的美国人会将“欧洲人”视为缺乏阳刚之气的娘娘腔。美国人是具有男子气概、异性恋的男子；欧洲人是女性、阳痿或者遭到了阉割。在军事方面，欧 223
洲人抬不起头。（毕竟，他们的“重型”运输机还不到二十架，而美国有两百多架。）我在波士顿演讲结束后，一名上了年纪的美国人跌跌撞撞地走到麦克风前询问为何欧洲“缺少动物的活力”。我发现，“太监”（eunuchs）一词以“欧盟太监”（EU-nuchs）的形式出现了。卡内基和平基金会的罗伯特·卡根在《政策评论》中发表了富有影响力的《强权与弱势》一文，在该文中性别形象还更加详细地阐明了美国人和欧洲人之间的不同之处。[1]“美国人来自火星，”卡根赞赏地写道，“欧洲人来自金星”——与那部有关男女关系的著名作品《男人来自火星，女人来自金星》遥相呼应。

并不是所有欧洲人都不行。往往认为英国人有所不同，有时更好一些。美国的保守人士常常认为英国人根本不是“欧洲人”，精神上仍然受到玛格利特·撒切尔领导的大多数英国保守人士深有同感。托尼·布莱尔像他的前任撒切尔以及她的前任丘吉尔一样，在华盛顿被视为欧洲法则中凤毛麟角的特例。

对法国的辱骂最厉害，当然法国至少是罪有应得。我没有意识到，痛批法国作为古英语的消遣方式在美国大众文化中传播这么广泛。“你知道的，法国，我们曾两次救了他们，他们却从来不给我们做点什么。”二战老兵福林·布德·阿特金森（Verlin ‘Bud’ Atkinson）在堪萨斯城的阿美里斯达赌场（Ameristar casino）对我说。与密苏里州和堪萨斯州的高中生和大学生交谈，我遇到了一种奇怪的民间偏见：法国人似乎不洗澡。一位大学生回忆她的法国之行时

[1]《政策评论》（*Policy Review*），No.113（2002，6/7 月）。后来以书的形式出版的书名为《天堂和权力》（*Paradise and Power*），伦敦：大西洋图书公司，2003 年。

说："我感觉非常脏。"另外一位大学生补充说："但你还是比那些法国佬干净。"

两位著名的美国记者——《纽约时报》的托马斯·弗里德曼（Thomas Friedman）和《纽约客》（*New Yorker*）的乔·克莱恩（Joe Klein）从美国各地的图书展回来分别告诉我，他们的所到之处都发 224
现了反法情绪——如果你挖苦法国人，总是会有人笑。《国家评论在线》（*National Review Online*）的编辑、自称是保守"法国佬攻击者"的乔纳·戈德堡（Jonah Goldberg）（也可以在电视上看到他）推广了上述引用的绰号"吃奶酪的投降派杂耍猴"，这个绰号首次出现在《辛普森一家》（*The Simpsons*）的电视剧中。戈德堡告诉我，1998年他开始为《国家评论》撰写反法的文章时，他发现"这玩意有市场"。他说，痛批法国成为一个"噱头"。

一

将新保守派的争论、堪萨斯城高中生对法国洗澡行为的偏见、国务院高级官员和高级政府官员的言论扔到一块，接着将此统称为"反欧主义"，这显然没有什么用。作为一名欧洲作家，我不想以美国作家通常对待欧洲"反美主义"的方式对待美国的"反欧主义"。

我们必须将对欧盟或者当前欧洲态度正当、有见地的批评和一些对欧洲和欧洲人更加根深蒂固的敌意区别开来。正如美国作家应该将欧洲对布什政府正当、有见地的批评和反美主义区别开来，或者将欧洲对沙龙政府正当、有见地的批评与反犹太主义区别开来一样，但他们通常没有这样做。每个案例中的难题（知识渊博的人可能对此意见不一，但有其理由）在于：分界线在哪里？

我们还需要保持一种幽默感。欧洲喜欢嘲笑乔治·W. 布什总统的一个原因是他说的一些话——或者据说是他所说的——很有

趣。比如：“法国的问题在于他们没有一个词用来形容企业家。”[1] 美 225
国人喜欢嘲笑法国人的一个原因是，嘲笑法国是一项历史悠久的盎格鲁—撒克逊传统，至少可以追溯到莎士比亚。但这里还有一个陷阱。乔纳·戈德堡和马克·斯泰恩（Mark Steyn）等保守作家发表骇人的声明，其中一些显然是开玩笑，一些是半开玩笑，还有一些是严肃的。如果你反对其中一项严肃的声明，他们通常可以回答说，“但是当然我只是在开玩笑而已！”幽默是通过夸张和玩弄模式起作用的。可是如果一名欧洲作家将“犹太人”形容成“吃未发酵面包的投降派杂耍猴”，这会被理解成幽默的调侃吗？当然背景截然不同：在美国，并没有屠杀法国人。然而，这个思想实验可能让我们的幽默作家停一停。

反欧主义与反美主义并不对称。反美主义的情感主题是怨恨夹杂着嫉妒，反欧主义的情感主题是愤怒夹杂着蔑视。正如让—弗朗索瓦·雷韦尔（Jean-François Revel）所说，反美主义对于所有国家来说是一个真正的困扰，对法国来说尤其如此。[2] 反欧主义远未成为美国的困扰。实际上，美国对欧洲的主流态度是温和善意的漠不关心夹杂着令人印象深刻的无知。我在堪萨斯州转了两天问我遇到的人，“如果我说‘欧洲’，你会想到什么？”许多人的反应是震惊和长时间的沉默，有时咯咯笑一下。接着他们会说一些“哦，我猜他们那边没有多少捕杀”（弗农·马斯库，马克洛斯的一名木匠）；“呃，那离我们很远。”（理查德·苏扎，其父母来自法国和葡萄牙）；或者，停下了思考很长一段时间后说，“呃，跨过池塘就是了”（杰克·维沙，一名有德国口音的老农）。如果你对安达卢西亚（Andalusia）或者

[1] 2002年7月2日，伦敦的《泰晤士报》说是他说的，援引了有人告诉该报记者的话：雪莉·威廉斯（Shirley Williams）表示托尼·布莱尔说这是布什对他说的。布莱尔的发言人阿拉斯泰尔·坎贝尔（Alastair Campbell）否认布什说过这样的话。

[2] 让—弗朗索瓦·雷韦尔，《让人着迷的反美主义》（*L'Obsession anti-américaine*），巴黎：普隆出版社，2002年。

鲁塞尼亚（Ruthenia）最偏远村庄中的农民或者木匠说起“美国”，或许可以肯定，他有关这个主题可以说多得多的东西。

在波士顿、纽约和华盛顿——“波士顿—华盛顿走廊”——我 226
一再被告知，冷战后，连那些相当了解欧洲大陆的人也日益对欧洲漠不关心了。欧洲既没有被视为有力的盟友，也没有像中国一样被视为严肃的潜在对手。一位高中和大学都在英国读的美国朋友说：“它是老人之家。”正如保守派专家塔克·卡尔森（Tucker Carlson）在美国有线电视新闻网的《交锋》谈话中所说：“谁关心欧洲人想什么。欧盟把所有时间花在了确保英国的大红肠用公斤还是用磅计价销售。整个大陆对于美国的利益日益无关紧要。”[1] 当我向一位高级政府官员询问，如果欧洲人继续从军力削弱的立场批评美国会发生什么时，他回答的大意是：“呃，这个重要吗？”

然而，我觉得这种漠不关心的说法也被夸大了。诚然，我的对话者花了大量的时间和精力告诉我他们是多么不关心。直言不讳批评欧洲的美国批评人士的本质是，他们通常并不是对欧洲一无所知或者漠不关心。他们了解欧洲——其中一半人似乎在牛津或者巴黎学习过——很快就提到他们的欧洲朋友。正如大多数批评美国的欧洲批评人士强烈否认他们反美（“不要误解我，我爱这个国家和人民”）一样，因此他们几乎将坚定不移地坚持，他们并不反欧。[2]

反美主义和反欧主义位于政治领域中相反的两端。欧洲的反美主义主要可以在左翼中找到，美国的反欧主义可以在右翼中找到。最直言不讳抨击欧洲的美国人是新保守人士，使用的攻击言论与他们通常抨击美国自由主义者的言论一样。实际上，正如乔纳·戈德堡自己对我承认的那样，“欧洲人”对于自由主义者来说也是掩护者。

[1] 2001年6月12日。对于英国人来说，这确实提出了一个紧急的问题：“英国大红肠”到底是什么？

[2] 乔纳·戈德堡是唯一一个我遇到的愿意承认自己是“反欧主义者”的人，他解释说，只要有人所指的“欧洲人”是那种巴黎或者布鲁塞尔无所不知、官僚和自由的国际主义者。

因此，我问他，比尔·克林顿是欧洲人吗？戈德堡说："是。或者说至少克林顿像欧洲人那样思考。"

有证据表明左右翼的区分也划分了公众的态度。2002 年 12 月 227
初，埃普索斯—里德民意调查集团在对美国民意的常规调查中专门为本文加入了几个问题。[1] 要求他们在四种有关美国和欧洲对外交和战争的做法的说法中选择一种时，30% 的民主党选民和只有 6% 的共和党选民选择"欧洲人似乎更喜欢外交解决方案，而不是战争，这是美国人可以学习的一个积极价值观"。相比之下，只有 13% 的民主党人却有 35% 的共和党人（最大的单一部分）选择"欧洲人过于愿意妥协，而不是为了捍卫自由不惜一战，这是消极的"。

当受访者被要求在有关"伊拉克战争应该采用哪种方式"的两种说法中选择一种时，情况更加泾渭分明。有 59% 的共和党人却只有 33% 的民主党人选择"美国必须继续控制所有行动，防止欧洲的盟友限制美国调兵遣将的空间"。相比之下，有 55% 的民主党人却只有 34% 的共和党人选择"美国必须与欧洲国家联合，即使它会限制美国做决定的能力"。实际上，确是共和党人来自火星，民主党人来自金星，这似乎是一个值得调查的假设。

对一些保守人士来说，国务院也是金星的前哨。美国世袭的新保守人士之一威廉·克里斯托尔（William Kristol）写到了"一条和解之轴——从利雅得延伸到布鲁塞尔，再到雾谷（Foggy Bottom）"。[2] 沿着波士顿—华盛顿走廊，我多次被告知，在伊拉克问题上，两派争着向布什总统献策："切尼—拉姆斯菲尔德派"和"鲍威尔—布莱尔派"。英国公民相当惊奇地发现，我们的首相变成了美国国务院的高级成员。奉持大西洋主义的欧洲人不应从中获得过多安慰，因为即使在国务院毕生致力于自由的欧洲主义者当中，也

[1] IPSOS US-Express，2002年12月3日至5日。我尤其感谢迈克尔·彼得鲁（Michael Petrou）为此所做的安排。

[2]《标准周刊》(*Weekly Standard*)，2002 年 8 月 26 日。

有人对欧洲人失望了，尖刻地批评他们。他们失望的一个重要事件 228
是，欧洲人没有在自己的后院阻止那场造成25万波斯尼亚穆斯林死亡的种族大屠杀。[1] 自那以后，欧洲一而再再而三地无法在外交和安全政策上“采取一致行动”，因此连西班牙和摩洛哥之间就摩洛哥海岸一个无人居住的小岛发生的争端也要由科林·鲍威尔来解决。

乔治·威尔（George F. Will）在华盛顿一家酒店的正式早餐上对我说，“他们不严肃”是对“欧洲人”言简意赅的评判。尽管威尔根本算不上是国务院的一名自由主义者，但国务院中的许多人都认同该看法。真可谓历史轮流转，此一时彼一时。想当年夏尔·戴高乐对美国人的评判是什么？——“不是很严肃。”

二

因此，在美国的很多地区，对欧洲失望，充满了愤怒，日益蔑视甚至仇视“欧洲人”，这在极端情况下称得上是“反欧主义”。为什么会这样？

已经出现一些可能的解释，全部拿来探讨需要写一本书。在此我只能讨论某些解释。首先，在美国总是有一种强烈的反欧洲主义。《大西洋月刊》的前任编辑迈克尔·凯利（Michael Kelly）曾表示：“建立美国是为了对付欧洲。”乔治·华盛顿在其告别演说中问道：“为什么要通过将我们的命运与欧洲任何地方的命运连在一起，让我们的和平与繁荣卷入欧洲的野心、竞争、利益、幽默或者善变之中？”在19和20世纪，对于数百万美国人来说，欧洲就是一个要逃离的地方。

然而，对欧洲也始终有一种迷恋，亨利·詹姆斯（Henry
James）就是著名的例子；从许多方面来说，渴望模仿进而超越最 229

[1] 详见蒂莫西·加顿艾什，《当下历史：20世纪90年代发自欧洲的随笔、小品文和报道》一书中的“我们未来的波斯尼亚”（Bosnia in Our Future）一文。

重要的两个欧洲国家——英国和法国。小阿瑟·施莱辛格（Arthur Schlesinger Jr）引用了一句老话对我说："当美国人死的时候，他们去巴黎。"托马斯·杰斐逊（Thomas Jefferson）说："每个人都有两个国家——他的祖国和法国。"美国人对英国和法国的态度变得如此截然不同是在什么时候？是1940年，法国"奇怪的战败"和英国"最美好的时光"那年吗？此后，戴高乐重拾法国的自尊，与美国人作对，而丘吉尔让自己父母的两个国家建立了"特殊关系"。（要理解如今希拉克和布莱尔对待美国的方式，关键人物还是戴高乐和丘吉尔。）

五十年来，从1941年到1991年，美国和越来越多的欧洲国家参加针对共同敌人的联合战争：首先是纳粹主义接着是苏联的共产主义。这是地缘政治"西方"的鼎盛时期。当然，在冷战过程中也不断出现跨大西洋的紧张关系。人们可以发现如今的一些模式完全是在20世纪80年代初有关部署巡航和"潘兴"导弹，以及美国对中美洲和以色列的外交政策的对话中形成的。[1] 它们是在相同的一些人心中形成的：比如理查德·珀尔（Richard Perle），当时因其强硬的观点而被广泛称为"黑暗王子"。这些跨大西洋的争论通常是关于如何应对苏联的，但他们最终还是受到了明确的共同敌人的限制。

现在并非如此。因此，或许我们正在见证大约十年前澳大利亚作家欧文·哈里斯（Owen Harries）在《外交事务》的一篇文章上所做的预言：这个明确的共同敌人的消失将导致作为牢固地缘政治轴心的"西方"的衰落。[2] 欧洲是第二次世界大战和冷战的主要舞台，但它不是"反恐战争"的中心。相对实力的差距已经变得更大。美国不仅是世界唯一的超级大国，而且这个超级大国的军费即将相当于
紧随其后的15个最强国家的军费之和。欧盟并没有将其可以比肩的 230

[1] 1984年《经济学人》刊登了一张题为"如何通过美国人的眼睛认识欧洲人"的封面图片。欧洲人的显著特点有："对里根愤怒不已。对俄罗斯盲目无视。缺少阳刚之气。缺乏勇气。没有毅力。胆小。妄自尊大。目中无人。但需要美国的支持。"

[2] "'西方'的衰落"，《外交事务》，Vol. 72, No. 4（1993年9/10月刊）。

经济力量——正在快速接近美国10万亿美元的经济规模——转化成可相颉颃的军事力量或者外交影响力。但不同之处还在于力量的使用。

罗伯特·卡根称，欧洲进入了“法治、跨国协商和合作”的康德式世界，而美国仍然处在霍布斯式世界，军事力量仍然是实现国际目标（即便是自由的目标）的关键。首要而明显的问题肯定是：是这样吗？我认为，卡根（虽然他承认那是“讽刺性的描述”）实际上对欧洲太客气了，他将欧洲的做法提升到了有意为之和有条不紊的程度，但实际上这却是一个胡乱寻求和国家差异的故事。但是第二个不那么明显的问题是：欧洲人和美国人希望是这样吗？答案似乎是肯定的。相当多的美国决策者喜欢他们来自火星的想法——当然是认为这使他们崇尚武力（martial）而不是成为火星人（martian）——，而相当多的欧洲决策者喜欢认为自己确实是进步的金星人。因此，接受卡根的文章是其本身故事的一部分。

随着即将扩大的欧盟寻求更加明确的身份，将自己定义成美国的对立面对于欧洲来说具有很强的诱惑。欧洲通过列出与美国的不同来清楚地表明自身形象。用身份研究的可怕术语来说，美国成了“对立面”。美国人不喜欢被“排斥”。（谁喜欢呢？）“9·11”恐怖袭击事件的影响让他们更加愿意接受人们用崇尚武力和富有使命感来描述美国在世界的角色。

斯坦利·霍夫曼（Stanley Hoffmann）曾表示，法美两国都自认为肩负普世化、文明化的使命。现在出现了欧洲而不只是法国版的文明使命（跨国、以法律为基础的一体化的“欧盟乌托邦”），这与最近保守版的美国使命冲突得最厉害。[1] 因此，比如，乔纳·戈 231
德堡愤怒地引用德国大西洋主义老兵卡尔·凯泽（Karl Kaiser）的话表示：“欧洲人的所作所为前所未有：创造一个完全没有战争的

[1] 详见卡吕普索·尼科莱迪斯（Kalypso Nicolaïdis）和罗伯特·豪斯（Robert Howse）的“‘这是我的欧盟乌托邦……’：权力叙述”（“‘This is my EUtopia . . .’ : Narrative as Power”），《共同市场研究》（*Journal of Common Market Studies*），Vol. 40，No. 4（2002年11月）。

和平区域。欧洲人确信这个模式对世界其他地方也有效。”

双方各自认为自己的模式更好。这不仅适用于国际行为的竞争模式，还适用于那些民主的资本主义模式：自由市场、福利国家、个人自由和社会团结等的不同组合。[1] 在《美国时代的终结》（*The End of the American Era*）一书的作者政治学家查尔斯·库普乾（Charles A. Kupchan）看来，这预示着欧洲和美国之间的“文明冲突”即将到来。卡根认为欧洲长期虚弱，而库普乾认为欧洲而非中国是美国下一个重要的竞争对手。[2] 许多欧洲人喜欢相信库普乾的看法，但在美国，我发现库普乾的看法几乎无人支持。

我认为，在美国有另一种更深的趋势。我已经提到，19 世纪和 20 世纪的大多数时候，美国人对欧洲人的怀疑夹杂着羡慕和迷恋。直截了当地说，有一种美国文化低人一等的情结。这已经渐渐消退。到冷战结束和美国随后崛起为独特强国的时候，这种消退的速度已经以很难压制的方式加速。新罗马不在敬畏古希腊人。一位拥有丰富欧洲经验、退休的美国外交官最近写信对我说：“20 世纪 40 年代和 50 年代，我第一次去欧洲的时候，欧洲比我们优越。这不是个人方面的优越——即使屈尊于人，我也从不觉得低人一等——而是文明方面的优越。”现在不是这样了。他写道，美国“不再羞愧”。[3]

---

[1] 详见比如威尔·赫顿（Will Hutton）的《我们所处的世界》（*The World We're In*）（伦敦：利特尔 & 布朗出版社，2002 年）和我在 2002 年 5 月的《展望》（*Prospect*）上与他的辩论。

[2] 详见他2002年11月在《大西洋月刊》上发表的“西方的终结”（The End of the West）和他所著《美国时代的终结：21世纪美国的外交政策和地缘政治》（*The End of the American Era: US Foreign Policy and the Geopolitics of the Twenty-First Century*）（纽约：科诺夫出版社，2002年）。

[3] 2002 年 5 月 16 日，我给托马斯 · W. 西蒙斯（Thomas W. Simons）大使发了邮件，引用得到了他的欣然许可。迈克尔 · 莱丁（Michael Ledeen）的阐述不那么友善：他写道：“美国的交谈要好得多，欧洲人已经脑死亡。”这篇文章发表在美国企业研究所的刊物《美国企业》（*The American Enterprise*，2002 年 12 月）上。这一期标题为“大陆漂流：欧洲和美国分道扬镳”，是美国右翼对欧洲看法的真实选集，包括马克 · 斯泰恩的著名评论，“与比如说荷兰或者丹麦的未来相比，我发现更容易对伊拉克和巴基斯坦的未来感到乐观”。

三 232

冷战结束后的八年里，名誉欧洲人比尔·克林顿掌管白宫让这些趋势变得有些模糊。2001 年，乔治·W. 布什（对于所有欧洲反美讽刺漫画家来说是一件活生生的礼物）携带着一份单边议程入住白宫，准备拒绝多份国际协议。“9·11”事件后，他将自己的新总统职位定义为战争总统。我发现，“9·11”之后，美国处于战争状态的感觉在华盛顿比包括纽约在内的美国其他地方都强烈。[1] 最重要的是，它处在布什政府的中心位置挥之不去。“反恐战争”促进了共和党精英中现存的一种趋势，即相信罗伯特·卡普兰（Robert Kaplan）所谓的“勇士政治”（Warrior Politics），这种政治具有很强的原教旨主义基督教气息——这在高度世俗化的欧洲显然是缺少的。正如外交关系委员会的沃尔特·罗素·米德（Walter Russell Mead）在其著作《特殊天意》（*Special Providence*）中所说，这将“杰克逊”的倾向重新带入了美国的外交政策。[2] 基地组织的恐怖分子是新的克里克族印第安人（Creek Indians）。

美国人给欧洲人提出的问题接着变成了正如保守的专栏专家查尔斯·克劳萨默（Charles Krauthammer）对我所说的那样，“你与我们是不是站在同一个战壕？”一开始，答案是响亮的“是”。所有人都引用了法国《世界报》的头条标题：“我们都是美国人。”但一年半后，大多数美国人认为与他们站在同一战壕的唯一欧洲领导人是托尼·布莱尔。[3] 美国政府的许多人感觉，法国人重新采取了

[1] 详见我的“资本下定了决心”（The Capital Makes Up Its Mind），《纽约时报》，12月12日。2002年8月皮尤民意和媒体研究中心的一项民调加深了这种印象。

[2]《特殊天意：美国的外交政策及其如何改变世界》，伦敦：劳特里奇出版社，2002 年。

[3] 这是 IPSOS US-Express 于 2002 年 12 月 3 日至 5 日所做的民调结果。提问的问题是“下列六个国家中，你认为在对抗伊拉克的行动中，那个国家的反应与美国最团结？”59% 的人认为是英国。接下来分别是以色列，11%；加拿大，7%；法国，4%；德国，3%；俄罗斯，3%。

古老的反美态度，去年9月，德国总理格哈德·施罗德通过愤世嫉俗地利用反美主义赢得了连任。

欧洲和美国的感情是在什么时候和什么地方再次开始分裂的？
在2002年初，中东的巴以冲突升级的时候。中东是促使迅速膨胀
的欧洲反美主义和新兴的美国反欧洲主义（两者互相加强）急剧恶 233
化的来源和催化剂。欧洲的反犹主义及其与欧洲批评沙龙政府之间的关系，一直是保守的美国专栏作家和政客最尖刻反欧评论的主题。一名自由派的犹太评论员对我解释说，其中一些批评人士自身不仅强烈支持以色列，还是“地道的利库德集团成员”。斯坦利·霍夫曼在最近的一篇文章中写道，他们似乎相信“犹太国家和美国之间的一种利益身份”。[1] 支持巴勒斯坦的欧洲人对批评沙龙政府的方式被贴上反犹主义的标签感到愤怒不已，他们谈论美国“犹太游说团”的力量，这接着证实了美国利库德集团成员对于欧洲反犹主义的最糟怀疑，就这样没完没了。

除了这种令人绝望、无比混乱、互相加深的偏见——对于一个非犹太裔欧洲人来说，要对此写点东西而又不给自己正在试图分析的困境火上浇油，是很难的，当然，欧洲和美国在处理中东问题的方式上也确实存在差异。比如，欧洲决策者往往认为，与发动伊拉克战争相比，通过谈判解决巴以冲突对于长期“反恐战争”的成功贡献更大。为了我们的目的，要点是中欧反对共产主义的冷战让美国和欧洲团结了起来，中东的“反恐战争”正在让它们分道扬镳。苏联团结了西方，而中东分裂了西方。

冷静地审视，这种分裂极其愚蠢。欧洲就在中东隔壁，拥有众多并且日益增多的伊斯兰人口，与美国相比，在和平、繁荣和民主的中东甚至拥有更加直接的重要利益。此外，我发现华盛顿的两

[1] 斯坦利·霍夫曼，“高高在上”（The High and the Mighty），《美国展望》（*American Prospect*），2003年1月13日。

位高级政府官员相当认同如下观点——一些美国评论人士开始提出这种观点：大中东民主化应该成为复兴的西方重大的跨大西洋新工 234 程。[1] 但是当前看来并非如此。

当前，第二次海湾战争似乎只会扩大欧洲和美国之间的鸿沟。即便没有伊拉克战争，中东仍然会提供漩涡，在这个漩涡中，真正或者据说的欧洲反美主义催生真正或者据说的美国反欧主义，这反过来又催生更多的反美主义，两者都因广泛的欧洲反犹主义而变得更加严重。大西洋两岸都做出有意识的重大努力，或者 2005 年或者 2009 年华盛顿出现新政府可能带来变化。然而，同时也会造成许多损失，当前跨大西洋的不和也体现了我提到的更深的历史趋势。

你可能会说，正如我本文所做的那样，突出“美国的反欧主义”本身将导致互相不信任迅速恶化。但是作家不是外交家。美国存在反欧主义，其载体可能是漫长、糟糕夏季的第一群燕子。

2003 年

[1] 详见比如罗纳德 · D. 阿斯穆斯（Ronald D. Asmus）和肯尼斯 · M. 波拉克（Kenneth M. Pollack）的“新跨大西洋工程”（The New Transatlantic Project），《政策评论》（*Policy Review*），No. 115（2002 年 10/11 月刊）。

为骑墙派辩护 235

观看科林·鲍威尔在联合国安理会引人注目的表演（展示了噼里啪啦的拦截电话、卫星拍摄的照片和精心策划的电视片段），我问自己：这会改变你对伊拉克战争的看法吗？答案是：不会改变多少。我仍然不相信支持伊拉克战争的理由，也怀疑反对伊拉克战争的理由。

一位朋友最近这样评论桂冠诗人在伊拉克问题上的立场，“他牢牢地骑在墙上”。“骑墙派”算不上是一种称赞。

大多数人赞赏当机立断，鄙视犹豫不决。敌对的政党政治要求迅速站队并夸大微不足道的差异。媒体激烈地争夺电视观众、听众和读者，呼吁强硬、极端的立场：布什 VS 萨达姆，贝恩 VS 撒切尔、克里斯托弗·希钦斯 VS 彼得·希钦斯。你懂的，这让电视更精彩。

但在伊拉克问题上，我还是喜欢为揪心的自由派犹豫不决的立场辩护。作为自由主义者并不意味着总是要在艰难的问题上犹豫不决。我强烈反对苏联侵略捷克斯洛伐克和阿富汗，强烈反对美国干预尼加拉瓜和萨尔瓦多、军事干预波斯尼亚和科索沃、对阿富汗的
基地组织发动战争，这都基于充分的自由主义理由。伊拉克有所不 236
同并且更加困难。我看到了正反两方四个有力的理由。

支持

1. 萨达姆政权是当今世界上最令人厌恶的政权之一。他对库尔德人进行了种族大屠杀，还让自己的人民生活在恐惧中。推翻他对他的国家和该地区而言都是福音。无论战后的伊拉克会多么混乱——肯定会混乱，就像战后的波斯尼亚、科索沃和阿富汗一样——它几乎已经不能更糟糕了。

2. 萨达姆曾两次袭击邻国。正如鲍威尔所记录的那样，他储存了大量可怕的生化武器并且正在隐藏剩下的生化武器。他还在试图获得核武器。如果他获得了有效、可装载的核武器，这对世界来说是一个重大的灾难——就像如果朝鲜获得核武器一样，但由于萨达姆的为人及其所在的地方，情况会更加糟糕。我支持对于独裁者的核裁军运动（Campaign for the Nuclear Disarmament of Dictators，CNDD）。

3. 他在十二年间藐视了十六项联合国决议。他显然不想裁军或者与联合国的监察员充分合作。（自傲的主权国家独裁者会做什么呢？）与在科索沃采取军事行动相比，在这种情况下采取军事行动在国际法中能获得更有力的理由。第二项联合国决议将为“正义战争”理论提供所需的“恰当授权”。

4. 后果（乐观）。这可以促进中东的民主变革。和平、繁荣、重建的伊拉克——“西德式的伊拉克”——可以成为整个地区的模式。沙特阿拉伯和伊朗紧随其后。自由的传播可能最终改变解决巴以问
题的地区背景，因为东欧的民主化最终解决了德国的分裂问题。 237

反对

1. 战争应该总是最后的手段。无论美国高科技的新炸弹多么精准，都将有无辜的伊拉克人丧生。难道未来几年不能通过当前威慑和限制的手段控制萨达姆吗？

2. “正义战争”的理论需要“良好的意图”。总体而言，我认为

布莱尔有良好的意图。我不相信布什政府。当然，那边不同的人有不同的心思，人类的动机总是复杂的。我列出了一份动机的索引，可以粗略看一下：

- 感觉这是广泛“反恐战争”的一部分，“9 · 11”事件后，反恐战争变成了保卫美国国土安全的战争：20%。
- 真正相信萨达姆拥有大规模杀伤性武器对自由世界构成重大威胁：20%。
- 对无法抓到奥萨马 · 本 · 拉登或者收拾基地组织感到沮丧，再加上相信至少可以利用强大的军事力量击败萨达姆：15%。
- 第一次海湾战争未竟之业的感觉再加上乔治·布什个人对“那个试图杀死我父亲的家伙”感到愤怒：15%。
- 布什的政治顾问卡尔 · 罗夫（Karl Rove）初步估算的国内政治优势（或许现在后悔了）：10%。
- 没有退路的感觉。萨达姆仍然当政，布什如何参加下一次总统大选？ 10%
- 转变中东的希望，也是为了以色列的长期利益：5%。 238
- 石油：5%。

你可以根据自己的品味改变比例，但无论你选择哪种方式改变它，都无法构成总体上占多数的充足理由。

3. 萨达姆与基地组织的联系微乎其微。科林 · 鲍威尔掌握的所有证据都不能表明更多的联系。伊拉克战争是始于“9 · 11”事件的反“伊斯兰法西斯主义”文明斗争的延续，这种说法根本站不住脚。奥萨马 · 本 · 拉登将萨达姆政权视为叛教者。它们是两件非常麻烦的事情，但也是截然不同的两回事。

4. 后果（悲观）。即使伊斯兰恐怖爆炸者讨厌萨达姆，英美对伊拉克发动“帝国”侵略将增加阿拉伯恐怖袭击欧洲和美国的几率。如果想让中东民主化，帝国战争并不是入手的最好方法。支持伊朗的天鹅绒革命、促进沙特阿拉伯的民主改革、让沙龙和阿拉法特达成共识推进巴以问题的解决要更好。无论如何，以占领模式让西德和日本产生民主是历史中的特例。我们可能会看到一个“南斯拉夫式的伊拉克”，被库尔德人、什叶派和逊尼派瓜分。布什领导的美国还没有为“国家建设”做好准备，波斯尼亚、科索沃和阿富汗等七零八落的国际政府算不上是令人鼓舞的例子。总而言之，地区影响更可能是坏的而不是好的。

我的直觉是，如果你在黑夜中给托尼·布莱尔注射真相的血清，
他将基本上坦承这种自由派的犹豫不决。除非我们可以亲眼看到，
否则我不相信他有那种能够让我们所有人相信的秘密才能。外交办
公室不断在他耳边轻声警告。但在公共场合，他热情洋溢，甚至像 239
传教士般令人信服。为什么呢？当然是因为他就是一个格莱斯通基
督教自由干预主义者。或许因为他认为保持英国与美国的团结和影
响力，甚至比伊拉克战争可能带来的消极影响更加重要。但是还因
为他是首相，而不是作家和时事评论员。他必须作出决定。他必须
领导。他必须说服心存疑虑的公众和愤慨的政党。

这并不意味着我们所有人都必须这样做，热情洋溢、过分简单地相信复杂的两难处境中的一面，即使这样确实可以让电视更好看。

2001 年

左尔巴布什 240

这是一场多么令人惊奇的大灾难。“9 · 11”事件后的五年里，布什政府对中东的政策换来的是连环火车相撞事件。在人类斗争中，如此强大的国家付出这样巨大的代价却收获甚少前所未有。在更广泛的中东的每个重要领域，过去五年的美国政策身处困境并且更加难以自拔了。

如果后果不是那么严重，有人就会嘲笑如此带有悲壮意味的失败——这是希腊左尔巴的精神，左尔巴曾注视着自己巨大工程的散乱废墟，令人难忘地说：“你见过更加壮观的倒塌吗？”但是左尔巴布什的冲动和无能已经导致成千上万的男人、妇女和儿童——主要是穆斯林阿拉伯人，但还有黎巴嫩基督徒、以色列人以及美国和英国的士兵——丧生、残废、背井离乡或者穷困潦倒。除了导致穆斯林更广泛的疏远外，它还催生了这样一个世界：走在伦敦、马德里、耶路撒冷、纽约或者悉尼的大街上，我们每个人都更加不安全了。如果你敢的话，就哈哈大笑吧。

一开始，出现“9 · 11”袭击事件，没有人可以因此公正地指责乔治 · 布什，强调这一点至关重要。入侵阿富汗是对那些袭击的合理回应，因为藏身于塔利班暴君统治的无赖国家的基地组织发动 241
了该袭击。但是如果必须处理阿富汗，就必须恰当地处理。结果并没有。在地球上最粗野、最不友好、部落最桀骜不驯的一个地方，中途创造一种文明的秩序终究是一项巨大的挑战。如果世界上的民主国家，包括扩张后的新北约的成员国，在过去五年一直致力于该任务，如今我们可能至少获得了可圈可点的部分成功。

然而，在托尼·布莱尔的协助和怂恿下，布什、切尼和拉姆斯菲尔德促使我们进军伊拉克，导致阿富汗的工作连一半也没完成。如今，奥萨马·本·拉登及其忠实的追随者可能仍然躲在巴基斯坦北部阿富汗边境地区瓦济里斯坦山区的山洞中，塔利班又东山再起，整个国家混乱不堪。我们经过正当的干预并没有取得部分成功，反而在阿富汗和伊拉克引发了两场日益严重的灾难。

美国和英国借助虚假的借口入侵伊拉克，没有适当的合法授权和国际合法性。如果萨达姆·侯赛因这位危险的暴君和国际公认的侵略者确实秘密储藏着大规模杀伤性武器，那么该干涉可能就情有可原了；但是他没有，因此干涉也就是不正当了。接着，由于五角大楼和白宫纸上谈兵、鼓吹战争的文官极其无能，我们将一个极权国家转变成了一个无政府的国家。我们宣称要促使伊拉克走向洛克式的自由，却将它重新拽回到了霍布斯式的自然状态。伊拉克人——那些未被杀死的人——日益表示情况比之前更加糟糕了。我们要向谁说他们错了？

目前，我们正在准备撤出。在巴士拉采取辛巴达行动（Operation Sinbad）后，数量较少的英军将退到位于巴士拉机场的基地。我们将坐在沙漠里并称之为和平。如果白宫听从贝克—汉密尔顿委员会（Baker–Hamilton commission）的建议，美国军队将采取类似举措，242
将其顾问留给伊拉克军队。三十年前，美国的撤退以"越南化"为名，如今它将以"伊拉克化"为名。与此同时，伊拉克人可以继续随意互相残杀，或许直到他们最终互相达成某种草率的政治协议——或许无法达成，情况可能就是如此。

神权独裁统治的伊朗是大赢家。五年前，伊朗共和国有一位改革派的总统、一个相当民主的反对派，因低油价而财政受搓。毛拉纷纷出逃，恐惧不已。目前，民主化的前景正在变弱，该政权坐拥每桶 60 多美元的高油价，凭借其伊拉克和黎巴嫩的什叶派兄弟拥有巨大的影响力。它开发核武器的可能性也相应变大了。我们推翻了没有大规模杀伤性武器的伊拉克独裁者，反而增加了伊朗独裁者获取大规模杀伤性武器的可能性。本周，伊朗总统艾哈迈迪·内贾德再次呼吁摧毁以色列。这些原本想让中东对于以色列来说变得安全的美国新保守人士，最终却让中东对于以色列来说更加危险了。

我们不需要伊拉克问题研究小组（Iraq Study Group）告诉我们，巴以两国的解决方案对于解决阿拉伯—以色列的冲突至关重要。在执政的最后几个月，克林顿政府已接近敲定协议。在布什的领导下，不进反退。随着黎巴嫩在夏季爆发战争、巴勒斯坦的哈马斯蒸蒸日上（这本身在一定程度上是布什匆忙应对选举的副产品）、对以色列公众的日益失望，连布什支持的阿里埃勒·沙龙关于既成事实的分离的设想也已经消退。

黎巴嫩爆发“雪松革命”，叙利亚部队撤军，2006 年夏季，布什政府通过秘密支持持续而低效的以色列军事行动破坏了其声称支持的黎巴嫩政府，取得了明显成功。如今，真主党以其人之道还治 243
其人之身，正在挑战该国受到西方支持的天鹅绒革命者：经历雪松革命后，欢迎来到“雪松反革命”。在埃及，原本是想表明在布什的第二个任期美国支持和平民主化，但伊斯兰主义者在选举中获胜（在巴勒斯坦和黎巴嫩也是如此）似乎已经让华盛顿望而却步，放弃新出炉的政策。在值得称道的方面，我们唯一可以展示的是利比亚放弃大规模杀伤性武器，一些较小的阿拉伯国家实施了一些试验性的改革。

因此，对于阿富汗、伊拉克、伊朗、以色列、巴勒斯坦、黎巴嫩和埃及的评价如下：恶化、恶化、恶化、恶化、恶化、恶化、恶化。由于詹姆斯·贝克，美国可能从儿子的罪孽回想起父亲的罪孽。毕竟，在第一次海湾战争结束的时候，正是贝克和老布什让那些曾受到其鼓励而对抗萨达姆的人在伊拉克被杀了——更不用提热情地继续华盛顿与沙特阿拉伯等石油独裁政府签订的浮士德式的长期条约。令人吃惊的是，有人对我说，康多莉扎 · 赖斯曾表示贝克—汉密尔顿的报告几乎没有提到民主这个词。

这些年，我曾多次发出警告，反对条件反射式的抨击布什和下意识的反美主义。美国绝不是唯一的罪魁祸首。让中东变得更好是世界政治中最难的挑战之一。该地区的人民要对其困境负大部分责任。我们欧洲人也是，因为过去的违法罪和如今的疏忽罪。但布什必须承受大部分指责。如此全面失败的例子在近代历史上实是罕见。恭喜您，总统先生；您带来了一场巨大的灾难。

2006 年

世界的选举 244

我在加利福尼亚州斯坦福大学的观测台上，看到一名说英语的欧洲人迷上了 24/7 有线新闻网络直播。我注意到，许多美国人仍然深陷在这是他们的选举的动人错觉中。多么不同寻常。难道他们不明白？这是我们的选举。世界的选举。我们的未来取决于这场选举，我们和美国人一样时刻关注。我们只是不能投票。

世界可能无法投票，但有一位候选人。2008 年夏天，英国广播公司国际新闻台对 22 个国家进行的民调发现，巴拉克 · 奥巴马比约翰 · 麦凯恩更得民心，比例为 4 比 1。近一半的受访者表示，奥巴马获胜将“彻底改变”他们对美国的看法。而美国肯定需要变革。乔治 · W. 布什总统两个任期间，皮尤全球态度项目（Pew Global Attitudes Project，即一系列有关全世界民意的调查）记录了任何环游世界的人都知道的东西：美国的地位、信誉和吸引力大幅降低，因而其实力也大幅减弱。

在美国环境中，奥巴马是“黑人”或者“非裔美国人”。然而，他的总统候选人资格再次暴露出过去称为“种族”——指奴隶制度和种族隔离的遗产——的东西如何成为美国政治的隐性基础。在国际环境中，奥巴马还有另外三种身份。首先，他是我们当中的一 245
员——日益紧密相连世界中的孩子，现在努力成为这个世界上最有权势的人。真正的世界主义者：不仅是非裔美国人，还有一点夏威夷、肯尼亚、堪萨斯州和印度尼西亚的血统。其次，他不像布什。约翰·麦凯恩也不像布什，但不像布什的程度要小得多。最后，奥巴马是一切外国人对美国热衷之物的化身。

在牛津以及周游欧洲的时候，我经常遇到日益对美国感到愤怒的年轻人。一位英国的学生告诉我："你知道的，我非常支持欧洲。"对于这种罕见的情况——支持欧洲的英国人——我激动不已，问她为什么是支持欧洲的人。"我想主要是因为我是反美人士。"但她并不是真正的反美人士。我敢打包票她现在是个奥巴马迷。

从文化、社会和审美角度来说，奥巴马代表着进入年轻的欧洲人每天想象中的美国，美国的电影、音乐、文学作品和《老友记》(*Friends*)、《急诊室》(*ER*)、《白宫风云》(*The West Wing*)、《贝莱尔的新鲜王子》(*The Fresh Prince of Bel-Air*) 甚至《星际迷航》(*Star Trek*) 等电视剧的软实力，将这样一个美国传到了那里，同时还引发了"喜欢"这个词的一系列滥用：你可以在牛津的任何一家咖啡店里听到这个词，说话人可能是斯洛伐克人、德国人或者中国人。像奥巴马那样拥有一定程度移民背景的人能够做到如此程度，这也恢复了美国作为机遇之乡强大又积极的形象——这一美国的自我形象已经在世界的许多地方深入人心，无论这与统计记录的有限社会流动性的事实多么不相符。

如果他当选，我们在几个月内将发现世界上一概称为"反美主义"的敌意有多少是真正的反美主义，有多少只是像许多美国人一样的强烈反感，对某位特定的总统，一系列特定的政策以及某种美国主义的强烈反感。然而，一位总统候选人这样受欢迎使这场选举的风险增加到了令人担忧的程度。

正是因为国际的期望上升到了如此高度，如果奥巴马落选，将 246
失望透顶。由于约翰·麦凯恩选择萨拉·佩林——像乔治·W. 布什一样，她强化了每个欧洲人有关美国人与众不同（无能、迟钝和古怪）的陈词滥调，冲击将更大。对于麦凯恩外交政策的内容，可能没有必要这样失望，但在国际政治和金融市场方面，基本上确实是令人失望。如果美国人在2004年再次选出布什后选择麦凯恩—佩林组合，我认为说许多欧洲人将感觉自己被抛弃并不过分。当然，欧洲政府不会也无法抛弃华盛顿，但它们将不得不在公众幻想破灭的受限现实中运行。

在最繁荣的时期，这对美国来说至关重要。当前，这将重要得多。即便在金融危机前，新总统的收件箱（按照约翰·肯尼迪的分类，一个收件箱上标着“紧急”，另一个收件箱上标着“重要”）中待解决的问题已经堆积如山。即便在此次危机可能给业已巨额的国债增加一万亿美元之前，美国独自——单方面——实现其目标的相对力量在过去八年已经大幅减弱，特别是因为中国和俄罗斯等大国的复兴。未来的历史学家可能会将2000年左右的这段时期称为美国力量的巅峰时期。在这样一个世界中，比以往任何时候都需要盟友和国际信誉。

2008年

密苏里州的华沙 247

在密苏里州的华沙（Warsaw），有一个鬼魂借助陌生人之口不断对我说话。他是过去奴隶制度的鬼魂，在秋季阳光灿烂的日子，也能在这个欣欣向荣的湖滨小镇的大街上看到其长长的影子。一名当地的奥巴马竞选志愿者告诉我，她调查的一名妇女表示自己将投奥巴马但她的女儿不会——接着这位母亲拉低了声音——“因为他是黑人”。他的儿子也不会：“他更是一名种族主义者。”被迫这样评论自己的孩子是多么的可怕。万圣节上有趣又吓人的商品随处可见，但这些是美国真正的鬼魂和巫师。

密苏里州至关重要。它是全国的风向标。位于美国中心地带的中部，东西相连，南北相接，在过去几百年，它选出了每次总统大选的赢家，只有一次例外。在民意调查中，它是对两位候选人的支持不相上下的几个州之一。这是两周前奥巴马来此向大规模的集会发表演讲和本周四他和约瑟夫·拜登将再次来到这里的原因。这也是密苏里州的奥巴马后援组织计划动用 25 000 名志愿者，在竞选的最后四天向 130 万户左右的人家挨家挨户拉票的原因。

大多数关键的摇摆选民都住在圣路易斯市和堪萨斯城的边远郊 248
区，但这些农村地区（在此土生土长的人包括最伟大的民主党总统之一哈里·杜鲁门）的每一张选票也将算上。我在这片农村中心地带的中心：美丽、平缓起伏的乡村，晨雾从供牛饮水的池塘中升起，树木将每位印象主义者的影子染成了秋天的赤褐色、黄色和红色，奶牛如画般地啃着茂盛的青草，路边的标语写着“出售污泥”和“耶稣是上帝”。

在范布伦（Van Buren）和柯斯丘什科（Kosciusko，塔德乌什·柯斯丘什科是波兰的自由战士，该镇以他的名字命名）大街的角落里，我注意到了一个整洁、粉刷成白色的房子，窗户上贴着的标语写着“此房受到上帝的庇护”。在门前，一只看门的狗叫了起来。（难道这只狗叫上帝？）草坪上还有一个标语写着：“出售”。上帝可能会保佑，但这里的人们和其他地方一样有住房和资金的困难。他们不仅捕猎。好枪法可以将一只营养丰富的火鸡或者鹌鹑送上晚餐的餐桌。因此共和党人称，奥巴马想拿走你们的枪。当地乡村音乐电台用深沉的乡下人口音宣读了一则麦凯恩的广告，“我们爱我们的上帝，我们也爱我们的枪”——你几乎可以听到第二个大写字母 G。它还表示，“自由派”想拿走它们，“不让我们美国接触”。

种族在这里是个问题在我的预料之中，但旧伤和偏见如此显而易见，我还是感到震惊。我根本不用问，它就源源不断地涌现了。在当地的麦凯恩竞选总部，四名热情好客的当地女士告诉我她们对萨拉·佩林的热情。当谈话转到不可回避的主题时，其中一位女士说，如果人们站出来反对奥巴马，他们害怕被当作种族主义者。另一位女士回忆了她小时候的情况，当时，离这不远处，三 K 党（Ku Klux Klan）依然活跃，黑人走在路上都不安全。她们补充说，19 世纪的华沙是一个奴隶小镇，但在同一个郡、离这只有几英里、由德国路德主义者建立的科尔营（Cole Camp）不是。因此，密苏里
州人在内战期间争取奴隶解放，在这个过程中华沙曾多次被烧毁， 249
夷为平地。

在塞达利亚的路上，一位前军官（多年来一直是坚定的共和党人）告诉我他将把选票投给奥巴马。他对布什政府在伊拉克问题上向他们说谎的方式厌恶不已。但是如果奥巴马是白人将更容易。实

际上，如果奥巴马真的是非裔美国人，他将发现很难把选票投给他。他积极地向我这位外国人解释说：“那是美国的黑奴。”他说，那些人内心很“疯狂”，“疯狂”之意取自“mad”这个单词在美国口语中的意思。幸运的是，奥巴马并不是真正的非裔美国人，只是一个父亲是非洲人的美国人，但他仍然对此感到“不舒服”。

现在不要误会我。在此，我显然不是一名屈尊的城市自由派，决定嘲笑这些悲伤、边远地区的乡下人，诽谤他们是种族主义者。绝不是这样。我遇到的这些人正直、诚实、友好，他们坦率地承认并努力解决残留的种族主义问题，而不是鼓吹它。我也没有草率地得出如下简单的结论：“种族将决定这场总统大选。”在一个摇摆州的保守农村地区，我的结论是其中一个小镇人口（路标显示人口为 2 070 人）中大约 1% 人口的不科学样本。

由于特别的奥巴马及其挨家挨户地特别竞选，这场选举变成了一次全国大会谈，不仅谈论了美国的未来还谈论了其艰难的过去。密苏里州的地图古怪地充满了旧欧洲的名字：华沙、德累斯顿（Dresden）、温莎（Windsor）、敖德萨（Odessa）、凡尔赛（Versailles，正确的拼法是 Ver-sails）。旧欧洲城市拥有丰富的历史，包括许多流血事件和种族冲突。然而，我怀疑，如今在它们当中的任何一个城市，或许连在波兰的华沙，过去的错误造成的伤疤也没有其在宁静的密苏里州的华沙的伤疤那样深或者刺痛，在密苏里州的华沙，和善的共和党中年妇女会立即告诉你一百五十年前，谁给谁做了什么。

奥巴马的竞选可能更加关注未来，但这次有关美国过去的艰难
谈话本身也与未来有关。这令人痛苦，甚至有点冒险，但能带来治 250
愈的可能，尤其如果足够多的美国人能够克服其秘密疑虑、“不舒服”并响应奥巴马引人注目的号召，“像一个国家、一个民族一样团结起来，再次选择我们更好的历史”的话。

2008 年

与历史共舞 251

2008 年 11 月 4 日，星期二，刚入半夜的时候，加入白宫前激动万分的人群是与历史共舞。“现在布什下台了！”“再见，na na na na”，他们和着鼓声喊道。“奥巴马！奥巴马！”汽车的喇叭声响着。萨克斯管的声音从一辆亮红色皮卡的乘客窗传了出来。一名年轻的男子用一个金属勺子敲着平底锅。一名裹着星条旗头巾的非裔妇女在 16 号大街上狂欢的时候欣喜如狂地说：“这是我至今参加过的最大乔迁会。”这是我们欢庆的时刻，每个人都在狂呼，用手机拍着照。

不过，大多数人，主要是年轻的狂欢者高喊着奥巴马刚刚在芝加哥胜选演说中所喊的主题口号：“是的，我们能行！是的，我们能行！”连汽车的喇叭声也是连响三声的节奏：嘀—嘀—嘀。我睡觉的时候已是凌晨，但我还可以听到叫喊声回荡在我宾馆的窗边。是的，我们能行！是的，我们能行！

但他们能行吗？他能行吗？我们能行吗？

说他是美国历史上第一位黑人总统，与其说是开辟一个新篇章，还不如说是写了最后一个篇章的最后几行字。这个痛苦的篇章相当
古老又令人震惊地近在眼前。我看到人们在非洲人美以美会（African 252
Methodist Episcopal）教堂的市中心投票站投票，根据标牌上的记录该教堂建于 1789 年，为了抗议种族隔离的宗教崇拜。在阿纳卡

斯蒂亚河边的贫穷区，我几乎是唯一的白人，一位选举监督员——平时是牧师——告诉我非裔美国人（通常是首次投票的人）如何带他们的孩子过来见证金博士曾梦想的时刻。只有倾听他们的心声，你才能完全明白仅仅看到一个黑人的家庭入住白宫将产生的影响。

但奥巴马绝不仅仅是黑皮肤的美国人。像我们紧密相连世界中越来越多的公民一样，正如专栏作家迈克尔·金斯利（Michael Kinsley）恰如其分地指出，他是“一个集各种族于一身的人”。这使他有资格代表那些各种肤色的美国人，我看到他们在华盛顿市中心和白宫前排着长龙等待投票。“你来自哪里？”我向一名我猜可能来自北非的男子问道。他停下舞蹈，看着我说，“来自我母亲”。精彩的回答，同时也是一种指责，为奥巴马时代而刚刚创造的。

同时，奥巴马也是第一位后种族时代的总统。将这个故事缩减成黑白两个故事与一张彩色背景的黑白照片一样有用。约翰·麦凯恩可能选择水管工约瑟夫代表过时、公认“沉默的大多数”美国白人的工人阶级，但其实他们现在是（不那么）沉默的少数人。水管工约瑟夫将选票投给了奥巴马。实际上，奥巴马的得票几乎得益于美国日益多样化人口结构的方方面面。竞选期间，比尔·克林顿在佛罗里达州介绍他时突出了这种新的多样性，表示佛罗里达州和奥巴马代表着“世界的现状和美国的未来”。在我看来似乎刚好相反：它是美国的现状和世界的未来。在这方面，美国曾经落于人后，现在领先一步。

然而，要认真标注奥巴马的模式。它利用文明的民族主义超越 253
了种族多样性。在星期二的狂欢者当中，许多人挥舞着星条旗，或者他们衣服的某个部位印着星条旗。没有任何右翼的共和党人能够比奥巴马更加坚持美国的独一无二、例外主义和天命所归。他宣称的目的是“让本世纪成为下一个美国世纪”。如果乔治·W. 布什这样说，来自世界其他地方的我们可能将这当作令人厌恶的民族主义的自负。因为出自奥巴马之口，我们不知怎么地接受了。

轮到说考验了。正如他在郑重的胜选演说中所承认的那样，美国有一大堆问题要解决。正是确保他获胜的情况使他更难成功。有人会争辩“如果……会发生什么”，但无可辩驳的是，9 月金融危机爆发后，竞选开始明显对他有利。如今，危机正在真正冲击实体经济，即他所选择的普通美国人的工作、住房、储蓄和医疗保险等领域。他从布什那继承了不断飙升的国债，布什进行了重大的重新分配，将子孙后代的财富分配给了这代人。该国还面临在伊拉克和阿富汗的两场战争以及世界各地许多其他的挑战。

与此同时，美国本身依然分裂。红色阵营和蓝色阵营之间的鸿沟甚至可能比黑人和白人之间的鸿沟更难填平。许多美国人仍然毫无道理地怀疑巴拉克·侯赛因·奥巴马，但是完全理性的观察人士会做出如下总结：他天生在社会和文化方面比那些文化保守的共和党人更加自由，但在经济方面没有那些自由的共和党人自由。为了克服这些问题，他将不得不采取中间路线甚至中间偏右的路线执政，让自己的支持者失望，与国会中一些胜利主义的民主党人周旋。

他本人、他的团队和他可支配的权力资源，这一切都准备就绪了吗？在投票前，我花了几天时间与华盛顿的不少内部人士谈过，包括一些在他的竞选中举足轻重的人物。他们一致的东西是：我们 254
不知道。我们不知道，在众多政策选择中他将选择哪一项；我们不知道他将选择谁担任重要职位；我们不知道他工作的时候会是什么样子。几乎没有总统候选人拥有更少的行政或立法记录，从这些记录可以推测未来他们在与众不同的职位上的表现。

有一点所有人一致同意：如果他能够以其竞选的方式——有史以来最有效的方式之一——经营这个国家，那么美国将获得良好的治理。但一个国家并不是一场竞选。他很冷静，充分体现了这个滥用之词的每一种含义。连在一群欣喜如狂的人群面前发表胜选演说，他看上去也不怎么兴奋。作为总统，他的硬实力资源可能有些减少了，但目前其软实力仍然是世界上最强的。布什政府用军力“威慑”

追寻最终证明那里根本不存在的大规模杀伤性武器，而奥巴马本身就是大规模杀伤性武器。

此外，他可以利用或许是美国最大的力量资源：勇于尝试的创新精神、进取心和勤奋以及公民的爱国主义，该国希望所有人接纳这些东西，无论他们来自哪里。奥巴马在其胜选演说所谓的“美国信仰：是的，我们能行”概括了该承诺。这就是那个难忘的星期二晚上他们在白宫外面谈论的美国信仰。

如果你问我，这一切是否足以克服美国现在面临的所有困难，我必须诚实地回答，根据谨慎的评估，我对此表示怀疑。但我们可以再次希望，而且我们也必须希望。

2008 年

自由主义 255

巴拉克·奥巴马在其就职演说中表示，政府和市场在法治社会中有其各自的一席之地，但如果它们不受限制的话将成为催生弊端的力量。他的演说中唯一缺少的是写入美国宪法核心内容、建议各种平衡的政治哲学的合适名称：自由主义。

与奥巴马的许多演说一样，该就职演说从本质上来说综合了古典宪法和现代平等主义的自由主义。是这回事，但从来不是这个词。任何有点了解美国现代政治演说的人都知道原因。

二十多年前，由历史学家弗里茨·施特恩（Fritz Stern）召集起来的一群杰出的美国学者在《纽约时报》上刊登了一则广告，试图针对罗纳德·里根和美国右翼其他人对“自由主义”的滥用，为“自由主义”这个词辩护。结果白费力气。在过去二十年，一个真正古怪的用法在美国公共辩论中胜出。自由主义已经变成一个贬损的术语，意指——用稍微有点轻浮的方式来说——某种和大政府通奸的邪恶婚姻。

这种古怪的用法在极端的情况下带来了这样的书名——《救我
们脱离魔鬼：打败恐怖主义、专制统治和自由主义》（*Deliver Us* 256
from Evil: Defeating Terrorism, Despotism, and Liberalism），这是福克斯新闻主持人肖恩·汉尼提（Sean Hannity）的作品。但这也影响主流。在初选辩论中，当希拉里·克林顿被要求定义“自由”

并问她是否是一名自由主义者时，她回答说，原本与自由信仰有关的一个词不幸的是开始意味着支持大政府。因此，她总结说，“我更喜欢进步一词，该词拥有真正的美国含义”。这意味着“自由”的含义肯定不真实、不是美国的，或者可能既不真实也不是美国的。

美国并不是唯一对“自由主义”争论不休的地方。2009 年 1 月，在奥巴马就职演说前夕，在牛津大学举行了一次会议，来自美国、欧洲、印度、日本和中国的讲话人探讨了组织者（我是组织者之一）故意称为“自由主义”的问题。有趣的是，受到猛烈抨击的“自由主义”在法国以及中欧和东欧的许多国家正是美国右翼自由至上主义者或者“财政保守派”最钟爱的。当法国的左翼人士和波兰的民粹主义者谴责“自由主义”时，他们指的是盎格鲁—撒克逊式、不受监管的自由市场资本主义。(有时，加前缀“新”或者“极端”来清楚地表明这一点)。

一名中国学者告诉我们，在他的国家，自由主义用于指涉提倡进一步推动以市场为导向的经济改革的人。在社会或者文化方面，判定自由的标准也千差万别。一位印度的讲话人苦笑着说，在印度，允许其孩子选择自己想结婚的对象就是一名“自由”的父亲。

面对全世界对这一概念的不同理解，有人在会议上称，我们应该弃用该术语，或者至少将它拆分成几个意思更加明确的成分。但综合和平衡属于自由主义定义的本质，整个的含义要比各成分的总和丰富。正如牛津大学的政治理论家迈克尔 · 弗雷登（Michael Freeden）所说，如果只有一个必要的成分——比如自由市场——独领风骚，那结果会是反自由主义。有关自由主义至关重要、没完 257
没了的辩论不只关于其不可或缺的要素，还关于这些要素的形式、比例和各要素之间的关系。

21 世纪自由主义合理的最少要素名单包括：法治下的自由、受限和负责任的政府、市场、宽容、某种个人主义和普世主义以及某种人类平等、理性和进步的观点。各要素的组合各地各不相同。某

种人类平等、理性和进步的观点。各要素的组合各地各不相同。某位远亲是否真的属于自由主义扩展的家族是一个值得争论的问题。但在这个争论、演化的结合过程中，有一种具有永恒价值的东西。

这是一场美国的争论，有人会说这场美国争论已经持续了两百多年。实际上，美国仍然充满了自由主义者，包括进步或者左翼自由派，我还会坚持说，保守或者右翼自由派。他们当中的大多数人只是不用这个词罢了。美国人热爱自由主义，但不敢说出口。

原因显而易见，当前，我们正在见证世界批评一种纯粹的自由市场自由主义或者说新自由主义，指责它导致我们陷入了当前的经济混乱。然而，我的中国和欧洲同行一致认为，市场仍然是自由不可或缺的条件。一位杰出的中国经济改革家甚至表示，在那些市场发挥更大作用的中国省份，收入不平等恰恰较少。

我不期望奥巴马总统会很快使用这个词。但我们这些相信自由主义普通、永恒价值的人乐见他开始积极地恢复更多的自由主义。他已经明确重申了在法治下平等自由的重要性，尤其是通过下令关闭关塔那摩湾的监狱。在政府和市场之间寻求更加公正和有效的平
衡是他国内议程的核心。他也找到了用新语言呈现传统自由宽容价 258
值观的方式，用这种新语言向我们日益紧密相连的世界演讲。

那么，或许在他的第二个任期，他甚至可能敢于挽救这个词了。

2009年

第五章

西方之外的世界

缅甸的美女与野兽 261

首先，有如下困难：亮明在缅甸与我谈话的人的身份会将他们送回牢房。这个奇异军政国家领导人的官方称谓像学生版奥威尔反乌托邦作品中的称谓，“书记—1”，“书记—2”，“书记—3”。因此，在我的笔记本（后来偷带出来的）上，我将他们的受害者和我的对话者叫做 U-1，U-2，Daw-1，Daw-2 等——“U”和“Daw”在缅甸语中是“先生”和“女士”的敬称。在此，我必须进一步隐瞒身份，省略细节，因为它会泄露准确的身份。

一

“我是一名素食主义者，”U-5 说，“我坐牢后变成了一名素食主义者。你知道的——很遗憾地告诉你——我们吃老鼠。”但他们是怎么烧的呢？“我们没法烧。我们就让它们在太阳下晒干然后生吃。”站在一家环境优美的中餐馆阳台上，我们瞭望着曼德勒壮观的皇家城堡，宽阔的护城河在黄昏中闪烁。一道令游客欣喜的景观。U-5 对我说，该护城河的堤坝是由被迫的劳工最近重新建造的。他自己的家庭被迫参加这项工程。之前，在曼德勒山山顶，他首次指 262
出了导游从来不会提的标志性建筑：庞大、半圆形的监狱。他和许多人一样，由于参加了 1988 年支持民主的抗议在那里被单独囚禁了数年。鼠屋。

U-13 描述了审讯人员给他的头套上的蓝色厚面罩。审讯人员在他身体的四个部位安装了电极，他几乎无法呼吸。他们借助一部原始、手动的小发电机给电极通电。每当他听到曲柄转动的声音时，他知道又一轮电击要来了。

我发现，在这里，每日的恐惧比齐奥塞斯库统治下的罗马尼亚还要多。而且每天都很绝望。在乡村更加贫穷的地方，农民相互询问，"手指还是汤勺？""手指"更好：它意味着你的碗里有足够的米饭可以用手指来吃。"汤勺"意味着一碗水汤里只有几粒米。现在回答是"汤勺"的越来越多了。

一百年前，缅甸每年出口 200 多万吨大米。它被称为印度的大米摇篮。四十年前，它仍然还出口 100 万吨。1999 年，这一数字就不到 7 万吨了。随着该国大米出口的减少，非法毒品出口暴增。缅甸从印度的大米摇篮变成了世界的鸦片基地。

1990 年 5 月，缅甸的公民压倒性地投票支持昂山素季领导的全国民主联盟（National League for Democracy），少数民族居住的大批乡村投票支持其他反对党。此后十年充满了悲惨和恐怖的故事。他们投票支持的政党被否决，他们过了这样悲惨又恐怖的十年。

然而，留在我记忆中的形象依然是令人心碎的美丽。有一天清晨，我和一位朋友驱车经过伊洛瓦底三角洲。随着太阳的升起，清晨的薄雾中显现出了一种奇妙的景象：桩子支撑的竹屋置身于无边无际、青翠欲滴的稻田中，戴着宽边帽的农民默默地沿着显现的河
岸骑着自行车，拥有镀金圆锥形塔尖的亮白色宝塔点缀着这片景象，263
像许多粉刷过的蚁丘；拉着木犁的牛缓缓地翻着水下的烂泥。

我打了一会儿瞌睡，又醒了过来，在路边，看到了世界上最可爱的女孩衬着曙光。她从头到脚穿着粉红色和白色的衣服，她用优雅、性感又端庄的动作递过来一个巨大的银色募捐碗。一个害羞的微笑从圆锥形的大竹帽中露了出来。刹那间，她就不见了。我一直

在做梦吗？七小时后，我们再次回到这条路上的时候，她还在这儿，看上去依然美丽动人，神采奕奕。此外，她已经为当地的寺庙募集到了 2 500 缅币（按照自由市场的汇率来算大概 8 美元）。

后来：木质老帆船在宽阔、充满烂泥的河中缓缓下行，载着来自勃生（Bassein）古老大米加工厂的一袋袋大米；削发的佛教小僧侣穿着深红色的长袍，光着脚迈着迷人又有规律的步子，“心无旁骛”地从信徒家中收集饭菜。

在仰光，大金塔的奇迹无限，壮观、镶边的金尖塔会随着灯光的移动细微地改变颜色。到缅甸的第一个夜晚，我走到大金塔的时候大概九点钟，发现自己是整个寺庙建筑群中唯一的外国人。我的周围都是缅甸人，无论男女都穿着传统的“笼基”（longyi）——这是一种长到踝关节、像裙子一样的衣服。有人虔诚地向其中一位菩萨祷告，也有人坐着吸雪茄烟或者在香气氤氲的环境中闲聊着。我对全国的圣地的这份宁静惊叹不已，这似乎还是真正传统文化的一部分——这份宁静在圣彼得大教堂、圣保罗大教堂或者泰姬陵是无法想象的，早已不复存在，更不用说曼谷的寺庙，在那里，你每走几步便能遇到一名德国的游客，紧握摄影机向伟大的索尼神祈祷。

我几乎没有见过一个更加美丽的国家和一个更加丑陋的政权。
这份美丽与那头野兽之间的关系错综复杂。人们往往会简单地说， 264
无论其政治如何，这个国家依然美丽。但是这样说太轻率了。因为这些较古老世界的温和魅力也是孤立和四十年不良政治导致的经济衰退造成的。这是落后的美丽。游历共产党执政的东欧，也能感受到同样喜忧参半的魅力，原因也基本上相同。我将它称为革命保护的悖论。并不是所有革命都有奇怪的保护效果——“文化大革命”肯定没有——但一些革命有。

不过，结果却总是古老之物的衰颓版本。缅甸看上去可能依然像鲁德亚德·吉卜林（Rudyard Kipling）笔下“美丽懒散的国度，充满了非常美丽的小女孩和非常差的雪茄烟”。此外，生活在这里的人们或许真的可以从更缓慢、更传统的生活方式中，从四季更替，宝塔纪念活动，闲适、嘈杂、低俗的民间舞台表演和公认宗教的永恒安慰中，找到更深层次的愉悦和满足。每个人的快乐秘诀神秘莫测，无法从沃尔玛中获取。

然而，最清楚的是，还有一个艰难又逐渐恶化的现实：贫穷和营养不良日益严重，婴儿死亡率增加；300 多万人流离失所，其中一些人现在住在丛林中，几乎过着非人的生活；被迫劳动，腐败、盗匪、性侵犯盛行，还有紧密相连的药物滥用事件和艾滋病（估计缅甸有 50 万人已感染艾滋病病毒）。

与此同时，在吸引条件优越的西方游客的古老之美中，你可以发现对西方最廉价标志产品的极度渴望。年轻人除了穿着普遍的民族服装——平底人字拖鞋、笼基和棉质男衬衫或者女衬衫外，还自豪地戴着棒球帽。有几个人已经将棒球帽朝后戴了：全球化拙劣的模仿。抛弃了雪茄烟，开始抽名为“伦敦”的乐富门低价香烟，这种香烟的华丽广告随处可见。连僧人也拥有电视(藏在旧木橱柜中)， 265
他们似乎都是足球迷。

我坐在一座宝塔的台阶上，一位友好的年轻僧人凑向我说：“Aya Shiya！ Aya Shiya！”这其中蕴含着什么永恒的东方智慧？最终，我听出了阿兰·希勒（Alan Shearer）这个名字，纽卡斯尔联队前锋。

二

世界上最古老的一个笑话上说，军事情报从名称上来说是一个矛盾。缅甸是一个由军事情报统治的国家。军情局是该政权最重要的机构，现已被正式命名为“国防服务军情局”（Directorate of Defence Services Intelligence）。其局长、中将钦纽（Khin Nyunt）虽然不是统治军团的正式首脑，却是书记—1。但从更广泛的意义上来说，军情局已经统治了这片金色的土地四十年。

舒猛（Shu Maung）原来是一名极其迷信的邮政员，现在世界上都称他为奈温将军（“像太阳一样明亮”）。1962 年，他组织了一场军事政变，称该国虚弱的多党民主制无法继续将缅甸联邦团结在一起，对抗共产党和少数民族的叛乱。奈温领导缅甸走他所谓的“缅甸特色的社会主义道路”，陷入了二十六年超现实的孤立。他的“社会主义”实际上更像日本 20 世纪 40 年代（当时日本训练了最初的缅甸独立军）的国家社会主义夹杂着后殖民的民族主义，实行自给自足的政策，信奉庸俗的佛教和占星术，残忍地镇压叛乱分子。这个亚洲的阿尔巴尼亚太不喜欢结盟了，甚至退出了不结盟运动（Non-Aligned Movement）。今年 5 月，奈温已经八十九岁，还住在仰光茵雅湖边，刚好与昂山素季隔湖相对。人们认为他依然对该政权施加着看不见的影响力，但已经不再过问日常事务。

实际上，1988 年 6 月这位年老的专制统治者宣布辞职成了一大 266
催化剂，引发了“1988 年 8 月 8 日”（据说是“吉日”）的抗议。为了暴力镇压那些抗议——估计在后来的大肆镇压中丧生的人数在 3 000 至 10 000 之间，军部成立了“国家恢复法律和秩序委员会”（State Law and Order Restoration Council）或者简称 SLORC，听起来更像是野兽。公关公司表示，这个名字在西方反应很差。几年前，将军们显然接受了公关公司的建议，将它更名为“国家和平与发展委员会”。从托尔金式变成了奥威尔式。[1] 然而，该政权的反对者仍然称它“国家恢复法律和秩序委员会”，我也是。

国家恢复法律和秩序委员会不仅是军事独裁政权，还是一个军政国家，而共产党统治的国家是党制国家。军官影响或者控制着整个国家的运作和日常社会生活的大多数活动。连红十字会也是准军事组织。军方估计占用了国家 40% 的预算，令人瞠目结舌。即便根

[1] 世界上最后一个奥威尔式政权在奥威尔自身当过殖民警察的国家仍然掌权，这种讽刺意味显而易见，不言而喻。奇怪的是，奥威尔的《在缅甸的日子》在我的仰光酒店里有售——可能作为一份不错的反殖民文本提供给来访的生意人或游客。

据官方的数据，国防开支也是医疗保健开支的十六倍。自 1988 年以来，军队从 20 万左右扩张到了 40 多万。士兵随处可见。

这个国家展现着独裁政权所有熟悉的特点：灰色的高墙、带刺的电线、武装的守卫、官僚、一式四份的拙劣纸质表格、宣传、审查、低效和恐惧。在褪色的红色宣传栏上，在“人民意愿”的标题下写着，“反对那些依靠外部因素、甘当走狗、持消极观点的人”。不过偶尔，似乎为了弥补，有一块绿色的宣传栏上写着，“请为国际游客提供帮助”。哦，谢谢，Slorc！

我曾希望，在我的有生之年再也不要被迫读比东德共产党日报《新德意志报》(*Neues Deutschland*) 更无聊的报纸。我没有读过《缅甸新光报》(*The New Light of Myanmar*)（“Myanmar”是继国家恢复法律和秩序委员会之后的又一次更名，弃用了有帝国主义意味的“Burma”，选用了另一个缅甸语中的单词来替代）。《缅甸新光报》用沉闷的散文形式记录了书记—1（通常在头版），书记—2（第二版） 267
或者书记—3（第三版）探望一所欣欣向荣的学校、医院或者工厂，受到总是露着微笑的学生、医生和工人的欢迎。但是马克思主义并不是官方的意识形态，我们有佛教。任何问题没有提到将军到寺院许愿就不完整：“总之，书记—1 表达了自己的愿望，‘看在我建造该中心并为它捐款的份上，保佑我上天堂吧，保佑我成为一名能够促进佛教交流的犁牛之子吧，以防我要轮回转世……’”否则，我想他来世恐怕要投胎成老鼠了。在其他版面，《缅甸新光报》会报道塔玛多（缅语 Tatmadaw，“武装部队”，缅甸人以指军政府）。缅甸的军方从日本学到了国家社会主义，从英国学到了高尔夫球。显然，这是高层最热衷的比赛之一。

资深观察人士表示，高级指挥官自认为是缅甸专制君主的继承人，从中世纪蒲甘王朝的阿奴律陀（Anawrahta of Bagan）到不幸的国王锡袍（King Thibaw）。1885 年，英国人果断将锡袍赶出了曼德勒宫殿。在最近为外交使团举办的欢迎会上，将军们提供了一场“屈尊舞”，这舞过去是专门敬献国王用的。

由于这是一个军政国家，经济也由军方直接经营，这给该国带来了灾难性的后果，不过对将军们来说并非如此。1988年后的军队领导人将许多公司私有化，掌握在了自己的手中。一杯羹分给了外国投资者，尤其是来自中国大陆、新加坡、台湾和日本的投资者以及英国、法国和美国的石油公司。但几乎在所有合资公司中，缅方的合伙人要么是军方或前军方的，要么与军方有关。腐败盛行。为一家外资烟草公司工作的一个人向我描述说，必须将一份非常大方的礼物——比如一片昂贵又全新的高尔夫俱乐部场地——送到负责相关事务的将军家里，他才会接见有求而来的生意人。结果，高级军官住在豪华大宅内，而下级军官和其他军官同样过着普通的贫穷生活。根据世界银行的最新报告，该国经济急速下滑。 268

似乎让国家恢复法律和秩序委员会采取的所有手段变得情有可原的是“联邦没有解体”。《缅甸军队简史》(*A Brief History of the Myanmar Army*)（空旷、有守卫的博物馆中有售）想方设法不提1990年的选举，转而阐释国家恢复法律和秩序委员会挽救该国免受了“(前）苏联、南斯拉夫和印度尼西亚所经历的那种无政府状态”。将军们的一大重要成就是，与大多数尽管不是所有少数民族的叛乱分子签订了停火协议。这些协议通常让叛乱的领导人掌控自己那块地盘，常常拥有自己的武装部队，可以为所欲为。在有几个协议中，这还包括非常直接地参与大规模地生产和出口海洛因和安非他明。像坤沙（Khun Sa）（他现在通行无阻地住在仰光）这样臭名昭著的大毒枭反过来通过投资缅甸的经济来转移利润。去年，另一位声名狼藉的毒贩的总部开张，书记—1还莅临参加了开张仪式。

然而，这些停火都是暂时性的，正在等待新宪法，但该政权花了七年仍然没有结果。国家恢复法律和秩序委员会的宪法提案指出了“国家”政治之间的区别，在该提案中，“武装部队的领导地位”没有动摇，就像苏哈托（Suharto）统治下的印度尼西亚和“政党”

政治那样，昂山素季的全国民主联盟可以与所有其他政党竞争。然而，与此同时，印尼的模式根本不管用，脆弱的新民主模式替代了它。昂山素季的母亲在大学大道上有一座别墅，与老专制统治者奈温的住处隔着茵雅湖。昂山素季在那里被软禁了六年，1995 年，她从那里出来以后，全国民主联盟拒绝与那个不平等的谈判扯上关系。

三 269

当然，我见了素。我这样亲切地叫她“素”，因为多年来，我和她的丈夫迈克尔·阿里斯（Michael Aris）（他是我在牛津大学的好朋友和同事）一直管她叫“素”。1999 年，迈克尔悲惨地死于癌症，受到国家恢复法律和秩序委员会的残忍阻挠，未能再见他的妻子一面。他曾告诉我，她对异见分子在中欧准备和平变革的方式非常感兴趣。我们早就在计划我的缅甸之行。我还从其他共同的朋友那里了解素，她作为学生、年轻的文化历史学家、手头拮据的家庭主妇和用心的母亲在牛津北部待了二十多年，在此期间，他们很好地了解了她。

在五千英里之外，自己的祖国，她是无冕女王，连亲密的朋友也尊称她为“昂素”，数百万缅甸人只知道叫她“夫人”。她成为这样一个传奇，她是该国开国元勋昂山的女儿，昂山是缅甸独立的设计师，1947 年被暗杀，当时她两岁；她以不同寻常、富有魅力的风格加入自己所谓的“缅甸第二次独立斗争”，1988 年她在大金塔成千上万的人面前发表演说并从此领导该斗争；还有长期囚禁、国际名声——就她来说，包括 1991 年的诺贝尔和平奖——和政府日常的辱骂相结合带来曼德拉式的神秘感。无论我走到哪里，人们总是问我，“她怎么样？她身体好吗？”公众的想象几乎赋予了她超自然的力量。在这般依赖一个人的道路上，还有更痛苦的东西。

昂山素季形式上已经解除软禁，但大学大道上经过她家的区域

已经被封锁，军情局只允许外交官、联合国官员以及几名亲密的助
手进入。她自己在仰光内的走动也受到限制。我们在一位友好的外 270
交官家里见面。

首先，她像照片里一样美丽动人，她的画像在全世界到处可见。她看上去要比五十四岁年轻得多，姿态优雅、挺拔，穿着高雅的缅甸传统服装：头上戴着鲜花，穿着长长的深红色的笼基和蓝色平绒鞋。女人味十足。实际上，她的女人味略带盎格鲁—印度学校的旧式高雅风度——她“毕业于”新德里的斯丽兰女子学院（Lady Sri Ram College），她母亲在新德里担任缅甸的大使。因此，有优雅的简短谈话，略显拘谨，但一个随意风趣又充满少女情怀地哈哈大笑欢乐地打破了这种氛围。

那么，她脆弱吗？脆弱，但也雷厉风行、当机立断，很像她的父亲。是一名领导人。干脆利落，纪律严明，要求苛刻——她对前盟友的评判也很苛刻，在监狱待了几年后，他们没有回来继续与全国民主联盟并肩作战。但她对自己更加苛刻。在《摆脱恐惧》（*Freedom from Fear*）（她的文集）一书的引言中，迈克尔·阿里斯回忆了 1989 年她如何持续绝食抗议，要求必须允许她和她的追随者一起关到条件可怕的永盛监狱（Insein prison）。由于决定加入自己人民的斗争中，她本人付出了巨大的代价，多年与自己的孩子分隔两地。她的大部分时光都在湖边日益破旧的大别墅中度过，严格按照锻炼、调解、写作、读书和处理党内事务的安排进行。

她的一大爱好是文学。我们谈到了简·奥斯汀（Jane Austen）、狄更斯（Dickens），必然也谈到了吉卜林——尽管他只在缅甸待了几天并且根本没有去过曼德勒，但他凭借信手拈来到让人嫉妒的天分，在其诗歌《曼德勒》中令人难忘地抓住了这个地方的精神。碰巧在曼德勒有人告诉我，她把吉卜林的《如果》翻译成了缅甸文。她说这不是真的，但她在自己的集会上使用并解读了现有的译本，另外带有她的评论的文本已经以小册子的形式出版。在英国，这首

诗通常被蔑称为帝国主义夸夸其谈的缩影，但她认为，它“对异见 271
分子来说是一首伟大的诗”。

她和迈克尔将他们最小的儿子取名金，就是以吉卜林小说中的英雄命名的。她问我，我是否可以找到这首诗的完整版，在《金》的最后一章有如下引言：

> 放下吊桥，他是我们所有人的君王
> 美梦成真的梦想家。

她说，这几行字对她来说总是意义非凡。

我们花了大部分时间谈论政治，因为这是她毕生奋斗的事业。像提名她为诺贝尔和平奖获选人的瓦茨拉夫·哈维尔（Václav Havel），她坚称自己天生要与政治打交道。然而，哈维尔既是持不同政见的剧作家，也是天生的政治家。20 世纪 80 年代，与哈维尔交谈的时候，我总是强烈地感受到一种政治战略。与素交谈，我并没有这种印象。她牢牢地把握了缅甸需要什么样的政治新制度，对于如何实现这一点尚无那么清晰的想法。但是，其他人有吗？

批评她的人——在缅甸国内和流亡社区中——表示她不懂变通，不愿妥协。然而，她给我留下的印象无疑是，如果有人想要非暴力的过渡，她认为必须妥协，而对于一名虔诚的佛教徒来说，非暴力绝对是必须的。任何新政治开局的起点必须是当局认可 1990 年 5 月的选举结果，但接着必须有一次关于过渡安排的谈判。军方高层无需担心自己的性命。“那些我谈过的人知道我不会威胁他们的，”她说，谈论狱卒就像一位女校长讨论一群淘气的孩子。为了有利于实现和平过渡，甚至可能证明有必要让他们保留“一些不义之财”。她会选择真相委员会而不是私设法庭作为处理可怕过去的工具。

然而，她认为这样妥协的时机还未到。当前是施加更多压力而

不是减少压力的时候，这样才能把将军们带到谈判桌上。当她不用 272
制定影子外交政策的时候，就忙着全国民主联盟的事务——当局在形式上仍然承认它是一个合法的政党，与此同时却在迫害和关押其成员。她怀疑，1995 年，将军们放她出来是因为他们认为全国民主联盟完蛋了。但她坚称，该政党并没有完。特别重要的是他们与一些少数民族的政党一起成立了一个委员会，来代表 1990 年 5 月选举之后本来应该组建的议会。

第二天，我来到全国民主联盟的总部发表演说。下车后，我匆忙走向入口——因为外面有大量军情局的人——发现了一座狭小的两层楼，装饰着运动时用的红旗，阻挡着高温，里面活动气氛浓烈。我向满满的一屋子人（大概有两百人）发表演说，其中可能有一半人不到三十岁，因为这是官方日常的“青年日”。素主持这场会议，将我的谈话翻译成缅甸语，还增加了自己简洁有力的评论。像希腊合唱队一样坐在我们两边的人，她称为“大叔”——资深党员，其中有几位是前军队官员，她非常依赖他们的支持和建议。

我谈论了中东、南非以及其他地方的民主过渡。尽管毫无疑问有当局的特工在场，但人们还是自由地发问，似乎永远不想停下来。许多人消息相当灵通，尤其是关于最近印尼和马来西亚的变革。（在这里，与曾经共产党统治下的东欧一样，用本地语言广播的西方电台是重要的生命线。）他们钟爱将军在真相委员会面前冒汗的想法。一名在前排、准备做笔记、一脸认真的女孩问道：“如何定义真相委员会？”后排的一名男子想知道这个程序是否会像在南非那样有必要有特赦，当听到没有时似乎松了一口气。

素随后说：“你看到了！没有那么糟糕，对吧？”后来她去和 273
伊洛瓦底江三角洲青年翼的代表团谈话，而我乘车去了机场，在机场，“海关官员”仔细搜查了我的行李，删掉了我数码相机中的视频。

四

在缅甸可能会发生怎样的和平变革？发生丝绸革命（Silken Revolution）的可能性有多大？有人肯定一开始就会说，最好的机会可能十年前已经错过了。1990 年 5 月，当局被全国民主联盟的选举胜利震惊。当时在仰光的世界媒体和电视看来，如果全国民主联盟立即组织大规模游行前往大学大道，解除昂山素季的软禁，该国如今可能截然不同了。但是当时领导全国民主联盟的“大叔们”过于害怕冒暴力的风险，可能也过于相信其以前的部队战友，没能抓住那一刻。那是一个历史没有转变的转折点。

十年后，缅甸的核心问题是，素拥有了所有合法性，而国家恢复法律和秩序委员会拥有了所有权力。如果全国民主联盟再多拥有一点的真正权力，国家恢复法律和秩序委员会再多拥有一点合法性，一场经过谈判的过渡将更易想象。毫无疑问，素和全国民主联盟仍然拥有巨大的潜在支持。“为什么 40 万男人这么害怕一个女人？”一个英国的支援小组所问的这个问题很容易回答。明天举行选举，反对党几乎肯定会获得另一次压倒性的胜利。

问题在于将军们知道这一点。他们尽管拥有所有武装力量，但还是生活在恐惧中。我从一个可靠的消息中得知，许多政府军的高级指挥官其实都睡在办公室或者营房中。这充分显示出了受困心理。如果十年前他们害怕公众的报复，那他们现在一定害怕得更多。对于历史上的每个独裁政权，乐观的解读者——不是苏联问题专家而 274
是政府军问题专家——认为“改革者”躲在关闭的门后面。书记-1甚至被称为国家恢复法律和秩序委员会的安德罗波夫（Andropov）。但将军们没有露出任何准备就绪、认真应对的迹象。

同时，尽管全国民主联盟的潜在力量巨大，但其真实、有效的影响力非常有限。仰光的办公室是特例。更加典型的是省城一位全民联的书记告诉我的那样，“我们什么都做不了”。他的妻子刚刚因与全民联有关系而失去工作。素最聪明的政治顾问要么被关在牢里，要么被流放了。目前，尽管有大量的国际观众，但当局还是相当有效地将她和“大叔们”控制在了一个狭小、保护半隐私的空间里。

与我交谈过的那些人意识到了波兰的异见分子所谓的“社会自我组织”的重要性。但他们共同的回答是“在这里不可能”。与一位仰光的作家谈话的时候，我问道：“什么是文明社会？”他哈哈大笑起来，向一间几乎没有东西的小房间示意了一下，那边有两位忧郁的同事坐在一小堆杂志边上：“这就是我们的文明社会！”这是独立辩论留下来的杂志，但它们经过了严格的审查。我看了最近的一期期刊，连提到“人们担心未来”和“那些对新事物感兴趣的人”这样的内容也被删掉了。在另一个编辑办公室，有人告诉我，有一篇有关仰光蚊子泛滥的文章也被禁了。审查人员显然怀疑有政治寓意。

学生可以成为更有力的力量。这是缅甸的传统：昂山将军就是以学生领导开始其政治生涯的；20 世纪 70 年代，城市里，反对奈温最勇敢的力量来自大学；也正是学生发起并领导了1988年的抗议。不过，国家恢复法律和秩序委员会也知道这一点。因此，一名学生活动分子被判处五十二年有期徒刑，国内的大多数大学被封。与其冒失去权力的风险，军方领导人宁愿牺牲一代人的高等教育及国家的未来。一些大学部门已经重新开放，通常被小心安置到主要城市 275
的外面。交得起学费的年轻人私下里学英语、计算机或者商务的课程。与此同时，军方有医学院和工程学院以确保自己的孩子不遭殃。[1]

[1] 多个慈善机构通过为能够出国的缅甸学生提供国外高等教育的机会，来减弱这一灾难性政策的影响。其中最著名的是展望缅甸（Prospect Burma）（总部位于英国的慈善机构，最初以昂山素季的诺贝尔奖金创建）和总部位于纽约的缅甸工程（Burma Project）（乔治·索罗斯支持的众多有价值的行动之一）。

对于这个高度复杂的问题介绍得最好的是马丁·史密斯的《缅甸：少数民族的叛乱和政治》（*Burma: Insurgency and the Politics of Ethnicity*）（伦敦：赛德图书出版公司，修订版，1999 年；由圣马丁出版社在美国出版）和伯蒂尔·林特纳（Bertil Lintner）的《反抗中的缅甸：1948 年以来的鸦片和叛乱》（*Burma in Revolt: Opium and Insurgency since 1948*）（科罗拉多州博尔德市：Westview 出版社，1994 年）。在准备本文的时候，许多顶级的缅甸专家给予了慷慨帮助，我在此表示感谢。

另一个重要的社会群体是佛教的僧人。对于小乘佛教（Theravada Buddhism）是否鼓励抵制独裁统治，支持民主的问题，我听到了相当矛盾的看法，但毫无疑问的是，僧人既成为抗议者又成为协调者的潜力很大。去年 11 月，该国最大寺院之一的方丈向国家恢复法律和秩序委员会主席丹瑞（Than Shwe）、昂山素季和奈温写了一封公开信，呼吁“这个国家的儿女”进行对话。我本希望去见见他，但有人告诉我，他受到严密的监视，我的拜访“对他或者对你都不好”。然而，我赤脚坐在另一位可敬的圣人面前。嗡嗡叫着的蚊子悠闲地在我的脚上享用着大餐，他伤心地向我解释国家恢复法律和秩序委员会如何通过捐赠、电视、汽车以及恐吓和奉承的明智结合来收买机构化的佛教阶层。然而，这位圣人继续说道，普通的僧人同样遭受了他们所在社会的苦难，同样对他们所在的社会感到沮丧。1988 年的时候，僧人冲在游行队伍的前方，在曼德勒尤其是如此。现在他们再次等待号召。有估计表明在缅甸有多达四十万的僧人：与士兵一对一。

最后，进一步的经济衰退可能自动引发公众抗议。但这不是工业化的经济，在工业化经济中，经济危机会引起愤怒工人的极大关注，工人能够采取共同行动。逾 70% 的人口仍然生活在仰光，分散的农村人口通常更容易镇压。将军们先发制人，已经将许多穷人赶出仰光，将他们赶到了河另一边的居住区。这些河上的桥都有重兵把守，正如奈温 1988 年的名言所说，“士兵一旦开枪，便能百发 276
百中”。

粗略一看可能的变革力量也必须提到少数民族以及所谓的半外部和外部的参与者。因为缅甸的政治绝不是素与国家恢复法律和秩序委员会之间童话般美女与野兽之间的冲突那么简单。我没有亲眼目睹，也无法开始亲眼目睹少数民族的不满、叛乱和毒品交易错综复杂的情况，这类情况在该国众多的少数民族——掸族（Shan）、克伦尼族（Karenni）、孟族（Mon）、佤族（Wa）、钦族（Chin）

和克钦族（Kachin）等——中大不相同。这些少数民族加起来几乎占到该国人口的三分之一：所有民族主义的学生都知道，这是一个危险的比例。半个世纪以来，他们对于塑造缅甸的政治一直都是至关重要，在任何经过谈判的过渡中，少数民族的领导人将立即要求在谈判桌上要有他们的一席之地。

我所说的“半外部”参与者，一方面是指1988年血腥镇压后逃到泰国的数千名学生和其他政治活动人士，其中一些人仍然在那条防不胜防的边境上进进出出，另一方面是指流亡政府，它有时与全国民主联盟一起行动，但协调不够。这些反过来与缅甸外国支援小组的大力支持密切相关。因为缅甸已经成为我们这个时代象征性的伟大事业之一。目前，有一百多个非官方的缅甸网站。自由来临的时候，这份理想主义以及这些人投入的精力将是巨大的资产，但目前这个虚拟的缅甸对真正缅甸的影响很小。一位分析人士干巴巴地说，1999年9月9日——迷信的缅甸人普遍认为这又是一个采取行动特别吉利的日子——期待已久的反国家恢复法律和秩序委员会抗议，与其说是缅甸国内的大事还不如说是国外的大事。

各邦协调一致的行动可能要比“国际文明社会”对当局产生的直接影响大。缅甸享受着每年都被联合国决议谴责的罕见待遇。由于缅甸不断使用被迫的劳动力，国际劳工组织（ILO）采取了史无前例的行动，已经接近取消缅甸的成员国资格。联合国秘书长为该 277
国任命了新的特使马来西亚人拉扎利·伊斯梅尔（Razali Ismail），人们希望他能比上一位特使更加积极。

然而，除此之外，令人遗憾的是，在缅甸有利益的国家意见不一。英国和美国支持施压政策和选择性的制裁：昂山素季和全国民主联盟支持该做法。尤其是美国的制裁不为缅甸提供重大的外国投资和国际发展贷款。一个更温和版本的英美政策也是欧盟的一致立场，尽管德国和法国更倾向于与缅甸缓和关系。日本、韩国和几个东盟国家随之采取了温和得多的“民间外交”和经济接触的政策。

1997 年，东盟违背全国民主联盟的意愿，接受缅甸成为其成员国。这一切让人想起冷战期间关于“扩音器外交”的优点和“建设性接触”的优点之间的争论，但这里还多了一个所谓的“亚洲”做法和“西方”做法的维度。3 月，有重大利益的大国举行了秘密会议，试图缩小分歧。令国家恢复法律和秩序委员会懊恼的是，该会议在首尔举行，泰国和马来西亚等东盟成员国参加了该会议。

然而，即使这些“亚洲”和“西方”的政策达成一致，国家恢复法律和秩序委员会仍然可以依靠最大的亚洲国家：中国。尽管官方的意识形态有所不同，但目前缅甸几乎是共产党领导的中国的附庸国。繁荣的贸易穿梭在古老的缅甸道路上，往返于云南省，每个条款都是对中国有利的。曼德勒越来越像唐人街了，中国的商人像君主一样生活着，住的房子甚至比那些将军还要大。缅甸的另一个亚洲邻国印度称，国家恢复法律和秩序委员会已经允许其中国盟友在战略上进军印度洋。……

只有笨蛋才会预测如此错综复杂的局面的未来。基于我交谈过 278
的许多人的看法，我自己忧郁的直觉是爆发的可能性要比谈判大。有几个人向我指出，从历史的角度来说，由于短期的暴力抗议，缅甸佛教长期挣扎的温和已经改变。没有人知道导火线会是什么，不过奈温的逝世和葬礼可能是当局面临的一个潜在的危险时刻。爆发，尤其是以农民起义的形式爆发，可能很快就会被准备就绪的军队用更血腥的方式镇压。这样的危机也会产生重要的国际影响，因为它会让西方站在一边，中国站在另一边。那样缅甸就步了台湾的后尘！

正如在印度尼西亚和马来西亚那样，这样的暴力最终将促进谈判，希望如此。那么我们要实现四大奇迹——似乎在这一点上达成一致本身已经不是奇迹。首先，反对派和国家恢复法律和秩序委员会可以谈判向民主有序过渡。其次，在对所有多民族政治组织来说最危险的时期——独裁政权正在覆灭而民主制度还未诞生的时候——该国也不会分崩离析。十年前，少数民族的主要政治代表准备在新民主联盟的框架内工作。现在他们是否会这样做就不是那么清楚了。再次，在外界的帮助下，新政府能够着手解决一系列可怕的问题：贫穷、营养不良、偷盗、过于强大的军队、腐败、落后的教育、破旧不堪或者不存在的基础设施、毒品、少数民族的叛乱、拥有自己部队的少数民族叛乱毒枭、艾滋病——你说得出什么，缅甸就有什么。

最后，我觉得恐怕是最不现实的，我将怀抱一丝希望，希望出现第四个奇迹：孤立、传统文化的那份宁静之美（在当今的世界上几乎是独一无二的）能够挺过现代化必不可少、期待已久的暴风雨。但全球资本主义的军队正在前线待命，发动机加速旋转着，集装箱中装着花哨的产品、准备就绪的生活用品包裹、性趣用品、鸭舌朝 279
后的棒球帽以及最先进的软件，以便不断生产满足消费者的新欲望。这些军队比任何政府军或者人民军都更加势不可挡，因为它们是解放者，深受欢迎。如果在中欧，旧世界留下的好东西寥寥无几，那里的条件要更加有利得多，在这里如何挽救它们？

五

最后一晚像第一晚一样，我去了大金塔。还是有一份宁静的美丽。我坐着仰望金色闪闪发光的奇迹，衬着黑色天空，思索着我所看到的一切、思索着迈克尔和素。

突然，一个胖女人走近与我攀谈，她穿着昂贵的衣服，背着一只漂亮的皮挎包，面无表情，令人奇怪："你来自哪里？"她用不太流利的英语告诉我，她非常热爱波达哈神（Lord Booodah）以及她是如何过来为她的丈夫（他是在周二出生的）祈祷的。她说："缅甸人乐于帮助外国人，只有几个不友好的人才不帮忙。"她补充说，她的儿子在读大学——有一个是读医学。那她出生于周二的丈夫呢？哦，他是缅甸空军的大将军。她又短又粗的手指上戴着四个镶着我至今见过的最大、最重宝石的戒指。外在的财富——万一出问题很容易携带。素用过一个什么词来着？“不义之财”。接着这位将军夫人一摇一摆地走了，后面紧跟着两个仆人。

我待了一会儿后，做了一个世俗的祷告：我所有悲观的分析应该被证明相当错误，四个奇迹应该接二连三地出现，昂山素季自己应该成为“美梦成真的梦想家”。

2000 年

隐遁伊玛目的战士 280

纳克歇·罗斯塔姆(Naqsh-e Rostam)岩石高耸入云,俯瞰沙漠,在其高处刻着两千五百年前波斯大帝的王陵:大流士一世(Darius)、薛西斯一世(Xerxes)和亚达薛西(Artaxerxes)。在这座皇家拉什莫尔山的崖壁下面,你可以看到一块巨大的画像石,在热气中闪烁。上面画着伊朗代国王沙普尔一世(Shapur I)接受罗马皇帝瓦莱里安(Valerian)的投降,按照基督教的历法来算,那一年是公元260年。这位征服者骑在马背上,穿戴威武,俯视着徒步、没有佩剑、战败的恺撒。我问我伊朗的同伴:“瓦莱里安怎么了?”“呵,当然被杀了。”

一

2005年秋,正当如今的伊朗统治者藐视新罗马而执意推行其核计划,我在伊朗伊斯兰共和国旅行了两周。伊朗历1384年,我与用着手提电脑的毛拉、来自宗教圣地库姆的当局支持者以及强烈批评当局的伊斯兰哲学家交谈。我会见了各类学者、艺术家、农民、 281
政客和商人。最令人难忘的是,我与一些年轻的伊朗人进行了长时间的紧张谈话,他们占伊朗人口的大多数。在我写这篇东西的时候,他们一张张认真的脸浮现在我面前,尤其是那些女子的脸,定格在必须戴的伊斯兰头巾中,她们将头巾变成了优雅的装饰,相当迷人。

在伊斯法罕（Esfahan）这个奇妙城市的一家屋顶餐厅中，我目睹了波斯文化的延续性。一名歌手唱着14世纪的诗人哈菲兹(Hafez)的诗，用餐者抬头仰望着谢赫·洛特法拉（Sheikh Lotfallah）清真寺蓝色、乳白色和青绿色的圆屋顶在夜空中闪闪发光。(你很少能在英国的酒吧中听到有人唱乔叟的诗。）更加典型的是,我陷入了热气、灰尘和刺眼的污染和德黑兰自杀式的交通中，这个无法无天的城市有1 200万人，司机将每个环状交叉路视为玩互不相让游戏的场地，当两辆车的保险杠差一点点就要相撞的时候才转弯。有时还不转弯。

我还感受了中层和上层阶级住处的花园高墙后面的生活，在那儿，立即会摘掉头巾，发表的看法强烈鄙视该国新总统马哈茂德·艾哈迈迪·内贾德衰退的革命伊斯兰热情。我到这样一个住处还不到几分钟，穿着比基尼的女人便开玩笑式地邀请我裸身进入游泳池，男人们给了我一杯从一个标着“酒精浓度98%”的酒瓶中倒出来的酒。

这些邂逅表明了一个特点（显然是源远流长的世系），我在伊朗的对话者不断将我的注意力吸引到该特点上：伊朗人在外面所说的话和他们在这些高墙内所说的话之间的对比。故弄玄虚地说话是一种生活方式。我从未到过这样一个国家：许多人都告诉我，我不应该相信人们所说的话。(严格来说，这是一个自相矛盾的建议。）他们一次又一次地提到什叶派虚伪（taghiye）的习俗，为了维护其 282
信仰，信徒根据该习俗有权撒谎。如今，非信徒也很虚伪。

伊朗人还警告我说，他们的国家是一个充满迷信的国家——有时是通过非常现代的方式传达的。在德黑兰交通堵塞期间，我的司机收到了一条短信。该短信要求他立即祈祷隐遁伊玛目（什叶派第十二代伊玛目或者马赫迪）回归，据说大约在一千一百二十七年前，他就隐遁了。一个世俗的思想者很好奇，这样充满虚伪和迷信的社会是否完全不受理性理解的影响。

在古代和现代的大杂烩中，我寻找一个关键问题的答案：国内社会和政治力量可能如何转变伊朗后革命时代的伊斯兰政权，是逐渐转变还是突然转变？还可以加上第二个问题：欧洲和美国的政策（幸运的是，当前它们的政策还没有包括通过军事占领迫使“政权更迭”的伊拉克式的尝试）可能如何影响那些国内力量？

二

伊朗伊斯兰共和国的政治体系既非常复杂又极其简单。我遇到的大多数伊朗人更喜欢强调其复杂性。任何时候，该国至少有两个政府：半民主的正式国家结构和宗教意识形态的指挥结构，前者目前由总统马哈茂德·艾哈迈迪·内贾德领导，后者由最高领袖阿亚图拉·阿里·哈梅内伊（Ayatollah Ali Khamenei）领导。有众多正式和非正式互相转化的力量中心，包括议会中的政党、内阁、富裕的宗教基地、革命卫队、数百万巴基斯民兵（他们的动员帮助艾哈迈迪·内贾德当选了总统）。此外，还有秘密的少数民族或者地区的黑手党，大量相互竞争的情报、安全和警察机构——根据最近一
项统计有十八家。难怪伊朗的政治学家提出了“多元政治”、“选举 283
寡头政治”、“半民主”或者“新世袭制”等术语。

然而，我在那里待的时间越长，我越发强烈地感受到，该政权的实质仍然相当简单。从本质上来看，伊斯兰共和国仍然是一种意识形态专政。其核心的组织原则可以用四句话来概括：(1) 只有一个真主，穆罕默德是其先知。(2) 真主最了解什么对男人和女人有好处。(3) 伊斯兰的阿訇，尤其是其中最博学的人和教法学家有资格解读伊斯兰教法，最了解真主想要什么。(4) 博学的教法学家出现分歧时，最高领袖做出决定。

这个体制的发明者大阿亚图拉·鲁霍拉·霍梅尼（Grand Ayatollah Ruhollah Khomeini）通过极端地重新解读伊斯兰的概念——velayat-e faqih，通常译为“教法学家的监护”（Guardianship of the Jurist）来证明该体制的合理性。该体制并不是伊斯兰的，而是霍梅尼

主义的。没有这位老人就不会有该体制，他的严肃肖像仍然在伊朗各个地方盯着你，不过目前通常在他的旁边挂着其继承人、支持者、戴着眼镜的人物肖像——现任最高领袖阿亚图拉·哈梅内伊。如果你怀疑过个体在历史中的重要性，那就想想霍梅尼的故事吧。

我在偏远的集镇霍梅尼参观了他儿时的住处——阿亚图拉通常根据其家乡的名称取一个尊称，因此霍梅尼意味着是“霍梅尼人”。那是一个坚固、相当漂亮、黄砖砌成的房子，拥有传统的内外两个院子，还有一块碑文歌颂“霍梅尼太阳的出生地”。他四个月大的时候，父亲被人谋杀，十五岁的时候，母亲去世，他被送到了神学院，神学院将他训练成了神职人员。如果双亲中有一位在世，这可能会是不同的故事吗？外面的一个布告板上将他形容成“当代世界宗教政府的复兴者”，再正确不过了。

霍梅尼是伊朗伊斯兰革命中的列宁和斯大林。他创造的体制
与共产党政权有些相似之处。在霍梅尼主义中，“教法学家的监护” 284
是一个包罗万象的政治原则，功能相当于共产主义中党的领导作用。此外，还有同等的思想和国家权力等级，前者通常最终战胜后者。伊斯兰共和国思想上的那一半几乎完全不民主：最高领袖受到监护委员会（Guardian Council）、伊斯兰司法机构和专家会议（Assembly of Experts）的协助。这些机构都由保守的神职人员主导。国家机构更加民主，要通过真正的竞争获取权力，尽管竞争有限。然而，监护委员会专横地取消了数千名议会准候选人的候选人资格，当局控制着所有重要的国家电视频道，巴斯基民兵等安全部队既可动员选民，也可恐吓选民，因此人们不能认真地谈论自由公平的选举。

与共产党领导的国家一样，有激烈的派系斗争，西方观察人士有时将此误解成多元主义。与共产党领导的国家不同的是，各派系呼吁选民其实是为了巩固自己的地位。因此，艾哈迈迪·内贾德成功地在选民面前将自己塑造成了该体制之外不太讲究的清教徒，然而他现在完全是该体制中的一员，与哈梅内伊和监护委员会亲密合

作。在第二轮总统选举中，他污蔑其对手前总统哈什米·拉夫桑贾尼（Hashemi Rafsanjani）与受到控制的一群充满怨恨的毛拉过从甚密：一名伊朗政客告诉我，“一个大棒就能战胜拉夫桑贾尼”。拉夫桑贾尼现在高明地批评艾哈迈迪·内贾德在联合国发表伊斯兰革命风格的演讲缺乏外交策略。然而，他自己仍然是强大的权宜委员会（Expediency Council）的主席，该委员会在半民主、意识形态的僧侣政治和半民主的议会之间斡旋。正是拉夫桑贾尼在今年夏天宣布“该体制已经决定”重启铀加工。但领导人使用这个特殊的术语 nazam，即“体制”时，所有人都知道他们指的是上至最高领袖——真主在地球上的代表——意识形态上的指挥阶层。 285

在共产党领导的国家中，可以在《真理报》或者《新德意志报》的版面中找到党的路线。在伊斯兰毛拉领导的国家中，“伊玛目的路线”是通过周五礼拜活动传承下来的。我参加了其中的两次集会，第一次是在伊斯法罕壮丽的世界图案清真寺（Pattern-of-the-World mosque），第二次是接下来的一周在德黑兰大学有警察严密戒备的场地。在这两个地方，都有一名高级别的伊斯兰神职人员——在德黑兰集会上是监护委员会的主席——发表谴责性的政治演说，尤其是谴责美国和英国。政治信息夹在传统的穆斯林祈祷者中，就像夹在印度面包中的烤肉串。在德黑兰，最后的祈祷者以精心安排的齐声大喊结束：“打倒美国！打倒以色列！打倒‘教法学家的监护’的敌人！”

三

如何转变或者改革（许多人仍然喜欢这样说）这样一个政权？我周游伊朗的时候，“改革”一词听过无数次。我很快意识到它有多种不同的意思。首先，伊斯兰学者之间有意识形态的辩论，让人想起了共产主义世界中曾经所谓的“修正主义”——即试图修正立国的意识形态。比如在20世纪50年代的波兰，修正主义者的观点也是有关国际共产主义更广泛辩论的一部分，与此相同，这些修正主义者的观点对国际伊斯兰也有重大的影响。

这场辩论的激烈程度给我留下了深刻的印象。许多伊朗人显然厌恶硬要他们把伊斯兰教当国教，但我并没有感觉到伊斯兰的意识形态是一个无人问津的问题，不过比如在中欧，到20世纪80年代，共产主义的意识形态便成了一个无人问津的问题。远非如此。在霍梅尼的神学之都库姆（目前大约有两百家伊斯兰的智库和高等教育 286
机构），我会见了一个研究伊斯兰政治哲学的研究小组。我问道，为什么伊斯兰与世俗、自由的民主国家不能共存呢？在土耳其已经日益如此。穆赫辛·雷兹瓦尼（Mohsen Rezvani）是一名年轻的哲学家，穿着长袍，戴着毛拉的头巾，对桌边发笑的人说："土耳其不是库姆。"雷兹瓦尼说，伊斯兰"从人类学、神学和认识论上来说"与自由民主都不能共存。从人类学上来说，因为自由民主基于自由的个人主义；从神学上来说，因为它将真主排除在公众范畴之外；从认识论上来说，它基于理性而不是信仰。接着他们递给了我一期《政治学季刊》——并不是那个同名的美国期刊而是他们在库姆自制的版本。我从中读到了一篇令人敬佩的论文的英文摘要，这是一篇关于列奥·施特劳斯（Leo Strauss）的论文，由雷兹瓦尼撰写。

我跟他开玩笑说："这样看来，你是新保守派。"

他回答说，不，不，美国的新保守派没有恰当地理解列奥·施特劳斯。

在没看到该论文的全部译文前，我也能马上看出保守的伊朗毛拉可以从施特劳斯那里找到什么令人羡慕的东西：坚持认为经典文本中有唯一的真理，新柏拉图主义的学术先驱（由于《古兰经》，雷兹瓦尼渴望成为伊斯兰教法学家中的一员）能最好地解读作者（比如在《古兰经》中是真主）的意图。然而，这位库姆的沃尔福威茨（Wolfowitz）立即受到了桌边其他人的反驳，他们引用了阿多卡里姆·索罗什（Abdolkarim Soroush）等伊斯兰现代主义者的观点，索罗什认为伊斯兰能够与世俗国家共存。

回到德黑兰，我会见了最令人难忘的伊斯兰修正主义者穆赫辛·卡迪瓦尔（Mohsen Kadivar）教授，他是一位面带微笑、知识渊博、英勇无畏的毛拉。伊朗伊斯兰的辩论如此激烈的一个原因是，什叶派的传统不仅允许而且还鼓励最高层互为对手的大阿亚图拉（即那些获得“模仿对象”头衔的人）的追随者有不同的思想见解。卡迪瓦尔教授是大阿亚图拉·侯赛因—阿里·蒙塔泽里（Hossein-Ali 287
Montazeri）的门徒，在革命之父剥夺他的继承权，将他软禁在库姆前，蒙塔泽里一直是霍梅尼的继承人，继承他担任最高领袖。

几年前，卡迪瓦尔大胆辩称，教法学家的监护在《古兰经》或者主流的伊斯兰思想中没有良好的基础，与真正共和国的本质不相容。他还质疑伊斯兰在人们不在场的时候判处其（比如萨尔曼·拉什迪）死刑的正确性，在一篇新闻访谈中表示，如今伊朗重现了伊朗国王君主统治的特点：“人们发起革命是为了他们能够做决定，而不是为了别人为他们做决定。”他为自己理性上的诚实付出了代价，在监狱中待了十八个月。

因此，这就是当局的拉拉队长在周五礼拜活动中大喊，“打倒‘教法学家的监护’的敌人！”时所指的内涵。直接批评教法学家的监护和最高领袖的“君主”统治也是不可饶恕的罪，该国最著名的政治犯记者阿克巴尔·甘吉（Akbar Ganji）就犯了这种罪，他曾经像卡迪瓦尔一样，是伊斯兰革命狂热的支持者。

我引用波兰哲学家莱谢克·柯拉科夫斯基（Leszek Kołakowski）（他本人是前共产主义的修正主义者）的话对卡迪瓦尔说，民主共产主义的理念像油炸的雪球。“千真万确！”卡迪瓦尔大叫起来。民主霍梅尼主义像油炸的雪球。

另一组人也称为“伊斯兰改良主义者”，曾经是卡迪瓦尔的革命同志，他们强烈不赞同这种看法。我们可能会称他们为“体制内”

的改革派，过去八年，他们一直在总统穆罕默德·哈塔米（Mohammad Khatami）领导的政府中工作。准确地说，他们的希望是，他们可以改革并部分民主化伊斯兰共和国，但不动霍梅尼主义的核心支柱。他们失败了。许多在20世纪90年代末支持哈塔米及其改革派的人告诉我，他们相当失望。

我与体制内改革派中最富影响力的战略家赛义德·哈贾里安 288
（Saeed Hajjarian）交谈过，他是反情报局的前局长，2000年被子弹打穿颈部，暗杀人员可能来自与革命卫队有关系的具有竞争力的秘密服务机构。我们在他斯巴达式、点着霓虹灯的、融办公室和病房于一体的房间中见面，这个房间在一幢阴沉、散发着霉味、不起眼的大楼里，而这幢大楼原来属于总统的情报部门。在他光秃秃的办公室墙壁上有一幅阿亚图拉·霍梅尼——在伊斯兰共和国，他的官方称谓是伊玛目霍梅尼——的画像，不可思议的是，该画像盘旋在他自己的坟墓上方。桌子下方有一大堆西方学术期刊中分析民主过渡的影印文章。

或许只有在伊朗，你才能坐在这样一幢秘密服务的大楼中：里面有一张神秘的阿亚图拉·霍梅尼画像注视着一大堆有关民主过渡的西方文章。但这些要素到底是怎样组合的呢？哈贾里安穿着浅黄褐色的运动服，身体虚弱，脸色发黄。由于曾遭暗杀，他的身体几乎不能动，说话也有些模糊不清。然而，他的有力回答传递出了敏锐的政治智慧。他说，改革派可以东山再起，通过更加专业的组织与更好地利用媒体和电视来重新获取公众的支持。他一直这样说直到累了才停下来。他称，正如艾哈迈迪·内贾德在竞选中成功所做的那样，他们应该从商界募集更多的资金，关注普通民众日常的物质问题。但我从这次会面回来感觉，体制内伊斯兰改革派的完全恢复与哈贾里安自己完全康复一样不可能。

四

直言不讳的记者艾玛德迪·巴吉（Emadeddin Baghi）也同样持怀疑态度，他曾是伊斯兰改革派，由于自己的批判性写作而在监狱中待了两年多。巴吉为维护犯人的权利创立了一个非政府组织。他留着黑胡须，刚入中年，彬彬有礼，坐在该组织整洁、现代 289
的办公室里告诉我，当前需要的并不是毛拉政权内部从上而下的改革——正如哈贾里安倡导的那样——而是在文明社会中从下层开始组织。这让我想起了布拉格之春和杜布切克（Dubček）的“带有人道面孔的社会主义”（socialism with a human face）失败后的中欧异见分子。像他们一样，巴吉认为出路并不是意识形态上的修正主义和体制内的改革——前总统哈塔米失败的、带有人道面孔的霍梅尼主义——而是人们在一个独立于国家的社会中将自己组织起来。

尽管我发现他的总体观点令人信服，但我觉得巴吉（他还有一年有期徒刑，缓期执行）在社会组织方面谈到的尝试还非常小。他明确表示，这样的努力应该在毛拉政权觉得在政治上不受威胁的范围内进行。他深知，连他自己这样著名的活动人士以及最近诺贝尔和平奖得主希林·伊巴迪（Shirin Ebadi）的亲密同事也会随时被关起来。他也知道，就像他自己的报纸一样，批评性的期刊和报纸通常会被封。

到目前为止，几乎我提到的所有人——从总统艾哈迈迪·内贾德等当局的高级官员，到哈贾里安、卡迪瓦尔和巴吉等批评人士，再到阿克巴尔·甘吉等政治犯——曾经都是伊斯兰革命积极的参与者。他们是革命的孩子。然而，还有许多世俗的左派和自由派，他们反对伊朗国王但从未参加过伊斯兰革命，现在在非政府组织、出版业、大学或者文化产业工作，其中包括该国通常令人振奋的电影制作者。在西方特别出名的一位世俗自由派是拉敏·贾汉贝格鲁博士（Dr Ramin Jahanbegloo），他写了一部与以赛亚·伯林对话的著作，曾聚集尤尔根 · 哈贝马斯（Jürgen Habermas）、理查德 · 罗蒂（Richard Rorty）和安东尼奥 · 内格里（Antonio Negri）等思想家在德黑兰给 2 000 名兴趣浓厚的观众演讲。

然而，无论是世俗还是伊斯兰，那些在“文明社会”（他们喜 290
欢这样称）中工作的人的调度空间非常有限。比如，所有非政府组织必须正式登记，他们的许可证必须每年更新。图书的校样必须递交到文化与伊斯兰指导部（Ministry for Culture and Islamic Guidance）审查，接着经过审查的页面必须重新排版，这样读者就无法知道删减的地方了。大学受到严格的控制。在理论上讨论民主的优点是可能的，但切实批评教法学家的监护根本不可能。

该体制拥有多个权力中心的不争事实增加了一种额外的不确定性。比如，我交谈过的一名持不同政治意见的学生被官方国家安全服务机构释放，结果几个月后被革命卫队再次拘捕了。没有人确切地知道界限。因此，出现了非常自由的思想辩论和永恒的潜在恐惧。

有人曾研究过后极权主义或威权主义的独裁政权，无论在欧洲、拉丁美洲还是南非，它们都逐渐成了不那么压迫的国家并最终成为民主国家。对于这些人来说，伊朗的主要问题如下：伊朗社会中有什么力量可能有助于增加和平社会压力，促进政权逐渐转变？

到目前为止，伊朗的工人并没有显示出任何组织自己的迹象，与二十五年前波兰工人在团结工会运动中的所作所为不同。在农民当中，有许多农村的人失业并有一些不满。在一个日晒严重的山村，我与牧羊人交谈，他们告诉我，一半村民没有工作。许多人晚上跑到田里吸毒。然而，应对农村苦难的主要方式是移居到镇上。这样他们大大增加了城里的穷人数量，无法为政治反对派做出贡献，反而更可能被当局的巴斯基民兵雇为打手或者在街上受到他们的动员。

富裕、西方化的商界领袖怎么样呢？我交谈过的商界领袖私下 291
里猛烈地批评当局，但其生意却依赖当局。一些人与有权势的毛拉建立了商业合作伙伴关系。像塞尔维亚和乌克兰的寡头一样，他们可能在决定性变革的时刻愿意支持反对派的运动，但在此之前不会。无论如何，他们自己指出，伊朗的大部分经济还是掌握在该国丰富市集（bazaaris）的传统商人手中，他们有的是小商店的店主，有的是一流的进出口运营商，不一而足。在伊朗，这些传统商人通常是伊斯兰神职人员（ulama）的盟友，到目前为止，几乎没有任何改变立场的迹象。

与此同时，当局有保持其权力的大量资产。我写本文的时候，每桶油价超过 60 美元，其六个月的石油收入便能支付当前财年的所有国家预算。当局可以大量补贴基本的食物——面包、茶、糖、大米——为该国狂躁的司机维持极低的燃料价格。我在该国的时候，汽油价格只要惊人的每加仑 35 美分。有四分之一的在职人员是国家的员工，其工作依赖当局。大量的安全服务机构如日中天。起初和平的革命转变成暴力和受到镇压的革命过去不到三十年，大多数有点记忆的人已经不想发起另一场革命。如果美国和英国，撒旦（Great Satan）和背信弃义的阿尔比恩（Perfidious Albion），试图从外部施压，伊朗可以让占领伊拉克什叶派地区（伊斯兰共和国在该地区的影响力不断增加）的外国人的处境更艰难。

那么当局害怕什么呢？我得出的结论是，只害怕一点，但这是非常重要的一点：它自己的年轻人，那场革命的子孙。

五 292

伊朗是一个相当古老的国家，有大约两千五百年源远流长的历史。它也是一个相当年轻的国家。在其 7 000 万人口中，有三分之二的人口不到三十岁。这至少一定程度上是有意推行政策的结果：在 20 世纪 80 年代，革命后的第一个十年，毛拉们鼓励婴儿潮，谴责西方控制生育的堕落行为，呼吁大规模生育，替代该国在伊朗—

伊拉克战争中牺牲的数百万战士。生育五个或五个以上婴儿的爱国夫妇将获得一块免费的建筑用地。当局的宣传称这些孩子是“隐遁伊玛目的战士”。

为了将这些年轻人培养成良好的伊斯兰公民，毛拉们开办了全国新大学网，称之为伊斯兰自由大学，以补充现有的大学。根据伊朗历 1382 年（公元 2003—2004 年）的伊朗统计年鉴，伊朗目前大约有 200 万名学生被大学录取，其中大约有一半是女生。此外，还应该将最近毕业的数百万人加入其中。

因此现在你可以在各地看到他们，这些“隐遁伊玛目的战士”在其手机上聊天或者在公园里调情，女孩子戴着透明的粉红色或绿色头巾，还戴得很后面，露出诱人的卷发，而她们卷起来的牛仔裤故意将赤裸裸的脚踝露在外面，脚上穿着漂亮、尖尖的皮鞋。在城市里，之前原本必须要穿隐藏身材、长长的黑夹克，现在已经被短短的紧身白夹克或者粉红色夹克替代。在伊斯法罕一座 17 世纪的砖桥拱门下面的茶室中，我遇见了一位靓丽的年轻女子，她化着浓妆，身上洒了香水，炫耀着裸露在外十多厘米的娇美小腿，脚踝上方戴着珍珠链子。她咯咯笑着说，没错，有传言说，新政府上台后，他们将对露肉罚款，每露出一厘米，将罚款 25 000 土曼（大约 15
美元）——但她不在乎。即便在偏远的霍梅尼太阳的出生地，年轻 293
的女子也在紧身的夹克下面穿着西式的牛仔裤和鞋子。

男人穿的衣服是一种不那么熟悉的符号语言。一名法学院的学生穿着黑色西服打着领带来见我。起初，我以为他一定是一名年轻的老顽固。我完全错了。因为当局关于男人的穿着规定要求绝对不能戴领带（就像总统艾哈迈迪 · 内贾德在联合国发表讲话时那样），穿西服打领带是勇敢叛逆的标志。另一位曾因参加异见分子的活动而多次入狱的学生告诉我，“领带是抗议的标志！”

通常，他们是以非政治的形式进行抗议的。许多人希望移民，加入数百万移居海外的伊朗人中。我不断被告知这代人的享乐主义，在德黑兰繁华的北部，公寓楼高墙的后面有疯狂的派对，西方的流行音乐、酒、毒品和性游戏。我在德黑兰的市场上发现有一件 T 恤上印着，“渴求：纯粹的一夜情”。如果他们有钱的话，他们会溜到迪拜玩几天，在那里，年轻的女子可以摘下头巾，随心所欲地跳摇摆舞。

然而，我见到了许多颇有思想、令人印象深刻的年轻人，其中大多数人都非常了解自己的国家并渴望改善它，见面的那几个小时显得漫长又令人难忘。他们如果仔细读当地媒体的话，可以学到很多东西。他们听西方的广播电台（英国广播公司的波斯频道或者美国支持的法尔达电台），观看卫星电视，尽管官方禁止卫星电视，但估计四个伊朗人中就有一个能看到卫星电视。他们能够非常具有创造性地利用互联网。一些政治上或道德上可疑的网站会受到伊朗服务器的屏蔽，比如持异议的大阿亚图拉侯赛因–阿里·蒙塔泽里的网站（montazeri.com），相当令人吃惊的是被屏蔽的竟包括弗吉尼亚大学（University of Virginia）的网站（让我注意这一点的伊朗资深网络冲浪者表示，伊朗审查人员的自动搜索引擎肯定在弗吉尼亚中发现了“处女”[virgin] 这个词）。但他们有办法绕过屏蔽。 294

伊朗还至少拥有五万名博客作者。一名学生解释说，由于这些博客通常是匿名的，人们可以自由地发表自己的看法，通常连在学生的朋友圈中也不敢这样说，因为在那些朋友中可能有当局的间谍。当局委婉地将其情报人员称为“隐遁伊玛目的无名战士”，学生极具讽刺意味地用“隐遁伊玛目的战士”来暗指他们。当然，这本来是指他们自己的。

当局花了二十五年，试图让这些年轻的伊朗人深深地支持伊斯兰、反美、反西方和反以色列。事与愿违，其中大多数怨恨伊斯兰（至少怨恨当前国家强制的形式）而支持美国，对以色列有一种友好的好奇感。一名本身是伊斯兰改革派的学者表示，伊朗现在——可以说戴着头巾——是伊斯兰世界中最世俗的社会。许多人还梦想过上美国人的生活，戴着比如说上面写着“哈佛工程学院”的棒球帽。还有不少年轻的伊朗人甚至欢迎入侵伊拉克，希望它让自由和民主更近他们一步。他们看到美国的入侵如何给伊拉克南部的什叶派带来好处，开玩笑说乔治 · W. 布什总统是“第十三代伊玛目”。

这 4 500 万年轻人是伊朗伊斯兰共和国和平政权更迭的最大希望。他们的“软实力”可能比四十五支美国海军陆战队更有效。改革派总统哈塔米八年的总统任期留下的一项积极遗产是，这代人不像其前人那样害怕了。1999 年夏天，德黑兰大学的学生发起了一场大规模的抗议。他们永远不会原谅哈塔米对抗议的镇压。自那以后，每年，他们当中的一小部分人都试图通过游行来纪念，但游行一直受到警察的破坏。镇压很猛烈：我写本文的时候，一名著名的学生领袖刚刚被判处六年有期徒刑。然而，我从与自己交谈过的年轻人中获得的印象是，他们打算继续斗争，或许会采取更加精明和创新 295
的抗议方式。

我所看到的青年波斯拥有巨大的潜力。这些年轻的伊朗人接受过教育、感到愤怒、幻想破灭、不耐烦，当他们离开大学的时候，大多数人都找不到专业对口的工作。他们如果能获得时间和恰当的外部条件，或许能带头施加那种有组织的社会压力，允许——和要求——改革甚至转型的倡导者在双重国家中处于上风。

然而，如果美国得出结论称年轻的伊朗人是西方或者说第十三代伊玛目的战士，那美国就在犯一个巨大的错误。他们对西方的政治态度错综复杂，常常令人费解、瞬息万变。不像邻国土耳其，连最直言不讳的准民主化人士也没有设想其国家会变成西方的一部分。他们寻求具有伊朗特色的现代社会。如果他们从更广泛的地域背景来看其古代文明，他们会将它称为中东或者亚洲。一名学生活动分子开篇说：“我们东方人。”此外，他们对伊朗的政策了如指掌，但对西方的政策和现实却知之甚少。

伊朗的核计划呢？对于我遇到的年轻人来说，这不是一个迫在眉睫的问题。在和我的谈话中，没有人提到这个问题。当我向他们问及这个问题时，他们有两种不同的意见。第一种意见认为，伊朗是一个高傲但不安全的国家，夹在已经拥有核武器的邻国中间，不仅有权拥有民用核能还有权拥有核武器。第二种意见认为，民主的伊朗毫无疑问应该拥有这样的权利，但他们宁愿这个充满压迫的国家没有获得核武器。然而，两者同样坚定地认为，针对伊朗的核野心，美国或者以色列轰炸核装置，更不用说伊拉克式的入侵，完全无法接受。

我们坐在德黑兰肯德基餐厅时，一个富有思想、受过良好教育 296
的年轻女子说："我爱乔治·布什，但如果他轰炸我的国家，我将讨厌他。"她连对该国采取更加严厉的经济制裁也反对。一名富有洞察力的当地分析人士强化了这种观点。他问道，谁或者什么可以让当局重新获得公众的支持，尤其是年轻人的支持？"只有美国！"

然而，如果欧洲和美国能避开该陷阱，如果我们为了延缓伊朗核进程所做的一切最终并非仅仅延缓了伊朗的民主化，如果同时我们能够找到帮助青年波斯实现逐渐社会解放和最终自我解放的政策，那么长期前景是美好的。与此前的法国和俄罗斯革命一样，伊斯兰革命一直忙于毁灭自己的孩子。有一天，其子孙将毁灭这场革命。

2005 年

东西相接 297

我在《南华早报》(*South China Morning Post*) 中读到，袋鼠源自中国。该报纸的消息来自澳大利亚袋鼠基因英才中心（Centre of Excellence for Kangaroo Genomics），因此这肯定是真的。接下来是什么。熊猫源自法国？几维鸟（Kiwis）源自哥斯达黎加？

时代脱节。天空中充满了不祥的预兆。昨日的金融巨头化作了尘埃，通用汽车公司变成了政府门前的乞丐。世界在我们眼前重塑，在香港，一些世界上最敏锐的商人在悄无声息地标记这些转变。

从香港这个独一无二的中西相接之地来看，首要又明显的转变是从西方转向东方。更加具体地说：中国之手变强，而美国之手变弱。现在徜徉于通过空中走道连接的香港摩天大楼建筑群时，有人看上去对美国国际集团（AIG）的大厦有点担忧，对贝聿铭（I. M. Pei）设计的中国银行大厦黑玻璃的尖角或许多了一点尊重——尽管诺曼·福斯特（Norman Foster）设计的汇丰银行大厦似乎仍然雄伟地屹立着。看电视的时候，有人不停地在两个台之间切换，一个台上在播由全美足球运动员变为财政部长的汉克·保尔森（Hank Paulson）在国会委员会面前失去了往常的冷静，因为他的救助计划
似乎需要救助，另一个台上在播胡锦涛沉稳地带着六百人的强大代 298
表团前往秘鲁参加亚太峰会，在秘鲁，中国主席将签订一份双边贸易协议，这将让中国超过美国成为秘鲁的主要贸易伙伴。

在接受一个地区频道的采访时，印度财政部长满意地指出，华盛顿的金融峰会是二十国集团而不仅仅是八国集团。他说，就应该如此并且还应该保持如此。中国主权财富基金监事会监事长金立群说，发达国家应该“谦逊地”向中国等发展中国家寻求帮助，一改中国领导层在发展方面的谦逊态度（“超级大国？什么，我们？”）。谈到对国际货币基金组织注入更多资金的要求时，他评论说：“如果你希望中国在金融危机日益严重的时候花钱，却不给我们什么投票权，没有人会跟你玩。”

力量的转变会伴随着意识形态的转变吗？千真万确的是，美国式的自由市场经济学有点阴云密布，连香港这样的自由市场贸易的温床也是如此，而中国大陆更多中央集权的市场经济，再加上在这样的危机中可以动用大量外汇储备，看上去相当光明。有人告诉我，一些中国香港人就是这样解读的，甚至还有点民族自豪感。但他们也非常熟悉中国制度的所有缺陷，其大陆的亲戚朋友（他们轻信了中国模式闪闪发光的简单看法）体验了这些缺陷——不平等、腐败、不安全，没错，还有低效。

实际上，在这里，有人给我讲述的故事要生动有趣和不可思议得多。这是一个有关全中国务实大辩论的故事，香港的中国学者和文明社会的活动人士可以并且确实参加了该辩论。中国社会是如何将市场经济的效率（开发能够与美国创业精神相提并论的本土创业精神）和一定程度上的公平、社会团结甚至“和谐”结合起来的？……

可以肯定的是，意识形态框架依然意义重大。胡主席不会寻求 299
他所谓的“民主资本主义”，即将成为前总统的乔治·布什也不会接受“具有美国特色的社会主义”。但在大标签下，现实往往令人吃惊。比如，大多数人都认为美国是小政府国家，中国是大政府国家。但中国学者王绍光估计，在当今中国，中央和地方政府加起来还是只重新分配了国内生产总值的20%左右。在美国，这一数字要高得多；有多高取决于你所在的联邦州，但蓝色的美国政府重新分配的国内生产总值肯定要比红色的中国多。

真正重要的是什么有效。一些香港人甚至将这种复杂的务实主义延伸到了政治制度中。他们说，这不仅仅是民主或不民主，白色或黑色的问题。还有许多民主的阴影部分。有一个引人注目的建议是，香港“选举”特首的制度——主要由所谓的功能界别（不同的经济部门、宗教组织，甚至还有二十名中医代表）提名的代表组成的选举委员会与当局的最终任命相结合——是中国领导层关注的模式之一，后者正在考虑如何将其所谓的民主延伸到自己的制度中。

如果这是真的，那将非常吸引人，也将是一种进步。但 2008
年美国总统大选的那一幕在我的脑海中依然历历在目，使我无法相
信这完全是民主。没错，在绝对的暴政和自由民主之间有许多变体，
但途中的某个地方有明确的界线；这条界线并不难找。一测便知： 300
如果你不知道谁将赢得选举，你可能在一个民主国家。我们不敢肯
定奥巴马将获胜——记得吧？……这条基本的界线清楚明了。

然而，关于社会经济制度——关于增长、社会团结和环境可持续性或者公共和私营部门之间的复杂权衡，我确实相信，在市场经济的世界中，已经不存在非常清楚的界线，也没有黑白之分。像中国大陆一样，香港甚至台湾也在复杂、有时间接的谈话中讨论在中国社会中该怎么做，因此，中国决策者与印度或者巴西的领导人坐下来讨论：那么在你们那里怎么处理这个问题？这是完全有意义的。这也是我们在这里试图做的。

肯定参观过香港的大英帝国诗人鲁德亚德·吉卜林在一首题为“东西方民谣”的著名诗歌中写道：“啊，东方是东方，西方是西方，永无交叉……”如果当初这是事实的话，现在可不是如此了。它们总是融合在一起。该诗中还写道：“……既没有东方也没有西方……当两位强人面对面站着时……”如今，更像是：既不是东方也不是西方，当虚弱的政府在过热的星球上试图满足不安民族的要求时。

2008 年

穆斯林兄弟会对抗法老 301

在艾得夫（Edfu）神庙高耸入云的金色砂岩入口的前面，矗立着壮观的猎鹰花岗石雕像，大约有 3.6 米高，代表首位合并而成的埃及守护神荷鲁斯（Horus）。在其胸部刻着一个小人物，他是该神庙建造时埃及的希腊统治者之一。为了支撑其政治合法性，这位外族的新法老不仅给自己披上了国旗，还将自己刻在了强大守护神的石像中。数千年来，埃及的统治者一直在玩这把戏，如今他们又故技重施了。

基督出生前三千多年的时候，古代的英国人还在原始森林中赤裸闲逛，行为像预料中的足球流氓一样，那时，法老的第一个王朝已经在尼罗河流域的下游建立了统一的王国，他们被视为半神。后来，他们将自己塑造成了太阳神瑞（Ra）、伊希斯（Isis）和俄赛里斯（Osiris）以及他们的神圣子孙长着鹰头的荷鲁斯神的孩子和亲信。

天神是伟大的，能让你继续掌权，但他们也是可以替代的。几个世纪以来，随着政治的变化，出现了天神合并和像公司收购一样的天神收购。卢克索（Luxor）的杰出人物阿蒙（Amun）和太阳神瑞合并变成了强有力的全新品牌阿蒙–瑞（Amun-Ra）。亚历山大
大帝的托勒密王朝继承人倡导塞拉皮斯（Serapis），故意融合了希 302
腊神和埃及神。在菲莱希腊—罗马神庙（Graeco-Roman temple of Philae），你可以在神庙的墙上看到母亲和孩子的雕像，但母亲的脸

是抹掉的。在基督教时期，伊希斯被粗糙地重塑成了玛丽，鹰头的荷鲁斯变成了耶稣。

后来，当然还有安拉（Allah）及其信使穆罕默德。对于19世纪出生于阿尔巴尼亚的穆罕默德·阿里帕夏（Muhammad Ali Pasha）来说，新神是欧式的现代性。对于拿破仑（Napoleon）和克罗默勋爵（Lord Cromer）来说，有代表进步和文明、带着刺刀和加特林机枪的西方上帝。对于后殖民埃及设计师的纳赛尔（Nasser）来说，有泛阿拉伯主义、社会主义以及伊斯兰。

现在，他们又在改变法老宫殿中的神了。穆巴拉克总统执政二十六年，现在提议修订《宪法》。第一条并没有说“阿拉伯埃及共和国是一个以工人阶级联盟为基础的社会主义民主国家”，而是说“阿拉伯埃及共和国是一个以公民权利为基础的民主国家……”社会主义就像菲莱神庙中伊希斯的脸一样被抹掉了。在《宪法》的其他九大条款中提到它的地方也被删掉了。

尽管有世俗和信奉科普特基督教的政客的反对，第二条将继续把伊斯兰教法作为埃及立法的“主要依据”。与此同时，通过禁止以宗教为基础的政党和独立候选人参加总统选举，总统所在的执政党民族民主党（National Democratic party）旨在将其主要敌人——非法但深得人心的穆斯林兄弟会排除在外，以免它在今后的竞争中获取合法的政治权力。因此它试图接受伊斯兰却打击伊斯兰主义。

从埃及五千年的历史来看，政治与你在美国公民教科书中发现的截然不同。它并不是关于采用以这种或者那种意识形态为基础构建这种或者那种有逻辑、合法的政治制度的问题。它是统治者借用、
扭曲和合并诸神、意识形态和法律制度，适应内外力量，威逼利诱， 303
必要的时候施点小恩小惠，但总是为了让自己的权力和财富最大化，尽可能长时间地为了自己和子孙后代紧握它们不放。那些过于认真对待合法宗教或者意识形态——无论是俄赛里斯主义还是社会主义——的人没有抓住本质。诸神变化多端，千百年来永恒不变的是

人类对于权力和财富的欲望，对于永生不灭的徒劳追求。

这带我们回到了胡斯尼·穆巴拉克总统的政权，他今年已经七十八岁了。尽管他要到 2011 年才面临重新选举，但继承危机——专制政权的克星——正在酝酿之中。在 2005 年第二轮总统选举期间，人们上街参加 Kifaya（意即“够了！”）抗议运动，其中一个原因是他可能正准备让自己的儿子贾迈勒·穆巴拉克（Gamal Mubarak）继承他。资深左翼活动人士卡迈勒·哈利勒（Kamal Khalil）喊道：“尽管有警察，也不准延期，不准继承。”他还说：“埃及啊，你还有宫殿，还有贫民窟，告诉那些住在奥罗巴（有许多豪宅的街区，其中包括总统的府第）的人，我们十人才住一间房。”

目前，穆巴拉克总统送走了 Kifaya 运动，也没有了美国要求其迅速民主化的短暂压力。其统治的军队、警察和安全服务基础似乎像卡纳克（Karnak）神庙的大塔门一样牢固。（他们还为五角大楼提供宝贵的服务，包括大量飞越领空的设施和特别引渡的不正当业务。）他有一位相当令人难忘的总理艾哈迈德·纳齐夫博士（Dr Ahmed Nazif），纳齐夫接受的教育让他成为一名计算机科学家，他对我说，政府正在努力让埃及融入全球经济。他们正在降低贸易和投资壁垒，去年实现了逾 5% 的增长。贾迈勒·穆巴拉克拥有工商管理学硕士学位，曾供职于美国银行（Bank of America），他是该 304
政府新自由市场议程的推动力之一。但是如果有经济效益的话，长期而言，它才能惠及穷人，而代价将很快感受到——比如国家对汽油和家用燃料的补贴减少。

对于许多住在开罗较贫穷地区十人一间小屋内的人来说，伟大的神话依然是穆斯林兄弟会，其简短有力的口号说“伊斯兰是解决之道”。只要禁令在，穆斯林兄弟会就无需展示伊斯兰到底如何解决问题。人们几乎不能期望它制定出详细的政策，更不用说实施了。实际上，穆巴拉克政权继续迫害穆斯林兄弟会，帮了它大忙。试图遏制伊斯兰主义，反而助长了它。我交谈过的世俗左翼和信奉科普特基督教的反对派觉得自己夹在了魔鬼和绿色的深海之间（绿色是伊斯兰的颜色）。在许多文化问题上，包括女权，他们其实认为穆巴拉克政府没有那么邪恶。

今后十年，无论胡斯尼·穆巴拉克下台后的过渡过程中会发生什么——无论我们获得了穆巴拉克二世总统，还是军队支持的候选人，抑或其他人——我敢肯定一点：在合法化混合神的埃及政治中，伊斯兰成分可能变强而不是变弱。如果你觉得这令人担忧，我可以说出唯一一点小小的安慰：它终将消逝。这个过程可能需要数十年，但有一天，伊斯兰主义也将加入五千年历史中失败的天神之列。

2007 年

无上帝之城 305

他们通常在十三四岁的时候就开始在贩毒团伙中干活了。年龄最大的大概二十一岁。之后会发生什么呢？“他们当中的大多数人都死了。”他们在与其他犯罪分子和警察的交火中身亡或者在市里地狱般的监狱里被谋杀。我站在皇家公园棚户区中一条弯弯曲曲的泥路上。环顾四周，就在几百米之外，我可以看到圣保罗（São Paulo）一个较富裕住宅区的公寓楼，每幢精致粉刷过的公寓楼都围着高墙和电网。路那边私立学校的富家子弟来棚户区是为了解一下毒瘾。“这是一种免下车的服务。”我的导游说，他是一名大学毕业生，选择住在了这里并致力于一项社区工程。

如果儿子加入了贩毒团伙，母亲会如何反应？“她们会去教堂。”我们走出一条小巷，发现了一家在巴西穷人当中非常受欢迎的新五旬节派的教堂——其实不过是一个简陋、轻型建筑砖块砌成的房子，上面手工画了一个标志。在该教堂的前面站着一群穿着漂亮运动服和运动鞋的青少年。我的导游突然高喊：“不要拍照。”他们是毒贩子。这些小孩宁愿在贩毒团伙中过短暂、刺激的生活，也不愿过漫长的乏味生活，为周边的富人当园丁、洗汽车或者遛狗。这总比上学好。 306
连当个把风的新手，赚的钱也比老师多。为什么还要接受教育呢？

傍晚，沿着一条都是小棚子搭成的商店和酒吧的街道回来的时候，我们遇到了一个头发打着死结的小伙子，他自称叫“可可”，是一名街头说唱艺人，艺名叫“MC · 马古斯”（MC Magus）。他唱的是他们的日常生活吗？当然。在那积满灰尘的大街上，他开始唱了：“过同样的日子难以忍受，人们干着苦差事，被规范、计划和杀人罪束缚着。”（伴着葡萄牙的节奏和说唱的拍子更好听）他唱到了压迫、绝望和种族歧视——这里与大多数棚户区一样，大多数人都是黑人。随后，在其轻型建筑砖块砌成的小屋里，他的女朋友从破旧的电脑中给我打印出了这首歌——“行走在黑暗中”，我们还聊了聊。MC · 马古斯说，从某些方面来说，自贩毒团伙接管这里以来，情况好转了。至少他们维护了棚户区内的和平。警察呢？他哈哈大笑起来。他们只会来这里收一份贩毒所得的钱。

在大圣保罗广阔城郊居住的 1 900 多万人口中，估计有 250 万住在棚户区。皇家公园的棚户区是最好的。当地一名研究城市暴力的专家微笑着告诉我：“啊，那是棚户区中的切尔西。”[1]

要看到更糟糕的棚户区，你必须至少驱车一个小时到达圣贝尔纳多（São Bernardo）那样的地方，该国总统卢拉就在该行政区极度穷困的环境中长大，因担任汽车工人联盟的领导人而名声大噪。这里，一眼望去都是简陋的小屋。对于那些生活在那里的人来说，我坐小汽车一小时，他们要花四小时坐公交车，再走路才能到繁荣的街区做家仆（如果他们幸运的话）。在圣保罗市一家出色的餐厅里吃丰盛的午餐期间，该市富裕的左翼自由派描述城市穷人有一个富有特色的开场白：“我的仆人”。比如“我的仆人必须凌晨四点起床，307
八点才能赶到我的公寓”。

除了印度和美国之外，巴西是世界上最大的民主国家之一。它成为严格意义上的民主国家还不到二十年，经过了互相竞争的政党和总统之间和平交接的考验。这个年轻的民主国家挺过了经济危机、勉强运作又错综复杂的联邦制度和不断发生的腐败丑闻。它拥有充

[1] 切尔西是伦敦西南部的一个住宅区，为艺术家和作家的聚居地。——译注

满生机、富有战斗力的自由媒体。军方曾经当政，现在已经退居二线。从许多方面来看，这都是鼓舞人心的试验。但巴西引发的问题是，有不平等、贫穷、社会排斥、犯罪、毒品和目无法纪等极端情况的自由民主能维持多久。在邻国，乌戈·查韦斯统治的委内瑞拉，民粹主义的诱惑始终存在。

实际上，鉴于这样的极端情况，出现了这样一个问题：在多大程度上，你可以真正地将这称为自由民主。巴西的法学学者奥斯卡·维赫纳·维埃拉（Oscar Vilhena Vieira）称，在法律面前根本没有基本平等的情况下，谈法治——自由的要素之一，与仅有选举民主相对——不合适。在这里，少数享有特权的人凌驾于法律之上——帕丽斯·希尔顿（Paris Hilton）[1]如果是巴西人就不会入狱——而许多穷人不受法律保护。富人实际上在当地警察那儿享有豁免权，而当地警察无论对穷人做了什么事情，且多数发生在黑人身上，实际上也不会受到处罚。在棚户区，大多数杀人犯不仅不会受到惩罚，还不会受到调查，在圣贝尔纳多的一个州立学校，我应邀在一节英语课上讲几分钟。我问道，孩子们长大后想做什么。一名十一岁的男孩喊道："警察！"为什么他想当警察呢？"那样我就可以杀人了。"他用手做出了一个开枪的姿势。砰！砰！

我并没有夸张。我并没有刻意引导问题。我还重新检查了一遍孩子所说的话的翻译。如此轻而易举地进入一个充满贫穷、毒品催生的暴力和警察腐败的世界，其本质与费尔南多·梅雷莱斯 308
（Fernando Meirelles）引人入胜的电影《上帝之城》（*City of God*）所描绘的世界极其相似，只是没有动感的音乐和绚烂的色彩，这相当令人震惊。

但人们必须避免掉入媒体老调重弹的陷阱中，不能忽视这个故

[1] 美国著名模特、演员、歌手、作家、商人和设计师，希尔顿集团继承人，2007年因违反缓刑条令而被法官判处拘役45天。——译注

事的另外一面。MC · 马古斯告诉我，他不喜欢梅雷莱斯的电影，因为它只展现了不好的东西。尽管条件恶劣，但这里的大多数人都努力追求美好的工作生活。他自己就工作很长时间，骑着摩托车送比萨。就在昨天，他们在街上举办了大聚会，庆祝受欢迎的圣徒纪念日。在棚户区，有一小部分小企业和企业家，但数量正在增多。像我导游这样令人难忘的非政府组织的活动人士努力通过电脑、剧院、运动或者街头说唱来开阔人们的视野。

在连续两届总统，卢拉及其前任费尔南多 · 恩里克 · 卡多佐（Fernando Henrique Cardoso）的领导下，政府努力扩大就业机会，加大专业训练，最重要的是扩大基础教育。在我当了一会儿客座老师的那个学校，大约三分之二的学生在那儿，是因为他们花 85% 的时间上学，家里就能拿到现金补贴（钱是直接付给母亲的）。该学校的校长说："拿补贴的孩子来上学了。"由于他们是分早上、下午和晚上三个时间轮着来上课的，老师工作量过大，工资超低，他们能学到多少又是另一个问题。

紧接着那个想当警察的男孩，一名坐在第三排的女孩说："我想当医生。"为什么呢？"我想挽救生命。"巴西自由民主的未来将取决于这两名孩子的儿时梦想哪个能更好地实现。

2007 年

超越种族 309

前段时间，巴西的人口普查人员请人们描述自己的肤色。巴西人想出了 134 种说法，包括 alva-rosada（白里透粉）、branca-sardenta（有褐色点的白色）、café com leite（咖啡牛奶色）、morena-canelada（肉桂一样的深色）、polaca（波兰色）、quase-negra（几乎黑色）和 tostada（烤黄色）。这种常常对自己轻松的诗意描述反映了你自己亲眼所见的现实，尤其是在巴西大城市较贫穷的地方。

在上帝之城中行走，就在里约热内卢外面一块穷人的住宅区——《上帝之城》这部电影的布景——里，我看到了每一种可能不同的肤色，有时就在同一个家庭中。阿尔巴·扎卢亚（Alba Zaluar）是一名杰出的人类学家，已经在该地区的人们中工作多年，他告诉我他们彼此之间会对此开玩笑，“你个小白脸”和“你个小褐脸”等。这些特点各不相同又互相融合，常常美丽动人。

巴西是一个人们将丰富的通婚作为民族的特性加以颂扬的国家，赋予从其本源来说误称的丑陋北美人以积极的含义。然而，这个故事还有令人厌恶、不为人知的一面。“种族民主”是 20 世纪初巴西塑造的自我形象，与当时依然种族隔离的美国形成对比。然而，310
如今的现实仍然是，大多数其他肤色的人在经济、社会和教育方面要比白人差。而这种不平等的部分原因是由种族歧视造成的。

我到巴西问有关贫穷、社会排斥和不平等的问题。几分钟内，我的对话者就开始谈论种族了。在与令人印象深刻的前总统费尔南多·恩里克·卡多佐交谈时也是如此。在生动的回忆录《巴西的偶然总统》(*The Accidental President of Brazil*)[1] 中，他回忆了自己作为年轻的社会学家时对棚户区的研究。他注意到了种族的广泛融合，但还是得出了如下结论："总体而言，巴西的黑人就是穷人。"

为了解决这个问题，他的政府启动了反歧视行动计划，卢拉总统对此进一步发展。现在许多大学对来自州立学校的申请者和黑人大学生都有配额。那些针对黑人学生的配额是极富争议的对象。首先存在对原则的反对。黑人诗人和作家玛丽亚–特里萨·莫雷拉·德热苏斯（Maria-Tereza Moreira de Jesus）曾说过："从在商店中的待遇到求职中的面试，种族歧视是存在的，但根据种族入学又是另一种形式的种族歧视。" MC·马古斯告诉我，他认为这种配额是个坏主意。他说："我们都是平等的。"

另外，还有实际困难。在一个如此混杂的社会中，如何确定谁是黑人呢？同卵双胞胎亚历克斯·特谢拉·库尼亚和艾伦·特谢拉·库尼亚（Alex and Alan Teixeira da Cunha）的案例生动地表明了这个问题，他们都在该配额计划下申请巴西利亚大学（University of Brasilia）。艾伦以黑人身份被录取了，而亚历克斯不算是黑人被拒绝了。该大学实际上有一个委员会，根据申请人的照片，利用包括头发、肤色和脸部特征在内的表现型来确定种族。第一个告诉我这一点的人是朱里胥（Jewish）。他说："你可以想象我是怎么看的。"

该国一些非常活跃的黑人运动更喜欢"非洲的后裔"这个名称。但线粒体和细胞核脱氧核糖核酸的最新科学研究估计，高达 85% 的 311
人口——包括数千万自认为是白人的巴西人——在其基因组中有逾 10% 的非洲基因。那些早期的葡萄牙移民通常没有带妻子跟他们一

[1] 由法律出版社出版的中文版译名为《巴西崛起：传奇总统卡多佐回忆录》。——译注

起过来。

这偏离了巴西通常使用的主观自定义。地理和统计官方机构的最新数据表明，大约有 50% 的巴西人自认为是“白人”，40% 多一点的人自认为是“棕色皮肤的人”，只有 6% 多一点的人自认为是“黑人”，不到 1% 的人自认为是“本地人”或者“黄种人”——即亚洲，尤其是日本的后裔。这是对五类人的直译。在一次大胆的行动中，黑人运动的代表（其中一些受到北美基金会的支持）称，所有不是白人的人口都应该被归为黑人。那么一切就变得简单了——黑人和白人。

其他人惊恐地喊道，这将引进最糟糕的美国式的种族分类，全盘否定巴西种族通婚的特色。如果真的必须要根据肤色决定大学录取的配额——美国的法院已经判定这是歧视——让它们至少以巴西自定义的传统方法为基础。过去，人们往往将自己往色谱中颜色较淡的一端定义，尤其是他们变得更加富裕的时候。一位社会学家冷冷地评论道：“钱让人变白。”如果配额可以让多一点的人宁愿成为黑人，那就实施吧。这么多个世纪以来，白人都更加具有优势——1888 年，巴西才废除奴隶制——因此有理由以另一种方式以防万一。此外，如果这意味着有一天大多数人都认为是白人的女孩以黑人身份申请大学，那么祝她好运吧。

作为一个外人，我没有资格评判这种看法。我可以看到反对肤
色配额的有力理由，也看到了必须处理的根深蒂固的歧视现实。巴 312
西人将自己做出决定。但我会真诚地说，我希望巴西向让“种族民主”的古老神话变为现实靠近一步，而不是重新使用过时的种族分类，将错综复杂的身份减少到单一身份。我在巴西发现的东西也预示着我们的未来，各民族将在一个世界中日益融合。

看上去像个富裕的白皮肤——不过，没有白里透粉那样白——外人到棚户区逛几天，还称，“这些人多么漂亮！”这很危险，当然我也意识到了这种危险。我会写东西自嘲。然而，我还是会说出来。

即便在上帝之城的贫穷和毒品催生的暴力中，我在巴西还是看到了种族通婚的美丽之处。我学会了从巴西人的角度颂扬它。

正是种族通婚让巴西人成为地球上最帅气的人类。这预示着——但我要重申，只有巴西解决可怕的社会和经济不平衡问题才行，包括代代相传的歧视——可能出现这样一个世界：肤色只不过是一种物理特征，就像眼睛的颜色或者鼻子的形状，可以羡慕、冷静地关注或者开玩笑。在这样一个世界中，唯一重要的种族就是人类。

2007 年

第六章

作家和事实

格拉斯的棕色记忆 315

没错：他是党卫军中的一员。但假设这一披露并没有像蘑菇云一样遮住君特·格拉斯（Günter Grass）出版的回忆录。我们应该如何评价《剥洋葱》（*Peeling the Onion*）？我认为，我们应该说这是一部精彩的作品，多年来，他笔耕不辍，写了许多令人失望、缺乏生机还有时令人不堪忍受的吓人作品，而该作品回归了格拉斯经典的领域和风格，是其以《铁皮鼓》（*The Tin Drum*）为首的伟大的小说“但泽三部曲”（Danzig trilogy）的完美延续。这是我们应该首先要说明的情况。

《剥洋葱》描述了他从 1939 年 9 月第二次世界大战爆发——当时作为一名十一岁的战争狂热分子，他收集了在家乡格但斯克（Danzig）第一次交战留下的炮弹碎片——到 1959 年《铁皮鼓》出版期间的生活，书中惊喜不断、令人愉悦，段落中处处透露着强大的描述力。他不仅让我们看到还让我们听到、触摸到和闻到了格但斯克两室小公寓中的生活，他在那儿长大，该公寓的楼梯上有一个公共厕所——“臭气熏天，墙壁被手指弄脏了。”[1] 这位少年渴望逃

[1] 翻译基本上是我自己做的，为了本文的目的，翻译尽可能接近于德语原文：*Beim Häuten der Zwiebel*（哥廷根：史泰德出版社，2006 年）。快速浏览了一遍，我觉得迈克尔·亨利·海姆（Michael Henry Heim）的《剥洋葱》译本似乎巧妙地将不可翻译的东西都翻译了出来。

离这个令人窒息的狭小空间，加入元首的军队，为其服务，他认为那是浪漫、充满英雄气概的世界。因此，十五岁那年，他就自愿加入 U—潜艇上的战斗，但他的申请未被接受。 316

没有哪位作家能更好地调动起嗅觉——感官文学中的灰姑娘。很少有小说家更加生动地描述过食物，赞扬德国大香肠和冷水鱼。所有泥土里的东西散发着泥土气息，所有肉类散发着肉味，这是格拉斯作品中特有的。他对公共事务与私人事务富有特色、极其现实的融合既动人又有趣。他回忆说，对于青春期的他来说，德国军队在东方战线上的胜败（日益处于下风）尽管令人担忧，但与自己阴茎不可预测的涨落相比，根本不是那么迫在眉睫的问题。他向其告解神父详细地讲述了这件事。

1944 年秋，他十六岁应征入伍的时候，发现自己分在党卫军中。他对艰苦训练作出的回应是在树林——他接到的命令是要穿过这片树林，每天给连队的下级小队领袖和高级小队领袖带一壶咖啡——中一个安静的角落里停下来，在他们的咖啡中撒一泡尿。他重复这样做，“我早上的日常报复行动”，还认为这让他坚持了下来，凭借“内心的会心一笑”挺过了最残酷的待遇，不像隔壁连队里可怜的家伙，用自己防毒面具的带子上吊自杀了。

1945 年 4 月，他所在的坦克连几乎被进攻的俄罗斯军队包围，他对坦克连绝望行动的描述是我读过的对战争经历最生动的描述之一：托尔斯泰（Tolstoy）撞上了冯内古特（Vonnegut）[1]。红军所谓的“斯大林风琴”火箭弹飞过来，他躲在坦克下面都吓尿了。在火箭弹过后的沉寂中，他可以清晰地听到自己的后面有很响、持续的牙齿哆嗦声。当他从坦克下面爬出来的时候发现，这牙齿的哆嗦声来自一位党卫军的高级军官。这位年轻狂热分子心中条顿人的英雄

[1] 冯内古特，美国小说家，黑色幽默小说代表人物之一，主要著作有《没有国家的人》、《第五号屠宰场》。珍珠港事件后，冯内古特入伍参战，1944 年被德军俘虏，在二站末期的轰炸中幸运生还。——译注

形象开始坍塌。在他们的周围，“血肉横飞”。

他在俄军前线后方迷了路。在树林中游荡，身心俱疲，又饿又怕，他听到附近有人。是朋友还是敌人？他紧张地唱起了一首德国民歌 317
的开头，说的是小汉斯独自闲逛走入了广阔的世界，“矮小的汉斯独自闲逛……”让他大松一口气的是，那个隐蔽着的陌生人唱出了剩下半句，“……进入了这个广阔的世界”。如果另外那个人是俄国人，那我们恐怕就不会有《铁皮鼓》了。但是，他是一名长辈式的德国下士，建议当时十七岁的格拉斯脱掉党卫军的夹克。如果他被俘，俄罗斯人是不会对党卫军的人手下留情的。

他们在一个野外的餐厅里狼吞虎咽地喝着土豆汤，沐浴着春日的阳光，享受这甜美的平静时刻。由于他的描述力，你可以闻到那汤的香味，听到那突然的寂静，感受到他脸上阳光的温暖。接着又好像天塌下来似的。这位下士的腿被榴弹碎片击中。在救护车上，他请格拉斯解开他的裤子，检查一下他的鸡鸡和蛋蛋是否还在。还好它们还在，但他的腿很快就要被截掉了。这就是人类战争的现实，无论在奥斯特利茨、库尔斯克（Kursk）还是如今的巴格达都是如此。（因为那次袭击，格拉斯的左肩上还残留着一块榴弹碎片。）

还有其他令人难忘的段落。对其深爱的、积极上进的母亲的描述，战争结束几年后，她因为癌症死在了一个简陋得连窗户都没有的医院后房，失伴的丈夫喃喃地唤着她的名字：“莉晨啊……莉晨”。他的母亲和妹妹拒绝谈论“解放”的时候俄国士兵对她们做了什么，但他最终从妹妹说的一句话中得知，母亲代替女儿将自己献了出去——你懂的，就是作为轮奸的对象。他回忆了自己独自穿梭于战后德国的各个废弃城市，包括在煤矿中工作了一段时间，在煤矿巷道里吃午饭时老共产主义者和老纳粹分子还激烈争论。

害怕和渴望是渗透在字里行间的两种感觉。他将描述党卫军所作所为的一章题为“我怎样学会了害怕”。他有三重渴望。首先是 318
渴望食物，尤其是在美国战俘营的时候。其次是渴望性爱，以娓娓道来的方式描述了令人发笑的身体细节，这让我想起英国诗人克雷格·雷恩（Craig Raine）的作品，他的诗歌“洋葱，记忆”提前做到了格拉斯用一本书的篇幅阐述的隐喻。

食物和性爱组成了格拉斯的一个关键词 Fleisch，它在德语中既有肉类的意思（比如牛肉或猪肉），也有肉体的意思。他描述做煤矿工人期间，新婚之夜的晚上四个酩酊大醉的人睡在同一张床上，他写道没有任何一瓣记忆的洋葱皮能想起“这么多‘肉’之间发生了什么”。“原来是肉”，教父傅箴修（Fulgentius）——战后，为这位名义上仍然信奉天主教的年轻人提供膳宿的僧侣之一——说，还习惯性地采取防御状态，将双手插到手臂下面。在格拉斯看来，‘肉’是一个新创造的词。

食物和性爱之外，格拉斯最后的渴望对象是艺术。他将介绍自己成为艺术家的那一章称为“第三种渴望”。他凭借坚强的意志和坦诚的利己主义，独立一人在战后德国物理上和社会上的碎石山路上艰难前行，一开始成为一名石匠和兼职的雕刻师，接着成为绘画艺术家，再后来成为诗人，直到最后他快三十岁的时候，受到阿尔弗雷德·德布林（Alfred Döblin）《柏林亚历山大广场》(*Berlin Alexanderplatz*）和乔伊斯（Joyce）《尤利西斯》(*Ulysses*）的启发，成为散文家。他的第一任妻子安娜的瑞士父母相当富裕又有教养，在其藏书室里，他发现并阅读了那两本书。他称之为“安娜的嫁妆”。回忆录以他在巴黎的发现结束，“没错：我是精神病院里的一员”，这将成为所有小说中最著名的开篇之一。

与格拉斯的许多作品一样，《剥洋葱》太啰嗦。编辑再大胆一些用红笔勾出来就好了。他反复阐述剥洋葱的隐喻，直到我们希望这种令人厌烦的蔬菜——格拉斯为每章开篇画的画已经完全展现了各个分解阶段——早就可以扔进垃圾桶为止。另外，在相当微不足道的语境中，他用了两次其最著名的句法修辞，“没错：……”可以肯定的是，将它用于说明更重要的东西时更加明智：比如作为一名伟大的德国作家他的问题在于，普通德国人与纳粹过去的牵连是他写作的重要主题之一，但对于他自己本身是党卫军一员的秘密却保守了六十多年。然而，这本回忆录仍然是一部成熟的佳作，当许多其他东西被人遗忘的时候，它将继续流传，是收官之作，是无可比拟的《铁皮鼓》的非小说类版。[1]

一

它披露了什么？2006 年 8 月 11 日，《法兰克福汇报》在其网站上报道称，格拉斯曾是党卫军成员。格拉斯在其即将问世的回忆录中披露了这一点，在接受《法兰克福汇报》的采访时证实了它，次日，《法兰克福汇报》刊登了访谈的全部内容。这相当于文学政治界的核爆炸。我能清晰地记得自己的身体几乎剧烈抖动了一下。德国的负面回应持续不断而且常常来势汹汹，在格拉斯的出版商出的一份资料——*Ein Buch, ein Bekenntnis*（即“一部著作，一次坦白”）中可以看到这一点。一名批评人士说，如果人们知道这一点，他就永远不会获得诺贝尔文学奖了。此外，还有一名政客呼吁他归还诺贝尔文学奖。研究纳粹主义的著名历史学家约阿希姆·费斯特（Joachim Fest）评论说：“现在，我连这个人用过的汽车也不会买。”总理安格拉·默克尔说：“我希望我们一开始就完全知道这部自传。”专栏作家指责他披露这一点是为了给自己的新书造势。尖酸刻薄的评论人士亨里克·M. 布罗德（Henryk M. Broder）写道，格拉斯从“精英部队”的成员——讽刺地指代格拉斯对于自己十六岁时关于党卫

[1] 格拉斯拥有强大的想象力，但他的最优秀小说取材于生活。比如，《铁皮鼓》中奇妙的小矮人表演者。但在《剥洋葱》中，格拉斯回忆说，在去参加党卫军的路上，他看到一群小矮人在柏林火车站的防空洞里表演。《铁皮鼓》这部精彩电影的导演沃尔克·施隆多夫（Volker Schlöndorff）在筹备该电影的时候说，他得出结论，“这些小说中的东西都不是创造的”。

军看法的描述——一路爬升到了文化产业里的精英。

格拉斯对于这一切的反应是惊讶、困惑和生气的奇怪组合。当 320
我在看他有关该主题的电视访谈时，作者（尽管已经年近八旬，但依然精神抖擞）让我联想起一只疲惫不堪的老熊。他被逼到墙角，猛烈回击。他谴责以保守的《法兰克福汇报》艺术版面为首的报纸和电视的"非法法庭"和德国新闻业的"堕落"。今年春季，他出版了名为《愚蠢的八月》(*Dummer August*）的诗歌和绘画集，唤起了去年夏季狂轰滥炸期间自己的痛苦、忧郁和气愤。在一首题为"Was Bleibt"（"剩下什么"）的诗中，他描述了自己是如何花三年时间写回忆录的："然而，当初，一个善于制造敌意的人从庞大的建筑中拆下一句话，将它放在了充满谎言的讲坛上。"

东德小说家克里斯塔·沃尔夫（Christa Wolf）让"剩下什么"成为一个著名的标题，她之前曾因自己作为年轻的专栏作家与斯塔西有过短暂的合作而受到《法兰克福汇报》的攻击。现在格拉斯把《愚蠢的八月》献给沃尔夫，因为正如他在莱比锡书展的一次访谈中所解释的那样，她也曾是那些法兰克福的可怕保守黑客试图在文学方面暗杀的对象。[1] 在他们那一代的德国杰出小说家严阵以待的团结中有某种几乎完全对称的东西，西德和纳粹是一丘之貉，东德和斯塔西也是一丘之貉。[2] 在那次访谈中，格拉斯还解释了写这些诗是如何让他在心理上熬过那个痛苦的夏天的："如果我默不作声，那将更加糟糕。"六十年后，他高产的诗歌和绘画集是这位老坦克兵在艺术方面的报复，相当于在高级小队领袖的咖啡壶中撒尿。只是味道好一点而已。

对于德国媒体对该事件的报道，格拉斯确实说对了一半。全世界的记者都有一种可悲的模式，即他们先把名人捧到荒唐的高度，

---

[1] 详见http://www.zdf.de/ZDFmediathek/inhalt/29/0,4070,5255773-5,00.html.

[2] 更多有关纳粹—斯塔西的联系的信息参见本书的下一篇文章，"我们脑海中的斯斯塔西"。

接着又拆自己的台。在格拉斯身上发生的是这种先建后拆熟套的夸 321
张版。一些德国的批评还有一条一代人的边缘线。实际上，一些没有耐心、较年轻的批评人士本身足够幸运，从来没有受过格拉斯青少年时期面临的威胁和诱惑的考验，正如赫尔穆特·科尔曾经所说的那样，他们享受着“晚出生的幸运”。现在他们宣称：老家伙，下台吧，让我们代替你的位置。这是古老的文学篡位。他做出这样痛苦的披露只是为其新书造势，这种指责对于《剥洋葱》的公正读者不言而喻的是，其根本没有艺术和道德努力方面的价值。公关指控与其说是关于这只老熊的精神世界还不如说是关于那些做出该指控的那些人的精神世界。

然而，恐怕格拉斯只说对了一半。实际上，真正令人吃惊的是他太吃惊了。回想一下，格拉斯不断攻击赫尔穆特·科尔和科尔的家乡美因茨市（Mainz）的主教等联邦共和国领导人的方式，他引用圣约翰的话说：“你们中间谁是无罪的人，谁就可以先扔石头。”四十多年来，自从他成为著名的作家，君特·格拉斯一直是文学界最资深的扔石人。在数千次演讲和访谈以及数千篇文章中，他怒斥美国的帝国主义和资本主义，怒斥德国的统一（自从统一的德国“为奥斯威辛集中营奠基”后，他一直强烈反对德国的统一），怒斥康拉德·阿登纳、赫尔穆特·科尔及其所有新闻界的支持者。他像儿时仰慕的一名条顿骑士一样，拿着根大头棒将自己推向左翼和右翼——近几年，主要是偏向右翼。他将自己塑造成了政治和道德权威，还做出了苛刻的评判。他的语言常常毫无节制。现在是他为那些直接或间接的批评付出代价的时候了。批评他的一些人此前批评格拉斯采用简单、说教的评判，将纳粹的过去提升到道德或者不道
德的单一标准上加以衡量，现在他们以其人之道还治其人之身，采 322

用的正是这种评判模式。[1]

尽管如此，愤怒和惊讶似乎并不乱。愤怒的并不是他青少年时在党卫军中服役过这一事实，而是此后他处理该事实的方式。研究党卫军的领军人物、历史学家贝恩德·韦格纳（Bernd Wegner）表示，格拉斯当坦克兵时所在的“弗伦茨贝格师”主要由帝国劳工团(RAD)的成员组成，他们都是被迫入伍的”。[2] 由于格拉斯先前应征加入了帝国劳工团，他之前自愿加入U—潜艇的战斗似乎与他被分配到党卫军没有什么关系。没有资料表明他参与了任何暴行。据他自己所说，他几乎没有愤怒地开过一枪。

没错，他的战争经历并不是引发愤怒的原因。数千名年轻的德国人都有同样的命运。许多人因此丧命。令人愤怒的是，这么多年来，他不断借此谴责战后的西德人没有直面纳粹的过去，而他自己却未能完全坦承自己全部的纳粹的过去。非常失望的一个反应来自他最近的一位传记作家米歇尔·尤格斯（Michael Jürgs），他为格拉斯写的传记2002年才面世。格拉斯与尤格斯交谈过很长时间，然而他重复的标准版本是这位小说家战争期间先是一名预备防空炮手（在加入党卫军前，他也短暂地当过这个），接着加入了德军。这不仅仅是对自己的过去“保持沉默”。我会说这算是说谎了。此外，如果保守的德国政客这样做，格拉斯自己肯定会将此称为说谎，还要再加上一些“朴实”的形容词。

更糟糕的是，尽管对自己的经历了如指掌，1985年的时候他还谴责罗纳德·里根和赫尔穆特·科尔一起参拜比特堡（Bitburg）的墓地，在那里葬着许多战争死难者，其中包括四十九名党卫军的战士。在这四十九人中，有三十二人还不到二十五岁。其中最年轻的

---

[1] 我将该评论归功于我的斯坦福大学同事阿米尔·埃莎尔（Amir Eshel），她即将出版的新书有关德国和以色列文学的历史记忆位置，将在这方面发表更多引人注目的看法。

[2] 贝恩德·韦格纳，《党卫军：组织、意识形态和功能》（*The Waffen-SS: Organization, Ideology and Function*），牛津：布莱克韦尔出版公司，1990年，370页，注释60。

可能像君特·格拉斯一样应征入伍。他本可能是他们当中的一员。323
谴责比特堡之行，同时却不承认他自己曾在党卫军中服役过，这是极其虚伪、双重思想和草率鲁莽的行为。

比愤怒还要多的是纯粹的惊讶。毕竟，格拉斯未曾隐瞒他年轻的时候曾是狂热纳粹分子的事实。他写作的优势和道德权威正是来自如下事实：他可以从亲身经历讲述普通的德国人怎么会与魔鬼沆瀣一气。如果他大概在 20 世纪 60 年代，《铁皮鼓》出版后完全说出真相，那只会增强其作品和声音的影响。事实上，他似乎离说出真相只差一点点。他的朋友克劳斯·瓦根巴赫（Klaus Wagenbach）当初打算为他写传记，最近去查 1963 年他记的谈话笔记时，发现当中提到了党卫军。[1] 但传记并没有写成。如果那传记写成就好了。当时，格拉斯似乎还与至少一位以上的其他亲密朋友分享过在党卫军中的那段时光。那么，为什么他四十年之后才公开承认？

他在《剥洋葱》中写道：

> 几十年来，我拒绝向自己承认那个单词和两个字母（即 Waffen-SS，党卫军——译注）。战后，我想掩盖自己少年时满怀愚蠢自豪感接受的东西是出于越来越多的羞愧感。但负担依旧，没有人可以减轻它。诚然，在我接受训练成为一名坦克兵期间……从未听说那些后来逐渐公之于世的战犯，但这种无知的说法无法模糊这样的领悟，即我曾是这样一个制度中的一部分，该制度计划、组织并实施了数百万人的大屠杀。即使我可以免除积极同流合污的罪责，但时至今日仍然还有一点点通常
> 所谓的共同责任。我必定将背负着它度过我的余生。324

[1] 克劳斯·瓦根巴赫，“Grass sprach schon 1963 über SS-Mitgliedschaft”，《世界在线》（*Weltonline*），2007 年 4 月 25 日。

当采访者问他这个问题时，答案总是模棱两可、无法令人满意。在引发去年夏天群情激愤的那场最初采访中，他告诉《法兰克福汇报》的弗兰克·施尔玛赫（Frank Schirrmacher）："它压抑着我。""我沉默这么多年是写这本书的理由。这个必须说出来，终于说出来了。"德国电视一台的乌尔里希 · 维克特（Ulrich Wickert）问道，为什么是现在？"这事埋藏在我心里。我也说不出确切的原因。"在今年春季的莱比锡书展上，他若有所思地说，他必须寻找恰当的文学形式来坦白这件事，他说，这意味着要等到自己写自传的年纪。仿佛这解释了六十年沉默的原因。

格拉斯自己没有给出一个令人信服的解释，让我试着给出一个不可避免的猜测性答案吧。或许他刚好错失了时机。如果他在党卫军中的短暂服役期出现在20世纪60年代中期瓦根巴赫的传记中，它只不过将成为他故事的一部分而已。如果他曾坦承自己青少年时期曾应征入伍在党卫军中服役过，他将永远无法获得诺贝尔奖，这个说法在我看来似乎难以置信。但随着时间的推移，随着越来越多的人知道党卫军所做的暴行，随着1968年后谴责较老的一代掩盖纳粹过去的方式的呼声越来越响，随着格拉斯自己成为该呼声中最刺耳的声音之一，这份姗姗来迟的披露所付出的代价就更高了。路德曾经说过，一个谎言像滚下山的雪球：滚得越长，就越大。

为何现在披露呢？随着他走近人生的尽头——在诗歌中，他关于一双新皮鞋写了一句美丽的诗句，好像这双鞋要比穿它们的人更长久似的——这显然在心理和道德上压抑着他。有人怀疑，他担心研究人员会在斯塔西的档案中找到一些资料，我们知道斯塔西
收集了一些有关杰出西德人的纳粹过去、有可能泄露的材料。（结 325
果表明，斯塔西实际上并没有这项深深隐藏的细节，但他并不知道他们没有。）无论如何，他肯定真的猜想过，有朝一日，某位深入探究的德国学者将翻看他的战俘记录，上面有令人讨厌的三个字母W-SS。（它在文献书籍中再现了。）就像弗朗索瓦·密特朗（François

Mitterrand）在晚年的时候决定谈论自己置身维希（Vichy）的过去并对其作出自己的解释一样，这是格拉斯最后的机会以自己的方式将它说出来。《剥洋葱》一开篇，格拉斯就问自己为何要写这部回忆录，还总结出了一系列原因："因为我想说完最后的话。"当然，他不会说完。[1]

二

我们应该如何评判格拉斯事件？不应该在媒体迅速反应的"非法法庭"中评判它，而是应该在缓慢的历史法庭中心平气和地考虑所有可以利用的证据。首要又明显的一点是他作为小说家的成就不会受到影响。奥登对此说的比任何人都好：

> 时间对勇敢和天真的人
> 可以表示不能容忍，
> 也可以在一个星期里
> 漠然对待一个美的躯体，

---

[1] 似乎值得补充的是，在纽约公共图书馆君特·格拉斯和诺曼·梅勒（Norman Mailer）共聚一堂，安德鲁·奥哈根（Andrew O'Hagan）分别对他们进行了访谈，而又正值《剥洋葱》在美国出版，梅勒——他说发现该书"如果不是我读过的最优秀的战争题材作品，就是最优秀的作品之一"——从一个小说家的角度对格拉斯的行为做出了相当敏锐又同情的猜测：

> 我认为他可能觉得无法下手，因为一方面，他没有准备写它（即没有找到合适的文学形式），另一方面，要牺牲的东西太多。随着时间的流逝，要牺牲的东西太多了。对于他所信奉的东西，要牺牲的还要越来越多……因此现在他在为此付出代价。但我必须指出，今晚我很高兴与他在这里相聚，我尊重他。

梅勒认为这可能是他最后一次在公共场合露面，还告诉观众格拉斯的故事促使他开始"搜索自己的人生，问自己有没有隐藏了很久却从未写出来的东西，其实……可能永远不会写吗？在我看来，背叛我妻子阿黛尔的事情，我可能永远都不会写。"

该访谈的录音可以在www.nypl.org/research/chss/pep/pepdesc.cfm?id=2678上找到。

却崇拜语言，把每个
使语言常活的人都宽赦，
还宽赦懦弱和自负，
把荣耀都向他们献出。

时间以这样奇怪的诡辩 326
原谅了吉卜林和他的观点，
还将原谅保尔·克劳德，
原谅他写得比较出色。

（“纪念叶芝”，1939 年）

时间将原谅君特·格拉斯。因为德语因他而活，同样也以不同的方式因克里斯塔·沃尔夫（Christa Wolf）而活，因他写《铁皮鼓》时在巴黎以友相待的诗人保罗·策兰（Paul Celan）而活。

他最忠实的支持者称，他作为政治和道德权威的地位也不会受影响。在我看来，温和点说，这似乎令人难以置信，但并不是所有他的行动主义都会受到同等的影响。或许他最突出的政治贡献是德国—波兰的和解。他模范性态度的一个小标志是，他在回忆录中用波兰的名称来指代如今的格但斯克（原先称为但泽）——这在德国作家当中不同寻常。当然，一开始披露出来的时候，波兰人和任何人一样震惊，莱赫·瓦文萨随即表示应该剥夺格拉斯的格但斯克荣誉市民身份。

但后来格拉斯给格但斯克的市长写了一封痛苦、有品格的道歉信。在我看来，整个文件记录最让人感动的地方是，该市长阐述他及其同事如何紧张地等待这位小说家的信（他会说需要什么吗？他会找到恰当的语气吗？），收到这封信的时候大松了一口气并满怀感激地读它，迅速将它翻译成波兰语，接着请了一位演员将它读给聚集在市政厅的许多人听。那位演员读完的时候，全场沉默了一会。

随后，听众发出了雷鸣般的掌声。该市长用德语总结了阐述的内容，"Danzig versteht seinen Sohn"（即"格但斯克理解自己的儿子"）。或者说，他最初肯定是用波兰语写的，"格但斯克理解自己的儿子"。

因此，他的波兰—德国贡献没有受影响。对于他不依不饶、肆 327
无忌惮地批评美国，那些喜欢这种方式的人依然喜欢，那些不喜欢的人将更加不喜欢。显然受影响并且受损的是，他再也无法站在道德高地上批判从阿登纳到科尔的西德保守派没有正视纳粹的过去了。

然而，在此，让我尝试一下超越有意识目的范畴的挽救办法。格拉斯姗姗来迟的披露会有什么影响？随着他接近人生的尽头，纳粹主义的记忆淡化，弗伦茨贝格师党卫军的活动成为美国周末休闲战争游戏的对象[1]，格拉斯突然破坏了自己的雕像——不是作为小说家的雕像，而是作为坦诚、及时地正视纳粹过去的道德权威的雕像——让其废墟留在路边作为警示，就像雪莱（Shelley）的《奥西曼迭斯》(Ozymandias)。关于这个主题，他所说和所写的任何东西都没有他现在留给我们的自身例子一半有效。六十年来，连君特·格拉斯也不愿和盘托出自己曾是党卫军中的一员！看，陌生人，颤抖吧。

当开始思考这个谜时，我与一位德国朋友讨论了一番，这位朋友只比这位小说家小两岁，但战争的经历完全不同。他说："你知道的，我对此有一个理论。我认为格拉斯从未参加过党卫军。他只是让自己相信参加过而已。"我肯定我的朋友说的不是表面意思。我把他的话理解成是一种诗意的洞察力，洞察到了德国人的记忆痛苦又错综复杂的特质。他补充说："但不要写上，否则格拉斯将告你宣称他没有参加过党卫军。"

2007 年

[1] 该组织在其网站上说："我们不是以政治为导向的组织，只是想享受二战时期快节奏和刺激气氛的再现。"

我们脑海中的斯塔西 328

德国最显著的成就之一是，在世界的想象中，将自己如此亲密地与人类历史上最危险世纪中两大最糟糕的政治制度中最邪恶的魔鬼联系起来。“纳粹”、“党卫军”和“奥斯威辛集中营”在全球已经等同于法西斯主义极端的不人道。现在“斯塔西”一词正在全球逐渐成为共产主义秘密警察恐怖的代名词。弗洛里安·亨克尔·冯·唐纳斯马克（Florian Henckel von Donnersmarck）执导的影片《窃听风暴》（*The Lives of Others*，直译“他人的生活”）在世界各地大获成功，顺理成章地荣获了奥斯卡奖。这将增强第二种联系，而第二种联系基于第一种联系对我们想象的预先编程。纳粹，斯塔西：德语中令人越发痛苦的半押韵。

不过并非总是如此。20 世纪 70 年代，我到柏林居住的时候，我对纳粹的魔鬼如何吞噬这个文化高度发达国家的谜非常感兴趣。我开始发现魏玛时代柏林人民的行为为何与阿道夫 · 希特勒执政后柏林人民的行为相同。最让我着迷的一个问题是：什么品质和人性让一个人（克劳斯 · 施陶芬贝格上校试图刺杀希特勒而牺牲了自己的生命）成为异见分子或者抵抗的战士，让另一个人（阿尔贝特·施佩尔）成为国家有组织犯罪的同谋？

我很快发现，在柏林墙后面的东德，尽管大屠杀较少，但男男 329
女女们在另一个德国独裁统治下面临着类似的两难处境。我可以不用在布满灰尘的档案馆中研究这个人类的难题，而是可以在当下历史中研究。因此，我住进了东柏林，最终写了一部讲述共产党领导人埃里希·昂纳克（Erich Honecker）而不是阿道夫·希特勒统治下的德国人的著作。[1] 当我以旅游为主游玩另一个德国的时候，我一次又一次地面临斯塔西的恐怖。一名演员刚刚担任了歌德《浮士德》电影中的主演，走回该演员的公寓时，一位朋友轻声对我说："当心，浮士德正在斯塔西工作。"我严厉批评共产主义东德的著作在西德出版后，一位英国外交官被召到东德外交部接受官方的抗议(政论家期待的最优秀的书评之一)，我也被禁止再次进入该国。

东德是另一个可怕的独裁国家，但是当时西方根本没有普遍接受这种观点。连对于将纳粹和斯塔西进行比较的建议，许多西方的左翼人士都认为是过时、反动的冷战歇斯底里，对缓和政策的精神不利。1977 年,《卫报》记者乔纳森·斯蒂尔(Jonathan Steele)总结道，德意志民主共和国是"一种体面的专制福利国家模式，东欧国家现在就成了这样的国家"。连那些自诩是"现实主义者"的保守派谈论共产主义东德的语气也与他们现在采用的语气截然不同。当时，"斯塔西"一词并不是那么难说出口。

两项进展结束了这种长期的短视。1989 年，东德人民最终发起了反抗，谴责斯塔西是其先前压迫的缩影。他们常常同时受到压迫——"压抑"一词隐秘的弗洛伊德式含义——他们自己每日妥协的记忆和维护共产党政权稳定的个人责任，这都只是同一枚硬币的另一面。1990 年后，联邦共和国彻底接管前东德，这意味着，与所 330
有其他后共产主义的国家不同，新老安全服务机构之间没有连续性，毫不犹豫地揭露前秘密警察国家的恶行。大翻转。

在马丁·路德和利奥波德·冯·兰克（Leopold von Ranke）

[1] 'Und willst Du nicht mein Bruder sein...' *Die DDR heute* (Reinbek: Rowohlt, 1981). 部分以英语版的形式出现在《灾难的价值：有关中欧命运的随笔》(*The Uses of Adversity: Essays on the Fate of Central Europe*)，纽约：兰登书屋，1989 年。

所在的国度，清教徒显然热衷于正视过去的恶行；一些东德的异见分子强烈渴望披露该政权的罪行；许多西德人（尤其是68一代）不想重蹈1949年后掩盖和遗忘纳粹主义恶行的覆辙。由于他们的推动，我们看到了前所未有迅速、广泛和系统性地开放逾177千米长的斯塔西档案。四十年后的第二个轮回，德国决心恰当地来“直面过去”（Vergangenheitsbewältigung）。当然，俄罗斯的克格勃（东德老大哥的老大哥）并没有采取此类行动。

一番犹豫后，我决定回去看看自己是否有一份斯塔西的档案。真有。我读了一遍，对我过去生活的详细记录——325页有毒的玛德莲蛋糕——深深地打动了我。德国曾经成立过历史情报机构，在它的帮助下，我能够极其详细地研究制作该档案的政治胁迫机构。接着，像一个侦探一样，我找到了告发我的熟人和参与我这件案子的斯塔西的官员。除了一个人外，所有人都愿意谈一谈。他们告诉了我自己的人生故事，解释了他们为何开始做他们所做的东西。每个人的故事都可以理解，都太可以理解了；富有人情味，都太有人情味了。关于整个经历，我写了一本书，称之为《档案》（*The File*）。[1]

一 331

因此，我特别感兴趣地坐下来看这部有关斯塔西的著名电影《窃听风暴》，该电影由一名西德的导演执导，柏林墙倒塌的时候，他只有十六岁。设定的时间是奥威尔的1984年，该片讲述了尽职尽责的斯塔西上尉格尔德·卫斯勒（Gerd Wiesler）对该国著名剧作家格奥尔格·德莱曼（Georg Dreyman）及其美丽动人、敏感的演员女友克丽丝塔—玛丽亚·西兰（Christa-Maria Sieland）实行全面

[1] 2009年由大西洋图书公司再版，添加了新的后记。

监听的故事。随着案件的发展，我们看到这位斯塔西上尉逐渐对自己的任务失望。他意识到，整个行动只是为了让文化部长摆平剧作家这个对手，利用自己的职务捕获可爱的克丽丝塔的芳心。卫斯勒问他的上级安东·格鲁比奇上校（Colonel Anton Grubitz）："这是我们参加组织的理由吗？"

与此同时，他开始好奇地着迷于他通过与隐藏在剧作家公寓墙纸后面的窃听器相连的头戴式耳机听到的东西：那个文学、音乐、友谊和美妙性爱的丰富世界，与自己在沉闷塔楼里乏味、孤独的生活（只能偶尔跟斯塔西委派的老妓女短暂地放松一下）不同。在公寓楼顶层他监听的藏身之处，卫斯勒坐着一动不动地倾听着德莱曼演奏一首名为《献给好人的奏鸣曲》的钢琴曲——这是一位持不同政见的戏剧导演送给该剧作家的生日礼物，文化部长禁止这位导演继续自己的职业，后来他就自杀了。这位秘密的监听者违反所有他自己在斯塔西的大学教授的规定，溜进公寓，偷了贝托尔特·布莱希特（Bertolt Brecht）写的一卷诗歌。接着他躺在沙发上，沉醉在布莱希特更加伤感的诗歌中。

在错综复杂又扣人心弦的剧情高潮部分，角色发生了逆转，剧作家的女友将他出卖给了斯塔西，但斯塔西的上尉牺牲了自己今后的事业救了他，让他免受暴露和逮捕。他沦落到与一名下级军官一 332
起在斯塔西的地窖里利用蒸汽拆信，这位下级军官就是我们之前看到在斯塔西的食堂里开政治玩笑的那个人，在令人害怕的对话中，格鲁比奇上校问了他的名字和军衔。

柏林墙倒塌后，这位剧作家读了自己的斯塔西档案，从内部证据中发现卫斯勒——在档案中的名称是 HGW XX/7——肯定保护了他，剧作家后来写了一部小说，像那首曲子一样，将其题为《献给好人的奏鸣曲》。影片最终以三行电影俳句结束。在东柏林——现在我们已经处在 1993 年——的卡尔·马克思书店里，这位前斯塔西成员翻开了这本新出版的小说，发现它"感激地献给 HGW

XX/7”。书店的店员问：“要包起来送人吗？”“不用，”卫斯勒说，“这是给我的（es ist für mich）。”字幕：剧终。恰到好处。

第一次看这部电影的时候，我被深深感染了。然而，我又由于感动，根据自己的亲身经历，提出了反对意见：“不！事实并不是这样的。这太五彩斑斓、浪漫甚至戏剧化了；在现实中，要灰暗、俗丽和乏味得多。”比如，那位剧作家穿着棕色的灯芯绒西装和开领衬衫，穿着和言谈举止都像是来自慕尼黑的高尚社区施瓦宾格（Schwabing）的西德学者而不是东德人。几个细节也有错误。日常执勤的时候，斯塔西的官员不会穿那些漂亮的制服、长到膝盖的发亮皮靴、皮带和装甲兵式的裤子。相反，剧中斯塔西大学里的学生穿的是普通、学生式的平民服装，而他们本应该穿着制服的。斯塔西的监视小队最不可能在同一幢大楼的顶层住下——这肯定会让居民知道，卫斯勒向楼梯井上那位剧作家的邻居发出的那种可怕警告（“只要有一个字泄露出去，玛莎就不能继续在大学学习医学。明白吗？”）并不能确保所有居民都守口如瓶。

剧中的一些语言也太高雅、太老式了，完全是西方的语言。知 333
道面包哪一面涂了黄油的剧作家在与文化部长的交谈中根本不会用西德的单词——Berufsverbot——来表示黑名单。我在东德从来没有听说过有人称一个女人为“gnädige Frau”，它是一个旧式的短语，表示“小姐”和“我的夫人”之间的一个意思。斯塔西的上校在审讯中也不会称克丽丝塔为“亲爱的”。我敢用最后一个德国马克打赌，1984年的时候，西德新闻杂志《明镜》周刊（*Der Spiegel*）的记者不会谈到整个德国（Gesamtdeutschland）[1]。这在我看来与其说是1984年真实东德所用的词汇，还不如说是背井离乡的德国贵族的词汇。导演和编剧弗洛里安·亨克尔·冯·唐纳斯马克就是在贵族中

[1] 指战后的整个德国，有时不仅包括东德，还包括以前德国东部的领土，比如西里西亚（Silesia），1945年后给了波兰。

长大的，第二次世界大战结束的时候，他的父母从德国的东部逃了出来。

但这些反对意见尚未切入正题。重要的是这是一部电影。它运用好莱坞的套路和习惯，向尽可能广泛的观众传递一部分斯塔西监控下的生活的真相，以及那些经历所披露出关于人性的更大真相。它融合了历史事实（有几个斯塔西的位置是真的，大多数术语和谍报也是准确的）和快节奏惊悚片与爱情故事的元素。

我在牛津大学见到了冯·唐纳斯马克（20 世纪 90 年代中期他曾在牛津大学学习政治学、哲学和经济学），与他讨论了自己的保留意见。尽管极力为该影片基本历史的准确性辩护，他马上承认一些细节是为了戏剧效果而故意改变的。因此，他解释说，如果他让斯塔西的学生穿着制服，去电影院看电影的普通人无法与他们产生共鸣。但由于他让他们（错误地）穿着学生式的平民服装，还让其中一个人（难以置信地）问了一个极其幼稚的问题——“在审讯中恐吓是不对的吧？”——观众可以与他们产生共鸣，被故事吸引。他称，在电影中，现实总是要被浓缩（verdichtet），但要具有 Dichtung（即诗歌或者更广泛地说，小说）的言语联系。因此有了 334
升级的语言（“我求你，我求你”——“我求你了”[Ich flehe dich an]——该剧作家那会说，要求他的女友不要再次屈服于部长的贪婪色欲）。因此有了丰富的绿色、棕色和浅灰色的绚烂调色板（整部电影都是在这色调下拍摄的），以及克丽丝塔之死相当歌剧化的登场。

在牛津大学电影院接下来的问答环节中，该导演在不同的回答中提到了他钦佩的两部电影：克劳德·朗兹曼（Claude Lanzmann）令人害怕的大屠杀纪录片《浩劫》（*Shoah*）和安东尼·明格拉（Anthony Minghella）版的《天才雷普利先生》（*The Talented Mr Ripley*）——一部有关谋杀和假冒身份的惊悚片，他选出它们是因为“它没有让我感到无聊，为此，我非常感激”。在《窃听风暴》中，《浩劫》遇上了《天才雷普利先生》。冯·唐纳斯马克确实在意历史事实，但他更在意不让我们感到无聊。为此，我们非常感激。正因为他不是一名东德的幸存者而是美国化西方世界主义者的新生儿，条件优越、说流利美国英语和好莱坞通用语言的西德人（其粉色的领扣衬衫的领尖纽扣特意不扣），他才能将东德的经历转化成一种吸引世界想象力的习语。

当今最优秀的影评作家之一安东尼·雷恩（Anthony Lane）通过改编卫斯勒的最后一句话——“这是给我的”——来总结其在《纽约客》中令人钦佩的影评。雷恩写道，你可能认为这部电影只是针对现代德国人的，但它不是：“这是给我们的（Es ist für uns）。”他可能比自己知道的还要正确。《窃听风暴 / 他人的生活》是一部为他人精心策划的电影。与许多德国制造的其他东西一样，它旨在出口。雷恩所说的“我们”——《纽约客》的读者——正是其理想的外国消费者。或者确切地说，那些《纽约书评》的读者。

有什么必要的东西在这个翻译的版本中丢失了吗？总体而言，
为了传递出更深刻的真相，小小的不准确和不真实是情有可原的 335
艺术创作风格。然而，它确实丢失了重要的东西：汉娜·阿伦特（Hannah Arendt）如此知名地称之为平庸的恶的感觉——在德意志民主共和国网眼帘布、塑料板搭成的小屋和拖车里是最平庸的恶。然而，这是极难再现的，当然对于更广泛的观众来说，正是因为它太平庸，太无趣了。（或者说，伟大的编剧和导演能创造一部有关无聊的有趣电影吗？我把挑战放在这里。）

这部影片的一种核心说法仍然令人烦恼。那就是在影片的结尾明确暗示的想法，即斯塔西的上尉是奏鸣曲中的“好人”。现在我听到斯塔西的告密者最终保护了那些他们正在告发的人。我知道全职的斯塔西特工开始幻想破灭，尤其在 20 世纪 80 年代期间。此外，在与前斯塔西官员多个小时的谈话中，我从未遇到一个我感觉纯粹是恶人的人。软弱无能、心胸狭隘、投机取巧、自欺欺人，没错；做过坏事的人大多都这样；但我总是能看到，他们的身上还留着好的一面，这好的一面可能会在其他情况中扩大。

我们在影片中可以看到，卫斯勒自己发生了转变，这转变似乎难以置信的迅速，不能让人完全信服——尽管东德演员乌尔里希·穆埃（Ulrich Mühe）的表演妙到毫巅。一开始，展现给我们的是干劲十足的苦行者，那首奇怪的奏鸣曲和布莱希特的诗歌不足以改变他。我发现有趣的是，这部电影的历史顾问曼弗雷德·维尔克（Manfred Wilke）在电影附带的书中（包含原始的电影剧本）为该电影的许多方面提供了历史依据，但没有提供一个记录在案的例子，讲述斯塔西的官员这样做却逍遥法外的。相反，他引用了两位反叛官员的例子，一位是少校，是在 1979 年，另一位是上尉，是在 1981 年，他们两位都被判死刑并被处决了。然而，我愿意接受，这样的转变和掩盖刚好在可能的范围内。（如果格鲁比奇上校揭露卫斯勒，他 336
将危及自己。）

因此，卫斯勒做了一件好事，与他之前所做的无数坏事反向而驰。但从这一跃得出他是“一位好人”的观点是过分的艺术夸张。在处理评估独裁统治下人们行为方式的危险道德迷失时，有两个典型的错误。一个错误是简单、非黑即白、摩尼教式地划分好人和坏人：X 是告密者，因此他肯定是坏人；Y 是异见分子，因此她肯定是好人。任何曾在这种情况中生活过的人都知道事情要复杂得多。另一个同等但相反的错误是道德的相对主义，这最终模糊了犯罪者和受害者之间的分界线。在自由思想的西方人——绝非巧合的是，通常是当时通过玫瑰色眼睛看东德的人——那里经常可以遇到这种道德的相对主义。与此通常如影随形的是这样的看法，即斯塔西的档案根本不可信：“档案是假的（Die Akten lügen）。”冯·唐纳斯马克本人与这种相对主义相隔十万八千里，但他的电影令人不安地朝它靠近。该影片中的“好人”是一名为了保护艺术家而伪造报告的斯塔西上尉。

这是一个错误，但并不致命。毕竟，仅凭《窃听风暴》的影响不会引发一波全世界对前斯塔西官员的同情。它将以风格化的时尚方式，把那个制度的恐怖带给国内之前对此知之甚少或者全然不知的观众。这是一部令人难忘、精心制作的影片。因此，它配得上奥斯卡奖。

二

根据《明镜》周刊的一篇报道，奥斯卡颁奖典礼后，情绪激动的弗洛里安·亨克尔·冯·唐纳斯马克最终抵达德国的深夜庆祝会时，他在空中挥舞着奥斯卡的小雕像欢呼，“我们是世界冠军（Wir 337
sind Weltmeister）！”该词组并不是指世界的主宰者，而是指世界冠军（比如足球方面）或者世界大师（比如在高尔夫球方面），另外还附带暗示艺术大师，比如在名歌手或者名著方面。但是德国人到底在哪个方面是世界大师？在足球方面，差不多是。他们在2006年世界杯中的良好表现带来了真正爱国的庆祝场面——这在战后的西德是非同寻常的，而这可能就是冯·唐纳斯马克的心中所想。当然，在出口业中，有向英国出口的宝马车，向伊朗出口的机械工具，向中国出口的生产线，还有偶尔出口的电影。《窃听风暴》在世界各地已经获得了2 300多万美元票房——对于德国经济来说是一笔相当不错的出口额。

有人可能往往会说，尤其在看完该电影之后，德国也是建立残酷独裁统治的世界大师。保罗·策兰在其无与伦比的“后大屠杀”诗歌“死亡赋格曲”（Death Fugue）中写道，“死神是来自德国的大师(Der Tod ist ein Meister aus Deutschland)”。在法西斯主义上，希特勒的德国无疑是世界冠军——简直是举世无双。但昂纳克领导的德国也是如此吗？是的，这个只有1 700万人口的小国家是心理恐吓的缩影。正如奥威尔所认为的那样，完美的极权制度不需要杀人或者在心理上折磨任何人。我最不愿意缩小东德政权所做的恶行，但与在斯大林的古拉格（Gulag）[1]、毛泽东时代的大饥荒和波尔布特（Pol Pot）[2]的种族大屠杀中死亡的数百万人相比，很难坚持说这是共产主义带来的最糟糕情况。

在那个更大的背景中，与纳粹德国不同，东德只是小插曲而已。斯塔西是以克格勃为模型，并不是像许多人模糊想象的那样以盖世太保（Gestapo）[3]为模型。随着其他苏联集团国家的档案的开放，我们发现它们的秘密警察的工作方式非常相似。不过，或许斯塔西
要稍微好那么一点点，因为它是德国的；而在克格勃的档案中还有 338
许多更大的恐怖。另外，我们不要忘记，斯塔西国家的那点心理恐怖自始至终依靠红军的存在和苏联使用武力的意愿。这些一消失，斯塔西国家也完蛋了。

那么为什么是“斯塔西”这个词——而不是“克格勃”、“红卫兵”或者“红色高棉”（Khmer Rouge）[4]——正迅速在全球成为共产主义恐怖的代名词？因为德国人真正堪称世界冠军的行业是对其国家恐怖形式的文化再现。没有哪个国家在调查、传播和呈现——一而再再而三地呈现——其过去的恶行方面比它更有才华，更持之以恒和更具创新性。

这种文化再现必须处理犯罪者和受害者的性格。在希特勒的大屠杀中，古腾堡（Gutenberg）[5]的传人开始灭绝书籍的传人。欧洲最有天赋、最渊博和最具创造力的一个民族试图摧毁另一个民族，长期以来，两个民族都生活在繁荣昌盛的文化中，互相依存。（一名波兰的民间木雕师曾对我的一位朋友说：“德国人是犹太人的坏

[1] 古拉格，苏联的劳动营和监狱系统，20世纪20—50年代中期关押苏联政治犯和刑事犯的机构。——译注

[2] 波尔布特，1976年至1979年间出任民主柬埔寨总理。——译注

[3] 盖世太保，德国纳粹时期的秘密警察。——译注

[4] 柬埔寨的左派势力，1975至1979年间成为柬埔寨的执政党，建立了民主柬埔寨政权，他们极端野蛮的统治导致多达200万人死于饥饿、困苦以及死刑。——译注

[5] 古腾堡（约1398—1468），德国发明家，是西方活字印刷术的发明人。——译注

情人。”）后来，两个民族一丝不苟地用前所未有的艺术创作来纪念那恐怖。在策兰的“死亡赋格曲”中，这首德语诗歌低声回应着哈西德教派的神秘主义，这种纪念方式本身就是德国人—犹太人相互依存的新胜利。策兰自己曾说到他深爱的德语是如何在“死亡演讲的无尽黑暗”（die tausend Finsternisse todbringender Rede）中幸存下来的。现在，该语言通过他再次重生，而他自己刚刚避开了德国来的那位大师。

至于共产主义，德国人自己实行了它——不过并不是在一个主权国家中。古腾堡的传人压迫路德的传人。这段历史一结束，兰克的传人又马上接手。整整一代西德的现代历史学家，在对纳粹主义的研究中受到了训练，现在又把他们熟练的技能应用到了德意志民 339
主共和国上。只有西德的存在和特点及其应对艰难过去极具道德性和专业性的方法，能解释斯塔西现象的独特文化传播。（想象一下，一个民主的西俄罗斯接管前苏联，积极准备着揭露克格勃的所有恶行。）现在我们又有了由完全美国化的年轻西德人制作的电影版本。

这个过程中的每一步都环环相扣。认知学的科学家告诉我们，重复文字和图像可以加强神经突触，它们连接着神经回路中的神经元，在我们的大脑中负责处理这些文字和图像的含义。随着时间的推移，这些精神上的联系变成了电化学上的本能联系。不管是有意还是无意，《窃听风暴》直接勾起了这些早已存在我们脑海中的联系。比如说显然微不足道的细节——斯塔西的官员的制服。为什么它至关重要？因为一看到德国人穿着一身普鲁士的灰色制服，闪亮的长筒皮靴，我们的神经突触就会开始尖叫：纳粹。

早在 1984 年——该影片的故事发生的时间，饰演卫斯勒的阴险上级格鲁比奇上校的演员因在西德的舞台上饰演党卫军而成名，有人发现这一点根本不足为奇。斯塔西的真正日常制服不过是大批量生产的廉价涤纶制品配上廉价的、邮差穿的靴子，这就不会产生同样的效果了。由于用戏剧性的方式拍摄他们，剧作家德莱曼在文化部长周围跳舞的场景让我猛然想起《摩菲斯特》(*Mephisto*)，这是一部由伊斯特凡·萨博（István Szabó）[1] 执导的精彩影片，讲述了一名演员兼导演古斯塔夫·古鲁丹斯（Gustaf Gründgens）及其与赫尔曼·戈林（Hermann Göring）之间浮士德式的协议。又一个纳粹—斯塔西的回路联系在不知不觉中被触动了。

接下来就是影片的关键时刻，德莱曼在钢琴上演奏古典的《献给好人的奏鸣曲》，卫斯勒通过头戴式的耳机倾听着。演奏结束后，德莱曼转向克丽丝塔大声说道，“听过这音乐的人，我是说真正听 340
过的人，还会是一个坏人吗？”冯·唐纳斯马克表示，自己是从马克西姆·高尔基（Maxim Gorky）的一段话里得到的灵感，高尔基在这段话中写到，列宁曾说他不能倾听贝多芬的《热情奏鸣曲》(Appassionata)，因为它让他想说一些甜蜜而愚蠢的东西，轻拍小人物的脑袋，但是实际上必须敲打那些小小的脑袋，狠狠地敲打，才能实现革命。作为一名一年级的电影系学生，冯·唐纳斯马克想知道“如果一个人强迫列宁倾听热情奏鸣曲会怎么样”，这就是他这部电影最初的灵感。(德莱曼其实提到了列宁的话。)

因此，该场景的灵感来自俄罗斯。但当我们观看影片的时候，我们——尤其是雷恩提到的“我们”——会立即产生什么联想？我们肯定会想到罗曼·波兰斯基（Roman Polanski）的《钢琴师》(*The Pianist*)，影片中，一名德国军官被一名波兰犹太裔的钢琴师演奏的肖邦（Chopin）深深打动，放过了他——就像卫斯勒放过德莱曼一样。我们也肯定会想到那些受过教育的纳粹杀手，他们晚上听着门德尔松（Mendelssohn）的音乐，然后第二天早上出门去杀害更多像门德尔松这样的人。难道他们没有真正地倾听音乐？良好的教养能赋予人性吗？我们又再度陷入了 20 世纪德国最深奥的谜题，

[1] 伊斯特凡·萨博，匈牙利著名导演，其执导的《摩菲斯特》在1981年获得了奥斯卡最佳外语片奖。——译注

该谜题在音乐与诗歌中以最感人的方式传达了出来。正是这些神经突触的联系让《窃听风暴》在我们的脑海中产生了如此强烈的共鸣。

在 21 世纪的头几年，制作该影片的德国是地球上最自由和文
明的国家之一。在如今的德国，与传统的自由家园——例如英国和
美国——相比，人权和公民自由获得更加让人羡慕和有效的保护。
在这片美好的土地上，有历史学家的职业素养、新闻记者的调查技
巧、国会议员的严肃认真、投资者的慷慨大方、神父和道德家的理
想主义、作家的创作天才，没错，还有电影制作人的才能，这一切
合起来巩固了世界对德国与邪恶之间最难以磨灭的联系的想象。然 341
而，如果没有这些努力，德国就不可能成为一片如此美好的土地。
在人类文化的所有记录中，难道还曾有过更自相矛盾的成就吗？

2007 年

我们这个时代的奥威尔 342

即使你和我一样是奥威尔热情的崇拜者，面对制作精美、注解惊人的二十卷本《乔治 · 奥威尔全集》，你肯定会问：为什么是奥威尔？在所有作家中，为什么要将他青少年时期伤感的爱情诗像弥尔顿失传的十四行诗一样编辑？他那数百篇书评和专栏文章的持久价值是什么？他的录音谈话，担任他人谈话节目制作人时的无聊信件，甚至还有在英国广播公司印度部工作的两年时间里的内部“谈话预定表”，组成了厚厚的三卷，你要如何说明其合理性？当彼得·戴维森博士说《全集》时，他强调的是“全”。[1]

每一行字都像对待莎士比亚一样。然而，奥威尔不是莎士比亚。他不是公认的天才。他也不是天生的英语大师。他早期的许多作品极其糟糕。一位诗人朋友称这位年轻的准小说家“像一头拿着步枪的牛”。他后来自己将两本出版的小说《牧师的女儿》（*A Clergyman's Daughter*）和《让叶兰在风中飞舞》（*Keep the Aspidistra Flying*）（在该全集中都进行了精致的重印）评为“十足的滥书”。他临死的时候，留下遗嘱，“不要”重印它们（他的资产）。连他最后的杰作《一九八四》也因拼拼凑凑的情节和差劲的写作技能而大打折扣。只有《动物庄园》是完美的杰作。

[1] 彼得 · 戴维森编，《乔治 · 奥威尔全集》20卷，伦敦：塞克&瓦伯格出版社，1998年。

一行行，一页页文字相比，人们可以立即想出六位20世纪更 343
加优秀的作家：康拉德、乔伊斯、艾略特、劳伦斯、奥登、沃。那么为什么他们没有获得这样的待遇呢？为什么是奥威尔？

一

这个问题的一个可能答案是：其他人也应该获得这样的待遇。这是一个令人畏惧的想法，但值得考虑一番。将所有散文、文章、广播、评论、书信、日记、笔记条目还有其他人回复的精选，按照写作的日期和年份编排印刷会带来极其丰富的理解。当你徜徉于生活和工作的紧密联系中时，单个作品纯粹的文学价值就不那么重要了。你会发现多重联系：在奥威尔评论的书和自己所写的书之间，在自己的爱情经历和他创造的人物的爱情经历之间，在他青少年时期抓到的可怕老鼠、西班牙监狱中的老鼠和在《一九八四》中耸人听闻的101号房间里最终咬伤温斯顿·史密斯的老鼠之间（“这样弄裘利亚！”）。

这样编辑甚至可能有助于产生一种新的智识民主。不用管出版的传记。这里有你写传记所需的原材料。智识民主主义者奥威尔肯定会赞成这种做法。因此，或许每一位重要的作家都应该接受戴维森式的彻底重组。康拉德和乔伊斯只需要找到自己的戴维森，他们愿意投入小小的资金和十七年令人疲惫的编辑工作。接着要有出版机构或者慈善家让这些成果以人们能够负担得起的形式呈现（这次奥威尔的全集也是如此），平装本或者电子版的形式都行。如果按照精装本的价格，只有大学的图书馆和几位幸运的书评作家将拥有智识投票权。

对于“为什么是奥威尔”这个问题，一个更加显而易见的答案
是：他的生活和工作的独特魅力和持久的重要性。魅力和重要性既 344
有联系又有区别。先谈一谈魅力。戴维森引用了奥威尔的同学西里

尔 · 康诺利（Cyril Connolly）的著名评论：“奥威尔的一切都相当有趣。他像劳伦斯，他所说或者所写的所有东西中都闪耀着个性。”确实如此，那是一种古怪、固执、叛逆、地道的英国个性。

少量的传记事实就够有趣的了：伊顿公学富有天赋的奖学金获得者竟然在缅甸做过殖民警察，在巴黎当过洗碗工，在伦敦当过流浪汉；他在乡下开过店，参加过西班牙内战，抛弃伦敦的左翼文学，住到了苏格兰岛偏远地区的一个农场里，在文学胜利的时刻死于肺结核，年仅四十六岁。他又高又瘦，穿着破旧的粗花呢夹克、宽松的灯芯绒裤子和黑色的衬衫，留着古怪的铅笔线胡子，嗓门又高又尖，吸工人的卷烟，他在世的时候，这些是轶事，他死后变成了传奇。奥威尔去世五天后，马尔科姆 · 马格里奇（Malcolm Muggeridge）在自己的日记中指出：“通过阅读凯斯特勒（Koestler）、普里切特（Pritchett）和朱利安 · 西蒙斯（Julian Symons）等人给乔治 · 奥威尔写的各种讣告，可以看到人类传奇是如何创造的。”

没有人能比奥威尔更好地刻画英国的人物，他自己就是一个体现英国人特点的活文集。他与阶级的复杂关系非常英式：对最细致的等级分类相当警惕（众所周知他曾将自己的家庭形容成“上层中产阶级偏下”），讨厌绅士气派和阶级差别，却永远无法避开它们。五十年来，中产阶级的左翼人士一直在与这种紧张关系做斗争，奥威尔的鬼魂总是跟在它们的后面，这表明他深爱的英国改变这一点是多么的缓慢。

他的幽默感也非常英式，这很大程度上也是他砂纸般的魅力所在。佛朗哥的狙击手打穿奥威尔的喉咙后，奥威尔的指挥官乔治·柯普（Georges Kopp）在真实报告奥威尔的身体状况时写道：“呼吸完全正常。幽默感不会受影响。”他有发表一些骇人言论——“所有烟草商都是法西斯主义者”——的习惯，随后还藐视你不认真对 345
待它。伊夫林 · 沃（Evelyn Waugh）是他的政治对手，但他们都写讽刺性的文章。他集道德家和讽刺作家于一身。康诺利说，在手帕工厂里，奥威尔不对其条件说教一番就不舒服。

他在处理与女性的关系上笨手笨脚，这也是英式的，啊，太英式了。有一些伤感、几乎哀求的信：“我希望有一天，你能让我再次和你做爱，但如果你不让也没关系，我总是会感激你对我的好。”在情感的保守陈述方面也是英式的，太像戴安娜死前的英国式了，这种保守的陈述甚至比其喜剧化的夸张还要极端。毫无疑问，他与活泼、聪慧、机智又会提供支持的第一任妻子艾琳（Eileen）的婚姻对他相当重要。但她在手术台上意外英年早逝后，他对斯蒂芬·斯彭德(Stephen Spender)[1]表达自己的悲痛说:“她是个不错的伴儿。”

他热爱乡村、动物和园艺也是英式的。最重要的是，他所有的聪明才智及其根深蒂固的经验主义是英式的。他热衷于写日记、记笔记和列名单。这些资料包装紧凑，包含着惊奇的真相和细致的观察，从不同品种母鸡的习惯到德国炸弹落到伦敦大街上。他爱真相。如果他心中有一个神的话，那它就是吉卜林的“实事求是之神”。

然而，出现了复杂局面，这也是魅力的一部分。奥威尔将太多自己的生活放入了作品中。他的九部长篇大作(现在是《奥威尔全集》中的前九卷）有三部看上去是自传。他率先有力地使用第一人称“我”。这个奥威尔清清楚楚的声音是一种反抗又质朴的诚实，是一个老实人直言不讳地讲述事实。但这个“我”到底是谁？是真人埃里克·布莱尔（Eric Blair，译按：乔治·奥威尔原名）还是创造的人物——乔治·奥威尔？从大多程度上来说，他给我们讲述的东西是真的？

他最突出的早期随笔之一描述了在缅甸亲眼目睹行刑的情景。但他后来告诉三个不同的人，这“只是一个故事而已”。那么他曾亲眼目睹过行刑吗？他给一本《巴黎伦敦落魄记》(*Down and Out* 346
in Paris and London）作了注解，送给一位女友：这是真的，几乎

[1] 斯蒂芬·斯彭德（1909—1995），英国作家、诗人。——译注

像真的一样，但“这件事是编造的”。无论如何，在他讲述的故事中，他好像真的穷困到了身无分文，但这是一个根本的谎言。在英国，他有亲戚朋友，在法国，有最喜欢的姑母，他们肯定会出手相助。

美国“新新闻主义”（New Journalism）[1] 的化身在写作之前读了他的作品吗？即使他们没读，他也是此中先驱。新新闻主义关于真实报道的本质和虚构与非虚构真相之间的关系所提出的问题，以及如今对整个更高的新闻界至关重要的问题，在“奥威尔”中都有。

这已经是上千种批评研究的对象。所有英语文学学院似乎都一直在忙于解开、三分、解构和重构奥威尔作品中的事实和虚构成分。然而，如果《动物庄园》和《一九八四》两书的作者在上半个世纪没有大获成功，在全世界产生影响，这种传记和批评的魅力就不会存在，更不用说不断地像复制真十字架文物一样复制奥威尔。魅力最终无法与重要性分开。

大卫·雷姆尼克（David Remnick）曾写道：“至于对历史的影响，索尔仁尼琴（Solzhenitsyn）是 20 世纪首屈一指的作家。谁能与他争锋？奥威尔？凯斯特勒？”这是一个有趣的挑战。我会说奥威尔。首先，他的影响力要广泛得多。“老大哥”、“新话”和“双重思想”已经收录进英语词典。它们常常运用于不太恰当或者非常不恰当的语境中。他的影响力的主要证据来自他发明的政治术语的滥用，而他发明这些术语就是为了警告这种滥用，奥威尔对于这种讽刺可能不太好受。

与此同时，“奥威尔式”（Orwellian）一词随处可见，作为形容词用来形容极权主义的恐怖和篡改历史等（与“卡夫卡式”差不多），作为名词用来形容其作品的崇拜者和有意的追随者。收获既作为形容词又作为名词双重词性的作家寥寥无几。我一下子只能想到马克 347

[1] 新新闻主义，一种新闻报道形式，最显著的特点是将文学写作的手法应用于新闻报道，重视对话、场景和心理描写，不遗余力地刻画细节。——译注

思、弗洛伊德、达尔文、狄更斯、托尔斯泰、乔伊斯和詹姆斯。(可以肯定的是，这部分是巧合，刚好听起来悦耳。“Solzhenitsynian”又长又难读，“Eliotian”的读音听起来像“hair oil”。)

不,奥威尔是20世纪最有影响力的政治作家。他的朋友亚瑟·凯斯特勒根本不能与他相提并论。谁能呢？波普尔(Popper)[1]？哈耶克(Hayek)[2]？萨特(Sartre)[3]？加缪(Camus)[4]？布莱希特？阿隆(Aron)[5]？阿伦特？伯林？20世纪70年代的时候，索尔仁尼琴的政治影响力可能要比这些人都大。然而，早在索尔仁尼琴之前，时间要长得多——从1945年到1990年，整个冷战期间——我们当时所称的“西方”将奥威尔视为普通极权主义尤其是苏联极权主义至高无上的描述者。

在索尔仁尼琴有竞争力的领域，他也能与索尔仁尼琴并驾齐驱。在当时所谓的“东方”，任何拥有偷渡版《动物庄园》或者《一九八四》的人都会在一夜之间读完，意识到它极其讽刺性地批评了他们自己所处的现实。历史学家亚历山大·尼克里契(Aleksandr Nekrich)写道，“乔治·奥威尔可能是了解苏联世界最核心东西的唯一西方作家”。俄罗斯诗人纳塔利娅·格班耶维斯卡娅(Natalya Gorbanyevskaya)告诉我，她感觉奥威尔是东欧人。

但他不是。他是地道的英国人，从未去过离俄罗斯或者东欧很近的地方。20世纪80年代的时候，波兰和捷克的朋友会向我展示

[1] 波普尔(1902—1994)，奥地利籍的英国自然科学和社会科学的哲学家，主要著作有《开放社会及其敌人》、《猜想与反驳》、《历史决定论的贫困》。——译注

[2] 哈耶克(1899—1992)，奥地利裔英国经济学家，新自由主义的代表人物，代表著作为《通往奴役之路》、《致命的自负》、《自由的宪章》、《法律、立法与自由》。——译注

[3] 萨特(1905—1980)，法国哲学家、小说家和剧作家，存在主义最重要的代表，主要著作有《存在与虚无》、《厌恶》等。——译注

[4] 加缪(1913—1960)，阿尔及利亚出生的法国小说家、散文家和剧作家，1957年获诺贝尔文学奖，代表作为《局外人》、《鼠疫》、《西西弗神话》。——译注

[5] 阿隆(1905—1983)，法国社会学家、哲学家、政治学家，主要著作有《知识分子的鸦片》、《想象的马克思主义》、《论自由》。——译注

其秘密出版的《动物庄园》和《一九八四》并说，“但是他是怎么做到的？”是谁告诉他在他们公寓楼的“走廊里有煮熟的卷心菜味道和破旧的席子”？从缺乏剃须刀刀片到双重思想根深蒂固的心理，他是如何理解这一切的？他又是如何知道的？

答案既复杂又简单。这其实要从西班牙的内战说起。由于他曾
加入非正统马克思主义的马统工党（POUM）的民兵组织而不是共 348
产主义领导的国际纵队，他和他的妻子后来在巴塞罗那对马统工党的暴力镇压中受到牵连。与他一起在前线并肩作战的朋友，要么被俄罗斯领导的共产党人——原本应该是他们共和国的盟友——送入监狱，要么被他们杀死了。奥威尔成了街上的逃亡者。这套全集中印出了一份秘密报告，是递交给审判间谍罪和叛国罪的法庭的，在该报告中，埃里克和艾琳·布莱尔（译按：即奥威尔和他的妻子）被形容成是“狂热的托派分子”和“马统工党的特工”。如果他们没有早几天逃出西班牙，他们就会发现自己像乔治·柯普一样锒铛入狱，受到折磨，被扔到一个有大老鼠的煤仓中。

这种共产主义的恐怖、背叛和谎言的直接体验是理解他所有后续作品的关键。在《向加泰罗尼亚致敬》中，在巴塞罗那，有一名俄罗斯特工受到指控，说他诽谤马统工党是托派佛朗哥背叛者，他在描述这位特工时写道：“这是我第一次看到一个人的职业就是说谎——除非有人把记者算上。”后半句是典型的黑色幽默，但也反映了进一步的失望发现。回到英国，他发现实际上所有左翼的媒体都在隐瞒或者编造有关巴塞罗那事件的事实。这是他西班牙经历的第二部分，对他的打击更大，因为这发生在自己的国家。从此他开始着迷于自己在《一九八四》中所形容的大洋国统治意识形态的基本原则：“篡改历史”。编造、美化或者重写历史：简而言之，记忆之洞。

继西班牙之后，他继续满怀讽刺地热情关注纳粹和苏联极权主义的动向，尤其是苏联的极权主义。他仔细地阅读报纸。他众多笔

记本中的一本记录了导致第二次世界大战爆发的重要事件，包括纳粹—苏联协议。1943 年的德黑兰会议让他形成了世界可被分成三个大集团的想法。他是谈论卡廷大屠杀的先驱之一，内务人民委员会部（NKVD）[1] 实施了该大屠杀，杀害了数千名波兰军官，但将它推 349
到了德国人身上。此外，他也写书评。叶夫根尼 · 扎米亚京（Yevgeny Zamyatin）的反乌托邦作品《我们》是公认具有影响力的作品。一名美国记者对苏联生活的叙述包含《一九八四》中的核心修辞："2+2=5。"（这其实是苏联的一个海报，表示五年计划能够在四年内完成。）

在奥威尔想象的 1984 年中，许多对于满目疮痍、散发着臭味的伦敦的切身感受来自 1946 年至 1948 年间满目疮痍、散发着臭味的伦敦。（没有人猜到的是，到了真实的 1984 年，华沙和莫斯科仍然是满目疮痍，散发着臭味。也有一些细节是以他在英国广播公司工作的那段时间为基础的。戴维森表示 101 号房间是一个只有少数人知道的玩笑。奥威尔在广播大厦（Broadcasting House，译按：英国广播公司的办公大楼）的 101 号房间参加过许多令人乏味的印度部会议。

最后，与所有作家一样，一些素材是非常个人的东西。在闪耀着阳光的林地溪谷中做爱是不断浮现的幻想，他至少和一位女友埃莉诺 · 雅克（Eleanor Jaques）这样干过。在 1932 年的一封信中，他记得她"那在深绿色青苔上雪白肌肤的身体"。在《一九八四》中，那个雪白肌肤的身体又回到了树林中（裘利亚的"身体在阳光中晶莹剔透"）。还有他一生难忘的老鼠。此外还有一些相当黑暗的东西：他能够如此生动形象地描写残忍的警察镇压甚至施虐狂，不仅因为他曾真的做过压迫人的殖民警察，还因为他的个性中有一点点残忍。

[1] 内务人民委员会部，苏联在斯大林时代的主要秘密警察机构，也是20世纪30年代苏联大清洗的主要执行机关。——译注

所有素材都齐了，但秘诀在于组合。新组合是他早期作品的主要缺点，现在神奇地转变成了优点。他作为小说家的不足在于他没有足够转化创新性想象力的力量。他后来关于《在缅甸的日子》对一位记者写道：“其中的大部分内容不过是报道了我所看到的东西而已。”你可以用这句话来评论他的所有小说。在他的小说中，有一半不过是改头换面的报道而已。他作为记者的不足（不那么严重，但仍然是不足）是他喜欢说毫无根据、笼统、粗暴的大话：“真正的革命者都不是国际主义者”，“高度工业化国家中的所有左翼政党 350
实际上都是做做样子”和“人道主义者通常是伪君子”等。正如普里切特（V. S. Pritchett）[1] 评论的那样，他“像野蛮人一样夸大其词”。当然，这部分是他的幽默。但这种新闻风格的问题在于最终你都不知道是否要认真对待。

现在看一看在《动物庄园》和《一九八四》里发生了什么。这两本书的影响力正是来自如下事实：它们非常紧密地以 1917 年后三十年间的真正事件、细节和趋势为基础。他在给出版商写的一封信中表明了这种紧密程度，在信中，他要求出版商将在《动物庄园》中描写人类炸风车那一幕的那句话，“包括拿破仑在内的所有动物扑向他们的脸”，改成“除了拿破仑之外的所有动物”，因为“这样改对 J. S. 才公平，因为德国进攻的时候，他确实待在莫斯科”。如果俄国人和东欧人奇怪地感觉到在《一九八四》中能认识到他们所处的现实，那是因为起点是他们所处的现实——有一些纳粹主义，20 世纪 40 年代的伦敦也迅速卷入其中。但后来一位喜欢野蛮、黑色幽默大话的人将这种紧密观察到的现实搬上了大屏幕。破坏新闻主义的东西造就了杰作：先是短小、形式完美、斯威夫特式的讽刺寓言，接着是更大、形式不那么完美但最终更加有力的反乌托邦作品。

最后是时机。由于他的西班牙经历，当大多数他同时代的人还

[1] 普里切特（1900—1997），英国小说家和评论家。——译注

在歌颂我们斯大林格勒的英勇盟友时，奥威尔已经在关注苏联问题了。著名的是，维克多·戈兰茨公司（Victor Gollancz）、费伯出版社（Faber's）的 T. S. 艾略特（艾略特富有思想的信在该出版社出版）、乔纳森·凯普出版社和信息部匿名官员的建议都拒绝了《动物庄园》。该书于 1945 年 8 月出版，当时英国开始意识到他们可能必须正视另一场战争，这次是对其前盟友的“冷战”。根据《牛津英语词典》，奥威尔是在英语中使用“冷战”这个词组的第一人。近代历史学家 351
描述了一个过程，在这个过程中，1945 年和 1946 年的时候，英国试图让不情愿的美国卷入冷战中。1946 年 8 月，北美出版《动物庄园》本身就是这个过程的一小部分。1949 年，刚好柏林封锁之后，《一九八四》出版，当时那场新战争已经全面爆发。

接着奥威尔使出了最后的绝招。他去世了。文学界的朋友纷纷称赞他，如果他还是一名活着的竞争对手的话，或许他们就没有这么慷慨地称赞他了。他是冷战时期的詹姆斯·迪恩（James Dean）[1]，英国文学研究的约翰·菲茨杰拉德·肯尼迪（JFK）。如果他还活着，像凯斯特勒一样因步入大众科学的领域而让自己的名誉受损，或者像现在的索尔仁尼琴一样忙于拆毁自己的纪念碑，那就没有那么令人满意了。正如埃德蒙·克莱里休·宾利（Edmund Clerihew Bentley）所写的那样：

> 对于死
> 有很多东西可以说

猜一猜奥威尔可能会走哪条路是相当不错的在家里玩的游戏。无论他走哪条路，那都是固执己见、背道而驰的路。他致力于把平等作为其核心价值观的社会主义，但在他人生中的最后一年，他很

[1] 詹姆斯·迪恩，美国著名电影演员。——译注

少让人陪着，将自己收养的儿子送到了威斯敏斯特学院。更加严重的是，从他最后的草稿中发现，他又回归到了虚弱、模糊的萨默塞特·毛姆式小说，可怕地回归成了拿着步枪的牛。

但是并没有回归，由于1950年他死于创作上的巅峰时期，他的神话将越来越多，影响力将越来越大。左翼和右翼都宣称他属于自己那一派，争论他的遗产。

二 352

奥威尔是左翼的冷战分子，反共产主义的社会主义者。被迫在俄国和美国之间选择时，他于1947年告诉其前出版商维克多·戈兰茨公司，“我总是会选择美国”。但他迅速指出，美国对《一九八四》的解读是，攻击英国的工党政府及其标榜的社会主义。他说，该书的传达的信息是：“不让它发生。这取决于你。”

短暂当过独立工党（Independent Labour Party）的成员后，他总结说：“只有不属于任何党派的作家才能诚实。”但这并不意味着要当骑墙派。远远不是如此。他举例说明了以观众身份参与的无党派性。他坚持到了最后。他不仅像许多左翼作家一样去了西班牙，还为共和国而战，被人打穿喉咙。由于疾病缠身无法加入英军对抗纳粹德国，他成为乡团（Home Guard）的热情的中士。

他认为，在冷战中，作家的职责也是战斗，不仅与自己的作品战斗，还要在志愿者组织中战斗。在这方面，我们发现他与亚瑟·凯斯特勒计划组建一个他是副主席的另一个组织，该组织恰如其分地被命名为“自由维护委员会”（Freedom Defence Committee）。1948年，政府员工由于跟共产主义的可能联系开始受到系统的调查，他签署了一份“自由维护委员会”的声明，称只要受调查者有权让贸易工会的官员代表自己，军情五处（MI5）和政治部（Special Branch）的证据总是确凿，员工可以互审其调查者，此类调查（后来称为“审查”）就可以接受。这是他冷战时期的政治学。

你可能还是会问：为什么是奥威尔？他既不是公认的天才也不是伟大的小说家。埃里克·布莱尔告诉我们的所有英国现象在托尼·布莱尔所处的英国依然至关重要，尤其是因为北爱尔兰、苏格 353
兰和威尔斯开始各行其是。但这主要与我们英国人相关。他是冷战时期最重要的政治作家。但冷战已经结束。企鹅出版公司在 1979 年版的平装本《一九八四》上说，“首次出版于 1949 年，它现在仍然像当初那样具有众多的相关性”，现在他们不能再这样说了。尽管如今秘密电子监控的技术让思想警察的电幕显得原始，但那种中央集权、共产党国家极权主义的威胁已经消退，除非我犯了很严重的错误。

所有想了解 20 世纪的人还是必须读奥威尔。他的名字将继续在他从未梦到过的情景中出现。我最近发现，我十四岁的大儿子在苹果 Mac 用户的在线杂志上发了一篇文章，在该文章中，他将一些微软公司针对苹果公司的一些邪恶策略形容成“奥威尔式”。因此对于他和他的朋友来说，比尔·盖茨是老大哥。[1] 但是他这一代应该读什么样的奥威尔，是 21 世纪的奥威尔吗？

我在牛津大学拿到我的第一个学位后，那个漫长的夏天，我阅读了奥威尔的所有作品，自己有意识地把他当作一个榜样和准作家的向导来阅读。对我影响最深的作品是企鹅出版公司出版的四卷平装本《随笔、新闻文章及书信集》(*Collected Essays, Journalism, and Letters*)。现在这一套便捷的作品被戴维森的十一卷随笔、新闻文章、书信、回复、日记、笔记、广播谈话以及谈话预定表格集取代。这些作品应该用平装本或者只读光盘的形式出现。但是即使在最漫长的空闲夏天，还会有学生像我读原先企鹅出版的作品那样读它们

[1] 奇怪的是，该杂志叫《1984》。然而，有人告诉我说这与奥威尔无关，而是指Mac发布的年份。

吗？奥威尔对我们这个时代来说有什么必不可少的东西？

《动物庄园》可以像《格列佛游记》（*Gulliver's Travels*）一样来读，各个年龄段的人都可以读。《一九八四》引人入胜，对于理解现代历史来说必不可少。我觉得，我们这个时代要获得奥威尔的精华还需要企鹅出版公司出版两本平装书。[1] 一本是他最优秀、最重要的散文、文章和书信的新选集，要有以这绝妙版本为基础的文 354
本和脚注。另一本是《向加泰罗尼亚致敬》。这里面浓缩了奥威尔核心、持久的相关成就，按他自己的话来说，“让政治写作变成了一门艺术”。

《向加泰罗尼亚致敬》——该书在奥威尔的有生之年每年的销量大约只有五十本，现在超过一万本——是一种如何写国外政治危机、战争或者革命的样板。他亲临那里，实地考察，做笔记，以身涉险。接着他以第一人称写作，并不是因为他要放纵自己，“看，我是多么勇敢的小海明威”，而是因为这样确实更真诚。那个“我”让他的看法偏向性暴露无遗。为了让人记住这一点，他在该书的结尾告诉读者：“请注意我的偏见、我对事实的误解以及因我只从事件的一个角度看问题必然导致的曲解。”

他使用了所有来之不易的写作手法，一改简洁、生动的散文风格，运用了比喻、巧妙又富有特色的夸张手法；但他尽量让所有事实准确无误。[2] 正如他在称赞亨利·米勒（Henry Miller）时写道，“这是获取真正事实的真正尝试”。对于奥威尔一些早期作品中事实基础的所有疑问，他1937年之后公开发表和未公开发表的作品表明

---

[1] 企鹅出版公司基本上采纳了该建议；见《奥威尔和政治》（*Orwell and Politics*）（伦敦：企鹅出版社，2001年）和《奥威尔和西班牙》（*Orwell and Spain*）（伦敦：企鹅出版社，2001年）。

[2] 如果他的事实有错误的话，那至少部分原因是在巴塞罗那，一个秘密警察在他住的酒店房间搜查期间，他的所有文件——可能包括他的西班牙战争日记——被人拿走了。戴维森提出了引人注目的看法，即这些东西现在可能在内务人民委员会的奥威尔卷宗中，有消息称，该卷宗在苏联档案馆中。

他追求旧式、经验主义的真相，与后现代相去甚远。至关重要的是，这包括有关自己的不太令人愉快的真相。而他特意用最直言不讳的方式披露了它们。

没错，他请读者“跳过”两章详细的、充满首字母的政治披露。戴维森在这方面遵从了奥威尔后来的愿望，将它们编成了附录。我认为，他本应该凭借编辑的判断忽视这些愿望——正如他重印《牧师的女儿》和《让叶兰在风中飞舞》那样。因为这几章是清晰明了、富有激情的政治写作的精彩章节，是一本描述，正如奥威尔所说的“其实是政治战争”的著作必不可少的一部分。

你可以将我所谓的《向加泰罗尼亚致敬》的测试运用到过去
三十年间任何叙述明确外交危机——越南、阿富汗、波兰、尼加拉瓜、 355
南非、卢旺达、波斯尼亚——的作品中。我肯定读过二十本有关波斯尼亚的著作，但我认为没有一本真正通过该测试。

他伟大的随笔横跨政治和文学。它们探讨狄更斯、吉卜林、托尔斯泰、民族主义、反犹太主义、甘地和少年周刊。在《政治和英语》一文中，他表明了语言的堕落对于建立和维护糟糕、压迫的政治有多重要。但是他也表明了我们可以如何回击权力的滥用者，因为他们正在使用我们的武器：单词。自由取决于作家保持干净的单词之镜。在一个媒体操纵严重的时代，这比以往任何时候都重要。在其最优秀的文章和信件中，他以自身坚忍不拔的例子向我们说明了作为一个作家要如何参与政治。他选边站，但还是他自己。他不会让自己为执政或者追求权力的政党服务，因为这意味着在一个民主国家要说半真半假的话，在一个独裁国家要说谎话。他犯过错，但接着便会改正错误。有时，他会和其他人一起加入志愿者组织或者参与乏味的委员会工作，维护自由。可是，如果需要的话，他会孤军奋战，对抗所有“现在正在与我们的灵魂抗争、散发着臭味的小小正统说法”。

在《文学的预防》(The Prevention of Literature) 一文中，他

突然写到了一首古老的复兴运动者的圣歌：

敢于做但以理，
敢于孤军奋战；
敢于坚定目的，
敢于公之于众。

他做到了。正如他自己描述狄更斯时写道，在他作品的背后，你可以看到一张相当愤怒的脸。这就是伟大的奥威尔。我们还需要他，因为奥威尔的作品将永远流传。

1998 年 / 2009 年

奥威尔的名单 356

因此还真的有，1949 年 5 月 4 日，乔治 · 奥威尔那份臭名昭著的“秘密共产主义者”名单的副本进入了外交部半公开部门的档案里。它就在我面前，装在一个暗黄色的皮革文件夹中，放在一位外交部高级档案保管员的办公桌上。尽管有关这份名单的争议不断，但自从 1949 年 5 月 2 日，有人根据奥威尔在病床上给亲密朋友西莉亚 · 科万（Celia Kirwan）的原名单打出该官方副本以来，逾五十四年来，没有任何未经官方许可的人看过该名单。西莉亚那时刚开始在外交部的信息研究部（IRD）工作，该部门主要从事反共产主义的宣传。该名单中包含了三十八名记者和作家的名字，4 月 6 日，他在给西莉亚的信中写道，他们“在我看来是秘密的共产主义者、共产主义的追随者或有共产主义倾向的人，不应该信任他们是（反共）宣传者”。

奥威尔的名单兼收并蓄，分为三个部分，分别以“名字”、“工作”和“言论”命名。其中包括查理 · 卓别林（Charlie Chaplin）、普里斯特利（J. B. Priestley）和演员迈克尔 · 雷德格雷夫（Michael Redgrave），他们都打着“？”或者“？？”，这表明怀疑他们是否真的是秘密的共产主义者或共产主义的追随者。研究国际关系和苏俄的历史学家卡尔（E. H. Carr）被列为“姑息者而已”。《新政治家》（*New Statesman*）的编辑、奥威尔憎恶的老家伙金斯利 · 马丁

(Kingsley Martin）光荣地获得了额外的评论:“? ? 完全说他是‘秘 357
密的共产主义者’或共产主义的追随者太不诚实了，但他在所有问题上都坚定地支持俄国。”除了《纽约时报》驻莫斯科的记者沃尔特·杜兰德（Walter Duranty）和前托派作家艾萨克·多伊彻（Isaac Deutscher）（“同情者而已”）外，还有许多不那么著名的作家和记者，这些人中的第一个是《曼彻斯特卫报》(*Manchester Guardian*)的工业记者，称他“可能只是同情者而已。好记者。愚蠢。”

过去十年间，“奥威尔的名单”一直是许多文章的主题，文章的标题相当耸人听闻，比如“外交部的老大哥”、“社会主义的偶像成了告密者”和“奥威尔的黑名单如何协助秘密服务机构”。所有这种对《一九八四》作者推断性的谴责基于三种不完整的信息来源：非常私人的笔记本中许多（但并非所有）条目的出版，奥威尔试图在该笔记本中指出“秘密的共产主义者”和“F.T.”(他对共产主义追随者的简称）；他与西莉亚·科万来往信件的出版以及七年前外交部信息研究部披露的部分相关档案。但在 FO 1110/189 号档案中插着一张卡片，卡片上说还保留着一份文件，边上还有一份奥威尔 1949 年 4 月 6 日写给西莉亚的信的副本。

由于女王陛下的政府还煞费苦心地守护着一份奥威尔最后的秘密，直到去年秋天，西莉亚·科万去世，她的女儿阿丽亚娜·班克斯（Ariane Bankes）在母亲的文章中发现了一份名单的副本，随后邀请我报道这件事，这个问题才告一段落。我们在《卫报》上公布该名单后，我请英国外交大臣杰克·斯特劳公布原名单。[1] 他同意了，“现在名单中的所有信息已经公之于众”，任何感兴趣的人都可以在其相关地方阅读它，FO 1110/189 号档案存在英国国家档案馆中。

[1] 2003年6月23日的《卫报评论》重印了整份名单。

一 358

这是文本。那背景是什么呢？1949年2月，乔治·奥威尔躺在科茨沃尔德（Cotswolds）的疗养院中，肺结核的病情已经非常严重，熬不过一年了。那个冬天，他费尽最后一份力重打了《一九八四》的整份手稿，这是他发出的悲凉警告，警告如果英国屈服于极权主义可能会发生什么。他孤独寂寞，年仅四十四岁便生命垂危，绝望已极，对俄国共产主义的进程非常悲观，他亲身经历了它的残忍和背叛，西班牙内战期间，在巴塞罗那差点丢了自己的性命。在1948年2月的布拉格政变中，共产主义者刚刚接管了捷克斯洛伐克，当时他们还封锁了西柏林，试图借此让该城市屈服。

他认为正在发生一场战争，即“冷战”，担心西方国家输掉。他认为，我们正在输掉的一个原因是民意对苏联共产主义的真正本质一无所知。部分原因是，苏联在打倒纳粹主义中发挥了巨大的作用，人们自然而然地对它心怀感激，因而产生了这种盲目性。然而，这也是一群令人厌恶的天真、多愁善感的苏联制度崇拜者、宣誓过的共产党员、秘密的共产主义者和雇佣的苏联间谍的杰作。他怀疑，正是这些人让他在上一场战争的最后一年出版其反苏联的寓言故事《动物庄园》变得如此困难。

然而，他也知道，那个时候，真正理想主义的共产主义信奉者开始厌恶他们看到的东西。一些人成了“不灵验的上帝”的最严厉批评者，“不灵验的上帝”是一本有关共产主义的著名著作的书名，该书于1950年1月奥威尔去世的那个月出版，由亚瑟·凯斯特勒和工党议员理查德·克罗斯曼（Richard Crossman）联合编写，克 359
罗斯曼作序，收录了凯斯特勒、斯蒂芬·斯彭德和依纳齐奥·西隆尼（Ignazio Silone）等人的随笔。这些作家对像奥威尔这样的反共产主义左翼人士来说至关重要，正如奥威尔自己写道，他们相信“如果我们想复兴社会主义运动的话，摧毁苏联的神话必不可少”。在

20 世纪 40 年代中期至末期间的某个时候，他开始记私人笔记，在该笔记本中他努力想确定谁是什么人：彻底的共产党员、特工、共产主义的追随者、多愁善感的同情者……

该笔记本（我能够不受限制地在伦敦大学学院的奥威尔档案馆中查阅）显示他对这份名单忧心忡忡。上面有用钢笔和铅笔写的条目，还有对一些名字做的红色和蓝色星号标记。总共有 135 个名字，其中十个名字已经被划掉，要么因为已经去世了——比如前纽约市长菲奥雷洛·拉瓜迪亚（Fiorello La Guardia），要么因为奥威尔已经确定他们不是秘密的共产主义者和共产主义的追随者。比如，历史学家泰勒（A. J. P. Taylor）的名字被划掉了，附有奥威尔的评论，还加了加粗的下划线，"在弗罗茨瓦夫会议上采取了反共路线"，美国小说家厄普顿·辛克莱（Upton Sinclair）也被划掉了，奥威尔推翻了自己之前对他的评估，评论说："不。他谴责了捷克政变和弗罗茨瓦夫会议。"斯蒂芬·斯彭德（"多愁善感的同情者……有同性恋倾向"）和理查德·克罗斯曼（"完全说他是共产主义的追随者太不诚实了"）还没有被划掉；但这是在《不灵验的上帝》（*The God That Failed*）出版之前。他对自己的评估纠结不已可以从普里斯特利那一栏中看出来。先是在上面做了红色的星号标记，后来又用黑色的网线划掉，接着又在上面画了一个蓝色的圈圈，还打了个问号。

1949 年 2 月，给这位消沉、病入膏肓的天才政治作家带来了一则令人欣喜的个人消息。西莉亚·科万（娃佩吉特）从巴黎回到了伦敦。西莉亚是一位相当美丽动人、活泼、热心的年轻女子，和她的双胞胎妹妹玛曼因（Mamaine）一样都在左翼文学圈内活动，后来玛曼因与奥威尔的朋友亚瑟·凯斯特勒结婚了。奥威尔遇到西莉 360
亚是在 1945 年，当时他们与亚瑟和玛曼因一起在威尔士过圣诞节。那一年早些时候，他的第一任妻子刚过世，他孤独寂寞，有些情绪波动。西莉亚和他很合得来，在伦敦又见了几面。在他们第一次见面五个星期后的一个晚上，他给了她一封情感真挚的信，相当笨拙地提议要么结婚要么做他的情人。信的结尾写道："晚安，我最亲爱的爱人，乔治。"西莉亚温柔地拒绝了他，她后来将它形容成一封"相当模棱两可的信"，但他们仍然是亲密的朋友。一年后，她到巴黎为一家思想评论杂志工作去了。

2月13日，当时他在科茨沃尔德的疗养院里写道："最亲爱的西莉亚，收到你的信，知道你再次来到了英国，非常高兴。""我的新书（就是《一九八四》）出版的时候（我认为大概六月会出），将送一本给你，但我认为你不会喜欢；这真是一本可怕的书。"他希望在"某个时候，或许在夏天"看到她，他最后写到"非常爱你的乔治"。

比预期的早，3月29日，西莉亚到格洛斯特郡（Gloucestershire）来看他，但同时还有一个使命。她在为外交部的新部门工作，试图对抗来自斯大林最近成立的共产党和工人党情报局（Cominform）一波波共产主义的宣传攻势。他能帮上忙吗？在他们见面的官方备忘录上，她记录着奥威尔"全心全意、满怀热情地支持我们的目标"。他说，他自己无法为信息研究部写任何东西，因为他病得太重，也不喜欢"约稿"写作，但他推荐了几个可能这样做的人。4月6日，他用自己工整、相当精致的笔迹写了一封信，又推荐了几个名字，提供了一份名单：

> 那些不能当作宣传者加以信任的人。但是关于这一点，我应该把留在家里的那本笔记本发给你，如果我把这样一份名单
> 给你，这份名单必须严格保密，因为我认为把某些人说成是共 361
> 产主义的追随者有损其名誉。

西莉亚将这封信交给了她的上级亚当·沃森（Adam Watson），他评论了一番，接着补充说：

P. S. 科万女士肯定要在奥威尔先生那边拿到这份秘密共产主义者的名单。她将“严格保密”并在一两天后发回来。我希望这份名单有理有据。

科万女士按照指示做了，4 月 30 日在“卡尔顿府联排（Carlton House Terrace）17 号的外交部”里写道：

亲爱的乔治，非常感谢你提供的有益建议。我的部门很想看到它们……他们让我带话，如果你能让我们看到你有关共产主义追随者和秘密记者的名单，他们将非常感激：我们将以最慎重的方式对待它。

她的信的结尾要比他的冷淡：“你永远的朋友，西莉亚。”至少在 FO 1110/189 档案中存的打印版信中是如此。

与此同时，奥威尔请自己的老朋友理查德·里斯（Richard Rees）把那笔记本从苏格兰岛侏罗山脉遥远的住所（他就是在这里写的《一九八四》）送过来。4 月 17 日，奥威尔为此感谢他时写道：

我认为科尔 [即历史学家 G. D. H. Cole] 可能不应该出现在名单上，但要是发生战争，我对他就不那么确定，对拉斯基（Laski）[1] 要确定一些……整个东西很难处理，只能靠自己的判断来做，每个案例都单独处理。

因此，我们可以想象奥威尔躺在疗养院的床上，面容憔悴、痛苦不堪，看着那本笔记本，或许在已经加了红色星号和黑色网线的 362

[1] 拉斯基（1893—1950），英国政治学家、教育家和政治领袖，费边主义者，英国工党领导人之一。——译注

普里斯特利的名字上加蓝色的问号，想着如果真的与苏联开战，科尔或者拉斯基，克罗斯曼或者斯彭德会采取怎样的行动，想着 135 个名字中哪些要传给西莉亚。

收到她的信后，他立即回信，附上一份有三十八个名字的名单：

> 它不会太轰动，我认为它不会有你的朋友不知道的东西。**（请注意提到了“你的朋友”，奥威尔并没有幻想这封信只会她看到）**与此同时，让可能不太可靠的人上名单，这个主意不错。如果早一点这样做，就能阻止彼得·斯莫利特（Peter Smollett）这样的人慢慢地坐上重要的宣传位置了，在这些位置上，他们可能给我们带来许多伤害。即使它成立，无论用的是什么词，我觉得这份名单也是非常损害名誉或者诽谤性的，所以说你看完后一定要还给我。

信上写着“爱你的乔治”。同一天，他又给理查德·里斯写了信：

> 假如拉斯基拥有一份重要的军事秘密。他会将它出卖给俄国的军事情报部门吗？我觉得不会，因为他还没有真的决定做卖国贼，他在这方面所作所为的本质也相当清楚。当然，一名真正的共产主义者会交出秘密并且不会有丝毫愧疚感，一名真正的秘密共产主义者也会如此，比如普里特[议员，D. N. Pritt]。
> 总体的困难在于确定每个人的立场，每个人都必须单独对待。 363

令人苦恼的是，有关这个问题的文档已经无迹可寻。我们知道西莉亚·科万本应该在下一个周日过去看奥威尔；我们知道，5 月 13 日，他感谢她给自己送了一瓶白兰地。在部里打了一份副本（该副本现已在 FO 1110/189 号档案中）后，如果她再次去看他，那份名单她还了吗？如果真的又见面了，他们见面的时候说了什么？接着又发生了什么？这些名字有交给其他部门吗？

档案本身显示，对于那些名单上的人并没有采取进一步行动。外交大臣在写给我的信中宣布了要公开原始的名单，在信中写道："对我们记录的检查证实该名单是有关奥威尔与信息研究部联系的唯一未公开的文件。"但还有许多信息研究部的档案没有公开，公开文件中的一部分内容被掩盖，因为它们包含与情报相关的问题，因此被外交部档案保管员所谓的"毯子"掩盖了。无论如何，在档案中总是只有部分真相。

二

认真地回答这些问题需要判断信息研究部这个神秘部门的性质。因此，我专心研读了讲述该部门的已出版的文献，还读了一些存在英国公共档案馆（Public Record Offce）中的档案。[1] 我还与几位当时在该部门工作的前成员交谈过。他们包括指示西莉亚·科万向奥威尔要名单的官员亚当·沃森；研究苏联恐怖的资深编年史家

[1] 详细但有偏见的描述是保罗·拉什马（Paul Lashmar）和詹姆斯·奥利弗（James Oliver）的《英国秘密宣传战：1948–1977 年》（*Britain' s Secret Propaganda War, 1948-1977*）（斯特劳德：萨顿出版社，1998 年）。较短但更加细致区别对待的是休·威尔福德（Hugh Wilford）的《中情局、英国左翼和冷战：谁做主？》（*The CIA, the British Left and the Cold War: Calling the Tune?*）（伦敦：弗兰克·卡斯出版公司，2003 年）。另见斯科特·卢卡斯和莫里斯（W. Scott Lucas and C. J. Morris）的"英国的十字军东征：信息研究部和冷战的开端"（A Very British Crusade: The Information Research Department and the Beginning of the Cold War），收录在理查德·奥尔德里奇（Richard J. Aldrich）编的《英国情报、战略和冷战》（*British Intelligence, Strategy and the Cold War*）（伦敦：劳特利奇出版社，1992 年）中；菲利普·迪里（Phillip Deery），"对抗共产党和工人党情报局：乔治·奥威尔和信息研究部的冷战攻势：1948—1950 年"，《工党历史》（*Labour History*）No. 73（1977 年 11 月）；《信息研究部：外交部信息研究部的起源和建立：1946—1948 年》（*IRD: Origins and Establishment of the Foreign Offce Information Research Department, 1946–48*）（伦敦：外交和联邦事务部历史学家的历史注释，No. 9，1995 年 8 月）以及弗朗西丝·斯托纳·桑德斯（Frances Stonor Saunders）在《谁来付代价？中情局和文化冷战》（*Who Paid the Piper? The CIA and the Cultural Cold War*）中进行了简明扼要、控告性的阐述。

罗伯特·康奎斯特（Robert Conquest），他后来与西莉亚·科万在同一个办公室里工作，自己“疯狂地爱上了”她；人如其名的约翰·克洛克（John Cloake）。

显现出来的画面是一个不太明确的组织，有一群截然不同的人 364
摸索着从刚刚结束的对抗法西斯极权主义的战争（他们当中大多数人都参与了这场战争）中走出来，进入对抗作为战时英国盟友的共产极权主义的新“冷战”。与通常称为军情六处的秘密情报机构（政府否认它的存在）不同，信息研究部出现在外交部部门的名单中，但并不是所有其官员都能在那儿得到确认。其大部分资金来自“不记名投票”（Secret Vote），是一种政府拨款，用于资助秘密服务机构，不受一般形式的议会审查。1951 年，外交部内部的一份描述直截了当地说，“应该注意的是该部门的名字意在掩护其工作的真正性质，对于这点必须严格保密”。[1]

起初，那个“真正的性质”主要是收集和概括有关苏联和共产主义恶行的可靠信息，将这些信息散布给友好的记者、政客和贸易工会会员，在经济方面支持反共产主义作品的出版。该部门由工党外交大臣欧内斯特·贝文（Ernest Bevin）成立，对拥有良好左翼背景的作家特别感兴趣。比如伯特兰·罗素（Bertrand Russell）写了三本简短的书，它们的出版受到了信息研究部的资助：《为什么共产主义必然失败？》（*Why Communism Must Fail*）、《什么是自由》（*What is Freedom?*）和《什么是民主？》（*What is Democracy?*）。据信息研究部的资深人员说，一些作家，像罗素，深知让他们写书的出版商（背景图书公司）受到外交部该半公开部门的支持；其他人当后来得知出版商的资金来源时愤怒不已，比如哲学家布赖恩·马吉（Bryan Magee），他写了《民主的革命》（*The Democratic Revolution*）。这种模式与文化冷战中其他有名的事件

[1] 详见FO 1110/383号档案里1951年的备忘录。

如出一辙，比如美国中央情报局资助《邂逅》(*Encounter*) [1]。

显然，这些作家中较著名者的作品无论如何都会出版，但是信息研究部让他们的作品获得了更广泛的传播，尤其是在已经受到共产主义统治或者受到共产主义威胁的国外。拿奥威尔的作品来说， 365
该部门支持了《动物庄园》的缅甸语、汉语和阿拉伯语版，委托制作了与该书同名、相当粗糙的连环画（给猪少校画了列宁的大胡子，给拿破仑猪画了斯大林的八字胡，以防头脑简单的读者看不懂意思），还在英联邦的“落后”地区组织放映了由美国中央情报局资助——政治上扭曲——的《动物庄园》动画电影。

该部门还与英国广播公司的海外服务部门建立了亲密的工作关系。在一份档案中，我读到信息研究部的官员试图向时任英国广播公司总裁伊恩·雅各布爵士（Sir Ian Jacob）施压，采用其建议的选词来描述苏联。[2]（一个选词的例子是："警察国家。又一个有用的词组，突出了该制度中有时被忽视但必不可少的一个方面。"）在这件事上，英国广播公司顶住了压力，监管信息研究部的外交部官员告诉其下属不要指手画脚。

然而，信息研究部的一些特工似乎并没有仅仅限于使用这些欧内斯特·贝文所谓的“反共产主义宣传”相对较温和的手段。他们使用在之前战争中为政治作战执行部（Political Warfare Executive）[3] 或者军情六处工作过程中学到的方法，显然是试图通过确认共产主义成员或者据称的共产主义成员，散播有关他们活动的可怕谣言——或许更可怕的东西，来对抗他们认为已经被共产主义渗透的贸易工会、英国广播公司或者像全国公民自由理事会(National Council for Civil Liberties）这样的组织。

因此，我们肯定可以想象，罗伯特·康奎斯特坐在卡尔顿府联

---

[1] 《邂逅》(*Encounter*)，英国的一本文学杂志，已于 1991 年停止发行。——译注

[2] 详见FO 1110/383号档案。

[3] 政治作战执行部，二战期间，英国的一个颠倒黑白的秘密宣传机构。——译注

排的一个房间里，一丝不苟地收集和筛选着东欧政治的信息。在另一个办公室里，二战期间的政治作战执行部或者军情六处的前成员可能正在准备某种稍微不那么谨慎的行动。你在隔壁可以见到富有魅力的专业外交官盖伊·伯吉斯（Guy Burgess），他在信息研究部工作了三个月，作为苏联的特工，将这边的所有情况告诉了在莫斯 366
科的上峰。在走廊的另一边，坐着一位叫费伊（Fay）的年轻女子，不过这只是从 1952 年开始。小说家费伊·韦尔登（Fay Weldon）后来回忆说，当军情六处的人过来时，会告诉她和她的同事“转过身去！”，这样这位詹姆斯·邦德式的人物经过走廊的时候就不会被看到了。（“亲爱的，那位绅士经过的时候，看墙壁。”）但他们偷偷看了。

随着冷战的加剧，早些年的白色宣传似乎日益被灰色或者黑色宣传所取代。到了 20 世纪 50 年代末期，据当时为英国情报部门工作的人说，信息研究部是外交部中有名的使用卑鄙手段的部门，尽情地诽谤人格、发送虚假电报、在抽水马桶的位置上放痒痒粉和制造冷战的恶作剧等……这些在档案中几乎找不到，即使与情报相关的档案最终公布，在那些档案中也找不到。

所有幸存者都坚持表示，1949 年奥威尔提供的名字最不可能传给任何其他部门，尤其是英国的国内安全服务机构军情五处和负责国外情报的军情六处。亚当·沃森对我说：“老实说，我不记得我们给军情五处或者军情六处说过的任何案例。‘你听说说某某人说谁是秘密的共产主义者吗？’”然而，正如沃森自己提醒我说，“老年人记性不好”。显然，没有人知道确切的情况，比如信息研究部的负责人拉尔夫·穆雷（Ralph Murray）和军情六处的一位朋友在卡尔顿府联排附近的游客俱乐部里喝白兰地的时候会轻声说些什么。

西莉亚·科万总是大力维护奥威尔对信息研究部工作的贡献。20 世纪 90 年代的时候，对他这份名单的怀疑甚嚣尘上。马克思主义历史学家克里斯托弗·希尔（Christopher Hill）说：“我向来知道他是两面派。”工党议员杰拉尔德·考夫曼（Gerald Kaufman）

在《标准晚报》(*Evening Standard*) 中写道 :“奥威尔也是一位老大哥。” 西莉亚 · 科万坚持认为 :

> 我认为乔治这样做是相当正确的……当然，所有人都认为 367
> 天一亮，这些人就会被枪毙。但在他们身上只会发生一件事，那就是不会请他们为信息研究部写东西。如今，一些作家称，信息研究部的反共产主义活动相当于麦卡锡主义政治迫害的英国版。如果是这样,那么有人会惊奇,与美国的麦卡锡主义相比，这是多么的温和。麦卡锡主义促使亚瑟·米勒写了《熔炉》(*The Crucible*)，查理 · 卓别林逃回了奥威尔的英国。

想一想名单上的一些人是谁，他们身上发生了什么。奥威尔在给西莉亚的随附信件中特别提到了彼得 · 斯莫利特，他指出 :“……强烈觉得是俄罗斯特工。非常圆滑的一个人。” 彼得 · 斯莫利特出生于维也纳，当初叫彼得 · 斯莫尔卡 (Peter Smolka)，二战期间担任英国信息部苏联分部——奥威尔真理部的灵感来源之一——的负责人。现在，我们又多知道了关于他的两点信息。第一点是，根据克格勃文件中的米特罗欣档案 (Mitrokhin Archive)，斯莫利特—斯莫尔卡确实是金 · 菲尔比 (Kim Philby) 雇用的一名苏联特工，代号为 “ABO”。第二点是，几乎可以肯定他就是那位建议出版商乔纳森 · 凯普出版公司把《动物庄园》当作不健康的反苏文本，拒绝出版它的官员。当时，英国是如何起诉或者迫害这位苏联特工的呢? 让他获得了官佐勋章 (Officer of the British Empire)。后来，他成了伦敦《泰晤士报》的中欧记者。在他身上发生的最糟糕的事情似乎是，他关于战后维也纳的那些短篇故事大都被格雷厄姆 · 格林 (Graham Greene) 吸收到小说《第三个人》中去了。在电影中，他开了一个知情人才听得懂的笑话，观众肯定认为有一个酒吧或者夜总会的名字叫斯莫尔卡。

根据米特罗欣克格勃的文件，工党议员汤姆·德赖伯格（Tom
Driberg）——“通常称为‘秘密的’支持共产党的人士，但在我看 368
来不是可靠的支持共产党的人士”——在莫斯科新都城酒店下面的厕所内与克格勃第二总局的一名特工发生了危险的同性恋关系后，1956年被雇为无疑是非常不可靠的苏联特工（代号为LEPAGE）。然而，他去世的时候是著名的作家和梅尔的布拉德韦尔勋爵（Lord Bradwell of Bradwell-juxta-Mare）。E. H. 卡尔、艾萨克·多伊彻、小说家内奥米·密契森（Naomi Mitchison）（“愚蠢的同情者”）以及普里斯特利的事业都很成功，目前据我们所知，没有受到英国政府的任何阻挠。讽刺意味十足的是，迈克尔·雷德格雷夫在1956年根据奥威尔《一九八四》拍摄的电影中担任了主演。

换句话说，在他们身上都没有发生不好的事情，连在斯莫利特这样的人身上也没有，他身上本应该会发生不好的事情的。可以肯定的是，我们不能得出结论说，那三十八个名字组成的名单中所有不那么著名的作家和记者都是如此：这需要进一步的调查。至今，我发现的唯一有点像“列入黑名单”的案例是阿拉里克·雅各布（Alaric Jacob），他是一位二流作家，与奥威尔上的同一所私立学校，满怀愤慨地追求自己的事业。根据英国政治审查的一项研究，阿拉里克·雅各布于1948年8月在卡弗舍姆（Caversham）加入了英国广播公司的监控服务机构，但在1951年2月“突然被剥夺了编制的权利，这意味着他不能拿到养老金”。[1] 他向自己的堂兄伊恩·雅各布爵士抱怨，伊恩·雅各布与信息研究部打过交道，后来成为了英国广播公司的总裁。阿拉里克·雅各布的妻子艾丽斯·莫利（Iris Morley）——她也出现在奥威尔的名单中——在1953年去世后不久，他编制节目和拿养老金的权利就恢复了。

[1] 马克·霍林斯沃思（Mark Hollingsworth）和理查德·诺顿-泰勒（Richard Norton-Taylor），《黑名单：政治审查的内幕》（*Blacklist: The Inside Story of Political Vetting*），伦敦：霍加斯出版社，1988年。

英国广播公司与信息研究部等半公开的部门和秘密审查其员工的情报部门合作的方式，是英国冷战中更加阴暗的篇章之一。但是失去两年英国广播公司的“编制权”算不上是《正午的黑暗》和101 房间的会议。无论如何，没有证据表明奥威尔的名单与大约两 369
年后临时将阿拉里克·雅各布列入黑名单有任何关系。

三

就在奥威尔将名单发给西莉亚的几个月前，他描述甘地时写道：“圣人应该总是被判有罪，直到他们被证明是无罪。”现在，奥威尔的法则必须用到自己（英国政治写作的圣人乔治）的身上。然而，即使所有可能的档案都公之于众，一丝不苟的历史学家权衡所有有关信息研究部、英国广播公司和其他可以利用的证据，最终也永远无法证明他“无罪”。或许奥威尔根本不想辩护无罪，而是咆哮“指控的罪责”。这完全取决于指控。

如果指控奥威尔是冷战分子，那答案显然是肯定的。奥威尔早在冷战开始前就是冷战分子，大多数人还在称赞我们英勇的苏联盟友时，他就在《动物庄园》里警告苏联极权主义的危险了。在《牛津英语词典》中，他似乎是在英语中使用“冷战”这个术语的首位作家。他曾在西班牙手拿着枪对抗法西斯主义，被子弹打穿喉咙。他用打字机对抗共产主义，疲劳过度加速了自己的死亡。

如果指控他是秘密警察的告密者，答案显然是否定的。信息研究部是一个奇怪的冷战组织，但一点都不像思想警察。与可怕的天才贝托尔德·布莱希特不同，奥威尔从不相信只要目的正当，可以不择手段。我们发现他一次又一次对理查德·里斯说，必须单独对待每一个案例。他反对在英国禁止共产党。自由维护委员会（他在该委员会中担任副主席）认为政治审查公务员是不可避免的灾祸，但坚持认为相关人员应该由贸易工会代表，必须拿出同谋的证据，

受指控的人应该可以互查那些提供对他们不利证据的人。实际上根 370
本不是冷战期间克格勃、军情五处或者联邦调查局的方法。他告诉西莉亚，他赞同信息研究部的目标，这并不意味着他将赞同他们后来所采用的方法。

这份名单再次让我们反思我们对纳粹主义和共产主义态度的不对称性。奥威尔喜欢列名单。1942 年，在写给《党派评论》(*Partisan Review*）的“伦敦通信”中，他写道，“我认为我至少还能列出一份预备名单”，如果德国人占领英国，这些人将倒向纳粹一边。假设他有这样一份名单。假设他的秘密纳粹分子名单交给了政治作战执行部。会有人反对吗？

早该公布的信息研究部的名单还突出了奥威尔的私人笔记本和存在外交部、他发给西莉亚的名单之间的重要区别，这种区别通常都模糊不清。根据不同品味，读者可能对他笔记本中的条目更加震惊或者更加愉悦。他们在里面可以感受到古老的殖民警察，间谍的感觉以及大量他富有特色、粗暴的黑色幽默。（他在笔记本的名单中这样总结来自“收入所得税部门”的人：那些税务稽查员是血腥的共产主义者。）但所有作家都是间谍。他们像卡尔顿府联排中的费伊 · 韦尔登一样偷看。他们偷偷地在笔记本中记下东西。

该笔记本触动我们现代神经的一个方面是其对人的种族分类，尤其是“犹太人？”（查理·卓别林）、“波兰犹太人”、“英国犹太人”或者“犹太女人”的八种变体。奥威尔一生都在努力克服对自身阶级和自己这一代人的偏见，但他从未完全克服这一点。

关于他真正发出的这份名单，仍然最令人不安的是，无论合作多么微不足道、宣传多么“真实”、出发点多么好，一位作家（现在他的名字已经等同于政治独立和新闻诚实）是如何卷入与官僚宣传部门的合作中的。在信息研究部的档案中，你可以找到我们现在习惯性地形容成“奥威尔式”或者“卡夫卡式”的官僚语言。在 371
FO 1110/189 号档案中，奥威尔亲笔信（“亲爱的西莉亚……爱你的乔治"）的边上有一封来自驻莫斯科英国大使馆打印的信，开头是"尊敬的部门"，署名是超现实的"你永远的朋友，档案馆"。

然而，或许我们不应该感到吃惊，因为奥威尔从内部了解这样一个世界并从中为其"可怕的作品"获得素材。尽管《一九八四》是对纳粹（即国家社会主义者）和共产主义（即苏联社会主义者）——因此有了"英社"（Ingsoc）[1]——极权主义的警告，但许多细节都源于自己在战时伦敦的经历和在英国广播公司工作的经历，英国广播公司本身是一个巨大的英国官僚机构，与信息部关系密切，也是原始 101 号房间的所在地。

所有解读中最微妙又最受怀疑的部分是奥威尔与西莉亚·科万的关系。在他写给西莉亚的信中几乎有一种痛苦的渴望。你从中可以感受到他对一位特别吸引人、热心和有文化的女子持续不断的强烈感情。但在至今我们关于他所知道的一切中，你还可以感受到更广泛的东西：一位病入膏肓的病人更加普遍、绝望地渴望充满深情的女性的支持。有人回忆了他迅速向西莉亚以及其他两位或者三位较年轻的女子求婚前三年内的情感波动。困在科茨沃尔德的疗养院里，孤独寂寞，不愿意想自己四十五岁便无法行动，他渴望通过爱一位美丽的女子来应对即将来临的死亡吗？

西莉亚尽管仍然是他可靠的朋友，但并没有与乔治进一步发展。然而，他们关于名单交流后不久，另一位美丽的年轻英国女子（在先前的情感波动中，他也向她求过婚）像西莉亚一样从巴黎回来，到疗养院去看他。索尼娅·布劳内尔（Sonia Brownell）正在从与法国哲学家莫里斯·梅洛–庞蒂（Maurice Merleau-Ponty）的激情浪漫中走出来。奥威尔可能感受到了一些激励，再次向她求婚了。受到奥威尔有力的出版商弗里德里克·沃伯格（Frederic Warburg） 372
的怂恿，索尼娅接受了。

---

[1] "英社"（Ingsoc），《一九八四》中大洋国的极权主义政府所秉持的意识形态。——译注

在《一九八四》中，温斯顿·史密斯对极权主义官僚制度的抗议是与裘丽娅——这个人物至少部分是以索尼娅为原型的——做爱。在现实生活中，至少从一定程度上来说，是对获得西莉亚充满深情的关注的渴望将“奥威尔先生”带入英国官僚机构的秘密档案中的吗？

这种传记式的推测并不是要淡化他清醒的政治选择：将那些名字提供给外交部的一个部门。然而，你必须自问如下问题：如果1949年3月29日，拜访他的是戴着圆顶礼帽，穿着细条纹衣服的克洛克先生，他会愿意发给他名单吗？但拜访他的并不是克洛克先生，而是他“最亲爱的西莉亚”。

奥威尔想方设法对抗自己最后的敌人——死亡；然而正是他英年早逝让他获得了不朽的名声。鉴于这份名单，猜测如果他没有死，他会选择哪条路——会成为《新政治家》特立独行的左翼声音吗？成为《邂逅》杂志暴躁的老冷战分子吗？——很诱人，但都不合理。我们永远都不会知道。然而，有一点很清楚：他会选择明确又坚定的政治立场，进而疏远左翼或者右翼人士，也可能两者都疏远。只是他英年早逝才让所有人可以按自己的方式美化他。他会写更多的书——可能像他之前的小说和最后的草稿一样，没有《动物庄园》和《一九八四》那样优秀。

我们会多么喜欢读他关于建造柏林墙、越南战争和1968年学生抗议的观点。1989年，苏联共产主义的老大哥最终崩溃的时候，我在中欧见到八十六岁的他会多么享受。如今听到他评论伊拉克战争宣传语言、缅甸持续不断的不幸或者托尼·布莱尔两难处境的声 373
音——由于没有留下他声音的录音，我们想象的声音只会更加生动——会多精彩。但百岁的奥威尔通过其笔记本中的星号标记和叉叉咆哮道：“别傻了。自己解决。”

2003年

“英国知识分子”是矛盾修辞吗？ 374

坐在你旁边的那个人是知识分子吗？你是知识分子，还是与这个称号相距甚远？有一天晚上，我问一位我认为显然是英国知识分子的时事评论员他是否是知识分子，透过他的眼镜可以看到一丝惊慌，他回答说：“不，不是！”为什么不是呢？“因为我害怕患上冒名顶替综合征（Impostor Syndrome）。”

在其绝妙的新书《思想的缺失》(*Absent Minds*）中，思想史家斯特凡·柯里尼（Stefan Collini）描绘了英国这种否认传统的悠久历史。[1] 在其他欧洲国家会被形容成知识分子的人一次又一次否认他们是。柯里尼所谓的“缺失主题”称，与法国人、波兰人或者奥地利人不同,我们没有知识分子。知识分子始于加莱(Calais)。“英国知识分子”是一种矛盾修辞，与“军事情报”一样。口头英语之河承载着厚厚一层有点轻蔑或者讽刺的绰号：书呆子、老学究、风雅之士、女才子、自称无所不知的人、电视明星、媒体明星、空谈阶层、聪明过头的人。修饰语“所谓”总是与“知识分子”这个词连在一起，就像一个保镖。引号所表示的讽刺意味并不遥远。

柯里尼说得很对，这让我们处在了一种虚假的清醒状态中。与

[1] 斯特凡·柯里尼，《思想的缺失：英国的知识分子》（*Absent Minds: Intellectuals in Britain*），牛津：牛津大学出版社，2006年。

许多其他方面一样，在这方面，我们并没有那么特别，反而比我们自己认为的还要像欧洲人。但是作为一个知识分子意味着什么？柯 375
里尼区分了三种不同的意义。首先是主观、个人的意义：博览群书、对想法感兴趣、追求思想生活的人。人们说一位朋友或者亲戚"有点知识分子的样子"时，通常指的就是这个意思。（通常这并没有什么恶意，仿佛谈论无伤大雅的兴趣和小缺点一样。）其次是社会学上的用法：比如，知识分子是一个阶层，可能由所有拥有大学文凭的人组成。但这种社会学上的用法在英国从未真正流行过，与在中欧和东欧不同，在那儿，这是标准描述方式的一部分。

最后也是最重要的意义是文化角色的描述。柯里尼试图给它下一个缜密的定义。在这种意义上，知识分子是指某个人首先在创新、分析或者学术方面获得了一定的成就，接着利用现有的媒体或者表达渠道参与更广泛公众的更广泛问题，其中一些人随后成为公认的权威——或者至少说是公认的人物和声音。几年前，在一场与捷克知识分子的辩论中，我试图给知识分子的角色下的定义如出一辙："这是思想家或者作家的角色，参与公共政策问题的公共讨论，参与最广泛意义上的政治，却有意不谋取权力。"最后一条标准化的限制条款对我来说似乎非常重要，不过瓦茨拉夫·哈维尔等知识分子不接受这一条，他参与政治并获得了巨大的权力。

自从20世纪80年代以来，我们开始将这类人形容成"公共知识分子"，这个术语像"风雅之士"一样都是从美国引进的。但是如果说"知识分子"是指发挥上述描述的作用的人，那么"公共知识分子"便是赘述，"私人知识分子"是矛盾修辞。隐士或者隐居者可能"有点知识分子的样子"，但参与到更广泛的公众中是知识分子在这个意义上的一个显著特征。有些人或许只有死后才能进入更广泛的公众视野，这一事实使情况更加复杂了。只有十一个人参加了卡尔·马克思的葬礼，但他成为有史以来对政治最富有影响力 376
的知识分子之一。因此，可以说有死后的公众。

但英国知识分子诋毁或者不接受知识分子这个术语时，他们有时只是在表达英国的经验主义对各种更为抽象理论化的大陆形式的厌烦而已。这也正是奥威尔在一封私人信件中，将让–保罗·萨特形容成“一袋风”的原因之一。正如诗人詹姆斯·芬顿（James Fenton）在“马尼拉宣言”（Manila Manifesto）中所说，“我们对法国人说：**要么闭嘴，要么说有价值的东西（AUT TACE AUT LOQUERE MELIORA SILENTIO）**。”“牛肉在哪儿？”是盎格鲁—撒克逊人抛给德里达（Derrida）、阿尔都塞（Althusser）或者海德格尔（Heidegger）的问题。但是这仅仅是不同知识分子传统之间的冲突而已。此外，通常在英国，思想越偏右的人对知识分子越怀疑。英国的共产主义者会相当愉快地谈论“共产党的知识分子”（这有助于解释奥威尔厌恶该称呼的原因），而保守派的历史学家、记者保罗·约翰逊（Paul Johnson）（如果有知识分子的话，那他就是）写了整整一本书阐述知识分子有多么讨厌。

显而易见的事实是，在如今的欧洲，英国是拥有最丰富知识分子文化的地方之一。与知识分子的发源地法国相比，在英国，关于理念、政策和书籍可能有更真实、实质性和创新性的辩论，进入了更广泛的公众视野。与塞纳河（Seine）左岸相比，泰晤士河南岸没有那么优雅，但更加富有知识分子的生机。

除了美国之外，没有其他地方拥有如此众多的智库。似乎每个月都会有一场文化盛宴，大量的观众排队聆听许多书呆子和科学家的话。我们拥有欧洲最好的大学，一些英国的学者还成功摆脱了政府强制实施的研究评审工作那可怕、苏联式的控制，争取足够的时间与更广泛的公众分享知识。我们拥有英国广播公司，尤其是英国
广播公司的电台，通过梅尔文·布拉格（Melvyn Bragg）的《在我 377
们的时代》（*In Our Time*）和安德鲁·马尔（Andrew Marr）的《开启一周》（*Start the Week*）等节目来帮助他们做到这一点。英国广播公司总裁马克·汤普森（Mark Thompson）在展望公司的未来时，

再次重申将致力于雷斯（Reith）[1]三脚架的第三只脚：提供教育、信息和娱乐。

我们的商业图书出版商成功地将严肃的作品推广给了更广泛的读者群。（我们书店的情况堪忧，但幸运的是总是有亚马逊。）我们拥有一流的学术期刊：《展望》（*Prospect*）、《泰晤士报文学副刊》（*TLS*）、《卫报评论》（*Guardian Review*）、《伦敦书评》（*London Review of Books*）和 openDemocracy.net 网站等。通过英语和跨大西洋频繁的文化交流，我们不仅参与到了美国的大辩论中，还参与到了整个英语世界的大辩论中。互联网和博客空间为任何试图想成为（公共）知识分子的人提供了非凡的机会。如果他们说的东西很有趣，公众将找到他们——而且不仅仅是英国的公众，还有全世界的公众。

总而言之：英国知识分子从未这样良好表现过。因此，他们继续否认他们存在还重要吗？可能不重要了。或许这甚至还有助于防护在欧洲大陆的知识分子中有时遇到的那种自我重要性的夸大意义，也可以说防止成为伯纳德–亨利 · 列维（Bernard Henri-Lévy）[2]。让法国人执着于字词，我们继续满足于实物吧。

2006 年

[1] 雷斯，英国广播公司的第一任总裁。——译注

[2] 伯纳德–亨利 · 列维，法国哲学家、公共知识分子，写过三十多本书，包括纽约时报畅销书《美国眩晕》（2006 年）和《左派的黑暗年代：对抗新野蛮主义》（2008 年），均由兰登书屋出版。

“我是柏林人”[1] 378

你年轻的时候，无法想象老人也曾年轻过。随着你慢慢变老，这就更容易了。我在牛津大学第一次见到以赛亚·伯林的时候，他已经六十多岁了。他是英国最著名的公共知识分子，是偶像人物，戴着厚厚的边框眼镜，穿着黑色的三件套，更令人难忘的是他充满模仿、妙语连珠、滔滔不绝、引经据典的谈话，通常会同意与一小群本科生共度一个夜晚。对于一位十九岁的学生来说，他似乎相当于玛士撒拉[2]——不过在二十五年的亲密接触过程中，我发现，这是一位非常渴望闲谈并且拥有闲谈天赋的玛士撒拉。

亨利·哈代（Henry Hardy）精心编辑了以赛亚·伯林1928—1946年间的书信集，该书信集展现了以赛亚·伯林年轻时的样子。[3]他的人生以一系列不断扩大的圈子展开。第一个圈子是他亲密又提供支持的俄罗斯犹太家庭，1921年，整个家庭从里加（Riga）移居到了英国。有一封早期感人的信，是十九岁的沙亚（Shaya，他当

[1] 译按：原标题为德语“Ich bin ein Berliner”，在西文中，作为地名的柏林（Berlin）与作为姓氏的伯林（Berlin）的拼写完全一样。

[2] 玛士撒拉（Methuselah），《旧约》中提到的老人，活了969岁。——译注

[3] 以赛亚·伯林，《飞扬年华：1928—1946年间的信》（*Flourishing: Letters 1928–1946*），亨利·哈代（编），伦敦：查托 & 温达斯出版社，2004年。

时的名字）写给精神抖擞、喜欢音乐、追求浪漫的母亲玛丽的。她因提心吊胆地与其做生意的父亲孟德尔·伯林（Mendel Berlin）生活在一起而感到沮丧，他写信安慰她（“我知道你的处境不好”）。信的结尾提出了如下劝告：“记住：生活是美好的，无论看上去多么糟糕，总会好的……”不知道怎么回事，经历20世纪所有恐怖 379
的事情，这仍然是以赛亚的个人信仰，这种完全乐观、坚信生活的态度是让他成为如此鼓舞人心的人物的品质之一。

如此深情、忠诚、让人放心的写给“爸妈”的信贯穿了整本书，他们经常担心他的身体和形象。有时，阅读它们感觉像偷听私人谈话。二十四岁、已是牛津大学新学院讲师的他写道：

> 尊敬的母亲：依次回答您的问题：(1) 我在吃药。(2) 我好多了。肚子不那么痛了。我在注意饮食。(3) 目前据我所知，我没有带走新手帕。我会再看看，但我觉得没带。(4) 我洗了两次澡！ (2) 指甲等不是很干净。我会尽量弄干净的。

毫无疑问，玛土撒拉也有一位爱忙活的犹太母亲。哈代在多个地方插入了孟德尔·伯林私下里对自己儿子相当感人的真实勾勒的片段，写到以赛亚的时候用的是“你”。

第二个圈子是牛津大学，1928年来到该大学读本科，1997年在那里去世。牛津大学是以赛亚生活的核心——1944年，他在华盛顿写道：“伦敦是天堂，但牛津大学是七重天。”——这些信件向我们讲述这样一个时期：当时牛津大学还自信地自认为是英国乃至世界文化的中心。他赞赏地引用了德国学者恩斯特·罗伯特·库尔提乌斯（Ernst Robert Curtius）的评论，“英国文化的晴雨表在牛津和剑桥而不是在伦敦”。（如果曾经是这样的话，现在已经不是了。）战争时期，他待在美国，发回的报道说：“与牛津大学相比，哈佛大学是一片沙漠。”

以赛亚·伯林的牛津大学与以赛亚的全部世界一样，总是围绕着特定的人。他们当中的许多人穿插在行文中，出现在生动简短的描述、闲谈、贺词和哀悼中，他这样描述他们：慷慨、诙谐幽默、 380
偶尔发脾气、充满生活乐趣。有人告诉我们，他融入了位于“舒适”的小科珀斯克里斯蒂的本科学院的社交生活，参加了每个学生社团，他的房间成了其他学生寻找同伴和聊天的胜地。他交友的天赋一开始就显露出来了。

一开始，那个社交圈并没有那么引人注目，古典主义者为了讨生活加入了殖民地服务机构（Colonial Service），他们喜欢想象：“杰里的事业似乎完全定下来了。尽管我收到克鲁克香克（Cruikshank）发来的有关非洲、有点辛酸的信出乎意料，但我的喜悦之情难以言表。”但他很快进入了更加显赫、有头有脸、富裕的上流社会（haute volée），或者正如以赛亚自己所说，“有点邪恶躯体味道的社会”——大概是暗示伊夫林·沃的《邪恶的躯体》（*Vile Bodies*）。有史以来首位犹太学者当选牛津大学万灵学院的研究员后，他在奥尔德斯·赫胥黎（Aldous Huxley）的陪同下去了剑桥大学，和维克多·罗斯柴尔德（Victor Rothschild）以及他的妻子一起住，后来又坐私人飞机从剑桥大学飞回了牛津大学。

以赛亚的第三个圈子：上流社会。起初是英国的上流社会，但很快扩展了出去。晚年的时候，他说“世界上有 567 个人，我全认识他们”。然而，他作为观察家已经够讽刺的了，不能再说他是一个“势利者”，“势利”在文中似乎是一个极具批判性的词。他拥有无法餍足的欲望和能力（他二十岁出头的时候已经很明显），认识非常广泛的人群，尤其是政治界、外交界、文学界（斯蒂芬·斯彭德是他早期认识的重要的终身朋友，伊丽莎白·鲍恩 [Elizabeth Bowen] 是经常联系的人）、新闻界、音乐界、当然还有学术界的人。生命快走到尽头的时候，他似乎真的认识——或者已经认识——“所有人”。这得益于某种交谈变色龙的品质（他完全意识到了这一

点）——同意每位对话者的观点，通过慷慨地认同来取悦他们，然 381
后再加一点自己的想法。在描述两位哲学家和一名女子的紧张三角恋时，他自嘲说："我还是和往常一样，微妙、机智地充当全世界的朋友。"在他的晚年，我有时觉得他将它提升成了实用的原则：为了给最多的人带来最大的快乐，采用变色龙主义是合情合理的。

在这些20世纪30年代的信中，他是一个机智的社会观察者，写出了一些引人注目的话："理查德·克罗斯曼正在试图再次出卖自己的灵魂，但连在那些认为他有灵魂的人当中也找不到买家"；指导本科生"就像在肥皂上点火柴"；"大卫·塞西尔（David Cecil）还是跑进跑出，发出的声响就像带着一笼母鸡穿过田野"。他的信大谈早已不复存在的各类"明星"和"有点邪恶躯体味道的社会"，还采用有意强调和有点聪明年轻人的风格叙述，这有时令人厌倦。万灵学院的全称是"忠实逝者的万灵学院"（The College of All Souls of the Faithful Departed），但有时它感觉是"不成熟逝者的万灵学院"（All Souls of the Frivolous Departed）。正如他在一封写给伊丽莎白·鲍恩的信的结尾自嘲所说："这里面可能有许多戏剧性的废话，我觉得自己永远不会重读这些信。"

我们没有听说太多有关他追求知识的东西，或许这并不令人吃惊，不过可以看到每周四他与弗雷迪·艾耶尔（A. J. Freddie Ayer）、奥斯丁（J. L. Austin）、斯图尔特·汉普希尔（Stuart Hampshire）进行哲学座谈会时极其兴奋的状态，以及与斯蒂芬·斯彭德的一些惬意的文学交流。1935年，在万灵学院写给斯彭德的一封信中，他评论了德国诗人斯特凡·格奥尔格（Stefan George）及其1900年的著作《生活的挂毯》（*Der Teppich des Lebens*）：

> 我觉得你对格奥尔格的评价很对。我认为他是一个非凡的诗人，有时"生活的挂毯"华丽无比，其他书中的古怪东西也是一样：至于你引用的段落，我认为他是一个迫害自大狂，他

> 最亲密追随者的任何辩护都不能改变如下事实，即他是一个有 382
> 着令人厌恶的看法或实际生活模式的人，他毁掉了自己的许多朋友，剥削他们，利用他们，等等，就像瓦格纳（Wagner）有时所做的一样，不仅像乔治·桑或陀思妥耶夫斯基那样烧死他们，或者像劳伦斯有时肯定会做的那样折磨他们（这是不是废话？），还冷漠地利用他们，不是凭借他的本性而是凭借他自认为的身份，或者至少说是凭借他决定发挥的作用。

更加令人吃惊的是，在20世纪30年代的侵扰中，欧洲政治受到的威胁相对那么少。1931年，在一次与斯蒂芬·斯彭德一起去萨尔茨堡音乐节最早的每年定期旅行中，他记下了自己“第一次看到真正的纳粹党人——一个大腹便便的家伙，穿着官方的褐色制服，在他的袖子上有一个红黑色的 字，戴着小小的黑羔皮帽，帽子上还绣着银色的标记”。1933年去了罗塞尼亚（Ruthenia）：“五种主要语言、七种次要语言、四条边境线、美丽又疯狂的犹太人、小气的乌克兰争吵者。”在万灵学院的晚餐桌上，回响着安抚希特勒的争论声。亚当·冯·特罗特（Adam von Trott）——牛津大学的德国贵族，后来因参与抵制希特勒被处死——在柏林圈内进进出出。但是，关于分崩离析的欧洲世界的大部分地方，听到的东西就像从学院高墙另一边繁忙大街上传来的回声。

这可能刚好部分反映出以赛亚认为适合写信的内容，又刚好这些信件幸存了下来，传到了他的传记作家亨利·哈代的手中，哈代呼吁所有拥有其他信件的人将信拿出来并开始编辑该书。实际上，为了恰当地阅读该书，你还需要有迈克尔·伊格纳季耶夫（Michael Ignatieff）关于以赛亚撰写的优秀传记。[1] 在其他情况下，以赛亚可

---

[1] 迈克尔·伊格纳季耶夫，《以赛亚·伯林的一生》(*Isaiah Berlin: A Life*)，纽约：大都会图书公司，1998年。

能仍然只不过是牛津的一个伟大人物，是当地的传奇但并不是一个拥有更广泛重要性的人物，就像他之前的榜样莫里斯·博拉（Maurice 383
Bowra）一样，伊格纳季耶夫称，伯林著名的声音和风格就是模仿莫里斯·博拉的，然而，你从中可以看到这是怎么回事。让他免受这样的命运、让他成为本国和国际重要思想家的是他的更广泛的三个生活圈子：他的犹太联系，与犹太复国主义（Zionism）、巴勒斯坦以及后来以色列的关系；美国（1940 年他去了美国）；俄国。

对于我来说，该书披露出了 1934 年以赛亚首次巴勒斯坦之旅惊心动魄的生活。显然，以赛亚深知自己是犹太人，但人们可以在文中看到，他一边被完全接受为英国社会聪明的年轻成员，一边他还是被清楚地定义为“犹太人”。在新学院的晚宴上见到他后，弗吉尼亚·伍尔芙（Virginia Woolf）对她的外甥昆汀·贝尔（Quentin Bell）写道：“有伟大的以赛亚·伯林，从相貌来看是葡萄牙裔犹太人；牛津大学的重要人物；我认为他是共产主义者、吞火者。”

现在，在巴勒斯坦，英国人和犹太人的双重身份如果不是直接冲突的话，也是处于紧张关系中。他与他父母的俄裔犹太朋友伊扎克（Yitzchok）和艾达·沙穆诺夫（Ida Samunov）一起住在耶路撒冷乔治国王大道的潘森·罗姆酒店（Pension Romm），而他的旅游同伴、万灵学院的非犹太研究员约翰·福斯特（John Foster）下榻在更豪华的大卫王酒店。以赛亚在一封信中对他的父母解释说：“那里有些麻烦，所有犹太员工都被突然开除了——劳动力的问题——因此现在犹太人待在那儿不太受欢迎。”一位儿时的犹太朋友非法在“一家巴勒斯坦的报纸”工作。但“今晚我和福斯特与许多年轻的（英国）官员吃饭。伊扎克想要我‘教育’他们。这个我不会做”。

他一下子在殖民政府里与牛津的同时代人、朋友坐在一起，一下子又与一位觉得受到可怕压迫的犹太家庭的朋友坐在一起。他对自己的父母写道：“然而，气氛虽然紧张但美妙：犹太人。到处都

是犹太人。假期的时候，你可以轻松一下：许多希伯来人在耶路撒
冷犹太人居住的郊区唱着俗气的歌，但唱得不是很响，人们在塔尔
西姆（Talésim）闲逛等。”然而，“犹太人的观点与英国人的观点 384
针锋相对。关于一般政策的东西比关于小小的粗鲁、野蛮和侮辱的
东西少。”他还补充说，“英国人是 C3”——指低级的。他给马里
昂（Marion）和费利克斯 · 法兰克福特（Felix Frankfurter）写道，
巴勒斯坦的“工作人员都是公共学校的人——低下的群体——充当
的”。“至于犹太人，他们最不寻常又最迷人，我对他们同样感到不
自在，避开他们。”

有点令人惊奇的是，他在英国自称是“Metic”——这是一个古希腊词，指住在希腊城的外来人，拥有一定的而不是所有的公民权。正是这种外国性、临界距离、从未有相当完全自在的感觉，让知识分子的地位不断提高。通常，学者和知识分子之间的区别正是在于这种根深蒂固的异化。所有知识分子在精神上都是 Metic。比如说伯林，他价值多元主义的核心哲学观点起源于这种经历和紧张关系，这样假设似乎是公平的。

伯林在美国的五年多岁月（这占到了该书近一半的篇幅）以最不可能的方式发生了——因为他试图去俄国。到了 1940 年的夏天，他的大多数英国朋友要么在军队，要么在政府部门工作。哈代表示，以赛亚因出生时受伤，左臂无力，无法参军，又因为他是外国血统，无法进入政府部门。他沮丧不已，给时任外交大臣哈利法克斯勋爵（Lord Halifax）写了一封信，想在俄国作为一个非正式的文化—政治情报站服务并担任英国的调查员（“只听到我说话的俄国人根本不会认为我是外国人”）。该信似乎不是以这种形式发送的，但或许是以相似形式发送的。

大概在同一时间，盖伊 · 伯吉斯（Guy Burgess）拜访了他，当时伯吉斯是以品行不端、醉酒闻名的英国外交官，但事实上他是一名苏联特工。伯吉斯建议伯林做英国媒体驻莫斯科的随从，他（伯

吉斯）应该陪他先到美国获取必要的苏联文件，然后再去莫斯科。伯吉斯可能觉得以赛亚是他向其秘密苏联上峰回报的有用掩护。哈 385
利法克斯勋爵随后很快签署了旅游护照，要求“让以赛亚·伯林先生通过美国和日本自由地进入莫斯科”。

当时，以赛亚有点契诃夫的样子，在华盛顿闲坐叹息着“要去莫斯科！”，而他不知道的是，约翰·福斯特敦促政府加以阻止后，只有正在旅行的外交官菲茨罗伊·麦克莱恩（Fitzroy Maclean）心急如焚，但实际上巧妙地阻止了伯吉斯不同寻常的计划。（亨利·哈代精心重建了这个故事。）幸运的是，后来英国情报部门和大使馆发现了他的才能。他的任务是报道和试图影响美国的犹太社区和有组织的劳动力。影响他们就是让他们更同情英国对抗希特勒的事业，当时，美国没有参与。他在纽约愉快地向父母写道：“这里的犹太人很难对付，但我希望应对他们，让国王陛下的政府受益。”然而，他同样善于认识新政华盛顿政府（New Deal Washington）的上层阶级，比如艾尔索普兄弟（Alsop brothers）、菲利普（Philip）和凯瑟琳·格雷厄姆（Katherine Graham）。他交朋友的天赋有了很好的发挥余地。

以赛亚从纽约和华盛顿发回来的报道非常丰富生动，甚至引起了温斯顿·丘吉尔的注意，还带来了一个著名的片段，当时欧文·伯林（Irving Berlin）[1]应邀出席克莱门汀·丘吉尔（Clementine Churchill）的午宴，接着英国首相开始嘲讽美国的政治，误以为自己在与写那些非凡报道的以赛亚·伯林聊天。

哈代在此收入了一个以赛亚报道天赋的例子——一份“美国人对英国人有偏见的东西”的名单，包括从帝国主义、阶级制度到“英国人说话不爽快”，不一而足。在美国的英国人用谨慎和保守代替了圆滑，不允许自己强烈同意或者不同意美国说话者的观点，但 386

[1] 欧文·伯林，美国作曲家、流行音乐词作家。——译注

想说这“非常有趣”。英国外交官将这份名单传给了伦敦的外交部，他将其作者形容成“在英国驻美宣传部工作的非常聪明的犹太人。这个文件能够让人感受到该犹太人的幸灾乐祸，他发现另一个种族（哈代在这里加了‘原文如此’）也不讨人喜欢——但它是相当高明的，大约有 60% 的内容是准确的”。

与此同时，私下里，以赛亚坦言非常思念英格兰。（与许多他那一代的英国作家一样，以赛亚互换使用“英国”和“英格兰”，但“英格兰”承载着更多积极的情感。）1940 年 8 月，他在纽约给父母写信说：“英格兰要美丽得多啊。”六个月后，“我希望能在英格兰”。特别是纽约，他发现很难接受。他后来有些夸张地回忆说：

> 我过去常常站在洛克菲勒大厦（Rockefeller Building）的第 44 层，往下面的大街看，有某种想自杀的冲动。那些乱爬的小蚂蚁，多一只，少一只，根本没有关系。不知道怎么回事，我觉得自己只是个无用的人，芸芸众生中的一员，没有任何个性。在华盛顿，我的感觉相当不同。

他努力向总是充满爱意、关心有加、忧心忡忡的父母隐瞒这种更深的不满。他总是给他们发电报说：“身体很好。”（因此，书信集的英国版标题就是“身体很好”，遗憾的是，美国版的标题没有用它）甚至“请建议把伯林当作身体很好的同义词”。然而，有一次，他被迫承认：“我必须承认，像昨天我所做的那样在电报里告诉你我‘身体很好’并不是非常明智或者真实，那是夸张的。”他在纽约医院里写了这封信，当时他得了肺炎，正在慢慢康复。然而，当时，他还总结说：“我的身体基本上没问题。”

他写道：“母亲会很喜欢美国。开放、有激情、二乘以二等于四的人喜欢肯定或者否定的答案。没有细微差别。”但以赛亚本 387
人要不那么肯定得多。他对亲密的牛津朋友玛丽·费舍尔（Mary

Fisher）透露说："不像我在牛津、剑桥、布卢姆斯伯里（Bloomsbury）甚至爱丁堡等地期待的那样，没有社会秘密，也没有原则上来说无法用明确计划应对的特别社会迷宫。这非常重要。还完全没有盐、胡椒粉和芥末等。"他给马里昂·法兰克福特（Marion Frankfurter）写信，给其美国记者更加积极地讲述了美国：

> 我自己对这种可怕的清楚和强调有点不舒服：没有什么是理所当然的，凡事都用许多非常明确的词来表述，没有秘密调料吊人胃口，凡事都实事求是，有时还为此详细地阐述。但这要比英格兰或者法国的只见其小和逃避好。审美方面略输一筹，但在道德方面高人一等。

完美地表达出了一个英国人对美国的矛盾态度。

显然，以赛亚在华盛顿和美国的工作非常出色。他为了生活结交了许多朋友。1945 年，《时代》周刊刊登了一篇讲述其影响力的文章，尽管以赛亚给其老板亨利·卢斯（Henry Luce）——当然他认识卢斯，因为他似乎认识所有人——发电报，试图阻止该文章刊登。《时代》周刊用富有特色的带有连字符的形容词报道说：

> 黑皮肤、拥有乌黑头发的伯林的主要工作是在美国编辑每周的报道，通过参加漫长的晚宴和鸡尾酒会积累报道材料。东道主和客人着迷于他那牛津口音对世界的评论及其精辟性；记者伯林则着迷于他学到的东西。

第二次对于"着迷"一词的使用值得商榷，至少没有一些秘密 388
调料。要在孟德尔·伯林真诚、令人感动的评判的基础上阅读《时代》周刊的报道，在其家族回忆录中，孟德尔·伯林用有点奇怪的俄式英语概括了以赛亚在美国的岁月：

> 你扩充了自己的个性，开始联系牛津学术圈之外更大的世界……获得了大量的自信。你获得了政治和外交知识，不会像过去和现在的许多学者一样轻易被骗了。

他以一位父亲关心、爱护的角度做出了该评判，在我看来似乎是恰当的。但以赛亚自己相当不安，似乎尤其是因为纳粹对犹太人的大屠杀（引人注目的是，它几乎没有在文中出现；我指的是大屠杀这样可怕的事情，并不是这个词，这个词后来被广泛使用）正在自己犹太人和英国人的身份之间制造日益紧张的关系，就像十年前在巴勒斯坦预言的那样。1944 年 1 月，他在华盛顿的英国大使馆给父母写信说：“犹太问题肯定会在这里变得日益严重，我竭尽全力避开它，但没有成功，最终一切还是摆到了我的桌前，我必须实现外交周旋的奇迹。”他继续写道：所有人都极其友善、富有魅力和有礼貌；这个国家无疑是最大的善良人聚集地，但待在这里的想法仍然是一个噩梦。欧洲战争结束后的第一天，我就可能疯狂地尝试回到牛津。然而，在他回到那学院高墙和有秘密调料的安身之处前，他进入了自己经历中最深、最黑暗的圈子：俄国。与契诃夫的三姐 389
妹不同，以赛亚最终真的到了俄国——从 1945 年 9 月到 1946 年 1 月，待了四个月。我们从他的其他作品——尤其是令人感动的“1945 年和 1946 年与俄国作家的会面”——中认识到，伯林世界中的这第六个圈子，扩大、加深和影响了他后来所说和所写的所有东西，影响甚至比巴勒斯坦和美国还要大。这是他首次也是唯一一次直接体验到极权统治，这破坏了他那些亲近亲戚的生活，包括他的叔叔营养学教授列弗或者利奥 · 伯林（Leo Berlin），他是以赛亚寻找和拜访的对象。利奥 · 伯林于 1952 年被捕，被控属于英国间谍的范畴，其中也包括以赛亚。他被审讯和折磨直到他“招认”为止。斯大林死后，他被释放，却因在街上看到严刑拷打他的人而犯心脏病去世。

尽管编辑没有错，但本书的俄国部分令人失望。只有几封信保存下来，也没有什么信添加进来。哈代不得不寻找其他资源，重印以赛亚一次列宁格勒之行的官方报告，他儿时就住在列宁格勒。但正如哈代指出的那样，伯林“有意淡化、实际上有点编造”自己与诗人安娜·阿赫玛托娃（Anna Akhmatova）的邂逅以及通宵的交谈，这对他们两人都产生了巨大的影响。为了理解这一点，你还必须去读以赛亚自己的作品、伊格纳季耶夫的传记，当然还有阿赫玛托娃的“没有英雄的诗歌”，这首诗极富诗意地称赞了以赛亚，写这首诗是了纪念她与他在自己丰坦尼宫（Fontanny Dom）简朴的公寓里第二次见面十周年：

> 他不会成为我深爱的丈夫
> 但我们的成就、我和他，
> 将影响二十世纪。

这与 1928 年科珀斯克里斯蒂学院的闲聊相距十万八千里。

再在华盛顿待上最后几个月后，当时三十七岁的以赛亚将回到牛津大学的新学院。他给埃夫里尔·哈里曼（Averell Harriman）[1] 390
写信说：“在昏暗的休息处，我应该会有些怀旧，但不会对这个世界感到遗憾，我认为我应该不会回忆这个世界。”然而，他也无法完全忘掉它。沙亚变成了以赛亚，那个三十年后我将在另一个学院里遇到的可以辨别的以赛亚：一个牛津大学的人物因巴勒斯坦—以色列、美国和俄国三个更广泛的圈子而变得高大，变得独一无二。

在接下来的二十年中，大概是从 1946 到 1966 年，他将发表大量的作品——不止纯粹哲学和专著，还有思想史、传记和政治理论的讲座和随笔——这将为他作为知识分子的声誉打下坚实的基础。他将论证一种复杂、精微、多元主义版本的自由主义——用朱迪

[1] 埃夫里尔·哈里曼，美国富豪，银行家、船王、外交官。——译注

丝·史珂拉(Judith Shklar)的完美词组来说是“恐惧的自由主义”——这种自由主义不是为了“搅乱 20 世纪”，而是试图为这一个世纪的可怕动荡寻找一个文明的答案。他的回答如此微妙、宽容、积极向上，以至于我们当中的一些人仍然会感动地说：“我是柏林人。”

2004 年

事实文学

我一生的大部分时间都在边境工作。晚上、大雾、武装守卫、紧张的状态。在柏林，沿着白雪覆盖的腓特烈大街（Friedrichstrasse）走几步，穿过散发着霉味的东德关卡，你就从西方世界进入了东方世界。什么都没有改变，一切都改变了。或者在米洛舍维奇的塞尔维亚和被解放的科索沃之间沙袋堆成的边境哨位：面带稚气的加拿大士兵温和地让你从一个黑暗之地进入另一个黑暗之地。但是政治和文化之间、欧洲大陆和盎格鲁势力范围之间、学术界和新闻界之间、左翼和右翼之间、历史和报道之间的边境也是如此，有时几乎像时态一样。

我喜欢穿越边境，已经披露了很多有关边境的东西。本文，我想探讨事实文学和虚构文学之间的边境。我故意使用不那么熟悉的"事实文学"，而不使用英语出版商目录中的大词——"非虚构文学"。它存在于波兰语（"literatura faktu"）和一些北欧语中：在瑞典语中是"facklitteratur"，在挪威语中是"faglitteratur"。"事实文学"：这个词组优美，同时又包含了关键词——事实。但首先，这个词组的另一半、那个大词"文学"是什么呢？[1]

[1] 瑞典文学院为纪念1901年首次颁发诺贝尔文学奖100周年组织了"见证者文学"的研讨会，本文由研讨会上的讲话整理而成。因此，开篇反思了文学的本质和所见所闻。

在我看来，似乎不言自明的是，事实和虚构这两个相邻的领域都属于文学，就像法国和德国都属于欧洲一样。“文学”通常指创造出来的世界。20世纪继承了19世纪优先采用创造性想象的浪漫手法。但谁能说修昔底德（Thucydides）、麦考莱（Macaulay）和尼采（Nietzsche）的作品、乔治·奥威尔的《向加泰罗尼亚致敬》和奈保尔（V. S. Naipaul）的《在信徒中间》(*Among the Believers*) 不是文学？无论文学的分界线在哪儿，它都不在这里。 392

事实文学和虚构文学的边境是开放、没有标记的。一些非常优秀的作家在无意间便跨过了它，就像有人在马赛马拉（Masai Mara）旅行跨过边境一样——没有边境哨位、相同的灌丛带、相同的尘土、相同的狮子，但突然你已经不在肯尼亚，而是在坦桑尼亚了。在旅游大师雷沙德·卡普钦斯基（Ryzsard Kapuściński）的报道中，我们发现了挥之不去的说法，这种说法肯定没有引起《纽约客》事实核查者的注意。(我随意翻开他的《伊朗王中王》[*Shah of Shahs*] 阅读 :“伊朗的什叶派人曾在地下墓穴中生活过八百年。”) 在卡普钦斯基的作品中，我们不断从事实的肯尼亚穿到虚构的坦桑尼亚，又返回来，但穿越的地方并没有明显标记。

保罗·索鲁（Paul Theroux）的游记《火车大巴扎》(*The Great Railway Bazaar*) 里充满了有趣的事件和精彩好笑的对话，在结尾处为其严格、报道式的准确性作了详细的辩解。他详细地描述了四本厚厚的笔记本，在这些笔记本中，他记录了发生的事情，“记得都是用过去式记的”。他写道，在这次亚洲的火车之行中，他明白了“游记和小说的不同之处，在于记录所见的东西和发现想象出来的东西之间的不同。小说是纯娱乐的——我不能像小说一样重新加工旅行多么悲哀”。或许是我错了，但即使四本受到天气影响的笔记本中包含的文字和那些出版的文字一模一样也不能说服我，因 393
为记录的时候就是创作了。

历史学家西蒙·沙玛（Simon Schama）鼓舞人心、明确实验性的《死亡的确定性：无保证的推论》(*Dead Certainties*：*Unwarranted Speculations*)，以一名参加过魁北克战役（Battle of Quebec）的士兵迷人的目击叙述开篇。在该书的结尾处，沙玛透露出那叙述是虚构的，“是根据许多现代的文件构建的”。因此，你终究还是到了坦桑尼亚。沙玛表示作为讲故事和文学的历史，必须重新夺回它输给作为科学或者伪科学的历史的地盘。我完全同意，但从这种特殊的文学手法中并不难得出后现代主义者的结论：任何历史学家的“故事”和任何其他人的故事一样好。

有时，文本本身并没有跨境，但是作家建立的背景跨境了。根据詹姆斯·帕克·斯隆（James Park Sloan）给耶日·科辛斯基（Jerzy Kosinski）写的传记，伊利·威塞尔（Elie Wiesel）起初对科辛斯基的小说《彩绘鸟》(*The Painted Bird*）比较冷淡，该小说讲述的是战争期间，一位犹太的小孩独自躲在一个波兰乡村里，被反犹太的波兰农民扔到了泥浆坑里，此后便不再说话。后来，威塞尔从科辛斯基那里得出结论，该书基本上以科辛斯基自己儿时的经历为基础，因此，他称赞它是“编年史”和“辛酸的第一人称叙述”。该小说被誉为“证据”——见证者的作品。后来，事实证明科辛斯基从未独自躲起来过，被扔进泥浆坑或者从此不说话。该作品的声誉正好毁在建立其声誉的地方。科辛斯基的自我辩解对我们的目的来说相当有趣。这位小说家说：“我的目标是真理并不是事实，我的年纪已经够大，足以知道它们的不同之处。”

现在我想为这条开放、标记不清、常常跨越的边境辩护；这样的辩护相当困难，与这个时代的精神（“谁关心呢？”“完全是娱乐一下而已”）不符，但当关系到见证者的道德和艺术品质的时候，这种辩护对我来说似乎恰恰是最重要的。

当然，科辛斯基是有道理的。正如文学向边境的两边延伸一样，
真理也是如此。事实和虚构同样都属于真理的另一块大陆。你可能 394
会说：“啊，这可是两种不同的真理。”然而，这正是需要检查的地方，

因为我们说两者都属于文学是想表明从许多方面来说，这其实是同一种真理，而我认为这是对的。

我们也不应该天真地认为只能在边境的一边找到“见证者”。切斯瓦夫·米沃什（Czesław Miłosz）[1] 在其一首最著名的诗中写道：“伤害普通人的你……”

> 不会有安全感。诗人记得。
> 你可能会杀他——另一人将出生。
> 应该记录言行。

诗人记得：Poeta pamięta！诗歌和小说是见证者文学必不可少的一部分。但我必须表明，任何有意义的见证者概念取决于拥有这条边境的清晰轮廓并且任何时候你都知道自己站在哪一边。伊恩·麦克尤恩（Ian McEwan）的小说《赎罪》（*Atonement*）想象了一位小说家快走到生命尽头的时候，通过说出真相来努力为她在儿时所做的可怕之事赎罪。但由于在小说中，她是这样做的，没有人知道什么是创造的，什么是真实的。她无法赎罪，因为她在那个创造的世界中是上帝。

“见证人”、“证词”、“证据”当然还有“事实”等词在法庭中有明确的位置。与法律中的见证人一样，文学中的见证者通常也是为了证明一个特定的事实：通常是一个人给另一个人做了某事的事实。在十六、十七世纪的英国，“事实”一词最常见的意思是“一种恶行或者罪行”。一位十六世纪的权威人士写道：“他在事实发生的地方附近被绞死了。”（这种用法在英语词组“事后从犯”[accessory after the fact] 中保留了下来。在德语中，Tatsache 指“事实”，

[1] 切斯瓦夫·米沃什（1911—2004），波兰著名的诗人、作家，著有《被禁锢的头脑》、《米沃什词典》等，1980 年获诺贝尔文学奖。——译注

Tatort 指犯罪现场。）当我们说“见证者文学”时，我们首先想到的是见证了人类在其他人类身上犯下的“罪行”，在战争、种族隔离、 395
大屠杀或者古拉格中都是如此。

为这条边境辩护，我们首先必须同意那些愉快跨过边境的人的许多东西。首先，所有历史学家、记者和律师都知道，见证人非常不可靠。他们会遗忘、说谎、夸大其词、让人困惑。因此，研究《圣经》的学者告诉我们，《圣经》反映了多人见证的犹太法律。耶稣挑选了十二位见证人来见证他的行为。但（正如该例子表明的那样）即便多人合作也只能非常接近于原始的实际情况。20 世纪 90 年代末，我花了一些时间与目睹科索沃暴行的塞尔维亚人和阿尔巴尼亚人交谈。从塞尔维亚人转向阿尔巴尼亚人，又转回来，我常常想用著名乡村调解者、哈伊姆·魏茨曼（Chaim Weizmann）[1] 的父亲在听到一方的观点后据说经常会说的话来对他们说：“从你告诉我的东西来看，我认为你完全是错的。现在我该听听另一方的了；或许你的是对的。”

此外，书写下来的历史的证据基础往往极其单薄。有时，我们只有一位见证人。1989 年，布拉格天鹅绒革命期间，瓦茨拉夫·哈维尔身边的一群人在地下魔灯剧院一间奇特的玻璃墙房间里会面，做重要的决定。大多数时候，我是唯一在场的外人，肯定也只有我一个人拿着一本笔记本，试图记下他们说的话。我记得当初想：如果我不记下来，就没有人记下来了。像大多数历史一样，它也将像倒入下水道的洗澡水一样一去不复返。但是这样写成的历史，基础是多么脆弱。

当然，在场的其他人将添加自己的回忆。但是回忆有什么用呢？记忆问题就是见证人问题的核心所在。几年前，我开始研究自己的斯塔西档案时，我想：“这是检验秘密警察档案可靠性的完美方法。

[1] 哈伊姆·魏茨曼，第一任以色列总统。——译注

毕竟，如果我不知道其他东西的话，我知道自己做过什么，说过什么。”但是，当我阅读档案，与告发我的人和监视我的秘密警察交谈后，我发现我连自己的情况也不是很清楚。或者准确地说，我自 396
认为知道的东西不断随着每一项新的披露而发生变化。我们不单单会忘记，还会重新记起来。记忆是一个可以重新加工的CD，会受到不断地加工。而且以一种特殊的方式重新加工：不仅让我们理解故事，还让我们感到更加舒服。如果两个人各自向你描述他们之间的争论，两人似乎都有理，难道这不奇怪吗？

哲学家早就用不同的方法研究过该问题。托马斯·霍布斯（Thomas Hobbes）写道：“想象和记忆是同一样东西而已。”尼采最深刻的一句格言说：“我的记忆说‘我做过’。我的傲慢仍然坚定地说，‘我不可能做过’。最终记忆让步了。”叔本华（Schopenhauer）将这归结为虚荣而不是傲慢。最近，神经科学家迈克尔·加扎尼加（Michael Gazzaniga）研究左半脑和右半脑不相连的病人后表示，他所谓的“解读者”明确位于人类的左脑中，负责将我们的经历串成似乎有意义的故事。简而言之，我们的大脑中都有一位小说家。名为“记忆”的小说家不停地重新编写我们称之为“我的生活”的简短故事。

然而，这只是我们这条边境的辩护者必须同意的一半内容，最好继续前进。假设有那么一会儿，记忆中没有自然而然的创新性想象。假设我们能够完美、公正、科学地记录真正发生的东西。（随着摄像机新技术的发展，尽管只用了人类见证人四种感官中的两种，我们也能够比以往更接近做到这一点。摄像机没有嗅觉和触觉。）即使到那时，我们几乎还是什么都没有——又太多了。为了在巴黎的一个角落里研究法国大革命五年，你将不得不在屏幕前坐五年。

为了创造事实文学，从许多方面来说，我们都像小说家一样工作。我们挑选。我们弄清对象，也会模糊对象。我们想象。我们想象阿尔巴尼亚的老妇人对着被谋杀的儿子尸体哭泣会是什么样子，或者想象 14 世纪的法国农奴会是什么样子。没有丰富的想象，与你写的人物感同身受，就不会写出优秀的历史和报道。我们的人物是真人，但我们通过对他个性的自我解读，再把他们的性格塑造出来。接着我们谈论“米什莱（Michelet）[1] 的拿破仑”、“丹纳（Taine）[2] 的拿破仑”和“卡莱尔（Carlyle）[3] 的拿破仑”，因为从某种重要意义上来说，每种拿破仑都是作者的杰作。 397

有意想象的特性肯定不是仅限于虚构的坦桑尼亚。想象是太阳，照亮了两个国家。但这给我们带来了诱惑。你耳边有一个声音在低吟，“你知道那个戴着垂边软帽的肯尼亚人真的说了你认为他差点就说出来的有趣之事。写下来就好了。没有人会知道。看，跨过边境，有一朵绚烂的花——一个错失的小说细节将让整个故事变得生动。冲过去摘它。没有人会注意的。”我知道这种声音。我也听到过它。但是如果我们宣称要写事实文学，必须抵制它。

为什么呢？最重要的是道德原因。描写现实世界的文字会在现实世界里产生影响。如果在我的著作《档案》中，我将一个事实上不是斯塔西告密者的人说成是斯塔西告密者——我差点就这样做了——那个人可能发现自己的生活就毁掉了。朋友会回避他，他可能会失去工作，也可能更糟糕。（至少有一名被披露为斯塔西告密者的人自杀了。）更广泛地说，上一个十年巴尔干半岛的战争是由各方所写的糟糕历史造就的。正如历史学家埃里克 · 霍布斯鲍姆所说：“在显然不会得罪人的键盘上敲出的句子可能就是判死刑。”无论是活着还是去世的受害者，都要在道德上为他们负责。如果我们发现普里莫 · 莱维（Primo Levi）在《如果这是一个人》（*If This is a Man*）中描述的事件是有意创造或者美化的，我们会有什么感受，幸存者会有什么感受？

[1] 米什莱，法国民族主义历史学家，主要著作有《法国革命史》、《女巫》等。——译注
[2] 丹纳，法国思想家、文艺评论家和历史学家，代表著作为《艺术哲学》。——译注
[3] 卡莱尔，英国历史学家，著有《论英雄，英雄崇拜和历史上的英雄业绩》。——译注

这些道德原因已经足够，但还有艺术原因。作家常常跨过这条边境是因为他们认为其作品将因此提高。报道或者历史将成为文学。 398
一段一段来说可能是如此。但总体而言，作品档次就下降了。

我们还需要问：“怎么做？”（通常这个问题比“为什么？”更难）鉴于我对见证人的不可靠性、记忆自然而然的创造性和有意想象的必要性所说的一切，该如何判断什么时候已经跨过这条边境？一个简单的、19世纪实证哲学家关于科学真理的答案是没有用的。因为从许多方面来说，事实文学达到的真理与虚构文学达到的真理一样。如果我们相信人类可能已经按这种方式行动、思考和感觉，这从很大程度上来说是作家艺术和想象的结果。

除了通过所有适用于小说的真理测试外，我认为事实文学还必须通过另外两项特殊的真理测试：“真实性”和“诚实性”的测试。首先是真实性。那些在文中宣称是事实的东西真的是事实还是只是——用诺曼·梅勒（Norman Mailer）创造的生动新词来说——似是而非的事实（factoid）而已？日期、地点、事件、引用。拥有不协调的代号“史密斯”、在我的斯塔西档案中确认的告密者，真的签了正式协议作为“非官方的合作者”为秘密警察工作，还是没有签？其他一切——原因、动机、后果——严格来说都是猜测；这是事实（事实上，我知道“史密斯”确实签了，因为我研究过原始文件）。许多据称的事实可以通过外部来证实。历史的纪律和报道的技术已经为检验证据制定了规则和程序，培养了专门的技能。有些甚至称得上“科学”。（比如，对“史密斯”誓约上墨迹的分析。）通过这个基本的真实性测试并不能让一个文本变得真实，但没有通过测试肯定是不真实的。

然而，大多数时候，尤其是“见证者文学”，他或她描述的地方只有见证者一个人。只有他或她的眼睛、良心和想象。如果我们
发现见证者在我们知道的东西上是准确的，那我们更有可能在我们 399
不知道的东西上相信他们；但有时，我们知道或能够检验的东西很

少。这时什么测试有效？我能想到的最好方法是相当不科学的诚实性测验。我们阅读文本的时候，能感受到作家在努力做乔治 · 奥威尔称赞亨利 · 米勒时所说的“尽可能获得真正事实”吗？

对于我来说，这种诚实性的典范是奥威尔自己的《向加泰罗尼亚致敬》。实际上，奥威尔弄错了一些外部证实的事实——尤其是因为在巴塞罗那，一位秘密警察搜查他的宾馆房间期间，他的大部分笔记被偷走了。但我们从不怀疑他在努力实事求是地讲述。当我们在该书的结尾看到他为真实性辩解时，他的辩解与保罗 · 索鲁的辩解正好相反。奥威尔用自己努力达到的精彩又坦率、对话式的风格写道 :“以防我在本书的前面部分没有说明这一点，我将在这里说明 : 请注意我的偏见、我对事实的误解，以及因我只从事件的一个角度看问题必然导致的曲解。”实际上,他说,“不要相信我！”——结果我们相信他了。

诚实性体现在语调、风格和表达上。这让我们回到了为这条边境辩护的艺术原因。一位作家跨境的时候，你常常可以从内部的风格证据中看出来。举一个现在臭名昭著的例子 : 1995 年，本杰明·威尔科姆斯基（Binjamin Wilkomirski）出版了一本名为《碎片》（*Bruchstücke*）的书，该书声称是在纳粹死亡集中营中幸存下来的波兰犹太裔孩子的回忆录。现在已经不是合理的怀疑而是确定该作者是拥有不幸过去和精神病的瑞士音乐家，原名叫布鲁诺 · 格罗斯金（Bruno Grosjean），他从未靠近过纳粹死亡集中营，而是想象自己有那样的过去，将自己想象成了另一个人。现在阅读《碎片》，有人会对它以前受到的赞誉吃惊不已。呆板的讽刺（“马伊达内克并不是操场”）、陈旧的意象（沉默被头盖骨爆裂的声音打破）、粗糙又吓人的情节（他的父亲被一台运输机推上墙壁，老鼠在女人尸 400
体的肚子上爬）。一旦你知道那材料是作假的，它就令人厌恶。但即使在有人知道这一点前，所有审美的警钟也应该响起。因为每一页都充满了真正虚假的东西。

将该书与真正见证者的伟大著作做一下比较。当然，这些作品在语调和风格上具有很大的不同。然而，许多作品在表达上有一定的共同之处：痛苦、认真而又常常讽刺甚至尖刻的诚实性，从第一行字就能体现出来。比如，与威尔科姆斯基相比，普里莫·莱维的《如果这是一个人》的第一行字是：

> 我非常幸运，1944 年才被送到奥斯威辛集中营，那是在德国政府因日益缺乏劳动力决定延长死囚的平均寿命之后；因个人的突发奇想而来的例行的和临时的延缓杀戮，使集中营里的情况有明显改善。

我们怎么能不相信？

事实并非总是丑陋的。英国诗人克雷格·雷恩说：“我将带给你事实的美丽。”毫无疑问，这是相当盎格鲁—撒克逊的情怀。然而，事实像手工艺品一样可以是美丽的。在我牛津家里的白色书架上有两件东西。一件是圆圆的天然石头，大约有三英寸高，精致的灰色中有极淡的粉色点缀，在英国大陆最东北角的鹅卵石海滩——邓肯斯比海滩（Duncansby Stacks）上经过冰冷海水的冲刷形成了现在的样子，是我在那里与家人共度一个心满意足的下午时捡到的。另一件是参差不齐的柏林墙碎片，是砂砾混合物，几乎算不上是石头，在其一边有一块鲜艳的涂鸦。它们放在那里，一个粗糙，一个圆滑；一个是非天然的，一个是天然的，面对面，相当鲜明地点缀了白色 401
的书架——事实文学的一首石头诗。

实事求是对于任何作家来说可能是巨大的约束，但自我约束对艺术至关重要。在这条边境上，我们应该坚守。

2001 年

第七章

尾 声

大象，泥足 405

我们房间里的大象是什么？是全球资本主义的胜利。民主极富争议。即便在英国这样的老牌民主国家，自由也受到了威胁。西方至高无上的地位正在下滑。但所有人都采用了资本主义。美国人和欧洲人采用了它。印度人采用了它。俄罗斯的寡头和沙特的王子采用了它。连中国的共产主义者也采用了它。现在以色列最古老的基布兹成员（平等社会主义最后的最大希望）也投票引入了基于个人表现的不同薪水制度。卡尔·马克思将在坟墓里辗转反侧。或许没有，因为他的一些作品怪异地预测到了我们全球资本主义的时代。他的药方没有效果，但他的描述有先见之明。

这是 21 世纪初的大事实，太大，太理所当然了，以至于我们几乎没有停下来思考这有多么不平凡。以前不是这样的。在 1938 年出版的《进化中的社会主义》（*Socialism in Evolution*）一书中，英国社会主义思想家科尔问道："资本主义能幸存下来吗？"他的答案是否定的。社会主义将代替它。1938 年的时候，《曼彻斯特卫报》的大多数读者可能都这样认为。

如今，正在提出什么其他的重大意识形态选择？乌戈·查韦斯的"21 世纪社会主义"看上去仍然是本地现象，至多算是区域现象，在石油丰富的国家获得了最好的实施。在新意识形态的斗争中，伊 406
斯兰主义有时被认为是民主资本主义巨大的竞争对手，但它没有提供其他经济制度（除了颇具特色的伊斯兰财政之外），不管怎么说，除了伊斯兰国家，对其他国家没有什么吸引力。与提出系统的其他选择相比，实际上大多数反全球化人士、另类全球化人士（alter-mondialistes）和环保活动人士在指出全球资本主义的不足上要擅长得多。几年前，在伦敦五一劳动节的游行上，有一块海报上写着“应该用更好的东西来代替资本主义”。

当然，这里的定义有问题。俄罗斯或者中国的国企真的采用资本主义了吗？难道私有制不是资本主义的本质吗？美国研究资本主义的杰出学术专家、哥伦比亚大学的埃德蒙·菲尔普斯（Edmund Phelps）有一个限制性更大的定义。他认为，欧洲大陆大部分国家所采用的、拥有大量利益相关者的制度并不是资本主义而是社团主义。他表示，资本主义“是一种经济制度，在该制度中，私人资本可以相对自由地创新和投资，无需国家、社区和地区、工人以及其他所谓社会合伙人的批准”。按照这种定义，世界大多数国家都不是资本主义国家。我发现这限制性太大了。可以肯定的是，我们欧洲拥有多种不同的资本主义，从像英国和爱尔兰等更加自由的市场经济体到德国和奥地利等更加协调一致的利益相关者经济体。

在俄罗斯和中国，有一个从国有到私有的光谱。利益最大化因素之外的其他考虑因素在国有企业的决策过程中发挥巨大的作用，但它们也像国内和国际市场的参与者一样运营，还日益使用全球资本主义的语言。在2007年的达沃斯世界经济论坛上，我听到俄罗斯天然气工业股份公司（Gazprom）的亚历山大·梅德韦杰夫（Alexander Medvedev）为其公司的记录辩护说，它是世界上市值最高的五大公司之一，不断地为其股东——正好包括俄罗斯国
家——寻求价值。这至少表明了全球资本主义话语的主导地位。中 407
国是一条非常大的分界线，其公司缓慢地朝我们认为更多而不是更少资本主义行为的方向前进，这要比中国朝民主方向发展清晰得多。

缺少其他清晰的意识形态选择意味着资本主义未来几年安全了

吗？远非如此。过去二十年，全球化资本主义获得了前所未有的胜利，同时也给自己的未来带来了新威胁。新威胁并不完全是马克思指出的著名“矛盾”，但威胁可能更大。首先，过去几百年的资本主义历史无法支撑如下观点：它是一种自动自我修正的制度。正如乔治·索罗斯（他应该知道）指出的那样，现在的全球市场经常失衡，正逐渐走向更严重失衡的边缘。一次又一次地需要政治、财政和法律修正的有形之手来协助市场的无形之手。越大越难倒。

油轮要比小帆船稳定，但如果油轮的内部防水壁破裂，在暴风雨中，满载的石油开始左右摇晃，你可能会制造巨大的灾难。世界的资本日益像装在一艘大油轮中的石油，用于阻止它摇晃的内部防水壁越来越少。

另外还有不平等。全球资本主义的一个特点似乎是它给表现好的地方回报多，不仅仅是伦敦市，还有上海、莫斯科和孟买。在一些国家，少数人超级富裕、大多数人仍然超级贫穷，这会带来什么政治影响？在更加发达的国家，比如英国和美国，有相当富裕的中产阶级，他们的个人生活水平在缓慢改善，可能懒得管一小部分超级富裕的人——他们哗众取宠的行为刊登在小报上，还能让他们消
遣一下。但是如果许多中产阶级的人开始觉得他们没有跟上让那些 408
为数不多的基金经理暴富它的全球化进程，与此同时又将其中产阶级的工作外包到印度，那么它就会受到强烈反对。看一看美国有线电视新闻网上的娄·多布斯（Lou Dobbs）就能感受到民粹主义和贸易保护主义的论调随时会来。

不过，最重要的是，有一个无法回避的两难处境：这个星球无法维持六十五亿人像当今富裕北半球的中产阶级消费者那样生活。在短短几十年内，我们将耗尽需要大约四亿年才能积累起来的化石燃料，从而改变地球的气候。可持续性可能是一个单调乏味的词，但它是如今全球资本主义面临的最大单一挑战。无论现代资本家多么花心思地寻找替代技术——他们将很花心思，这将意味着更加富

裕的消费者勉强接受靠更少而不是更多的东西生活。

马克思认为，资本主义出现难以找到商品消费者的问题，因为不断进步的生产技术能够大规模地生产商品。相反，它已经成为新制造业的专家：制造欲望。当代资本主义的特点不单单是它为消费者提供了他们想要的东西，还使消费者想要他们提供的东西。正是这一不断扩张的欲望的核心逻辑在全球范围内具有不可持续性。可是我们准备抛弃它了吗？我们可能乐于让我们的阁楼绝缘，回收报纸，骑自行车去上班，但我们愿意接受使用更少的东西，让其他人使用更多的东西吗？我愿意吗？你愿意吗？

2007年

去文明 409

我们的注意力转向下一篇头版报道前，让我们吸取卡特里娜飓风（Hurricane Katrina）的巨大教训吧。这一教训并不是指布什政府的无能、美国对贫穷黑人令人震惊的忽视或者说我们对重大自然灾害毫无准备——不过这些也算是教训。卡特里娜飓风的巨大教训是我们踩着的文明外壳总是很薄。一震动，你就掉下去了，就会像疯狗一样乱抓乱刨求生。

你认为在新奥尔良几个小时内发生的抢劫、强奸和武装恐怖在美好、文明的欧洲永远不会发生？再想想。在这里发生过，就在六十年前，在我们这片大陆上都发生过。可以读一读大屠杀和古拉格幸存者的回忆录，1944 年诺曼 · 刘易斯（Norman Lewis）对那不勒斯的描述，或者最近重版的 1945 年住在柏林的一位德国妇女的匿名日记。就在十年前，又在波斯尼亚发生过。甚至还不是不可抗拒的自然灾害的力量。在欧洲发生的都是人为的飓风。

基本点是一样的：没有了有组织的文明生活的基本物资——食物、遮风避雨的地方、饮用水、最低限度的个人安全，我们在几个小时内就会回到霍布斯的自然状态，一场混战。一些人有些时候会表现出英勇的团结行为；大多数人大多数时候都在参与为个人和后 410
代生存的残酷战斗。一些人成为短暂的天使，大多数人退化成了猿人。

文明一词最早的一个意义是指作为动物的人类被教化的过

程——我认为，我们想通过这个过程实现互相承认人类尊严，或者至少说原则上接受这种承认的可取性。（正如奴隶主托马斯·杰斐逊所做的那样，不过他并没有身体力行。）有一天，我读杰克·伦敦（Jack London），遇到一个不同寻常的词："去文明"（decivilization）。相反的过程，即人们通过这个过程停止被教化，开始变得野蛮。卡特里娜飓风告诉了我们去文明无时不在的可能性。

连在正常的日常生活中也有暗示。公路上的争吵就是一个很好的例子。或者想想在等待一班误点或者取消的深夜航班时的情形。一开始，我们在机场等待区精心守护的个人空间化成了忽隐忽现的团结。互相同情地看一看报纸或者手提电脑的屏幕。说几句表达沮丧之情或者讽刺性的话。通常这会演变成集体团结更有力的表现，可能指向倒霉的英国航空公司（BA）、法国航空公司（Air France）或者美国航空公司（American Airlines）的检票员。（找到共同的敌人是让人类团结唯一可靠的方式。）

但接着有传言说，在 37 号门登机的另一个航班还有几个座位。团结迅速瓦解了。天使变成了猿人。病人和老弱妇孺在拥挤的人群中留了下来。穿着黑色西服、拥有哈佛大学或牛津大学文凭、对餐桌礼仪了如指掌的人变成了大猩猩，冲过丛林。当他们赢得比赛，拿到登机牌后就回到了角落里，避开其他人的目光。拿到香蕉的大猩猩。（相信我，我也当过这样的大猩猩。）这一切只是为了不用在得梅因市的度假宾馆中住一晚。

显然，新奥尔良的去文明要严重一千倍。我情不自禁地觉得，
随着我们深入 21 世纪，会有更多这样的事情发生。即将出现的大 411
问题太多了，这可能会使人性退化。最显著的威胁是气候变化带来更多的自然灾害。如果这场大灾难被像约翰·麦凯恩等美国政客那样解释成是一次——使用他们自己毫无疑问会使用的旧词——"警钟"，警告美国人要是美国继续像没有明天一样排放二氧化碳将带来的后果，那么卡特里娜飓风将带来一丝希望。但可能已经太晚了。

如果最近的迹象正确的话，西伯利亚的冰盖和永久冻土层都在融化了，融化本身将进一步释放天然的温室气体，那么我们可能陷入势不可挡的急速恶化状态中。如果真是这样，如果世界的许多地方受到无法预测的暴风雨、洪水和气温变化的折磨，那么在新奥尔良发生的一切似乎就像一次茶话会一样。

从某种意义上来说，这些也是人为的飓风。但是还有人类对其他人类更加直接的威胁。到目前为止，恐怖袭击已经引发愤怒、恐惧、公民自由的一些限制以及在关塔那摩监狱和阿布格莱布（Abu Ghraib）监狱的虐待，但它们并没有导致大规模歇斯底里的表现或者找替罪羊。在世界的冷静之都伦敦尤其不会这样。但假设一下我们还没有看到过的事情。假设一个恐怖组织在一个主要城市引爆了一个脏弹甚或小型的核武器。那会怎么样？

从贫穷又人口过多的南半球向富裕的北半球大规模移民的压力，已经有洪水一般的威力。（无独有偶，反移民的民粹主义者通常也会用洪水来作比喻。）如果自然或者政治灾难再迫使数百万人移民，有朝一日，事实可能会证明我们的移民控制像新奥尔良的堤坝一样。但即使按目前的移民水平，随之而来的冲突——尤其是那些穆斯林和欧洲本地人之间的冲突——也极易爆发。我们将仍旧多文明？在一些欧洲人和穆斯林谈论对方的方式中，我看到了欧洲新 412
野蛮状态阴影的来临。……

因此，不用担心塞缪尔·亨廷顿的“文明的冲突”。正如一句俄罗斯格言所说，那是很久以前的事情了，已经时过境迁。现在受到威胁的是文明——我们放在沸腾的本性岩浆上的薄外壳，人性也包括在内。新奥尔良撕开了一个小孔，透过它，我们看到了总是留在下面的东西。大放纵（Big Easy）向我们显现大难题（Big Diffcult），那就是保护这层外壳。

用政治说教的模式来说，我们可能要借卡特里娜飓风呼吁认真应对这些挑战，这意味着世界的大集团和大国——欧洲、美国、中国、印度、俄罗斯、日本、拉丁美洲、联合国——实现新层次的国际合作。但是，清醒一分析，我们可能会得出更加悲观的结论：2000 年的某个时候，文明的传播达到了一个高点，后代可能只能怀旧和羡慕地回顾。

2005 年

风琴里的老鼠 413

在 1818 年的圣诞节前夕，奥地利奥伯恩多夫村（Oberndorf）的助理牧师约瑟夫 · 莫尔（Josef Mohr）顺便拜访了助理风琴弹奏者弗朗茨 · 格鲁伯（Franz Gruber），他是隔壁村的学校老师。他说，他写了一首小颂歌。弗朗茨是否可以为他谱合唱和吉他伴奏的曲子？

什么时候要？

请在今晚前。合唱队半夜集合的时候要唱。

因此，格鲁伯坐下来，迅速写了几个字。“平安夜，圣善夜。”

关键在这里：如果圣尼古拉斯（St. Nicholas）[1] 的风琴里没有老鼠，明天晚上，我们就不会在全世界成千上万的大教堂、小教堂和家里听到这首“平安夜”的曲子；这个文本就不会有三百种语言版本，从加泰罗尼亚语（Catalan）到他加禄语（Tagalog）；在密歇根州弗兰肯穆斯（Frankenmuth）的布朗纳圣诞仙境（Bronner's Christmas Wonderland）[2] 里就不会有 17 米高的奥伯恩多夫教堂的模型（它旨在纪念圣尼古拉斯的原始教堂）；你就无法花 29.99 美元买一个通电便能放“平安夜”的教堂模型，把它当作“企业的礼物”；

[1] 圣尼古拉斯，圣诞老人的原型，是土耳其历史上真实存在的一位主教。——译注

[2] 布朗纳圣诞仙境，世界上最大的圣诞用品商店。——译注

这一切都不会发生。

由于风琴里有老鼠——传说是老鼠，但可能是大鼠，也可能只 414
是灰尘而已——那把风琴就必须修理了。这将齐勒（Ziller）山谷的风琴制造大师卡尔·毛拉赫尔（Karl Mauracher）引到了奥伯恩多夫村的教堂。他听到了这首颂歌并将副本带回了齐勒山谷。在那儿，他演奏或者唱给了卖唱的斯特拉瑟姐妹（Strassers）一家人听，她们似乎有点像《音乐之声》（*The Sound of Music*）[1] 中的朱莉·安德鲁斯（Julie Andrews）那群人。斯特拉瑟姐妹环游说德语的中欧卖手套和唱歌时，将“平安夜”融入了她们的表演节目中。

另一对名叫莱纳（Rainer）的唱歌姐妹据说在奥地利和俄罗斯的皇帝面前表演了新的民间流行曲目，还于1839年将它带到了美国。（在中欧，你在路上遇不上奥地利唱歌姐妹似乎是不可能的。）

因此，“平安夜”开始成为世界上最著名的颂歌。可以肯定是，它是相当优美的曲子。歌词也不错，至少第一段是如此，不过我对台湾的版本更偏爱一点：

平安夜，圣善夜！
万暗中，光华射，
照着圣母也照着圣婴，
多少慈祥也多少天真，
静享天赐安眠，
静享天赐安眠。

但让它变得神奇的是曲子。而它的大部分魅力来自其简单。弗朗茨·格鲁伯只有几个小时来写它，接着还要让合唱队用新曲彩排，与此同时还要劈柴、给山羊喂奶、拔圣诞鹅的毛，是因为这样曲子

[1] 《音乐之声》，美国电影，曾获第38届奥斯卡奖（1965年）。——译注

才会这么简单？还是因为风琴已经坏了，让吉他伴奏的音乐必须简单？还是只是因为他知道现场合唱队的音乐能力有限？无论是什么 415
原因，简单带来了普及。

然而，可能还有上百种同样美妙的曲子，同样也有许多同样质量的业余圣诞赞美诗。它甚至可能比披头士（Beatles）的《黄色潜水艇》（Yellow Submarine）还要广为人知，是什么让它成为世界永远的流行曲目？答案是：风琴里的老鼠。换句话说：机遇、好运、运气。或者更准确地说，是一系列幸运的巧合的结果——本着这个季节的慷慨精神，假设你定义的好运延伸到最终获得布朗纳圣诞仙境的企业礼物，这类事情往往如此。

拿破仑早就认识到了这一点，众所周知，他曾向一位引起他注意的高级军官问道："他幸运吗？" 马基雅维利在《君主论》中指出："我们所做的事情一半由运气决定，另一半差不多由我们自己掌握，我认为可能真是如此。"

然而，大多数时候，我们做起事来仿佛我们自己能够把握的命运程度要大得多。我们觉得，如果有人成功或者富裕，他们肯定特别能干；如果公司兴盛，它们肯定管理有方。此外，我们经常陷入亨利·柏格森（Henri Bergson）所谓的"回顾性决定论的幻觉"中。因为有件事情发生过，所以它必得发生。这肯定是有充足理由的。好像我们无法接受过多的东西由机遇决定的想法。如果是这样，为什么要付出那么多努力？

"平安夜"赞美的宗教也有这种洞见："赛跑并不属于飞快之人，战争不属于强者；面包不属于智者，富裕不属于理解能力强的人，也不青睐拥有技能的人；但所有人都拥有时间和机遇。"然而，基督教提出了另一种更大的模式，根据这种模式，今生的付出，来世将获得回报。奥伯恩多夫村教堂里的一件纪念品上，展示着约瑟夫·莫尔在天堂透过一扇窗户倾听地球上的孩子在唱他的颂歌。

但是如何承认这个浅显易懂的真理：一天结束的时候，一半是运气。这真的这么难以忍受吗？发生悲剧是有原因或者没有原因的想法哪个会更加令人欣慰？是错误的基因、恶魔、社会经济的原因，还是只是机遇问题？如果你知道任何人一半的好运都可以完全归功于运气，这样会让人更好理解还是更难理解？

当然，好运没有另一半的努力并不会来。你还必须付出努力。因此，平静地接受接下来一半会怎么样将取决于运气的事实吧，尽情去写歌就行了。走一趟，让朋友为晚上演出的歌写一首曲子。然后，坐着静待风琴里的老鼠。无论怎样，你总是会拥有那首歌。

2004 年

致 谢

我要对他们表示敬意和感谢，他们是《纽约书评》的罗伯特·西尔弗斯（Robert Silvers）和雷阿·海德曼（Rea Hederman）；《展望》的大卫·古德哈特（David Goodhart）；牛津大学圣安东尼学院的玛格丽特·麦克米伦（Margaret MacMillan）以及其他许多朋友和同事（也包括其他学院的），要特别感谢脾气超好、超幽默的丹尼斯·莱恩（Denise Line）；斯坦福大学和胡佛研究所的约翰·雷西安（John Raisian）和其他杰出的学者；伊恩·麦克尤恩（Ian McEwan）（他一点一点地剖析事物）；拉尔夫·达伦多夫（本书作为他八十大寿的寿礼献给他）；思想伙伴托尼·朱特（Tony Judt）；可作为典范的完美主义者亚当·罗伯茨（Adam Roberts）；蒂姆·斯奈德（Tim Snyder），特别感谢在乌克兰时我们的合作；吉尔·柯勒律治（Gill Coleridge）；大西洋图书公司的托比·芒迪（Toby Mundy）、卡罗琳·奈特（Caroline Knight）、卡伦·达菲（Karen Duffy）及其优秀的团队；最重要的是要一如既往感谢争论，感谢我的父母，是他们让这一切成为可能。

除了这些特别感谢外，我还要感谢不同国家、不同领域的无数学者、学生、记者、活动人士、专家，感谢他们在特定话题上提供的帮助。一些名字已经在文中和注解中提到，但我想非常真诚地感谢他们所有人。

索 引

（词条后数字指英文原版页码，参见本书边码）

Acton, Lord 阿克顿勋爵，72
Adams, Gerry 格里 · 亚当斯，154
Adenauer, Konrad 康拉德 · 阿登纳，40，321，327
Afghanistan 阿富汗，148，179，191，219，235，236，238，241，242，253
Ahmadinejad, Mahmoud 穆罕默德 · 艾哈迈迪 · 内贾德，242，281，282，284，289，293
Ahmeti, Ali 阿里 · 阿赫麦提，151–161
Akhmatova, Anna 安娜 · 阿赫玛托娃，389
Akhmetov, Rinat 雷纳托 · 阿克梅托夫，33–34，37，39
Albania 阿尔巴尼亚，76，137，163，173
Tirana 地拉那，156
Albert, Michael 迈克尔 · 阿尔伯特，65
Albright, Madeleine 马德琳 · 奥尔布赖特，10
Alexeyevich, Svetlana 斯韦特兰娜 · 阿列克谢耶维奇，45–46
Algeria 阿尔及利亚，178, 192
Alibhai-Brown, Yasmin 亚斯明 · 阿里巴海—布朗，62
Aliti, Rafiz 拉菲兹 · 阿里提，158–159
Althusser, Louis 路易斯 · 阿尔都塞，376
Arendt, Hannah 汉娜 · 阿伦特，335，347
Aris, Michael 迈克尔 · 阿里斯，269，270
Aristotle 亚里士多德，72
Armenia 亚美尼亚，192–195
Atkinson, Verlin 福林 · 阿特金森，223
Atta, Mohammad 穆罕默德 · 阿塔，172，190
Auden, W. H. 奥登，167，325–326，343
Aung San Suu Kyi 昂山素季，262，265，268，269–273，273，274，275，277，279
Austin, J. L. 奥斯丁，381
Australia 澳大利亚，66，80，112–113，138，148
Austria 奥地利，60，195，382，406
    Oberndorf 奥伯恩多夫村，413–416
Ayer, A. J. 艾尔，381
Aznar, José María 何塞 · 玛丽亚 · 阿斯纳尔，102
Aznavour, Charles 夏尔 · 阿兹纳夫，193

Bagehot, Walter 沃尔特 · 白芝浩，70
Baghi, Emadeddin 艾玛德迪 · 巴吉，288–289，289
Bahamas, the 巴哈马，138
Baker, James 詹姆斯 · 贝克，92，242
Bankes, Ariane 阿丽亚娜 · 班克斯，357
Barak, Ehud 埃胡德 · 巴拉克，218
Barber, Lionel 莱昂内尔 · 巴伯，210，211
Barnett, Anthony 安东尼 · 巴尼特，59
Barroso, José Manuel 若泽 · 曼努埃尔 · 巴罗佐，74，92，128
Begin, Menachem 梅纳赫姆 · 贝京，154
Belarus 白俄罗斯，44–47，92，127
　Minsk 明斯克，46
Belgium 比利时
　Brussels 布鲁塞尔，83，129
Bell, Quentin 昆汀 · 贝尔，383
Bentley, Edmund Clerihew 埃德蒙 · 克莱里休 · 宾利，351
Bergsdorf, Wolfgang 沃尔夫冈 · 伯格道夫，108
Bergson, Henri 亨利 · 柏格森，215，415
Berlin, Isaiah 以赛亚 · 伯林，183–184，289，347，378–390
Berlin, Leo 列奥 · 伯林，389
Berlin, Marie 玛丽 · 伯林，378–379
Berlin, Mendel 孟德尔 · 伯林，378–379，388
Berlusconi, Silvio 西尔维奥 · 贝卢斯科尼，86，131
Bevin, Ernest 欧内斯特 · 贝文，119，364，365
Biden, Joe 约瑟夫 · 拜登，247
bin Laden, Osama 奥萨马 · 本 · 拉登，151，154，155，169，190，215，219，237，238，241
Black, Jeremy 杰里米 · 布莱克，62–63，116
Blair, Eileen 艾琳 · 布莱尔，345，347
Blair, Tony 托尼 · 布莱尔，64，75，114，119，121，123，209，212，213，219，222，229，237，238–239，241
Bolkestein, Frits 弗里茨 · 博克斯坦，176
Bosnia 波斯尼亚，8，10，23，27，76，82，137，160，173–174，179，228，235，236，238，355，409
Bouyeri, Mohammad 穆罕默德 · 布耶里，175–177，177，178–179，183，184–185，186，190
Bowen, Elizabeth 伊丽莎白 · 鲍恩，380，381
Bowra, Maurice 莫里斯 · 博拉，383
Bradwell, Lord 布拉德韦尔勋爵，368
Bragg, Melvyn 梅尔文 · 布拉格，377
Brandt, Willy 维利 · 勃兰特，49, 119
Brazil 巴西，309–312
Brasilia 巴西利亚，310

Rio de Janeiro 里约热内卢，309
São Paulo 圣保罗，305–308
Brecht, Bertolt 贝托尔特 · 布莱希特，347，369
Briand, Aristide 阿里斯蒂德 · 白里安，73
Britain 英国，40，48，57，59–70，75，76，90，108–124，126，127，131，138，145，162，173，175，184，185，186，193，195，196，219，222，241，291，374–377，378–383，406，407–408，亦见
England; Northern Ireland; Scotland; Wales 英格兰、北爱尔兰、苏格兰、威尔士
Cambridge 剑桥，380
London 伦敦，63，159，172，179，188，200，345，379，411
Oxford 牛津，74，378–380，390
Broder, Henryk M. 亨里克 · M. 布罗德，319
Brown, George 乔治 · 布朗，119
Brown, Gordon 戈登 · 布朗，123，201
Brownell, Sonia 索尼娅 · 布劳内尔，371–372
Bryant, Arthur 阿瑟 · 布莱恩特，61，113，114
Brzezinski, Zbigniew 兹比格涅夫 · 布热津斯基，92
Bulgaria 保加利亚，22，163，173
Bulmer, Simon 西蒙 · 布尔默，120–121
Burckhardt, Jacob 雅各布 · 布克哈特，198
Burgess, Guy 盖伊 · 伯吉斯，365–366，384–385
Burma 缅甸，85，144，261–279，345–346
Rangoon 仰光，263，268，273，274
Buruma, Ian 伊恩 · 布鲁玛，174，175–180，182，184，185
Bush, George 乔治 · 布什，24，242
Bush, George W. 乔治 · W. 布什，16，75，122，151–152，154，190，209–215，219，220，224–225，232，237，240–243，244，246，253，294，296，299，409

Cameron, David 戴维 · 卡梅伦，123–124
Camus, Albert 阿尔贝 · 加缪，347
Canada 加拿大，66，80，145–148
Cannadine, David 大卫 · 坎纳戴恩，113
Cape, Jonathan 乔纳森 · 凯普，350，367
Cardoso, Fernando Henrique 费尔南多 · 恩里克 · 卡多佐，308，310
Carlson, Tucker 塔克 · 卡尔森，226
Carr, E. H. 卡尔，356，368
Cartier-Bresson, Henri 亨利 · 卡地亚—布列松，131
Cecil, David 大卫 · 塞西尔，381
Celan, Paul 保罗 · 策兰，326，337，338
Chaplin, Charlie 查理 · 卓别林，356，367，370
Charlton, Michael 迈克尔 · 查尔顿，117
Chávez, Hugo 乌戈 · 查韦斯，307，405–406
Chechnya 车臣，151，179

Cheney, Dick Richard 迪克 · 理查德 · 切尼，210，211，241
China 中国，50，85，89，139，151，214，215，219，220，226，231，256，257，264，277，297–300，406，407，412
Chirac, Jacques 雅克 · 希拉克，172，213，229
Churchill, Clementine 克莱门汀 · 丘吉尔，385
Churchill, Winston 温斯顿 · 丘吉尔，61，64，66，82，222，229，385
Clarke, Peter 彼得 · 克拉克，123
Clinton, Bill 比尔 · 克林顿，80，226，232，242，252
Clinton, Hillary 希拉里 · 克林顿，256
Cloake, John 约翰 · 克洛克，363
Cohn-Bendit, Daniel 丹尼尔 · 科恩–本迪特，50
Cole, G. D. H. 科尔，361，405
Colley, Linda 琳达 · 科利，62，115
Collini, Stefan 斯特凡 · 柯里尼，374–375
Connolly, Cyril 西里尔 · 康诺利，344，345
Conquest, Robert 罗伯特 · 康奎斯特，66，363，365
Conrad, Joseph 约瑟夫 · 康拉德，343
Čosić, Dobrica 多布里察 · 乔西奇，24
Coudenhove-Kalergi, Richard Nikolaus von 理查德 · 尼古劳斯 · 冯 · 康德霍夫–卡利吉伯爵，74，86，88
Croatia 克罗地亚，8，23，128，160，174
Crossman, Richard 理查德 · 克罗斯曼，358–359，359，381
Curtius, Ernst Robert 恩斯特 · 罗伯特 · 库尔提乌斯，379
Czech Republic，捷克共和国
  Prague 布拉格，48–51，92，129，144，395
Czechoslovakia 捷克斯洛伐克，32，235，358

Dahrendorf, Ralf 拉尔夫 · 达伦多夫，76
Davies, Norman 诺曼 · 戴维斯，59，62，63，90，116，343
Davison, Peter 彼得 · 戴维森，342，343，344，349，353，354
Dawkins, Richard 理查德 · 道金斯，197, 198–199
de Gaulle, Charles 查尔斯 · 戴高乐，68，228，229
Deane, Seamus 谢默斯 · 迪恩，115
Deighton, Anne 安妮 · 戴顿，118
Derrida, Jacques 雅克 · 德里达，79，376
Deutsch, Karl 卡尔 · 多伊奇，83
Deutscher, Isaac 艾萨克 · 多伊彻，357，368
Dickens, Charles 查尔斯 · 狄更斯，355
Dinkić, Mladjan 姆拉詹 · 丁基奇，21
Djindjić, Zoran佐兰 · 金吉奇，9–10，17，18–19，19–20，20，22
Djukanović, Milo 米洛 · 久卡诺维奇，9
Dobbs, Lou 娄 · 多布斯，408
Döblin, Alfred 阿尔弗雷德 · 德布林，318

Domingo, Placido 普莱西多·多明戈，136
Donnersmarck, Florian Henckel von 弗洛里安·亨克尔·冯·唐纳斯马克，328，333–334，336，336–337，340
Dragan, Captain 德拉甘上校，5，17–18
Drašković, Vuk 武克·德拉什科维奇，7，9–10，11，21
Driberg, Tom 汤姆·德赖伯格，367–368
Dubai 迪拜，293
Duhamel, Alain 阿兰·迪阿梅尔，122
Duranty, Walter 沃尔特·杜兰德，357
Dutschke, Rudi 鲁迪·杜奇克，50

East Timor 东帝汶，27
Ebadi, Shirin 希林·伊巴迪，289
Eden, Anthony 安东尼·艾登，119
Egypt 埃及，194，242，301–304
    Cairo 开罗，304
El Salvador 萨尔瓦多，235
Eliot, T. S. 艾略特，343，350
Eljaouhari, Abdelaziz 阿卜杜拉齐兹·伊加尤哈里，171–172，173，175，178
England 英格兰，59，61，62–63，69，70，229，386，387
Eratosthenes 埃拉托色尼，110
Eriksson, Sven-Göran 斯文·戈兰·埃里克森，65
European Union 欧盟，21，26，39–41，42，46，56，59–70，71–88，90，96，97，102，106，107，108–124，125–135，139，145–148，163，171–187，192，200，211–212，221–234，277，406

Fenton, James 詹姆斯·芬顿，376
Fest, Joachim 约阿希姆·费斯特，319
Finkielkraut, Alain 阿兰·芬基尔克劳，194
Fischer, Joschka 约施卡·菲舍尔，213
Fisher, H. A. L. 费歇尔，61，113
Fisher, Mary 玛丽·费舍尔，387
Foot, Rosemary 罗斯玛利·弗特，85
Fortuyn, Pim 皮姆·福尔顿，177
Foster, John 约翰·福斯特，383，385
France 法国，21，48，61，66，68，75，77，80，82，85，90，107，108，115，122，126，131，138–139，145，173，174，175，184，185，186–187，192–195，196，202，213，221，223–234，225，229，230–231，232，256，277，387
    Marseilles 马赛，174
    Paris 巴黎，49，171–172，174，178，200，229
Frankfurter, Marion and Felix 马里昂和费利克斯·法兰克福特，384，387
Freeden, Michael 迈克尔·弗雷登，257
Freedland, Jonathan 乔纳森·弗里德兰德，69

Friedman, Thomas 托马斯 · 弗里德曼，223–234
Fulbright, J. William J. 威廉 · 富布赖特，74

Gaitskell, Hugh 休 · 盖茨克尔，61，113–114
Gandhi, Mohandas 莫罕达斯 · 甘地，144，369
Ganji, Akbar 阿克巴尔 · 甘吉，287，289
Gates, Bill 比尔 · 盖茨，353
Gazzaniga, Michael 迈克尔 · 加扎尼加，396
Geddes, Andrew 安德鲁 · 格迪斯，118
Gelowicz, Fritz 弗里茨 · 格勒维克，191
Genscher, Hans-Dietrich 汉斯—迪特里希 · 根舍，108
George, Stefan 斯特凡 · 格奥尔格，381–382
George, Stephen 斯蒂芬 · 乔治，118
Georgia 格鲁吉亚，30，36，43，46，93，107
Gerbeau, P. Y. 热尔博，65
Geremek, Bronisław 布罗尼斯瓦夫 · 盖莱梅克，96
Germany 德国，48，56–8，61，66，68，75，76，80，87，88，90，95–96，108，115，122，131，143, 173，174，175，177，185，188，189–190，191，195，213，232，237，277，315–327，328，341，406
  Berlin 柏林，56，57，58，71，76，189，384，391，409
  Bitburg 比特堡，322–323
  Hamburg 汉堡，58，77，179，190
  Leipzig 莱比锡，320，324
  Germany, East 东德，137，141–144，266，320，328–341，395–396，398
  East Berlin 东柏林，71–72，129，141–143，329
  Leipzig 莱比锡，143
  Germany, West 西德，238，322，327，330，337，338–339
  West Berlin 西柏林，49，50，328，358
Goldberg, Jonah 乔纳 · 戈德堡，224，225，226，231
Gollancz,Victor 维克多 · 戈兰茨，350，352
Gorbachev, Mikhail 米哈伊尔 · 戈尔巴乔夫，49，91，143，144
Gorbanyevskaya, Natalya 纳塔利娅 · 格班耶维斯卡娅，347
Gore, Al 阿尔 · 戈尔，16
Gorky, Maxim 马克西姆 · 高尔基，340
Graham, Thomas 托马斯 · 格雷厄姆，210
Grass, Günter 君特 · 格拉斯，315–327
Greece 格林，84，87，127，134，163–164
Greene, Graham 格雷厄姆 · 格林，367
Greenland 格陵兰岛，146
Grosjean, Bruno 布鲁诺 · 格罗斯金，399–400
Grubačić, Bratislav布拉蒂斯拉夫 · 格鲁巴季奇，19
Gruber, Franz 弗朗茨 · 格鲁伯，413–415

Habermas, Jürgen 尤尔根 · 哈贝马斯，79，83，289
Hadley, Stephen 斯蒂芬 · 哈德利，210
Haider, Jörg 约尔格 · 海德尔，61
Hajjarian, Saeed 赛义德 · 哈贾里安，288, 289
Halifax, Lord 哈利法克斯勋爵，384，385
Hall, Peter 彼得 · 霍尔，79
Halsey, A. H. 哈尔西，65
Hampshire, Stuart 斯图尔特 · 汉普希尔，381
Hannity, Sean 肖恩 · 汉尼提，256
Hardy, Henry 亨利 · 哈代，378–379，382，384，385，389
Harries, Owen 欧文 · 哈里斯，229–230
Harriman, Averell 埃夫里尔 · 哈里曼，390
Havel, Václav 瓦茨拉夫 · 哈维尔，28，92，271，375，395
Hayek, Friedrich August von 弗里德里希 · 奥古斯特 · 冯 · 哈耶克，347
Heath, Edward 爱德华 · 希思，68
Heidegger, Martin 马丁 · 海德格尔，376
Hennessy, Peter 彼得 · 亨尼西，118
Henri-Lévy, Bernard伯纳德 · 亨利—列维，377
Hill, Christopher 希尔 · 克里斯多夫，366
Hirsi Ali, Ayaan 阿雅安 · 希尔西 · 阿里，175，180–183，186
Hitchens, Peter 彼得 · 希钦斯，59
Hitler, Adolf 阿道夫 · 希特勒，61，71，82，88，141，328，337，338，382
Hobbes, Thomas 托马斯 · 霍布斯，396，409
Hobsbawm, Eric 埃里克 · 霍布斯鲍姆，115，397
Hoffmann, Stanley 斯坦利 · 霍夫曼，230–231，233
Hofstadter, Richard 理查德 · 霍夫施塔特，96
Holland 荷兰，39–40，173，174，175，175–183
Amsterdam 阿姆斯特丹，174
Holmes, Wendell 温德尔 · 霍姆斯，205
Honecker, Erich 埃里希 · 昂纳克，329，337
Hong Kong 香港，297–300
Honhadze, Heorhiy 格奥尔基 · 洪哈德斯，34
Howard, Michael 迈克尔 · 霍华德，64
Hungary 匈牙利，23
Budapest 布达佩斯，129
Huntington, Samuel 塞缪尔 · 亨廷顿，38，166，220，412
Husain, Ed 埃德 · 侯赛因，190
Hutton, Will 威尔 · 赫顿，65
Huxley, Aldous 奥尔德斯 · 赫胥黎，380

Iceland 冰岛，146, 147
Ignatieff, Michael 奥尔德斯 · 赫胥黎，382–383，389
Ilić, Velimir 韦利米尔 · 伊利奇，14，16，17

India 印度，148，256，277，307，408，412
Indonesia 印度尼西亚，23，272，278
Iran 伊朗，109，186，212，236，238，242，280–296
Qom 库姆，286
Tehran 德黑兰，281–282，286–288，289
Iraq 伊拉克，27，85，86，87，154，166，179，186，190–191，233，234，235–239，241–242，242，253
Abu Ghraib 阿布格莱布监狱，411
Tehran 德黑兰，293
Ireland 爱尔兰，116，127，133，134，157，160，406
Irving, David 大卫 · 欧文，195
Israel 以色列，5，87，151，166，200，218，229，232–233，236，238，242，295
Jerusalem 耶路撒冷，383–384
Italy 意大利，65，86，90，102，175，196
Naples那不勒斯，409
Rome 罗马，49

Jackson, Andrew 安德鲁 · 杰克逊，46
Jacob, Alaric 阿拉里克 · 雅各布，368–369
Jacob, Ian 伊恩 · 雅各布，365，368
Jahanbegloo, Ramin 拉敏 · 贾汉贝格鲁，289
James, Harold 哈罗德 · 詹姆斯，131–132
James, Henry 亨利 · 詹姆斯，229
Japan 日本，238，277
Jaques, Eleanor 埃莉诺 · 雅克，349
Jaruzelski, Wojciech 沃伊切赫 · 雅鲁泽尔斯基，92，99，100
Jefferson, Thomas 托马斯 · 杰斐逊，229，410
Jin, Liqun 金立群，298
John Paul II, Pope 教皇约翰保罗二世，参见Wojtyła, Karol
Johnson, Paul 保罗 · 约翰逊，113–114，376
Jovanović, Čedomir 切多米尔 · 约万诺维奇，17
Joyce, James 詹姆斯 · 乔伊斯，318，343
Jürgs, Michael 米歇尔 · 尤格斯，322

Kaczyński, Jarosław 雅罗斯瓦夫 · 卡钦斯基，94–96，98，99–102
Kaczyński, Lech 莱赫 · 卡钦斯基，94，94–6，98，98–102
Kadivar, Mohsen 穆赫辛 · 卡迪瓦尔，286–287，289
Kagan, Robert 罗伯特 · 卡根，72，223，230
Kaiser, Karl 卡尔 · 凯泽，231
Kant, Immanuel 伊曼努尔 · 康德，87
Kaplan, Robert 罗伯特 · 卡普兰，232
Kapuœciñski, Ryzsard 雷沙德 · 卡普钦斯基，392
Karić, Alexander 亚历山大 · 卡里卡，13–14

Kaufman, Gerald 杰拉尔德·考夫曼，366
Kearney, Hugh 休·科尔尼，62，116
Kelly, Michael 迈克尔·凯利，228
Kenya 肯尼亚，392，397
Kerry, John 约翰·克里，219
Kertes, Mihalj 米哈利·科特斯，5
Keynes, John Maynard 约翰·梅纳德·凯恩斯，111，114
Khalil, Kamal 卡迈勒·哈利勒，303
Khamenei, Ali 阿里·哈梅内伊，282，283，284
Khatami, Mohammad 穆罕默德·哈塔米，287，289，294
Khin Nyunt 钦纽，265
Khomeini, Ruhollah 鲁霍拉·霍梅尼，205，283–284，285，288
Khorkuda, Vasil 瓦西尔·霍尔库达，25
Khrushchev, Nikita 尼基塔·赫鲁晓夫，32
Khun Sa 坤沙，268
King, Martin Luther 马丁·路德·金，8，144
Kinsley, Michael 迈克尔·金斯利，252
Kipling, Rudyard 鲁德亚德·吉卜林，270–271，300，345
Kirwan, Celia 西莉亚·科万，356，357，359–387，362，363，366–367，370，371–372
Klein, Joe 乔·克莱恩，223–224
Koestler, Arthur 亚瑟·凯斯特勒，346，347，351，352，358–359，360
Koestler, Mamaine 玛曼因·凯斯特勒，359–360
Kohl, Helmut 赫尔穆特·科尔，12，144，213，321，322，327
Kołakowski, Leszek 莱谢克·柯拉科夫斯基，287
Kopp, Georges 乔治·柯普，344，348
Korać, Žarko 扎克·科拉奇，15
Kosinski, Jerzy 耶日·科辛斯基，393–394
Kosovo 科索沃，8，10，11，12，23，24，82，85，126，137，155，156–157，157，159，160，162，164，173–174，218，235，236，238，391，395
Koštunica, Vojislav 沃伊斯拉夫·科什图尼察，3–4，5，6，8，9，10–12，15，16，20，21，22，23
Krauthammer, Charles 查尔斯·克劳萨默，232
Kristol, William 威廉·克里斯托尔，227
Kuchma, Leonid 列昂尼德·库奇马，26，27，32–35，36，37，39，41，43
Kupchan, Charles A. 查尔斯·A. 库普乾，231
Kuroń, Jacek 亚采克·库龙，16
Kwaśniewski, Aleksander 亚历山大·克瓦希涅夫斯基，40，41，96

La Guardia, Fiorello 菲奥雷洛·拉瓜迪亚，359
Lane, Anthony 安东尼·雷恩，334，340
Lanzmann, Claude 克劳德·朗兹曼，334
Laski, Harold Joseph 哈罗德·约瑟夫·拉斯基，362
Lawrence, T. E. 劳伦斯，343，344

Lebanon 黎巴嫩，30，242，242–243
Lenin, V. I. 列宁，340
Levi, Primo 普里莫 · 莱维，397，400
Lewis, Norman 诺曼 · 刘易斯，409
Libya 利比亚，242
Locke, John 约翰 · 洛克，201–202
London, Jack 杰克 · 伦敦，410
Low, David 大卫 · 罗，113
Lowell, Robert 罗伯特 · 洛厄尔，141
Luce, Henry 亨利 · 卢斯，387
Ludlow, Piers 皮尔斯 · 勒德洛，118
Lukashenko, Alexander 亚历山大 · 卢卡申科，44，45，46
Lula da Silva, Luiz Inácio 路易斯 · 伊纳西奥 · 卢拉 · 达席尔瓦，308，310
Luxembourg 卢森堡，147
Lypyns’kyi, Vyacheslav 维亚切斯拉夫 · 里皮尼斯基，32–33

Macaulay, Thomas 托马斯 · 麦考莱，392
McCain, John 约翰 · 麦凯恩，244–246，248，252，411
Macedonia 马其顿，24，151–164，173，214
　Šipkovica 西普科维卡村，153
McEwan, Ian 伊恩 · 麦克尤恩，394
McFaul, Michael 迈克尔 · 麦克福尔，210，212
McGrath, Alistair 阿利斯泰尔 · 麦格拉斯，197
Machiavelli, Niccolo 尼可罗 · 马基雅维利，415
Maclean, Fitzroy 菲茨罗伊 · 麦克莱恩，385
Macmillan, Harold 哈罗德 · 麦克米伦，68
MacShane, Denis 丹尼斯 · 麦克沙恩，193
Magee, Bryan 布赖恩 · 马吉，364
Mahler, Horst 霍斯特 · 马勒，154
Mailer, Norman 诺曼 · 梅勒，398
Major, John 约翰 · 梅杰，109，123
Malaysia 马来西亚，272，277，278
Mandela, Nelson 纳尔逊 · 曼德拉，154
Mao Zedong 毛泽东，50，264
Marcinkiewicz, Kazimierz 卡齐米 · 马辛基维茨，94
Marr, Andrew 安德鲁 · 马尔，59，377
Marsden, Gordon 戈登 · 马斯登，117
Marshall, E. H. 马歇尔，112–113
Martin, Kingsley 金斯利 · 马丁，357
Marx, Karl 卡尔 · 马克思，376，407，408
Matić, Veran 韦兰 · 马蒂奇，8，11–12，15
Mauracher, Karl 卡尔 · 毛拉赫尔，414
Mayarchuk, Elena 埃琳娜 · 玛雅丘克，26

Mazowiecki, Tadeusz 塔德乌什·马佐维耶茨基，99
Mead, Walter Russell 沃尔特·罗素·米德，232
Mečiar, Vladimir 弗拉基米尔·梅恰尔，9
Medvedchuk, Viktor 维克托·梅德韦丘克，35
Medvedev, Alexander 亚历山大·梅德韦杰夫，406–407
Meirelles, Fernando 费尔南多·梅雷莱斯，308
Merkel, Angela 安格拉·默克尔，128，319
Merleau-Ponty, Maurice 莫里斯·梅洛–庞蒂，371
Michnik, Adam 亚当·米奇尼克，50，84
Miller, Arthur 亚瑟·米勒，367
Miller, Henry 亨利·米勒，354，399
Milošević, Marko马尔科·米洛舍维奇，7
Milošević, Slobodan 斯洛博丹·米洛舍维奇，3–24，93，164
Miłosz, Czesław 切斯瓦夫·米沃什，394
Milward, Alan 阿兰·米尔沃德，117–118
Minghella, Anthony 安东尼·明格拉，334
Mitchison, Naomi 内奥米·密契森，368
Mitterand, François 弗朗索瓦·密特朗，213，325
Mohammad II, Sultan 苏丹穆罕默德二世，75
Mohr, Josef 约瑟夫·莫尔，413，415
Moldova 摩尔多瓦，104，105，106， see alsoTransnistria 另见德涅斯特
Mommsen, Wolfgang 沃尔夫冈·蒙森，115
Monnet, Jean 让·莫内，74
Montazeri, Hossein-Ali 侯赛因–阿里·蒙塔泽里，287，293
Montenegro 黑山，10，12，22，23，24，173
Moore, Charles 查尔斯·摩尔，121
Moreira de Jesus, Maria-Tereza 玛丽亚–特里萨·莫雷拉·德热苏斯，310
Morley, Iris 艾丽斯·莫利，368
Morocco 摩洛哥，178，184，228
Mount, Ferdinand 费迪南·曼特，63
Mubarak, Gamal 贾迈勒·穆巴拉克，303，303–304
Mubarak, Hosni 胡斯尼·穆巴拉克，302–304
Muggeridge, Malcolm 马尔科姆·马格里奇，344
Mühe, Ulrich 乌尔里希·维克特，335
Müller, Jan-Werner 简–维尔纳·米勒，78
Murray, Ralph 拉尔夫·穆雷，366

Naipaul, V. S. 奈保尔，392
Napoleon 拿破仑，415
Napolitano, Giorgio 乔治·纳波利塔诺，128
Nawaz, Maajid 马吉德·纳瓦兹，190
Nazif, Ahmed 艾哈迈德·纳齐夫，303
Ne Win 奈温，265–266，275，276，278

Negri, Antonio 安东尼奥 · 内格里，289
Nekrich, Aleksandr 亚历山大 · 尼克里契，347
New Zealand 新西兰，66，80，148
Nicaragua 尼加拉瓜，235
Nietzsche, Friedrich 弗里德里希 · 尼采，392，396
North Korea 朝鲜，236
Northern Ireland 北爱尔兰，59，63，69
Norway 挪威，121，132，174，391
Nye, Joseph 约瑟夫 · 奈，73

Obama, Barack 巴拉克 · 奥巴马，244–246，247–250，251–254，255，257–258
Obradović, Vuk 武克 · 德拉什科维奇，19
Oleksy, Józef 约瑟夫 · 奥莱克西，98
O'Rourke, P. J. 奥鲁尔克，132
Orwell, George 乔治 · 奥威尔，50，63，65，337，342–355，356–373，376，392，399
Ost, David 大卫 · 奥斯特，96

Pakistan 巴基斯坦，144，191，204，241
Palacio, Ana 安娜 · 帕拉西奥，77
Palestine 巴勒斯坦，5，151，162，166，179，189，200，232–233，236，238，242，383–384，388
Palin, Sarah萨拉 · 佩林，246，248
Pamuk, Orhan奥罕 · 帕慕克，194
Patel, Tom汤姆 · 帕特尔，62
Paulson, Hank 汉克 · 保尔森，297–298
Pavković, Nebojsa 内博伊沙 · 帕夫科维奇，10，14，18
Pearson, Lester 莱斯特 · 皮尔逊，147
Perišić, Momčilo 莫姆契洛克 · 佩里希奇，19
Perle, Richard 理查德 · 珀尔，222，229
Phelps, Edmund 埃德蒙 · 菲尔普斯，406
Philby, Kim 金 · 菲尔比，367
Philippines, the 菲律宾人，23
Pimlott, Ben 本 · 平洛特，118
Pinchuk, Viktor 维克托 · 平丘克，33–34，37，43
Pius II, Pope 庇护二世教皇，75，76
Plumb, J. H. 普鲁姆，113
Poitiers 普瓦捷战役，74，171
Poland 波兰，13，23，31，32，36，38，40–41，46，50，55–58，84，87，88，89–103，108–109，129，144，162，174，256，285，391
  Gdańsk格但斯克，13，14，90–93，95，97，98，100，101，326
  Poznań 波兹南，55–56，58，100–101
  Szczecin 什切青，101
  Warsaw 华沙，16, 41, 49, 90, 94–5, 96,100, 101, 114

Polanski, Roman 罗曼 · 波兰斯基，340
Popper, Karl 卡尔 · 波普尔，347
Portugal 葡萄牙，50，84，127，128，133，134
Powell, Colin 科林 · 鲍威尔，228，235，236
Pribičević, Ognjen 奥格年 · 普林彼斯维奇，12
Priestley, J. B. 普里斯特利，356，359，368
Pritchett, V. S. 普里切特，350
Pritt, D. N. 百特，362
Ptolemy 托勒密，110
Putin, Vladimir 弗拉基米尔 · 普京，27，35–36，38，39，39–40，42，43，212，213–214

Radchenko, Alexander 亚历山大 · 拉琴科，106
Rafsanjani, Hashemi 哈什米 · 拉夫桑贾尼，284–285
Raine, Craig 克雷格 · 雷恩，318，400
Ramadan, Tariq 塔里克 · 拉马丹，186
Ranger, Terence 特伦斯 · 兰格，115
Razali Ismail 拉扎利 · 伊斯梅尔，277
Reagan, Ronald 罗纳德 · 里根，255，322
Redgrave, Michael 迈克尔 · 雷德格雷夫，356，368
Redwood, John 约翰 · 雷德伍德，111
Rees, Richard 理查德 · 里斯，361–363，369
Remnick, David 大卫 · 雷姆尼克，346
Renan, Ernest 欧内斯特 · 勒南，126
Renoir, Jean 让 · 雷诺阿，139
Revel, Jean-François 让–弗朗索瓦 · 雷维尔，225
Reynold, Gonzague de 冈扎格 · 雷诺，61
Reynolds, David 大卫 · 雷诺兹，118
Rezvani, Mohsen穆赫辛 · 雷兹瓦尼，286
Rice, Condoleezza 康多莉扎 · 赖斯，210，212，214，242
Roberts, Adam 亚当 · 罗伯茨，144
Roberts, Alfred 阿尔弗雷德 · 罗伯茨，115
Robertson, George 乔治 · 罗伯逊，152，163
Rohatyn, Felix 费利克斯 · 罗哈廷，210，211–212
Romania 罗马尼亚，6，20，262
Rorty, Richard 理查德 · 罗蒂，289
Rothschild, Victor 维克多 · 罗斯柴尔德，380
Rove, Karl 卡尔 · 罗夫，237
Rugova, Ibrahim 易卜拉欣 · 鲁戈瓦，137
Rumsfeld, Donald 唐纳德 · 拉姆斯菲尔德，241
Rushdie, Salman 萨尔曼 · 拉什迪，197–198，204–206，287
Russell, Bertrand 伯特兰 · 罗素，364
Russia 俄罗斯，21–22，26，27，31，32，42，43，45，46，64，68，96，107，110，151–155，173，212，214，220，406，406–407，see also Soviet Union 另见苏联

Moscow 莫斯科，7，43
Rwanda 卢旺达，211

Saakashvili, Mikheil 米哈伊尔 · 萨卡什维利，43，92
Saddam Hussein 萨达姆 · 侯赛因，215，236，237，238，241
St. Protić, Milan 米兰 · 圣 · 普罗蒂奇，17
Samunov, Yitzchok and Ida 伊扎克和艾达 · 沙穆诺夫，383
Sarkozy, Nicolas 尼古拉 · 萨科齐，51，172
Sartre, Jean-Paul 让—保罗 · 萨特，124，347，376
Saudi Arabia 沙特阿拉伯，155，191，236，238，242
Schama, Simon 西蒙 · 沙玛，393
Schiller, Friedrich 弗里德里希 · 席勒，162，164
Schirrmacher, Frank 弗兰克 · 施尔玛赫，324
Schlesinger, Arthur, Jr 小阿瑟 · 施莱辛格，229
Schopenhauer, Arthur 阿图尔 · 叔本华，396
Schröder, Gerhard 格哈德 · 施罗德，79，209，213，232
Scotland 苏格兰，59，63，69，70，116，159
Scott, Peter 彼得 · 斯科特，63
Scruton, Roger 罗杰 · 斯克鲁顿，59
Seeley, John 约翰 · 西利，111–112
Serbia 塞尔维亚，3–24，46，84，93，129，144，162，163–164，173，391
Belgrade 贝尔格莱德，3–6，7，10，12，13，14–15，15–20，36
Kolubara 科路巴拉，13–14
Krajina 克拉伊纳，5
Šešelj, Vojislav 沃伊斯拉夫 · 舍舍利，5
Shakespeare, Willam 威廉 · 莎士比亚，342
Sharon, Ariel 阿里埃勒 · 沙龙，242
Sharp, Paul 保罗 · 夏普，118
Shklar, Judith 朱迪丝 · 史珂拉，390
Silone, Ignazio 纳齐奥 · 西隆斯隆，359
Sinclair, Upton 厄普顿 · 辛克莱，359
Sloan, James Park 詹姆斯 · 帕克 · 斯隆，393
Slovakia 斯洛伐克，9，36，144
Słowacki, Juliusz 尤利乌斯 · 斯沃瓦茨基，108–109
Smirnov, Igor 伊戈尔 · 斯米尔诺夫，105–106
Smolin, Svyatoslav 斯维亚托斯拉夫 · 施莫林，25
Smollett, Peter 彼得 · 斯莫利特，362，367，368
Snyder, Timothy 蒂莫西 · 斯奈德，30
Solana, Javier 哈维尔 · 索拉纳，40，78，128，163
Solzhenitsyn, Aleksandr 亚历山大 · 索尔仁尼琴，346，347，351
Somalia 索马里，181，184，211，214
Soros, George 乔治 · 索罗斯，42，407
Soroush, Abdolkarim 阿多卡里姆 · 索罗什，286

Soskice, David 大卫 · 索斯吉斯，79
South Africa 南非，138，144，148，162，272
South Korea 韩国，277
Soviet Union 苏联，31–32，38，49，106，107，122，137，229，233，235，358，362，364，365，see also Russia 另见俄罗斯
Moscow 莫斯科，350，366，368，371，384–385，389
Spain 西班牙，65，66，84，89，90，102，127，128，136–137，138，139，142，162，175，185，228，347–348，352，358
Madrid 马德里，77，167–170，172，179，188
Speer, Albert 阿尔贝特 · 施佩尔，71，328
Spender, Stephen 斯蒂芬 · 乔治，345，359，380，381–382
Stalin, Josef 约瑟夫 · 斯大林，31，41
Stanišić, Jovica 约维察 · 斯坦尼斯奇，19
Stauffenberg, Claus Schenk von 克劳斯 · 施陶芬贝格上校，71，328
Steele, Jonathan 乔纳森 · 斯蒂尔，329
Stern, Fritz 弗里茨 · 施特恩，255
Steyn, Mmark马克 · 斯泰恩，225
Strauss, Leo 列奥 · 施特劳斯，286
Straw, Jack 杰克 · 斯特劳，357
Sudan 苏丹，200
Sweden 瑞典，76，127，391
Switzerland 瑞士，121，127，132，155，174
Szabó, István 伊斯特凡 · 萨博，339

Tanzania 坦桑尼亚，392，397
Taylor, A. J. P. 泰勒，359
Teixeira da Cunha, Alex and Alan 亚历克斯 · 特谢拉 · 库尼亚，艾伦 · 特谢拉 · 库尼亚，310
Tennyson, Alfred 阿尔弗雷德 · 丁尼生，119
Thailand 泰国，277
Than Shwe 丹瑞，275
Thatcher, Margaret 玛格丽特 · 撒切尔，12，64，109，111，114，115，209，213，222
Theroux, Paul 保罗 · 索鲁，392–393，399
Thompson, Mark 马克 · 汤普森，377
Thucydides 修昔底德，392
Tibet 西藏，151
Trajkovski, Boris 鲍里斯 · 特拉伊科夫斯基，152, 162–163
Transnistria 德涅斯特，104–107，see also Moldova 另见摩尔多瓦
Trevelyan, G. M. 屈维廉，61，113，116
Trott, Adam von 亚当 · 冯 · 特罗特，71，82，382
Truman, Harry S. 哈里 · S. 杜鲁门，248
Turkey 土耳其，73，76，86，87，110，128，145，146，154，173，175，184，192–195，286，295
Tusk, Donald 唐纳德 · 图斯克，94，101

Tymoshenko, Julia 尤利娅 · 季莫申科，34，36–37，39，42

Ukraine 乌克兰，25–29，30–43，46，73，78，84，87，88，92，93，106，107，144，145
  Chernihiv 切尔尼戈夫，38
  Dnipropetrovsk 第聂伯罗彼得罗夫斯克，34
  Donetsk 顿涅茨克，39
  Kiev 基辅，25–26，28，30，30–31，33，36–37，39，40–41
  Kryvyi Rih 克里沃罗格，33–34
  Poltava 波尔塔瓦，38
  Sumy 苏梅，38
Ulemek, Milorad 米洛拉德 · 乌莱梅克，19
ul-Haq, Muhammad Ejaz 穆罕默德 · 伊贾兹 · 哈克，204
United Kingdom联合王国（英国），see Britain 见英国（大不列颠）
United States of America 美国，26，41–42，42，50，64，64–65，66，69，72–73，75，76–77，78，79，80，84，85，86，88，101，106，107，122，127，128，129，130，132，138，146，147，148，151–155，162，172，177，188，196，202，221–234，244–246，251–254，255–258，291，295，299，307，311，327，346，367，384–388，407–408
  Guantánamo Bay 关塔那摩湾，257，411
  Missouri 密苏里河，247–250
  New Orleans 新奥尔良，409，410–411，412
  New York 纽约，77，179，216–220，232，385，386，387
  Washington 华盛顿，217，232，385，387，388

Valéry, Paul 保罗 · 瓦莱里，74
van Gogh, Theo 提奥 · 梵高，77，172，175–179，180，182，186，190
Venezuela 委内瑞拉，307
Verdonk, Rita 赖塔 · 凡东克，180
Vieira, Oscar Vilhena 维赫纳 · 维埃拉，307
Vietnam 越南，50，217
Voltaire 伏尔泰，77，202
Vuitton, Louis 路易 · 威登，143

Wagenbach, Klaus 克劳斯 · 瓦根巴赫，323，324
Wales 威尔士，59，63，69，116
Wałęsa, Lech 莱赫 · 瓦文萨，13，90–92，93，95，97，99，326
Wang Shaoguang 王绍光，299
Washington, George 乔治 · 华盛顿，228
Watson, Adam 亚当 · 沃森，361，363，366
Waugh, Evelyn 伊夫林 · 沃，343，345，380
Wegner, Bernd 贝恩德 · 韦格纳，322
Weizmann, Chaim 哈伊姆 · 魏茨曼，395
Weldon, Fay 费伊 · 韦尔登，366，370

Wenger, Arsène 阿瑟 · 温格，65
Wickert, Ulrich 乌尔里希 · 维克特，324
Wiesel, Elie 伊利 · 威塞尔，393
Wilke, Manfred 曼弗雷德 · 维尔克，335
Wilkomirski, Binjamin 本杰明 · 威尔科姆斯基，399–400
Will, George F. 乔治 · F. 威尔，228
Wilson, Andrew 安德鲁 · 威尔逊，44
Wilson, Woodrow 伍德罗 · 威尔逊，31
Wojtyła, Karol 卡罗尔 · 蒂瓦，75，91
Wolf, Christa 克里斯塔 · 沃尔夫，143，320，326
Woolf, Virginia 弗吉尼亚 · 伍尔芙，383
Worcester, Robert 罗伯特 · 伍塞斯特，67

Yanukovych, Viktor 维克托 · 亚努科维奇，27，34，35，37，39，42
Young, Hugo 雨果 · 扬，60，66，69，118
Young, John，约翰 · 扬，118
Yugoslavia（former）（前）南斯拉夫，see Kosovo; Montenegro; Serbia 见科索沃、黑山塞尔维亚
Yushchenko, Viktor 维克托 · 尤先科，26，27，28，31，34，35，35–37，38–39，40，42–43，92

Zaluar, Alba 阿尔巴 · 扎卢亚，309–312
Zamyatin, Yevgeny 叶夫根尼 · 扎米亚京，349
Zapatero, José Luis 何塞 · 路易斯 · 萨帕特罗，75
Zidane, Zinedine 齐内丁 · 齐达内，178
Zougam, Jamal 杰莫尔 · 左格姆，168，169